音乐教育研究丛书

迈向卓越：
中小学音乐名师的成长经验与特色

曹建辉　陆亚芳　主编

上海科学技术文献出版社
Shanghai Scientific and Technological Literature Press

图书在版编目（CIP）数据

迈向卓越：中小学音乐名师的成长经验与特色 / 曹建辉，陆亚芳主编．—上海：上海科学技术文献出版社，2018
（音乐教育研究丛书）
ISBN 978-7-5439-6772-4

Ⅰ．①迈⋯　Ⅱ．①曹⋯②陆⋯　Ⅲ．①音乐课—教学研究—中小学　Ⅳ．① G633.951.2

中国版本图书馆 CIP 数据核字（2018）第 019745 号

责任编辑：梅雪林　李　峰　杨凯茹
封面设计：郑　艺

丛书名：音乐教育研究丛书
书　名：迈向卓越：中小学音乐名师的成长经验与特色
曹建辉　陆亚芳　主编
出版发行：上海科学技术文献出版社
地　　址：上海市长乐路 746 号
邮政编码：200040
经　　销：全国新华书店
印　　刷：常熟市人民印刷有限公司
开　　本：720×1000　1/16
印　　张：26.5
字　　数：432 000
版　　次：2017 年 12 月第 1 版　2017 年 12 月第 1 次印刷
书　　号：ISBN 978-7-5439-6772-4
定　　价：58.00 元
http://www.sstlp.com

主持人简介

曹建辉　上海市音乐特级教师，上海市学生艺术团民乐二团团长，上海市第一、二、三期普教系统名校长名师培养工程音乐学科基地主持人，上海音乐家协会儿童音乐专业委员会副主任，上海市教师学研究会音体美专业委员会副主任。获杨浦文化名人、上海市劳动模范、全国学校艺术教育先进个人、全国师德先进个人等称号。

在扬琴教学上，研究出"松、直、准、快"四字教学法，培养了数十名专业优秀人才，在国际国内比赛中获近百项金奖。

在乐曲创作上，谱写了《希望心曲》等二十余首学生题材的民乐作品，获文化部群星奖，出版了《曹建辉合奏重奏作品集》。

在民乐教育上，创建了上海市学生艺术团民乐二团，蝉联四届全国中小学生艺术展演一等奖。出访美国、英国、奥地利、澳大利亚、日本、南非等国举办"丝弦华韵"专场音乐会。

在教师培养上，总结了"三台一引领"培养理念；音乐名师基地培养了八名特级教师等一大批音乐高端教师；主编了《名师成长与教学创新》《中小学民族音乐教育教学的实践与研究》《中小学音乐特色教材丛书》等特色课程与教材，促进了上海市音乐艺术教育的发展。

主持人简介

陆亚芳　原同济大学第一附属中学副校长、中学音乐高级教师,上海市音乐特级教师,上海教育学会音乐教学专业委员会副主任、上海音乐家协会合唱协会理事、上海市学生艺术团合唱一团指挥。

三十余年来,始终坚持在教育第一线,培养了大批优秀艺术特长生。她指挥的合唱团获国际合唱比赛金奖3项,获国家金奖4项,并屡获市级以上一等奖。为解决学生变声期阶段不能开声的问题,她创建了"四声"的声乐教学法,有效突破中学课堂教学、合唱教学中的瓶颈。为了音乐教育事业发展,她担任第二、三期上海市普教系统名校长名师培养工程音乐学科基地副、正主持人,一大批青年教师在她的指导下,在市、区发挥骨干作用。

曾先后被评为杨浦区先进工作者、上海市"三八"红旗手、上海市艺术教育先进个人、上海市劳动模范、全国优秀艺术教师、全国优秀教师等荣誉称号。

前　　言

在上海市教委和上海市师资培训中心的领导下,在部分区县教育局的支持下,第三期上海市普教系统名校长名师培养工程音乐学科基地于2012年3月开始启动,2016年12月结束。音乐基地有14位学员,分别来自徐汇、虹口、杨浦、浦东、宝山、青浦、闸北(现静安区)、嘉定、崇明9个区县,加上主持人曹建辉、陆亚芳与主持人助理谢圆,以及2位受嘉定、金山委托培养学员,整个团队共19人。每周星期二,学员们都从各个区县赶来,汇聚在杨浦区少年宫。为了一个目标——出人才、出经验、出成果。

五年间,在专家教授导师团的精心指导下,大家一起进行音乐学科研究、一起评析艺术课堂实践、一起着手特色课程开发、一起合作音乐舞台表演。通过示范教学、带教新人、开设讲座、举办论坛、主持项目、策划活动、研究课题、撰写专著等培养活动,导师与学员之间,学员与学员之间都结下了深厚的友谊。互相学习,互相借鉴,互相帮助,成果共享,一起成长,成为导师和学员们共同的心愿。

音乐基地立足每位学员的专业素养与发展需求,突出音乐学科特征与教学特色,以讲台、舞台、写字台"三台合一"的专业能力培养,引导学员乐于分享、互学、研讨、思辨、拓展,使每位学员在基地学习中突破现有瓶颈,实现质的提升,成为有特色、有风格、有思想的高端优秀教师。同时,通过音乐基地学员与郊区种子教师牵手活动,上海市音乐名师基地"公益讲堂"、上海市"十三五"教师培训微课程推广,沪闽、沪黔音乐课堂教学交流活动,中国教育研修网课程研发、长三角国际民族乐团展演、全国中小学生艺术展演,中美青少年文化交流等教育教学展示活动,使"三台能力培养"与"基地成果辐射"互相融合,促进了学员们的和谐成长。

我们每一个人都很珍惜来之不易的学习机会,自然就把务实放在突出的位置。学员们都是一线优秀的音乐艺术教师,在各自区县都担任着十分重要的工作,他们在超额完成各类教育教学任务外,放弃了课余休息时间,潜心研究,取得成效。五年中,8名学员撰写教学专著10本,15名学员创编中小学音乐特色教材丛书13册。其中4名学员被评为上海市特级教师,1名上海市教育系统三八红旗手,4名学员担任校级领导,6名学员担任区级音乐名师工作室主持人,10名学员区拔尖教师与学科带头人,学员们正在各自的区域发挥着越来越大的引领作用。

  从音乐基地的层面来说,自2006年第一期音乐基地至今已有十周年了。十年来,我们不断实践探索,逐步总结出讲台、舞台、写字台"三台一引领"的基地培养理念,先后培养出8名特级教师和一大批出类拔萃的高端优秀教师群体,激励着更多的学员们在专业成长道路上前行。因此,怎样将学员们的成长经历展现出来,为广大一线音乐艺术教师们提供可借鉴、可学习、可实践的成长路径,成为本书的核心思想。经过多次的集体研究,确立了《迈向卓越——中小学音乐名师成长经验与特色》为基地合著本,以第三期音乐名师基地全体学员(涵盖了小学、初中、高中教师和音乐教研员)为主体研究对象。通过每位学员一个独立完整章节,每个章节中统一呈现"教师介绍""成长叙事""且行且思""经典课堂"和"学有所悟"五个板块的内容,总结提炼音乐艺术学科的实践研究成果与经验。

  在本书中的"成长叙事"板块中,16位学员以心路自述的方式讲述了如何从基层普通教师逐步成长为骨干教师,乃至音乐名师的经历。教师的成长经验不同于一般的经验,它往往具有不可量化性和模糊性,是一种隐性的经验,但通过成长故事的描述,可以使阅读者得到默会的认知,从故事中读到智慧,这就是故事的力量,也是质性研究的魅力。

  本书中的"且行且思"板块汇集了学员们最新的课题研究报告和教学论文,分别围绕学科育人、核心素养、课标落实、有效教学、学习方式变革、课程开发等热点、焦点问题,为广大音乐艺术教师提供了丰富且具有一定前瞻性的研究成果。

  "经典课堂"板块为读者提供了来自一线课堂的教学范例,对不同层次教师的课堂教学具有指导意义,对不同学科和学段教师的学科研究也具有借鉴和应用价值,能够为音乐艺术教师和教研员乃至从事相关专业研究的高等音乐教育类师生提供学习、借鉴与研究的学科资源。

我们走在中小学音乐学科研究与教师专业发展的大道上,心怀感恩。基地的学员们其实都是大忙人,往往白天忙于工作,到了夜深人静才是"出灵感"的时候,这本书中的字字句句,都是他们在孤灯下、不眠夜里写成。但倘若没有市、区、学校领导的支持,没有专家导师们的鼓励,学员们是很难坚持下来的。我们衷心感谢各级领导、专家教授给予的帮扶,感谢所有帮助音乐名师基地开展活动的各界人士与同仁们。

我们出版本书,仍有许多不足之处,真心希望继续能够得到领导与专家的指正,虚心接受广大读者的批评。我们更盼望通过《迈向卓越——中小学音乐名师成长经验与特色》,能为广大音乐艺术教师提供学科研究的资源与成果,为学校提供高端音乐教师培养的模式与路径,为教育综合改革提供来自一线的实证类素材,为推动上海市音乐艺术教育的发展和优秀师资队伍建设发挥积极作用,为学生成长培养高素质的领路人!

音乐学科基地主持人:曹建辉　陆亚芳

2017 年 5 月

"三台一引领",构筑音乐名师培养高地

——第三期上海市普教系统名校长名师培养工程音乐学科基地五年工作总结

主持人 曹建辉 陆亚芳

一、音乐学科基地概况

第三期上海市普教系统名校长名师培养工程音乐学科基地(以下简称音乐学科基地)于2012年3月开始启动,2016年12月结束。音乐学科基地有14位学员,分别来自徐汇、虹口、杨浦、浦东、宝山、青浦、闸北、嘉定、崇明9个区县,加上主持人曹建辉、陆亚芳与主持人助理谢圆,以及2位受嘉定、金山委托培养学员,整个团队共19人。其中小学音乐教师8人,中学音乐教师9人,校外教育教师2人。

音乐学科基地专家导师团

上海音乐学院博士生导师	黄 白	教授
中央音乐学院博士生导师	王甫建	教授
上海师范大学音乐学院院长	李 聪	教授
上海师范大学音乐学院副院长	施 忠	教授
上海市教研室音乐教研员	席 恒	
上海市教研室艺术教研员	钱熹瑗	
资深音乐教育教学专家	郁文武	
资深音乐教育教学专家	王月萍	
上海市音乐特级教师	张展英	
上海市音乐特级教师	施红莲	

音乐学科基地培养工作

基地为了一个目标——出人才、出经验、出成果,为学生成长培养高素质的引路人,根据专业理念与师德,专业知识,专业能力的教师专业要求,将培养内容落实在音乐课堂教学能力、舞台音乐表演能力、教育教学科研能力,即音乐教师"三台合一"能力培养上,细化在学习园地、实践园地、研究园地、个性园地四个模块中。

学习园地:先进理论理念学习,师德修养与职业境界,学科知识拓展更新。

实践园地:音乐课堂教学实践,音乐学科专题活动,音乐教学与现代科学技术,教育评价学术引领。

研究园地:音乐教师专业成长研究,音乐教育教学课题研究,音乐特色课程研究,音乐教学特色提炼。

个性园地:音乐舞台表演指导,艺术教育项目主持,艺术主题活动策划,学生艺术社团创建。

我们每一个人都很珍惜这次来之不易的学习机会,自然就把务实放在突出的位置。五年来,学员们聆听专家教授学术报告 30 场次,教学研究展示系列活动 18 场次,开设学员示范课 50 节,导师学员双点评课 500 人次,导师学员教学特色研究 10 次,导师学员教育教学论坛 6 次,学员开设讲座 94 场次,130 余篇研究成果、论文或作品已在各级刊物杂志上发表;导师学员参加第十届长三角地区民乐展演、全国第四、第五届中小学生艺术展演,赴贵州贵阳市、甘肃兰州市、福建厦门市、山东青岛市、美国、南非开课、讲学、展演、举办音乐会 20 场次。研修培养使大家在多方面得到提高。

二、音乐学科基地培养特色

(一) 音乐学科基地名师培养的目标

1. 培养上海市"领军型"教师

基地将立足音乐学科教育,积极参与课程改革,遵循音乐教育规律,探索解决音乐教学热点、难点问题。培养一批具有良好师德修养、先进教育理念、厚实专业素养、出色研究能力、艺术视野开阔、鲜明个性特色的优秀人才。推动上海市中小学音乐教育的发展,进而在更大范围的音乐教育领域起到示范引领作用。

2. 构筑上海市音乐学科的教育高地

基地也积极发挥基地学员之间的"同伴互助",把音乐名师基地建设成一个"学习共同体"。基地充满了温馨、团结的氛围,基地学员也各有特色,每一次活动、每一次探讨,总能感受到同伴们闪耀智慧的思维火花。学员之间如切如磋、如琢如磨,实现共同分享、互助共赢的学习目标,从而由音乐名师基地的导师们和学员们共同构筑起上海市音乐学科的教育高地。

(二) 音乐学科基地名师培养的专家引领

音乐专业导师的专家引领　为使学员更快地成为音乐名师,基地聘请了上海音乐学院、中央音乐学院、上海师范大学音乐学院等专家教授作为学员培养的音乐专业导师。他们从音乐专业知识、能力及素养,音乐专业表演知识、能力及素养等方面给学员以引领。

音乐教育教学导师的专家引领　基地聘请了资深的音乐教育教学专家、音乐特级教师作为学员培养的音乐教育教学导师。他们从音乐教育教学知识、能力及素养,音乐教育教学研究的知识、能力及素养等方面给学员以引领。

通过音乐专业导师、音乐教育教学导师的双导师引领,更好地把学员们培养成上海市音乐教育教学方面的高端教师、领军人物。

(三) 音乐学科基地名师培养的方法

1. 教育学习法

基地研制五年音乐名师专业素养规划和分年度实施计划,要求每位学员按照基地的要求和自己的工作实际情况,实行自学、集中学习、网上学习交流等多种形式,努力提高自己在音乐教育教学上各方面的能力与素养。基地组织全体学员学习教育理论、音乐专业理论与音乐教育理论,学习双导师的音乐专业经验与音乐教育经验。

2. 教育实践法

基地充分发挥音乐名师学员们在课堂教学、课改实验、师资培养等方面的示范、指导、引领作用:首先,从提高基地成员个人学术修养与音乐教育能力的层面入手,积极组织每一位学员认真地参加区级、市级、全国级的音乐教学展示,促进每一位学员音乐教育能力的提高;其次,从提高基地成员个人学术修养与音乐表演能力的层面入手,组织每一位学员积极地开展区级、市级、全国级的音乐舞台表演展示,促进每一位学员音乐舞台表演能力的提高;再次,面向全市乃至外省教师组织开展培训、研修和观摩等活动,促进了更广范围内音乐教师专业素质的整体提升。

3. 教育研究法

基地组织学员开展课题研究、课程开发、成果展示、专题研讨、论文比赛、作品竞赛的研究活动,切实提高学员的音乐教育与音乐表演的研究能力。逐渐养成学员在工作中研究,在研究中工作的意识,提升用研究的方式解决实际问题的自觉性。引导学员乐于分享、互学、研讨、思辨、拓展,力求使每位学员在基地学习中突破现有瓶颈,实现质的提升,使"名师能力培养"与"基地资源辐射"发挥同步效力,更好地服务于上海乃至更大区域的音乐教育发展与研究。

4. 教育反思法

基地倡导学员开展音乐教育教学、音乐表演实践活动中的反思,开展理论学习、经验学习中的反思,开展课题研究、课程开发、成果展示、专题研讨、论文比赛、作品竞赛等研究活动中的反思,通过反思学员们找到自己的优势、特长与潜质,找到自己的缺点、劣势与不足,找到自己的信心、热情、与方向,从而激励、鞭策、督促自己今后更好地发展与提高。

(四) 音乐学科基地名师培养的策略

基地采用合作研修与自主研修相结合的方式进行名师培养。合作研修主要依托两种形式,即导师引领的集体研修与学员合作的同伴研修。在研修中基地实施规划引领、理论引领与专家引领三大策略。

1. 规划引领——建章立制,明确学习规划

基地把学习时间安排为"相约星期二",研究编制了基地学习的指导思想、工作目标及规划、工作要求等各项规章制度,并建立中学组、小学组、课题组,使基地日常工作走向规范化,精细化。

基地采用学员自我诊断、导师指导诊断、基地集体诊断,通过三个层面的诊断,制定基地五年音乐名师培养规划和分年度实施计划;每个学员要制定个人五年专业发展规划。基地每年实施有重点:2012年课堂教学系列专场,2013年教育教学论坛系列专场,2014年音乐技能系列专场,2015年特色课程系列专场,2016年音乐艺术综合专场。规划引领为名师成长指明前进的方向。

2. 理论引领——理论熏陶,提升人文素养

基地从加强理论学习入手,以理论熏陶的方式提升学员的人文素养。

人格感召,树立榜样 两位基地主持人在坚持严于律己,率先垂范,以实际行动影响他人,以敬业精神树师德形象的同时,积极组织学员认真学习,并以专家名师博览群书、学而不厌的学习态度,爱岗敬业、求真务实、精益求精、追求卓越的工作精神,来感召全体学员。

研读专著,理论引领 为拓展视野,提升学员的理论基础,我们开展了"共读教育专著"的读书交流活动。学员结合实践找书读,聚焦问题读名著,并将读书心得进行交流共享。《音乐教育的哲学》《中国教育绝不输给美国》《国外音乐教育文献选读与分析》《与名师同行》等书籍让学员们爱不释手。读书已成为基地学员的习惯,并逐步结合自己的教学实践形成自己的教育理念,为教师的可持续发展奠定了坚实的基础。

3. 专家引领——走近专家,倾听专家"真言"

众多专家、教授、名师被请到音乐基地,为学员们"传经送宝"。《教师的职业生涯规划与专业发展》《器乐教学特色课程开发与实践的行动研究》《立育人之意 探育人之径》《关于艺术彩虹计划的畅想》等二十多个专题讲座,有效地帮助学员提升自身教育素养,形成先进的教育理念,了解当代教育的最新动向,开拓学员们的艺术视野。

(五) 音乐学科基地名师培养的主要内容——"三台一引领"能力

1. 立足课堂,磨砺"讲台"能力

真正的名师必定源自于课堂、根植于课堂。课堂永远是教师的主阵地,基地紧紧抓住课堂教学,引导学员研究自己的课堂,学习名家的课堂,展示自己的课堂。基地要求学员们通过实践磨砺自身,形成独具特色的音乐课堂教学风格。

基地重点围绕新课程背景下的教育教学探索,展开各种形式的开课、听课、评课活动,举办了崇明、闸北、虹口、青浦、宝山、闵行、嘉定、徐汇、浦东、杨浦、松江、奉贤等18个专场教学系列展示研究活动,共开设50节示范课,听课的老师达5 000余人次。

2012年5月,在徐汇中学大礼堂与福建省教育学院高中音乐学科教研组长高研班进行学术交流活动,沪闽两地音乐骨干教师代表200余名参加。2013年4月,在上海音乐学院实验学校音乐厅进行"追求内涵,在名师培养平台上发展"小学教学研究展示活动,由上海市教师专业发展工程领导小组办公室、上海市教委教研室主办。2013年5月,在杨浦高级中学演播厅举行"追求内涵,在名师培养平台上发展"高中艺术教学研究活动,上海市教委基础教育处处长倪闽景、杨浦区教育局副局长吴巍等领导专家出席。2014年6月,为了更好地推进名师培养活动,开阔学员们的教学视野,推广名师培养成果,扩大音乐学科影响,音乐学科基地赴贵阳与贵州省教育科学院德美所共同举办"沪黔两地课堂音乐教育教学的交流活动"。基地的课堂教学成果不仅在市内推广展示,还与全国兄弟省市进行交流,使名师基地培养活动的成果得到更广泛的辐射。

这些观摩课、示范课中,各位学员的教学各具特色,精彩纷呈,充分体现了学员们的教学睿智。基地还设立了小学组、中学组、课题组组长,充分发挥学员自主管理与团队合力作用,由组长全程带领组员共同进行备课、磨课、开课、评课。每个教学专场学员均做到:有个人教育教学特点、有教学设计、有教学说明、有教学反思、有团队研究过程、有学员导师双点评,较好地提高学员的课堂教育教学能力。

2. 一专多能,提升"舞台"能力

舞台音乐表演能力是音乐名师专业技能过硬的试金石,学员们在学校、区县都要独立承担艺术节、文化节等综合性的校园艺术活动,基地根据每位学员的个人专长与所在学校的艺术特色,将舞台音乐表演能力渗透在基地的培养课程中。从"舞台"能力而言,一名优秀的音乐教师应该具备良好的音乐表演素养,具有一定的演唱、演奏能力和相当的艺术舞台实践能力及组织学生艺术活动的能力。具体体现在:歌唱、演奏、舞蹈、指挥、创编、策划组织的音乐综合能力培养上。

2013年8月,中美青少年民族文化交流——丝弦华韵专场民族音乐会在美国肯尼迪艺术中心举办,整场音乐会全球在线直播。中央电视台、人民日报、新华社、人民网等20余家媒体进行报道。2014年12月,在杨浦区少年宫梦想剧场举行第十届长三角地区民族乐团展演,有来自海内外大、中、小学校民族乐团60余支团队参加。共有高校专场、中小学专场、学生艺术团专场、社会团体专场。参演人数达5 000余人。2015年8月,上海市杨浦区少年宫学生艺术团南非"中国年"专场音乐会在南非金山大学大剧院举办。南非外交部部长顾问兼南非—中国人民友好协会秘书长Eddy Maloka先生、中国驻南非大使馆李松公使等领导出席音乐会。2016年4月,上海市学生艺术团民乐二团代表上海市教委,赴青岛参加全国第五届中小学生艺术展演,评委会主任卞祖善教授在器乐展演专家点评中说:"上海的学生民乐团专业优秀、表现力丰富,展现出学生对民族

音乐的热爱。"上海青少年民族音乐之声在中国乃至世界主流音乐舞台上得到传播与弘扬。

3. 舞文弄墨,提高"写字台能力"

"写字台能力"是许多音乐教师普遍存在的短板,但又是作为名师培养的必需选择,因此,基地引导学员及时反思自己的教学实践,在"讲台"与"舞台"两个层面上去发现、分析、认识自己的教学优势与特点。为了加强学员的"写字台"能力培训,基地为每位学员构建成长档案袋,将学员这五年的培养过程进行跟踪式的记录,同时也让每一位学员形成"多探索、多思考、多总结"的良好教育科研意识与科学思维习惯。同时,学员还根据基地总课题《中小学音乐名师成长的实践研究》,分别确立具有个人思想风格、个性特色的子课题。基地还开展了《中小学音乐特色课程开发》的研究活动,开发音乐特色课程,编写相关教材,这个教材系列已经被列入上海市"双名工程文库"的出版计划。学员们除了有不少论文成果在各类刊物发表,还有多本论著出版发行。此外,基地学员还共同创编了音乐教育年刊《音乐教苑》。上海市第三期"双名工程"网络管理平台网络交流发表日志数 775 篇,访问数达 203 670。

2014 年 12 月,在杨浦区少年宫报告厅举办"名师引领我践行"——第三期上海市普教系统名校长名师培养工程音乐学科基地名师讲坛活动。出席本次讲坛活动的领导专家有上海市教委副主任王平、上海市教委体卫艺科处处长丁力、上海市师资培训中心副主任赵洁慧、杨浦区教育局党委书记顾登妹、杨浦区教育局局长邵志勇、第三期上海市音乐名师基地导师团成员、"双名工程"综合组基地主持人。2015 年 1 月,在上海市教委教研室多功能厅举办"艺术育人 育人艺术"——第三期上海市普教系统名校长名师培养工程音乐基地、美术基地联合展示活动。出席本次展示活动的领导专家有上海市教委副主任王平、上海市师资培训中心主任郑百伟等领导专家。在音乐名师基地主持人的带领下,通过五位学员的培养案例,展示音乐基地全体学员在"在传承中突破"、"在研究中把握本质"、"在创新中夯实内涵"、"在历练中体验成长快乐"的过程。活动展示了上海市艺术高端教师们对"艺术育人"与"育人艺术"的探索与经验。

4. 搭建平台,发挥"专业引领能力"

通过与市教委教研室的合作,音乐学科基地向整个上海市辐射了基地的成果与经验,促进了上海市音乐师资队伍建设和区域音乐教育的发展。我们清楚地意识到,要传播"三台"经验,光靠名师基地的平台和现有资源是不够的。我们必须扩展培养平台,共享资源,才能更好地发挥基地培养的辐射力和影响力。

2013年9月,基于对一线教师教学困惑和难点的分析,基地首创"上海市音乐名师基地公益讲堂"活动,组织每位学员投入到服务区县教师教育教学实践的行动中,用自己的公益讲堂,为老师们解疑释难,同时,也更好地促进自身对音乐教育教学规律、方法等的总结,提炼自身实践经验,彰显名师基地示范、辐射与带教作用。2013年11月,在嘉定区华江小学多功能厅进行第三期上海市音乐名师基地与40名上海市郊区县中小学音乐教师培训者研修班"种子教师"进行牵手带教仪式。使名师基地与"种子教师"研修班能够在联合活动的层面上更上一层楼,产生更实质的衔接效应,并进一步拓展丰富基地培养经验的推广渠道。2013年6月,基地组织小学组学员,基于"课程标准"开发了《课堂教学"十八般武艺"网络精品课程的研发》国培师训课程《备课》与《上课》专题(含课程视频、数字故事与文本资料等),被教育部2013"国培计划"远程培训项目正式录用。2015年10月,基地研发了《中小学音乐学科重难点的教学解决策略》——《歌唱的基本习惯培养》、《舞蹈律动的基本习惯培养》国培课程,在中国研修网上进行网络教学,使基地的研修成果在全国范围内得到传播和借鉴。2016年1月,基地拍摄了《听、唱、奏、演、赏、创——音乐特色教材集的开发与实践》上海市双名工程微视频课程,20集聚焦校园艺术文化的微视频课程,为学生音乐综合素养的培养提供丰富多彩的课程资源。2016年11月,《音乐特色教材集的开发与实践》20集微视频课程作为上海市"十三五"市级教师学习平台第一批微视频课程正式使用。2016年12月,《中小学音乐特色教材丛书(十三册)》由上海教育出版社出版发行,基地学员课程研发创编指导能力得到更大范围的辐射与推广。

三、音乐学科基地学员成长

基地学员通过五年的培养,逐步形成自己的教学特色与风格,在全市音乐、艺术教育领域发挥着越来越重要的作用。五年内基地学员中有4位学员被评为上海市特级教师,还有区拔尖人才1名、区学科带头人8名,上海市教育系统三八红旗手1名。上海市音乐学科高端教师队伍正在形成。

(一)从职业的工作到事业的创造

教育界一直强调教师需要专业发展与成长,并推出了一系列的鼓励与支持措施,但始终无法解决教师专业成长的持续动力问题。那么,怎样才能让教师真正获得自己持续的专业成长动力？基地通过让学员们把从事教师职业的内驱力转化成创造教育事业的内驱力,有效地解决了教师专业发展的倦怠问题。

(二) 从学科教学到课程资源开发

仅仅从音乐学科的专业技能角度去上课,教育教学之路往往会越走越窄。随着二期课改的深入,音乐教学已由"工具性"向"人文性"发展,这一切使得音乐学科具有了较以往更为突出的丰富性、广博性与兼容性,通过开发音乐课程资源,学员积极开展音乐教育教学课程的建设,开发出不少创新的音乐教育教学课程。在课程的开发中学员们的音乐教育能力与素养得到了极大的提高。

(三) 从关心学生到让学生多元发展

传统的音乐教育教学中,比较好的教师十分关心学生学科发展。基地学员通过学习培养后,学员们的教学更注意满足学生多元需求,促进学生多元发展,让音乐课堂充满快乐,让校园文化充满生机,使得学生能够拥有更广阔的成长发展空间,通过音乐艺术找到自己的人生坐标。

(四) 从传授知识到注重育人

音乐技能在课堂中非常重要,但学生品格的养成是更重要的。一名教师就是一名耕者,肩挽时代铁犁,耕耘在三尺讲台,开启蒙昧,传播文明。法国大文豪雨果说:"世界上最广阔的是海洋,比海洋更广阔的是天空,比天空更广阔的是人的心灵。"学高为师,德高为范,作为学生心灵的耕者,基地学员们能够懂得,教会学生的不仅仅是书本上的音乐知识和技能,更要教会学生做人的道理。学员们的音乐教学与活动,不仅仅传授音乐知识,更注重育人。

(五) 从个人成长到整个团队共进

著名教育学家佐藤学教授把学习的实践界定为借助同他人的团结与协作所实现的"合作性实践",在此基础上提出了"学习共同体"这一构想。参加基地学习前,每一个学员都是一种独立成长的状况,而在音乐名师基地这一"学习共同体"中,他们是团队共进中的一员。回到自己的学校、区县,他们又成为带领各自团队成长的领头人。基地使每一个学员从个人成长发展到整个团队共同进步,共同发展。

四、音乐学科基地培养成效

(一) 音乐学科基地专著出版

1. 《行者之歌——一位音乐教师的采风足迹》　　作者　李逊芳　2013.1
2. 《乐海拾贝——课改实践中的启迪》　　作者　曹晏平　2013.1
3. 《清新芬芳的艺术教学》　　作者　史莉莉　2013.7
4. 《觅影寻声》　　作者　李逊芳　2014.4
5. 《上课——构建和谐的学习共同体》　　作者　曹晏平　2014.5
6. 《让心灵伴着歌声成长——22位音乐名师的教育智慧》

　　　　　　　　　　　　　　　　　　　　作者　陈　璞　2014.7
7. 《基于学生学习的高中音乐教学设计的思考与实践》

　　　　　　　　　　　　　　　　　　　　作者　史炯华　2015.2
8. 《慧雅乐童——中国唱诗班诗乐文化经典》　　作者　刘　婧　2016.1
9. 《读懂学生需求　理解音乐教学》　　作者　葛民莉　2016.6
10. 《中学音乐教育的创新魅力——基于上海中学的实践与思考》

　　　　　　　　　　　　　　　　　　　　作者　陈向蕊　2016.6

音乐基地培养成果书系：《迈向卓越：中小学音乐名师的成长经验与教学特色》
　　　　　　　　　　《新课程背景下的中、小学音乐特色课程开发》

　　　　　　　　　　　　　　　　（音乐学科基地16名学员合著　2016.11）

(二) 音乐学科基地课题立项

《小学打击乐社团活动资源的开发与实践》（曹晏平　2013.5　市级课题）
《礼乐一体——基于学生和谐人格养成的音乐拓展课程开发的实践研究》

　　　　　　　　　　　　　　（刘婧　2015.4　市级艺术科研重点课题）

(三) 音乐学科基地教育教学论文获奖

论文：《无声的转变》获全国中小学音乐、美术教学论文一等奖

　　　　　　　　　　　　　　　　　　　　作者　丁志红　2013.5

论文：《中小学学校品牌建设问题研究》获全国优秀教育教学论文评选大赛一等奖　　　　　　　　　　　　　　　　　　　　作者　史莉莉　2015.3

教学设计：《天鹅湖》获全国优秀多媒体教学课件评选大赛一等奖

　　　　　　　　　　　　　　　　　　　　作者　史莉莉　2015.3

论文：《高中艺术课程的拓展和实践》获上海市第四届中小学艺术展演活动

艺术教育科研论文一等奖　　　　　　　　　　　作者　李逊芳　2013.2

论文：《同建和谐氛围　共创品质课堂——小学音乐课堂中"师生互动"的实践与研究》获上海市音乐教师教育教学论文评选一等奖

　　　　　　　　　　　　　　　　　　　　　作者　葛民莉　2013.1

（四）音乐学科基地展演获奖

民乐合奏：《达勃河随想曲》获全国第四届中小学生艺术展演一等奖

　　　　　　　　　　　　　　　　　　　　　指导　李逊芳　2013.2

民乐合奏：《飞歌》获全国第四届中小学生艺术展演上海市活动一等奖

　　　　　　　　　　　　　　　　　　　　　指导　曹建辉　2013.2

合唱：《孟母三迁》获全国第四届中小学生艺术展演上海市活动一等奖

　　　　　　　　　　　　　　　　　　　　　指挥　陆亚芳　2013.2

民乐合奏：《丝绸之路》获全国第五届中小学生艺术展演上海市活动一等奖

　　　　　　　　　　　　　　　　　　　　　指挥　谢圆　2015.7

合唱：《归园田居》获全国第五届中小学生艺术展演上海市活动一等奖

　　　　　　　　　　　　　　　　　　　　　指挥　陆亚芳　2015.7

民乐合奏：《激情的回忆》获全国第五届中小学生艺术展演一等奖

　　　　　　　　　　　　　　　　　　　　　指导　曹建辉　2016.2

五、音乐学科基地思考与展望

教育要发展，教师是关键。如果说，国家对教育资金的不断投入是教育发展的硬件基础，那么，教师的专业成长就是教育发展的软件基础。当下，教师对自身专业化发展的重视度在不断增强，在基地的运作过程中我们也发现，教师在专业成长道路上"组团"前行一定比"独自"探索的步伐更快！

通过第三期五年基地的培养历程，我们有以下对未来的思考：

（一）从传统的学科师徒带教向打破师傅界限的导师制研修模式转化

通过这些年的研修，我们感觉基地应该从传统的学科内师徒带教方式向打破师傅界限的导师制研修模式的转化。首先，跨师傅式的培养方式显然是符合教师需要综合素养这一历史潮流的。其次，基地导师制研修模式关注教师个性需求，激励团队互动，不仅使学员获得了成长，也能使基地主持人与导师也获得成长。

(二) 建立有效的网络研修方式与平台

网络为我们的研修增添了丰富的资源和空间。现在"双名工程"已经开设了专门的网络平台,但是,其作用还是局限于资源平台的价值。这为我们做研究提供资料档案,回顾既往的研究写作,宣传成果等有不错的效果。而在网上作业交流、批改指导、互动讨论等方面,还需要进一步寻找更佳的研修方式。同时,也希望这期基地结束后,已有的资源平台能够保留下来,以作为我们基地和"双名工程"的历史足迹和资源库。

2016 年 5 月

目录 Contents

前言 ………1

"三台一引领",构筑音乐名师培养高地——第三期上海市普教系统名校长名师培养工程音乐学科基地五年工作总结 ………1

【小学篇】 ………1

第一章 无悔选择　永恒追求 ………3
且行且思:"国外音乐教育育人功能"文献研究报告 ………9
经典课堂:嘹亮的歌声 ………26
学有所悟:砥砺前行,做最好的自己 ………31

第二章 在经历中成长,在成长中经历 ………34
且行且思:享音乐综合实践活动之乐 ………43
经典课堂:幸福年 ………51
学有所悟:难舍基地五年情 ………59

第三章 用一生读你 ………60
且行且思:蓓蕾花开　舞韵自来——舞蹈《染韵》参加上海市学生艺术节活动实践与思考 ………66
经典课堂:上学 ………71
学有所悟:实践中成长 ………77

第四章 快乐前行 ………80
且行且思:网络环境下小学高年级音乐学科教学探索 ………86
经典课堂:快乐的歌 ………91
学有所悟:有你,真好! ………99

第五章　我拥有一个幸福的房间 ………102

　　且行且思：农村小学背景下学生艺术教育培养的实践
　　　　　　 研究 ………110

　　经典课堂：可爱的家 ………118

　　学有所悟：五彩的回忆 ………124

第六章　感受　感动　感恩 ………126

　　且行且思：基于"标准"的音乐学科思维干预策略研究 ………132

　　经典课堂：深深的祝福 ………144

　　学有所悟：手牵手 ………152

第七章　美的使者　美的追求 ………153

　　且行且思：在校本研修中提升小学音乐课堂教学有效性的
　　　　　　 实践探索 ………162

　　经典课堂：在欢乐的节日里 ………171

　　学有所悟：这五年 ………178

第八章　遇见——最好的自己 ………179

　　且行且思：小学音乐教学中普及型竖笛学习的有效策略
　　　　　　 研究 ………188

　　经典课堂：童年的摇篮曲 ………194

　　学有所悟：高平台学习中的紧紧跟随 ………199

【中学篇】 ………203

第九章　做一头"千里牛" ………205

　　且行且思：一堂好的音乐课是怎样的 ………219

　　经典课堂：光影世界之音画情缘 ………223

　　学有所悟：春风十里不如你 ………227

第十章　十五年,留给我的那些记忆 ………229

　　且行且思：基于生活视角的美国加州地区中学音乐
　　　　　　 课堂教学研究及启示 ………235

　　经典课堂：民族的摇篮——沃尔塔瓦河 ………250

　　学有所悟：感谢一路有你 ………256

第十一章　学习,永远在路上 ………257

　　且行且思：初中艺术学科中挖掘人文内涵培养学生音乐鉴赏

　　　　　　能力的研究 ………263

　　　　经典课堂：大海·印象 ………271

　　　　学有所悟：感恩有"你" 一路相伴 ………276

第十二章 悠悠乐韵 暖暖深情 ………278

　　　　且行且思：让艺术展开信息的翅膀——浅谈高中多媒体数码音像制作课程的探索与实践 ………284

　　　　经典课堂：魅力非洲 ………291

　　　　学有所悟：教师专业发展之路寻智慧 ………297

第十三章 "梦想"三部曲 ………299

　　　　且行且思：提升农村普通高中钢琴教学有效性的实践研究 ………306

　　　　经典课堂：天鹅湖 ………316

　　　　学有所悟：有你 ………322

第十四章 情缘"新天地" 无悔青春梦 ………324

　　　　且行且思：让民族音乐走进学生生活 ………338

　　　　经典课堂：肢体语言 心灵律动 ………342

　　　　学有所悟："痛并快乐着" ………349

第十五章 心态决定状态 信念成就梦想 ………351

　　　　且行且思：学校音乐教育与社会大课堂联通的教学案例研究 ………357

　　　　经典课堂：音乐中的情感抒发 ………371

　　　　学有所悟：构建教师专业成长的蓝图 ………376

第十六章 感谢有你 ………378

　　　　且行且思：业余钢琴教学培养情感表达与创意能力初探——由"上中杯"钢琴比赛引入即兴演奏的拓展思考 ………388

　　　　经典课堂：歌剧与京剧的综合比较 ………395

　　　　学有所悟：美丽的结局 ………400

小　学　篇

第一章　无悔选择　永恒追求

教师介绍

曹晏平，1975年生，毕业于华东师范大学音乐学专业，中学高级教师，上海市音乐特级教师，上海市教育学会中小学音乐教学专业委员会副理事长，现任静安区中兴路小学副校长。

曾荣获上海市劳动模范、上海市学校艺术教育先进个人、上海市第三期普教系统名师后备人选、上海市第一期普教系统优秀青年教师后备人选、上海市音乐学科中心组成员、闸北区教师金穗奖（区学科带头人）。先后被聘为：上海市中青年教师教学评比音乐学科评委；《上海市中小学音乐课程标准》修订组成员；上海市小学音乐成套教材审查组专家；上海市音乐学科育人价值研究项目核心组成员；2004版《上海市中小学音乐课程标准》审读专家；《上海市中小学音乐学科装备标准》编写专家；上海市小学音乐学科课件光盘副主编；《打击乐天地》学习资源副主编；参与编写了二期课改小学音乐学科三至五年级《教学参考资料》和《上海市音乐学科民族精神和生命教育实施纲要》。

个人累计7次获全国音乐学科教学评比、论文评比、教学设计与案例评比一等奖。数十次在亚太地区、中日音乐教育交流、全国、市、区级范围作公开示范课，拍摄出版了"上海市名师精品课"和"上海市音乐课程资源示范课"，数十次对全市和外省市作专题讲座。领衔或参与3个音乐学科国培课程开发，2个上海市网络学习课程开发；指导多位青年教师获全国、全市各类教学评比、论文评比一等奖；指导学校打击乐团连续5届获全国青少年打击乐比赛金奖和上海之春国际音乐节儿童精品专场银奖。出版专著《乐海拾贝——课改实践中的启迪》

《上课——构建和谐的学习共同体》《打击乐配器》三部,主编专著《多彩的音乐课堂——中小学音乐课型的实践与研究》一部和37节示范课例;在各类刊物发表文章数十篇余篇。

成长叙事

记得2015年上海市教委教研室原副主任赵才欣老师在为我的专著题序中这样写道:一个人在某个岗位上的专业成长,一般会经历"浸润"、"感悟"、"信仰"、"思想"等阶段。当一名教师,在教育教学的岗位上,也应该有这样的发展经历。"浸润"是基础,对所从事的岗位有亲身的体验;"感悟"是提升,对承担的工作有了某种道理的领会;"信仰"不是指"迷信",而是指追求,一旦人和工作岗位相融合,就会有情感上的自觉;而"思想"是升华,在信仰和追求的基础上,有了一些观点和理念,对外并可以产生辐射的观念价值,从"形而下"走到了"形而上"。我想用这种认识观点来简论本书及其作者曹晏平,从动态和发展的视角看他取得的成就,试图以此解读一名优秀教师成长发展的经验。在反复阅读赵主任题序内容的过程中,我也在不断反思自己的成长经历,我的专业发展始终秉持着"无悔选择、永恒追求"这一目标,以执着的态度矢志不渝地为之奋斗着。

情注青春——把人生的追求聚焦无悔的选择

我1993年参加工作,在金山漕泾中心小学工作5年后调入闸北永兴路第二小学。初到闸北不久,学校请了当时的区教研员王月萍老师来听我的课,没想到第一堂公开课就被全盘否定。自卑伴着失落,让我一时间沮丧到了极点。可是这些都没有使我有丝毫气馁。"有缺点马上改,直到把缺点改成优点为止"是我的座右铭。多听课、多模仿、多实践,两个月后王老师又走进了我的课堂。出乎我意料的是,这一次听课后王老师主动要求收我为徒,这既使我感到意外又感到受宠若惊。在恩师的悉心指导下我对音乐教学有了新的领悟,之后公开教学几度成功。2001年,我如愿以偿获得了闸北区第三届青年教师教学评比一等奖第一名,并代表闸北区参加上海市评比同样获得一等奖第一名,于是我又将冲刺全国冠军定为了目标。

正当我以最大的热情投入到参赛准备之时,一生中最大的打击也随之袭来。那年春天,我的母亲被医院诊断为胃癌晚期。这噩耗就如一记重锤,让我刹那间只有一个念头:照顾母亲,放弃比赛。然而,面对恩师、领导、专家、同行、朋友们的热切期望,我又怎么去推卸这份该有的责任呢？我不但不能放弃比赛,而且还要力争夺取最佳成绩,因为,我代表的不仅仅是自己,而是学校,更是代表着闸北啊。那段日子,对于我来说是艰辛的,且不说一周数次往返市区与金山的劳累,单是面对日渐憔悴的母亲时,心中那份内疚,就难以言表。暮春时节,我把眼泪装在心底送走了母亲,却把笑容挂在脸上走进了课堂。丧母的痛苦和着对理想的渴望,终于铸就了那一堂夺得全国桂冠的教学课——《雪绒花》。当我站在领奖台上的时候,眼前浮现的全是母亲的身影,我好想对妈妈说:"儿子的成功是献给您最好的礼物,您的在天之灵也一定会为我感到高兴和自豪的!"

2003年,我成为上海市音乐学科中心组的一员,从此,对课堂教学的钻研又上了一个台阶。教学相长,是我当时最大的感悟。倾听别人的教学,阐述自己的观点,或许可以称为点拨,但我却认为这样的行为,该叫作自省更合适。我在帮助别人的同时,也时刻反思着自己的教学,正是基于这样的认识,使自己能够在获得全国一等奖后依然不断地前进着。从二期课改新教材示范课到全国音乐教学展示课,从上海市名师精品课的出版发行到第七届亚太地区音乐教育展示课,从二期课改教材培训讲课到外省市音乐教学专题讲座,都有我不断实践留下的足迹。虽然,我因此失去了许多和妻女同乐的时间,错过了青年人该有的休闲娱乐,但是,我品尝到了一直以来都渴望得到的成功的滋味。既然选择了教师这份职业,就应该耐得住寂寞,抛开一切杂念,静下心来潜心研究课堂教学,用一堂堂生动、活泼体现学科育人价值的音乐课托起对音乐教育事业的追求!

秉持信念——让理性的思考引领专业的视野

教师若想在工作岗位上做出一番成绩,单单依靠扎实的教学是远远不够的,做一名研究型的教师成了我的矢志追求,在获得众多荣誉和成绩之后我并没有为之骄傲,而是静下心来把自己的所思所想撰写出来,成为一份份教学案例,一篇篇教育论文,一个个研究报告,一本本学科专著。

记得2004年我接到了教育部体卫艺司和中国音乐教育专业委员会的任务,让我在陕西西安"全国中小学音乐教研员培训班"上一堂公开课,以展示在二期课改期间上海中小学音乐教育的研究成果。当时接到任务后我十分紧张,只有一个星期准备时间,必须用全国版教材,还要展现上海在课程改革中的成功经验。这堂课主要凸显什么研究内容？如何在短短的40分钟内展示出上海的学科研究成果？如何在不清楚学生基础的情况下上出一堂精彩的音乐课？这些问题瞬间包围了我。时任上海市音乐学科教研员我的师父王月萍老师也为我捏了把汗。但不管怎样，我们都要尽力去完成这项任务，在这一个星期中，可谓是魔鬼式训练，前两天把成果展示的方向和教学设计定了下来，以"自主合作学习的有效性"作为本课的关注要点，以体现新课程的理念，凸显上海近年来这方面的研究成果。于是我们每天选择两所学校，课前给我15分钟时间接触学生，我师父对我的要求是，不管怎样的班级，你都能很好地上下来，只有做到这点，你才算做到了胸有成竹。就是这样反复的试教，根据不同班级，不同的试教情况，反复修改教案，将教案预设了多种可能以后，我们赶赴了西安。我的课安排在培训的最后一天，由于前面三堂课预期效果不佳，与会的教研员们都流露出不满与失望。这样一来我的压力就更大了，当时首都师范大学的教授曹理老师也在前一天来为我加油打气，开课前的晚上我一夜失眠，紧张程度可想而知！这种心情我至今还记忆犹新。总算等到了开课的时候，谁曾想由于当地的设备条件比较有限，我的课件无法播放，很多人调试了十多分钟仍然不行，当时的中国音乐教育专业委员会秘书长吴斌老师问我还能不能上，我毅然的回答："上"，当时我也不知道自己哪里来的勇气。就这样在没有课件的条件下，我的课依然充分展现出上海音乐学科在"自主合作学习有效性"方面的实践与研究成果。让学生通过分组自主学习后，运用创编成果从组内个体合作，到组与组之间的合作，再到师生之间的合作，环环相扣的教学环节，情感流露音乐演绎得到了与会音乐教育专家和一千多音乐教研员的一致好评，在课程的进行过程中得到了听课者无数次热烈的掌声。上完课以后我就俨然像一个当红的明星，签名、合影、留联系方式，甚至后来还有外地老师打电话向我请教音乐教育教学的问题等。回到上海之后，我多次被各区县的教研员邀请去借班上示范课。

这节课之后我在《中国音乐教育》上发表了自己对于自主合作学习有效性的认识与体会，这次经历激发了我对音乐学科发展中诸多问题的思考与实践。"让学生在愉悦的氛围中主动地学习音乐，让学生在合作的氛围中快乐地学习音乐，让学生在投入的状态中尽情地表现音乐，让学生在体验的过程中了解音乐文化。"这是我对基础音乐教育的感悟。我一直认为："基础音乐教育不是培养专业音乐人才，不应是纯知识技能的传授，音乐教学应该让孩子在快乐中习得知识、形成能力、了解文化，最终喜爱音乐，让音乐成为生活的重要组成部分。"因为沉浸于学科的实践与研究,使我对基础音乐教育有了新的认识与感悟,也使我对学科的本质有了更清晰的理解。

投入真情——将好学的态度辉映学科的征程

"活到老,学到老"这句话说说容易,但要真在生活中、工作中付诸实践没有一点毅力是做不到的。我1993年师范毕业参加工作,1995—1997年完成了大专的在职进修,2004年又完成了本科的学历进修。随着工作越来越繁忙,家庭中需要操心的事情也越来越多,但这都没有成为阻碍我学习的理由。我先后参加了很多额外的培训,有国培计划——薄弱学科专项培训、上海市第一届优秀青年教师后备人选培训、上海市第一届优秀青年教师后续培养项目培训、上海市第三届名师后备人选培训。以上所罗列的主要培训项目,有的历时1年,有的历时2年,也有的历时5年。虽然这些培训都是在我专业发展关键时期需要完成的,这些培训也占用了我很多的业余时间,但我从没感到过烦恼,而是将这些宝贵的学习机会和时间作为自己不断提升与进步的契机。

记得2010年当时我刚担任学校的教导主任一职,需要分管德育、科研、体卫艺还有教务工作。由于工作岗位发生了变化,自己需要尽快地适应,可恰巧在这时我被推荐成为上海市第一届优秀青年教师后备人选,每周需要有一天在外培训。当时我曾有过彷徨,也有过推脱的想法,但最终在校长的大力支持下我还是参加了这一培训。这次培训各方面都很重视,特级教师一对一带教,教育学院院长亲自指导,各学科学员相互听课学习等让我不仅对自己学科有了新的认识,同时对其他学科也有了一些了解,这对于我自己在学校教导处工作也有很大的促进作用。

紧接着2011年底我又被推荐为上海市第三期名师后备人选,名师基地的培训对每一位在专业上有追求的教师而言都是梦寐以求的。当培训进入到第三年时我的工作岗位又发生了变化,我被调到现在的学校担任副校长一职。由于教育局对这所学校的发展寄予了很大的希望,因此我的日常工作就变得更为繁忙了。为了当好这个副校长,我几乎每天都是第一个到校,站在校门口微笑着迎接每一位师生的到来,晚上也是最后一个离开学校。每星期深入课堂听课,在听课之前自己先把所有学科的课程标准认真学习了一遍,每听完一节课都会和老师面对面的交流我的听课体会。学校的每项工作我都亲力亲为,对分管教导的工作指导细致入微,对特殊学生的关爱更是持之以恒,很快我就赢得了全校师生的认可。

在基地培训的第4年中我被评为了上海市音乐学科特级教师,我由衷地感谢名师基地这个平台给予我的很多历练与成长机会,感谢两位导师的信任与指导。在基地的培训中让我充分感受到了团队的力量,也与大家建立起了深厚的友谊。大家抱着为音乐学科发展出一份微薄之力的初衷,共同努力着、合作着、进步着!我感觉能在这样的团队中学习是一种莫大的幸福!我会永远珍藏这份真挚的师生情、同学情、同行情!

点燃希望——用执着的信念托起永恒的事业

2014年9月被评为上海市音乐学科特级教师后来到了宝山区第二中心小学,开始了为期三年的支教工作。由于之前几年在学校一直从事管理工作,每天埋头于事务性的分管工作,只能利用晚上有限的时间思考一些学科方面的问题。这次的支教使我萌生了充分利用这宝贵的三年时间,真正开展一些音乐学科方面的实践与研究工作的想法,最初只是想再写一本学科方面的专著。说来也巧,我有一些同学目前都是一些知名小学的校长,她们邀请我能定期去她们学校指导,上海教育音像出版社的领导也希望我们结合学科的研究出版一些成果。于是使我萌生了与有共同追求和愿望的专家、同行一起为上海音乐学科的发展做一些最基础的事情,为音乐教师的专业成长搭设一定的平台。

2014年市教委提出"基于课程标准的教学与评价",作为推进全市课程改革的重要项目,所有区县和学校都在积极开展相应的实践与研究。为了帮助广大音乐教师尽快理解课标的理念,明确"课程目标",落实"内容与要求",在我的恩师指导和广大教研员的支持下确定了《基于课标——音乐学科课型的实践与研究》这一项目课题。最初7所项目联盟校围绕歌唱课型、欣赏课型、舞蹈律动课型、器乐课型和综合课型开展项目组实践与研究。我精心策划、组织每月一次的项目组活动,既有不同领域学科专家和课程专家的专题讲座,也有不同方面的学科专业实训活动,更多的是一次又一次不同课型的教学研讨活动。随着研究的不断深入,参与的区越来越多,参与的学校和教师也越来越多。在一次次的研讨活动中,大家逐渐对5种课型的基本特点有了清晰的认识。大家不断高涨的参与热情让我感受到了学科发展的动力,也更坚定了把这件事情做实、做好的决心和信心。在上海市中小学幼儿教师奖励基金会和上海教育音像出版社的大力支持下,这套研究成果不久将与全市乃至全国同行见面。当看到第一批即将出版的课堂实录与点评时,处于不同专业发展阶段的教师们用各自不同的方式诠释着不同课型的基本特点,录像中不同年段的学生在教师的引领下愉快地参与音乐的体验与实践,我仿佛看到了学科发展的希望。在研究的过程中虽然有时会产生困惑,也有时会遇到坎坷,但为了上海音乐学科的发展,教师专业的成长,课程理念的落实,学生素养的培养,我们愿意做这些最基础的工作。三年的时间转眼即将过去,这套研究成果或许也只能作为学科建设中阶段性的汇报,但我相信只要每一位从事音乐教育的同行心中都燃烧着为学科发展出一份力的信念,我们终将完成学科发展火炬接力的征程。

以前每当见证学校同事获得 30 年教龄纪念证书时总感觉这离自己好像还很遥远,谁知不经意间自己也工作了 23 年了,从一个懵懂的青涩少年一步一步走向成熟。感叹时间过得太快,感慨想做的事还有许多,在别人眼中自己似乎已成为了榜样,但自知还有许多需要完善之处。我将不忘初衷,坚守自己曾经的无悔选择,砥砺前行,做最好的自己!

【且行且思】
"国外音乐教育育人功能"文献研究报告

【研究背景】

教育的核心目标就是育人,正如《国家中长期教育改革和发展规划纲要》中指出:"坚持以人为本、全面实施素质教育是教育改革发展的战略主题,是贯彻党的教育方针的时代要求,其核心是解决好培养什么人、怎样培养人的重大问题,重点是面向全体学生、促进学生全面发展。"而目前的教育过多地关注了学生的学习成绩,将学习成绩作为决定性的衡量学生发展的标准。相当一部分学校对育人教育目标的理解和把握存在严重偏差,对学校在课程实施中的育德要素和机制缺乏深入理解,对育人的责任缺乏应有认识。我们应该清醒地认识到,学科的育人过程是学生智力发展和道德成长统一的过程,教学内容中的学科知识,应该成为学生精神和德性发展升华的智力基础。

中小学音乐学科和其他学科一样,在全面实施素质教育的时代大背景下,育人功能必须得到进一步的加强。音乐课程的教育功能是其他学科所不能替代的,同时也需要在教育的过程中进一步发掘相关的育人功能。广大音乐教师往往会将音乐学科的育人价值直接与"两纲"教育画上等号,也有很多音乐课还只是注重知识技能的传授,而忽视音乐学科育人的根本目的,忽视了音乐教育对学生全面发展所起到的积极与不可替代的作用。

在目前中外音乐教育交流日趋频繁的时代,特别是去年在北京举行的"第29届世界音乐教育大会",以及在上海举行的"第七届亚太地区音乐教育研讨会"国外音乐教育的育人功能与中国音乐教育的育人功能,产生了理性地碰撞,同时也唤起了我们对中外音乐教育育人功能的研究热情。我们希望通过中外音乐教育育人功能的文献研究,对上海音乐学科育人功能的价值研究提供一些可以借鉴的成功经验。

【研究策略】

一、国家选择依据

本研究将主要关注德国、美国、日本、前苏联、匈牙利、意大利等音乐教育发达国家以及达尔克洛兹、奥尔夫、柯达伊等著名的教学法。从它们的音乐教育原则,音乐课程目标、音乐课程内容等相关着眼点分析其育人功能。

(一)地域和文化差异

本研究所选择的国家主要包括欧洲、美国和亚洲的一些重要国家。由于地域和文化的差异,必定会导致教育理念的不同以及教育目标的不同。欧洲是古典音乐的发祥地,音乐教育的积淀深厚,导致欧洲国家的音乐教育对整个世界产生了巨大的影响,同时欧洲各国的音乐教育包括学校音乐教育的数次改革,对推动整个世界范围的音乐教育进步起到了积极的作用,尤其是德国的奥尔夫音乐教学体系,瑞士的达尔克洛兹音乐教学体系,匈牙利的柯达伊音乐教学体系的形成与推广对全球音乐教育的影响尤为突出。

美国作为世界最强国,其多文化汇聚的地域特征促使其在音乐教育方面的发展尤为迅速,美国的综合音乐感课程在全球引起了不小的反响。日本在二战之后随着经济的迅猛发展带动了音乐教育的改革与发展,日本的音乐教育尤其是铃木教学法对亚洲其他国家的音乐教育发展同样产生了深远的意义。

(二)音乐教育理念差异

1. 美国:音乐为每个孩子,每个孩子为音乐。
2. 德国:第三次学校音乐改革结果:音乐课是小学课程的一个组成部分。

每个孩子都有权挖掘其音乐天资。音乐课的任务是传授能力与知识,开发学生的音乐天资,以便能够在多种多样的音乐表现形式中来辨别方向。

3. 日本:面向21世纪,培养具有能够主体性地适应社会变化的能力和情感丰富的人。

4. 匈牙利:为了人们形成完美的品格建立基础,没有音乐就没有完全的人。

5. 苏联:必须把学生引入到更广阔的音乐世界,教会他们热爱音乐,懂得音乐的各种形式及风格。

(三) 音乐哲学思想差异

不同的历史时代、不同的历史背景、不同的社会文化中产生过不同的音乐哲学观点,而不同的音乐哲学观点,会使人们有不同的认识,不同的理解与追求,同样也会对音乐教育产生不同的影响。

1. 音乐自律论

自律论又称"形式主义"。自律论认为:音乐中的音响及其作用本来就有着内在的意义,要领会它们的意义,就必须注意音响本身,而不仅仅是注意音响可能使人想到的音乐以外的东西。音乐作品的意义就在于音响本身的旋律、节奏、和声、音色、织体、力度、曲式,主要注意那些音响活动。

自律论哲学观对于引导学生关注音乐本体,启动音乐思维的确起到了积极的作用。但是,自律论否定了音乐作品中蕴含着任何音乐之外的内容,否定音乐同音乐之外的思想范畴的任何关系,把音乐看成是绝对自律的,这就从根本上割断了作为精神现象的音乐同客观存在的现实世界之间的关系。

2. 音乐他律论

他律论又称"反映论"。他律论认为:音乐总是标志着音响之外的某种东西,这种东西主要是人类的情感,这就是音乐的内容。这种内容的性质决定着音乐作品的结构、整体发展,决定着音乐的"形式"。

他律论哲学观引导学生充分注意到音乐育人的情感及其社会内容的密切联系,但是他律论者往往会把音乐的体验转化成非音乐的术语,例如,音乐对道德、智力、社会、健康等方面的作用,无形中否定了音乐本身的内在教育价值,从而使它走向了一个极端。

3. 音乐实践论

实践论认为:音乐首先是一种人类的多样化的实践活动,对音乐的研究不应仅仅停留在音乐作品上,而应把目光转向音乐产生、制作的过程,音乐活动的主客体之间存在着内在的、普遍的有机联系。

实践论引导学生通过亲身的表演参与音乐学习,改变被动欣赏为主的音乐学习方式,主张音乐的学习在于践行,在于做。它超越了自律论与他律论的局限,又弥合了二者的裂痕,将音乐本质探讨转向了音乐的实践活动,转向了音乐音响与主体活动及文化历史背景的普遍有机的联系,对启发学生积极参与音乐实践活动具有实际的意义。

二、从国外学校音乐教学原则,观育人功能

教学原则是教学实践的基础,国外的教学实践来源于教学原则的指引,通过相关文献的研究,可以归纳为以下五种相关教学原则。

教学原则	相 关 策 略
参与性原则	1. 培养积极音乐学习兴趣 音乐教师除了深入钻研教学内容以及选择相关教材以外,根据学生的年龄特征和音乐心理现状,设计能充分调动学生参与的学习方法,在设计这些方法的过程中,特别重视学生的好奇心理和探究心理。 2. 注重集体参与音乐学习 国外音乐教学往往注重学生集体参与音乐学习活动,而不是个体。正如奥尔夫所说:音乐教育的首要任务应该是为众多学生的将来而不是音乐家的孩子着想。即使是个别孩子表现很一般,也给予鼓励,努力保持学生音乐活动参与中和参与后的喜悦感和成功感。 3. 不作过多限制与评价 学生在参与音乐实践的过程中,不管他们的表现是否符合教师的要求,教师都不会作过多的限制,甚至不会多作评价。最大限度地调动和维持学生参与音乐学习中所获得的成就感和喜悦感。
智力发展原则	1. 以音乐知识为基础 国外音乐教学认为音乐智力发展的自我活动,必须以一定的音乐知识为基础,没有音乐知识就产生不了音乐智力,也就不会有智力的发展。当学生音乐知识有了一定的储备,音乐智力就会得到相应地发展,也就能更好地、能动地去探索与掌握新的知识。 2. 以智慧提问为指引 国外的音乐教学普遍重视教师的提问,他们认为教师的提问是否具有智慧性对教学起到了决定性的指引作用。他们要求教师的提问要能启发学生对教材展开能动地思考,教师的提问要能创造出新层次上的矛盾,这样才更有利于学生智力的发展。 3. 以集体指导为侧重 国外音乐教学要求教师善于对集体进行指导,这样学生才可能在讨论、争论或相互支援、合作的过程中形成集体性的学习主体。

续　表

教学原则	相　关　策　略
创造性原则	1. 侧重培养学生创造性的音乐思维 发达国家对学生音乐创造性能力的培养不仅仅局限于音乐作品的写作,更多地侧重于学生创造性音乐思维的培养。他们认为学生通过自主参与探究过程所获得的音乐知识,有助于培养积极的音乐学习态度,启发学生集体的创造性思维,应贯穿于音乐教学的全过程。 2. 注重运用即兴演奏的教学形式 在欧美、日本等音乐教育发达国家经常采用即兴伴奏的教学形式,目的就是培养学生的音乐创造性。如:日本的中小学生曾在世界各地举办键盘乐器即兴演奏表演,其创造性思维之敏捷令人惊讶;再如:奥尔夫乐器的即兴伴奏,虽然没有技巧难度的要求,学生在演奏自己创作的节奏、旋律、音型过程中,很大程度培养了学生创造性思维。
自然发展原则	1. 注重体态律动 学生通过身体动作表现各自对音乐的理解和创造。随着钢琴的即兴演奏而自由地律动,随着弹奏的变化,渐强渐弱、渐慢渐快不断调整变换自己的动作,在游戏、走、跑、跳等动作中,加强对节奏、旋律、力度等要素的体验与表现。 2. 强调节奏训练 节奏是旋律的基础,也是旋律的重要组成部分,国外儿童音乐教育对学生音乐素质的提高强调从节奏开始练习,这是符合音乐的自然发展规律的。 3. 调整课堂教学结构 国外音乐教育强调以儿童为音乐的源头,而不是把外部音乐强加给学生。他们往往会先教给学生大调中的 Do—Mi,学生的语言和生活体验中多为小三度下行,所以他们大多采用先学下行三度 Sol—Mi;先学五声音阶而不是七声音阶。这种按自然发展原则组织的课堂教学结构,符合学生接受音乐的规律。
量力性原则	苏联的达维多夫指出:量力性原则要求适应儿童的年龄特征,推迟科学概念的形成,教学不应仅仅追随学生的发展,而必须先于学生发展。国外音乐教育发达国家要求教学内容、教学方法要与学生实际音乐能力、知识水平紧密联系,与学生的实际接受能力相适应。

通过文献研究可见:

1. 在国外音乐教学过程中有一个比较突出的共同特点:鼓励学生积极主动地参与到教学中,探索教师提出的各种学习任务。这种主动参与,将教师给学生的任务转化为学生内部的学习动力,学生只有在积极地参与过程中,才可能产生学习音乐的内部动机。音乐学习不可避免的需要学生掌握一定的演唱、演奏、舞蹈律动、创作等相关的音乐能力,这些能力的培养必须通过实践才能提升,学生必须在积极地参与中才能获得,这也是非常符合音乐学习规律的。

2. 音乐教育发达的国家都非常重视学生智力发展的问题,力求通过学生对音乐的学习,把音乐和音乐诸要素转化为自身的智力因素,从而促进个体智力的全面发展。

3. 创造性的教育,是教育本质所蕴含的内容。音乐教育发达的国家都很重视对学生创造能力的培养。早在20世纪60年代美国耶鲁音乐教育研讨会的第一条建议就是:"强调创造性是发展音乐能力的一种方法。"

4. 自然发展的原则,其主要特征是按照音乐原始的自然形态,按照儿童的年龄特征及接受音乐的自然规律,安排音乐教学活动。国外音乐教学主张用歌、舞相结合的自然原始的音乐形式,表达学生的内心情感,因此儿童开始学习音乐时应该把音乐、动作、语言结合在一起,这才符合自然发展的规律。

三、从国外学校音乐课程目标,观育人功能

课程目标是育人功能的指向性指标之一,也是育人价值的显性指标之一,通过对目标的研究,可以客观地分析国外音乐教育育人功能的价值取向。

国家	课 程 目 标
德国	第四次学校音乐改革提出的音乐教育总目标:从"面向艺术作品过渡引进到音乐文化之中"。这里的音乐文化包括音乐生活和大众媒体所提供的一切音乐,即包括全部的音乐风格:从民间音乐到现代音乐,从古典音乐到各种风格的音乐,泛指面向全世界的音乐文化。 1. 通过唱歌、演唱、舞蹈等音乐实践,充分发挥学生个人的天赋 2. 作为听众获得听赏修养和各方面的音乐知识 3. 充分发挥音乐的社会功能和治疗功能 4. 让音乐融入个人的生活之中,拓展个人的音乐生活世界

美国	曼哈顿维尔音乐课程方案要求把音乐行为纳入到认知、态度、技能和审美四个领域完整地加以考虑。
	1. 认知目标
	   把音乐观念按照"螺旋形"框架编制而成,这些观念是个体音乐思维发展的基点。如学生以创造性任务的方式来参与音乐解决学习问题时,他的判断、答案、策略以及相应的归纳、演绎和直觉等表现,就表明了他对有关概念的掌握程度和水平。
	2. 态度目标
	   (1) 学生自身态度及其与音乐的关系
	   (2) 学生对音乐的情感认识

续 表

国家	课 程 目 标
美国	3. 技能目标 包含三个方面,即听技能、动作技能和迁移运用技能。曼哈顿维尔音乐课程方案认为,只有当技能目标加强、扩展和落实在认知、态度和审美目标时,才可真正具备音乐和教育上的意义。而孤立的表演、读谱和听觉发展对学生的音乐修养和成长贡献甚微。 4. 审美目标 音乐的最终成就(除知识、态度和技能外)应体现为美感的醒悟;领会美的能力;超越结构和概念的分析来发现美的品质。音乐教育应认准和符合审美发展的正确条件和环境来开展工作。
日本	日本沿用至今的学校音乐教育目标是平成元年(1989)日本政府颁布的《小学音乐教学大纲》和1989年3月15日又颁布的《初中音乐教学大纲》(即学习指导要领)。并对一二年级、三四年级、五六年级、初中一年级、初中二三年级分别制订了具体的相关目标。以下罗列小学和初中的总体目标。 1.《小学音乐教学大纲》具体目标是:通过表现音乐和欣赏音乐活动,培养基础的音乐能力、爱好音乐的情趣和感受音乐的能力,培养丰富的情操。 2.《初中音乐教学大纲》具体目标是:通过表现音乐和欣赏活动,发展音乐能力的同时,培养爱好音乐的情趣和感受音乐的能力,培养丰富的情操。
苏联	由卡巴列夫斯基编制,并经俄罗斯共和国承认的《前苏联普通学校音乐教学大纲》指出:把"唱歌课"改为"音乐课"的意义,并提出"必须把学生引入到更广阔的音乐世界,教会他们热爱音乐,懂得音乐的各种形式及风格,注重音乐课的精神道德教育作用"。
意大利	意大利小学音乐教育的政府法令规定:小学进行的声学教育和音乐教育,目标是通过听力训练和演唱实践,培养感受和理解声学实际的能力,并享用各种不同的声学语言,让少儿理解音乐的自然本质。 意大利初中音乐教育的政府教学大纲中重申音乐教育的作用,音乐被视为一种语言形式,对少年表达的成熟和口才作出贡献。还要求通过一种乐器的学习,培养学生在逻辑思维、表达和与人沟通方面的能力;使学生自觉地掌握音乐语言,使其成为表达和与人沟通的手段;培养学生的美学鉴赏力和判断力;通过特殊能力的培养,使学生认识和发展自身潜力。在法令规定的器乐学习标准中,还特别强调借助音乐材料演绎和自己创作作品,培养学生的创造性能力。

通过比较研究可见:

1. 鉴于世界各国、各地区在政治制度、历史背景、价值观念以及民族传统等方面所存在的差异,因此,各国音乐教育的目标也存在着种种不同。但从总体上来看可谓是大同小异。所谓"大同",即世界各国的音乐教育一般都比较重视音乐艺术的审美价值以及音乐教育的德育作用;所谓"小异",即东西方国家在意识形态领域中表现出的差异,前者比较重视社会主义的价值观,而后者重视民主社会的价值观。

2. 各国音乐课程目标除了大同小异之外还有各自比较强调的目标指向。美国的课程目标分为四大类:认知目标、态度目标、技能目标与审美目标,将音乐学科的课程目标细化分类重点突出了四个不同维度的目标定位,力图通过对每一个学生的音乐教育造就一个能够促进音乐艺术进步和繁荣的社会。德国的课程目标强调音乐实践的体验,音乐知识的学习,音乐与生活的结合、音乐与文化的交融。日本的课程目标更注重音乐兴趣、音乐感受能力以及音乐情操的培养。前苏联音乐课程的目标更关注音乐课在美育和思想道德教育中的作用。

3. 从以上这些比较结果我们也可以看出音乐教育目标不仅体现出各国先进的教育思想,同时也是促使这个时代音乐教育水准提高的重要依据,对于音乐教学内容、教学方法、教学手段等具有科学的指导作用。

四、从国外学校音乐课程内容,观育人功能

课程内容的选择与应用是学科育人功能达成的直接载体,同时也能客观地反映出各国在育人功能方面的价值取向与育人途径,本研究主要从以下各国的教学内容展开相关比较。

国　家	课　程　内　容
西欧	1. 歌唱:以合唱和多声部歌唱为主 2. 演奏:从简易乐器逐步过渡到西洋管弦乐器 3. 听觉训练:有别于音乐欣赏的,以听为主的综合训练 4. 律动:身体运动,或称为节奏反映 5. 创作:以即兴创作为主
美国	1. 歌唱(Singing) 2. 节奏活动(Rhythinic Activities) 3. 欣赏(Listening) 4. 器乐(Instrument Playing) 5. 创作活动(Creativities)
日本	1. 音乐表现:歌唱、器乐、创作 2. 音乐欣赏:西洋音乐、民族音乐
前苏联	1. 合唱:教堂唱诗班、民间合唱 2. 欣赏:注重民族音乐、民族音乐家及其作品 3. 音乐知识

续表

国家	课程内容
印度	完全采用民族、民间音乐作为音乐教学的内容,排斥外来音乐,这种"彻底民族化"的做法,有其深刻和广泛的民族、宗教及其他社会原因
朝鲜	坚持民族化方面也有显著的特色,在器乐教学方面政府给予了高度的重视,包括学习传统民族乐器——伽倻琴

通过比较研究可见:

1. 各国的教学内容都体现出多样化的特点。特别是欧洲、美国、日本、苏联等发达国家的教学内容主要包含了演唱、演奏、欣赏、律动、创作等教学内容。希望通过多途径的音乐实践活动,多方式的音乐体验过程,培养学生综合的音乐审美能力。

2. 歌唱处于音乐教育的中心地位。合唱又是歌唱教学的最为重要的组成部分。欧洲很多国家的歌唱教学起源于宗教活动中的合唱和民间合唱,而日本的小学阶段共要学习1 039首歌曲,中学阶段共学习488首歌曲,其中轮唱与合唱比例超过50%。各国都将歌唱作为音乐教育的重要内容,其原因是歌唱能力是每个人与生俱来的,是人表达音乐情感的直接途径,同时也是培养合作能力、控制能力、协调能力的有效途径。

3. 各国课程内容的差异性

国家	课程内容差异特点
西欧	以多声部合唱及西洋管弦乐器学习为主,注重以听为主的音乐实践,注重音乐创作活动。
美国	与西欧的音乐课程教学内容大致相同,并在节奏训练上更为注重。
日本	与西欧和美国相比增加了本民族的音乐教学元素与内容。
苏联	将教会音乐作为课程内容的组成部分,并加强了民族音乐的教学比重。
印度、朝鲜	完全以民族音乐作为课程教学内容。

通过上表比较可见,西欧、美国、日本等国家在音乐课程内容的设置上大致相同,只是略有小异。而苏联与印度、朝鲜等国特别注重本民族音乐文化的学

习,对于其他国家与民族的音乐文化涉及较少。特别是苏联,教学内容涉及世界各国和各时期的优秀音乐作品极少,而俄罗斯民歌、俄罗斯和前苏联音乐家的作品占有很大的比重,他们力图通过音乐作品和内容的学习使学生了解本民族、本国的音乐文化,进而培养他们热爱祖国音乐文化和爱国主义的情操。可见其在学科育人的价值取向上更趋向于本国、本民族音乐文化的传承。

五、从国外音乐教学体系,观育人功能

国外有很多教学法被世界各国音乐教育界广泛认同与借鉴,这些教学法得到了实践的检验,被证实是具有借鉴作用的,在育人功能方面有其各自独特的理论基础与实践经验。本研究试图通过这些教学体系的比较,分析其育人功能的内涵。

教学体系	主　要　内　容
达尔克洛兹音乐教学体系	在教育哲学方面达尔克洛兹认为:音乐教育的根本目的是审美情感教育。 在教育心理学方面达尔克洛兹认为:学习音乐,特别是学习音乐的节奏,必须依靠身体肌肉的运动反应,而且这种身体运动反应又必须与个人内心对音乐的反应紧密相连。 基于上述观点,达尔克洛兹教学法旨在:唤醒天生的本能,培养对人体极为重要的节奏感,建立身心的和谐,使情感更细腻敏锐,使儿童更加健康活泼,激发想象力,促进各方面的学习。 整个教学体系由三个部分组成:体态律动、视唱练耳、即兴表现。
奥尔夫音乐教学体系	奥尔夫主张"元素性音乐教育",他认为:在音乐教育过程中,音乐是手段,育人才是目的。所以他强调要注重教学的过程,而不是教学的结果,要根据儿童的生活环境,创造出生动的情景,即兴地使儿童进入到一种愉快的境界。教学内容和教学进度适合儿童的发展,使儿童不觉得困难,从而激发儿童的学习兴趣和积极性。 主要教学内容包括:嗓音训练活动、动作练习活动、乐器演奏活动。 主要从以下七方面培养儿童的综合能力:培养儿童的群体意识;培养儿童的个体能力;培养儿童组织音乐的意识;培养儿童对音乐艺术的理解能力;培养儿童对音乐处理的独到见解;培养儿童成功的愉悦感;培养儿童自我认识和自我肯定。
柯达伊音乐教学体系	柯达伊认为:音乐可以使儿童的智力、审美、身心等各方面都得到良好发展,特别是在情感领域内更是无可替代的。通过一系列严格的音乐训练,能够充分发挥并发展人的歌唱潜能,并以此达到提高民族文化素养、复原民族信念、发展民族传统音乐文化的目的。 柯达伊教学体系的学习领域主要是歌唱方面,所采用的工具和手段是:首调唱名法、手势提示法、节奏唱名法。

续　表

国　家	课程内容差异特点
综合音乐感课程	综合音乐感课程是美国学校音乐教育集哲学、原则和技巧于一体的课程。学生通过音乐学习活动、表演活动、分析活动、创作活动的方式进行音乐体验。教材的选择范围是历史性、全球性、多方位的。从古典《圣经》到现代流行音乐，从土著人的歌舞曲到创作的艺术作品，从各个民族的不同文化圈到各个音乐流派的风格。注重培养学生的个性发展和创造性思维能力。主要关注点有以下几方面： 1. 音乐本体因素 　　它综合了欧洲各个时期、各种音乐风格流派发展中所共有的因素，这些因素包含了音频、时值、音色、音量、节奏、旋律、和声、织体、力度、速度等，不同年龄阶段的学生，通过教师不断提供不同程度的内容，经过学习、演奏、分析和运用，逐渐掌握其中的各种关系和概念。 2. 基本教学策略 　　在教学过程中，学生要通过学习—表演—分析—作曲等几项综合活动来获得扎实的音乐能力，经过主动的探索、发现和掌握音乐的要素。 3. 基本教学原则 　　综合音乐感课程强调音乐教学的综合性，要反映出音乐各方面的相互关系。

通过比较研究可见：

1. 四种教学体系都具有各自的主张、特点和主要教学手段及方法。（1）达尔克洛兹教学体系源于瑞士，该体系认为节奏是音乐的第一要素，也是音乐教学内容的重点，曲式是把握音乐整体的关键，识谱能力是学习音乐所必需的能力，其主要的教学手段是"体态律动"。（2）柯达伊教学体系源于匈牙利，该体系是基于发展本民族的音乐文化，提高国民素质，发展学生良好的音乐听觉能力而建立的。该体系认为合唱教学可以教育和培养学生的合作精神，优秀的民族音乐和世界上优秀的音乐作品，不但可以培养良好的音乐听觉，还可以净化人们的心灵。其主要的教学手段是"首调唱名法""手势提示法""节奏唱名法"。（3）奥尔夫教学体系源于德国，该体系的目的是培养对社会发展有益、有创造性、有能力的人。包含唱歌、游戏、欣赏、创作、即兴表演多种教学形式。其中最著名的是"元素性的音乐教育"理论，主张把所有的音乐要素都化解为元素，然后再加以有机地联系、综合地发展。（4）综合音乐感课程源于美国，该课程的目的是培养具有独立创造能力、独立思维能力的人。这个体系的教学方法多采用"问题教学法"，引导学生自己去探索、发现音乐的发展规律，各层次的教学都要经过探索学习—表演—分析—作曲等环节。

2. 通过比较上述国外先进的音乐教学体系，发现有几个重要的共同点。(1) 它们都把人的培养和发展放在首位。一是尊重教育对象发展的需要，顺应受教育者的意愿进行教育，即"因势利导"；二是根据现代社会发展的要求，培养能够适应现代社会所需要的人。因此在他们的教学活动中，常常比较强调和谐性，通过音乐教育，促进人的和谐发展。(2) 十分注重创造性，特别是创作的即兴性。这对于学生的心理发展和思维发展具有巨大的启发和引导作用。(3) 教学内容的编排比较注重对组成音乐的材料和要素的学习。都围绕着音乐听觉的训练下功夫，训练学生对音乐的体验和感受能力，同时他们还强调对曲式的学习和掌握，一致认为对音乐整体的感受和把握来自分析和理解，都依赖于对曲式的认识。

【研究初步结论】

一、简析国外音乐教育的育人功能的共性特点

从上述各国的音乐教学原则、教育目标、教育内容以及教学体系的比较与分析，我们发现国外音乐教育主要关注审美能力的培养，音乐知识的学习，音乐能力的提升，音乐文化的传承以及音乐创造力的培养。将音乐学科的育人功能通过学生的实践得以落实与实现。

(一) 关注审美能力培养

美国著名音乐教育家贝内特·雷默等人倡导"音乐教育作为审美教育，音乐教育的作用首先就是要开发每一个人对音乐的艺术力量与生俱有的反应能力"。人类所有的体验都充满了主观感应。人的每一个行动，每一个思想，都充满了感觉。感觉对于人生，犹如空气对于人体：没有感觉的人生就像没有空气一样难以想象。

音乐教育是通过培养对音响的内在表现力的反映来进行的人的感觉教育。音乐教育最深刻的价值，同所有人文艺术学科教育最深刻的价值一样：通过丰富人的感觉体验，来丰富他们的生活质量，艺术教育要给人一种与他人具有共性的意识，就必须首先是审美教育。

1. 音乐感觉、知觉能力的培养，强化审美听觉

国外对审美活动中的音乐听觉能力的培养十分关注，要进行审美活动，听觉是基础，音乐的感觉直接指向音乐的音高、音强、音长、音色等要素，而音乐的知

觉则是在音乐感觉的基础上建立起来的对各种音乐基本要素的知觉能力,如旋律感、节奏感、和声感、力度感和速度感。国外的音乐教育非常注重对音乐感知能力的培养,将音乐的感觉与知觉作为音乐审美能力的重要组成部分,将审美听觉,在音乐教学中加以教学落实。

2. 音乐鉴别、鉴赏能力的培养,优化审美对象

国外很多国家将音乐鉴别与鉴赏能力作为审美价值观的实践体现,面对良莠不齐的各种音乐环境,音乐鉴别与鉴赏能力的培养尤为重要。对于审美心理尚未健全的青少年而言,通过学校音乐教育使他们不断提高对音乐的鉴赏与鉴别能力,能有效地帮助他们在今后的音乐学习中形成正确的音乐审美价值取向。同时国外在音乐教育的过程中不断优化音乐教育的审美对象(音乐作品),从而帮助学生形成正确的音乐审美取向。

3. 音乐联想、想象能力的培养,激活审美心理

国外音乐教育普遍认为音乐联想与想象是一种重要的审美心理活动。从自由的联想向想象过渡,有助于审美心理的发展与成熟。音乐联想与想象在音乐审美过程中具有重要的意义,它有助于启发学生的音乐思维能力,同时对音乐的表现能力的提升具有直接的影响作用。

(二) 关注音乐知识学习

国外音乐教育普遍认同学生音乐知识的习得是音乐教育必须正视的客观问题之一,学科知识的传授是音乐教学的主要内容之一,学生音乐知识的学习与积累是其今后音乐素养提升的关键要素,同时也是音乐情感体验与表现的直接载体。

1. 音乐学科知识的学习

音乐学科知识包括节奏、旋律、和声、音色、力度、速度、织体、曲式等音乐要素的学习与感知;同时对于音乐作品的作者、创作背景、演奏乐器、演奏形式以及所要表现的内在思想情感等也是音乐知识的重要组成部分。

2. 音乐相关知识的学习

音乐相关知识主要包括与音乐作品有关的人文知识、地理知识、地域文化、政治背景等。这些音乐相关知识的学习有助于拓宽学生的音乐视野,有助于帮助学生更好地理解音乐所要表达的内涵,有助于提高学生的音乐综合素养。

(三) 关注音乐能力提升

国外音乐教育对学生音乐能力的培养十分关注,将音乐能力主要划分为听

觉、演唱、演奏、律动、识谱等诸多能力,特别是对音乐综合能力的提升尤为关注。音乐教育的育人功能主要应该体现在具有鲜明学科特征和学科特点的学科能力的育人功能范畴之内。

1. 听觉能力

欣赏是国外音乐教育的重要组成部分,在国外大多数西方国家的音乐教育中,将听觉能力的培养作为学校音乐教育的主要目标之一。力图通过以欣赏各种不同民族、风格、体裁的音乐作品,培养学生的音乐欣赏修养,首先学会如何聆听音乐,其次在欣赏的过程中训练学生对于音乐的听觉反应,如:听辨主题、听辨乐器、听辨情绪、速度、和声、织体、调式等音乐相关知识,以此来提高学生的综合音乐听觉能力。

2. 合唱能力

几乎所有的西方国家都将歌唱作为音乐教育的最重要的一个组成部分,这主要是受到长期以来教会音乐文化的影响,主要是教堂唱诗班。西方国家认为人的歌唱能力几乎是与生俱来的,只是有高低区别而已。而国外大多数国家会将合唱作为其歌唱教学的主要内容,力图通过多声部的合唱训练,培养学生的团队合作能力、控制能力、建立立体的音乐旋律概念,同时从小锻炼个人心理素质,以及音乐气质。

3. 肢体表现能力

西方国家认为,音乐教育的内容除了听、唱以外,还有一项就是肢体表现,通常分为体态律动与舞蹈,而国外比较注重前者。达尔克洛兹是体态律动的倡导者,他认为:"学习音乐,特别是学习音乐的节奏,必须依靠身体肌肉的运动反应,而且这种身体运动反应又必须与个人内心对音乐的反应紧密相连。只有这样才能唤醒天生的本能,培养对人体极为重要的节奏感,建立身心的和谐,使情感更臻细腻敏锐,使儿童更加健康活泼,激发想象力,促进各方面的学习。"达尔克洛兹的体态律动对西方学校音乐教育的影响很大。

(四) 关注音乐文化传承

音乐教育与音乐文化是紧密相连的,音乐教育是音乐文化得以传承的手段,音乐教育在传承音乐文化方面具有重要的作用。

1. 强调本国民族音乐文化传承

在新世纪的世界教育改革潮流中,民族文化作为培养学生素质的重要组成部分越来越引起各国教育领域的高度重视,寻求本土文化资源成为各国家、各民族谋求生存、促进发展的基本国策,民族音乐文化传统在这样的背景下,被提到了作为本土文化重要资源的高度。民族音乐是一个民族文化的灵魂,是使一个民族能最深层地感受自己的重要方面,也是使一种文化在世界文化日益广泛的交流中保持自己个性的重要方面。

综观各国的教育目标和教育内容,都把本民族的音乐放到了举足轻重的地位,特别是对民族音乐、民族音乐家及其作品,都力图通过对本民族音乐文化的学习,充分了解本民族的优秀传统,使民族音乐文化得以传承和继承。

2. 涉及多元文化音乐传承

国外对于多元文化音乐的学习,重点在于有组织地培养学生的感知能力、理解能力,加深他们的多元音乐体验,使他们学会尊重来自不同种族和文化背景的形形色色的人,使学生能够对世界音乐文化遗产有更全面的认识。

首先,音乐教育为学生提供能够接触到大量来自世界各地的音乐,引导学生认识到世界上很多地方的音乐同他们本民族的音乐一样优秀。其次,鼓励学生发掘各不相同却同样精彩的方法来进行音乐创作,这也就是在学习音乐的多元文化表现中得到的最大收益。最后,通过学习世界范围内的各种音乐,培养更强的音乐适应力,可以称之为"多重乐感",增强他们的表演能力、欣赏能力、审美能力。

(五) 关注音乐创造性思维培养

西方发达国家从 20 世纪 60 年代以来,一直强调音乐教育中创造性思维的培养,各国均将其纳入了音乐教育目标之中。引导学生在音乐学习过程中,能够展开丰富的联想、想象;让学生根据已有的音乐知识和技能去进行别出心裁的音乐创作;在音乐表现中让学生自由地尽情表达。在注重培养学生创造性的音乐思维的同时,提高他们的创造意识和创造能力,达到高度发挥学生的主观能动性,调动学生积极思维的目的。

奥尔夫教学法是培养创造性思维的倡导者,特别关注学生的即兴创作能力,其教育理念的精髓深得世界各国音乐教育同仁的认可与推广。日本的音乐教育也特别注重创造性思维的培养,在即兴演奏领域有其独特的做法,同时日本学生即兴旋律演奏的能力以及创造型思维的培养令各国惊讶。

二、对上海音乐学科育人价值的借鉴意义

上海音乐学科的课程改革取得了一定的成效,从着重强化知识技能的育人目标,逐渐转变为以审美为核心的学科育人目标。但在落实育人功能和育人价值方面还存在着值得改进的地方。

(一) 普及音乐文化,加强《两纲教育》,培养正确的音乐审美情趣

从国外文献研究我们不难发现,欧洲、美国以及日本等国家,其音乐学科都非常重视音乐文化的传承与普及,其中包含本民族的音乐文化和世界多元音乐文化。有些国家还特别强调音乐与生活以及音乐与精神道德教育的有机融合,这对于培养正确的音乐审美情趣形成正确的价值观起到了直接的作用。

上海当前的音乐教育正在大力普及音乐文化教育,特别是教材的修订更是凸显了音乐文化在音乐教育的地位和作用。目前正在施行的民族精神教育和生命教育是落实学科育人功能的良好途径,在市教研室的牵头下,已经开展了一段时间的研究,各学科制订了《两纲》教育的实施意见,并拍摄了《两纲》的示范课例,音乐学科也不例外。实践表明,音乐学科在落实《两纲》教育方面的确承载了其他学科无法替代的作用。在音乐学科中通过典型民族元素的教学内容进行学科育人,将音乐的审美与民族精神与民族文化的传承有机结合;通过具有生命教育意义的音乐作品,进行学科育人,将认识生命的意义和价值与审美体验有机融合,是我们学科今后要不断尝试与突破的。继续深化在不脱离音乐学科本体的基础上,加强落实《两纲》教育的真正内涵,共同承载培养学生正确音乐审美情趣的目标任务。

(二) 丰富教学途径与方法,加强多元的音乐审美体验

从国外的文献研究(特别是国外的音乐教学体系)发现,国外的音乐教育特别注重学生的审美体验过程,他们是通过丰富的审美途径,采用各种有效的音乐教学方法,引导学生进行审美体验。

上海自二期课改至今一直注重三维目标的制定与达成来架构音乐课的教学设计,而音乐学科的育人价值主要是通过音乐学习过程的实施,与音乐学习方法的正确选择与使用来达成的。因此教学方法应体现其有效性,教学途径应体现其多样性,才能形成学生多元的音乐审美体验过程,真正实现愉悦身心的育人价值取向。

(三) 加强四个领域核心能力的培养,开拓多途径的音乐审美实践

感知、表现、鉴赏、创造是上海音乐学科培养学生的四种核心能力,这四种核心能力的培养必须在音乐的审美实践过程中逐步养成。

在四个领域的核心能力培养方面,目前上海必须加强创造能力的培养力度,创造能力的培养其核心基础是创造性思维的培养,创造性思维能力的培养又是全面实施素质教育的重要组成部分。音乐学科在培养学生创造性思维方面同样具有其他学科无可替代的作用。音乐学科的感知与鉴赏领域,应针对学生的创造性想象、联想思维能力,进行重点培养,帮助其在聆听的过程中产生创造性的思维火花。创造领域应注重加强学生在音乐实践过程中创造性思维的培养,特别是在音乐创作活动的过程中,如在音响创作、音乐伴奏创作、曲调歌词创作、舞蹈律动创作等过程中,培养学生的音乐创造性思维能力。

综上所述,音乐教育的核心价值在于审美能力的培养,审美能力的提升一定是基于审美实践过程的,音乐学科的审美能力培养一定是基于聆听、演唱、演奏、舞蹈、律动、语言表达等相关音乐审美活动的。音乐审美能力的培养又一定是基于音乐作品才能实现的,审美能力的高低同时也是个人素养的重要指标之一,因此审美能力的培养与提升是音乐学科育人功能的重要组成部分。基于上述,可见音乐审美能力具有综合性,涵盖了感知、表现、鉴赏、创造四大不同的领域。努力提升学生的音乐综合审美能力,是学科育人功能必须直面的问题,也是必须努力做好的重要方面。

三、对于上海音乐学科课程价值的初步定位

基于国外音乐教育的文献研究,通过比较研究,对上海音乐学科课程价值的定位作以下描述建议。

"音乐课程是培养审美能力的基础型课程。中小学音乐课程应在《两纲教育》的基础上引导学生传承优秀民族文化和民族精神,在融汇世界音乐文化的基础上弘扬人文精神,开拓艺术视野,培育多元文化意识。音乐课程应以音响为媒介,通过听、唱、奏、舞、演,激发学生的情感共鸣,愉悦身心,满足情感需求,从而凸显启发思维、激发创造,张扬个性学会合作的育人功能。"

【文献来源】
1. 戴维·埃里奥特著.《关注音乐实践——新音乐教育哲学》[M].上海音乐出版社,2009年.
2. 杨秋仪,吕忠福编著.《中外音乐教育比较》[M].华中师范大学出版社,2010年.
3. 廖乃雄著.《论音乐教育》[M].中央音乐学院出版社,2010年.
4. 谢嘉幸,杨燕宜,孙海编著.《德国音乐教育概况》[M].上海教育出版社,1999年.
5. 刘沛编著.《美国音乐教育概况》[M].上海教育出版社,1998年.

6. 缪裴言,缪力,林能杰编著.《日本音乐教育概况》[M].上海教育出版社,1999年.
7. 魏煌,侯锦虹编著.《苏联音乐教育》[M].上海教育出版社,1999年.
8. 安德森著.《音乐教育的多元文化视野》[M].陕西师范大学出版社,2003年.
9. 谢嘉幸,郁文武编著.《音乐教育与教学法》(修订版)[M].高等教育出版社,2009年.

【经典课堂】
嘹亮的歌声

课题： 五年级第二学期第二单元歌曲《嘹亮的歌声》
版本： 上海音乐出版社九年义务教育音乐教材
学校： 静安区中兴路小学
执教： 曹晏平

【教学内容】

1. 内容分析

本课共选用了单元内4首进行曲体裁的音乐作品,通过聆听、演唱、律动不同的形式复习《歌唱祖国》、《少先队进行曲》和《少年运动员进行曲》,引导学生感知进行曲有着不同的速度,可以表现不同的音乐情绪和情感。通过演唱两种速度的轮唱与合唱歌曲《嘹亮的歌声》并为其创编伴奏,体验并表现速度、力度、音色等音乐要素和伴奏音型对于烘托音乐情绪的重要作用。

2. 育人立意

感受进行曲风格的歌、乐曲所表现的少年儿童朝气蓬勃、奋发向上的精神面貌;体验音乐创编表演中合作、互动、分享的喜悦。

【学习任务】

1. 基础学情

该教学班具有良好的轮唱与简单二声部合唱能力,对音准、节奏、速度、力度以及音乐形象与情感的把握与表现力较好。日常学习中常参与课堂口琴和打击乐伴奏创编活动,能力有参差但整体基础良好,学生对此类音乐活动具有较浓厚的兴趣,并初步形成了合作的意识与协同表演的基本能力。相对而言,音乐学习中的互动、交流与评价能力还有提高的空间。

2. 学习重点

感受并初步理解速度、力度等音乐要素在表现进行曲风格歌、乐曲情绪和音乐形象中的作用。

3. 学习难点

根据歌曲《嘹亮的歌声》不同段落的速度、力度及其表现的音乐情绪和形象，创编合适的口琴和打击乐器伴奏并歌唱、演奏。

4. 突破策略

（1）对相同体裁——"进行曲"中具有不同音乐要素和音乐形象表现的作品开展情绪感受、律动体验、形象联想、比较欣赏和歌唱表达等活动，帮助学生初步理解音乐要素的表现作用。

（2）充分了解基础学情，根据学生不同的音乐特长、能力组合学习小组，设置不同学习任务的分层目标和要求，降低小组内音乐创编活动难度，运用组间合作丰富整体音乐创编表现效果，用评价促进学生体验成功。

【教学目标】

（一）课时目标

1. 积极参与单元内进行曲风格音乐作品的感受、表现与创编，体验不同速度歌、乐曲的音乐情绪和情感；积极开展分组的歌曲学练和伴奏创编活动，主动合作、协同表演、交流评价。

2. 感知几首进行曲风格歌、乐曲的速度，初步理解速度变化对表现音乐情绪的作用；创编合适的伴奏音型，用口琴和打击乐器为歌曲《嘹亮的歌声》不同速度的段落伴奏，烘托音乐情绪。

3. 结合音乐聆听、歌曲演唱、律动体验等手段，运用比较的方法欣赏几首进行曲风格音乐作品，并开展师生、生生合作的音乐创编活动；能根据歌曲的速度和情绪创编伴奏，选择并运用伴奏乐器，通过交流与评价完善创编成果。

（二）分层目标

1. 歌唱组：以良好的音色、音准和均衡的音量作轮唱与合唱，能运用速度、力度变化歌唱；

2. 口琴组：用较好的气息和方法支持，吹奏具有音乐速度和情绪变化的两段伴奏；

3. 打击乐伴奏组：根据歌曲速度与情绪不同，为创编的节奏型选择合适的打击乐器作伴奏；

4. 三组共同的要求：节奏准确、音量和谐、速度一致、配合良好，能表达、烘托音乐情绪。

【教学过程】

一、复习三首作品片断，感知进行曲的速度、情绪和情感

关键设问：思考曲名是什么？速度和情绪是怎样的？表现了怎样的音乐情感？

1. 聆听《歌唱祖国》。
2. 演唱《少先队进行曲》。
3. 跟着《少年运动员进行曲》踏步。
4. 教师小结：进行曲有着不同的速度，速度的不同所表现的音乐情绪和音乐情感是不一样的。

说明：

① 学习要点：本环节是对已学内容的复习，重点在于进一步感知三首音乐作品不同的速度、情绪和音乐情感。

② 教学意图：旨在通过聆听、演唱、律动不同的音乐形式，在实践的过程中，经过体验—回忆—交流，初步了解速度在表现三首音乐作品情绪中的作用。

二、演唱歌曲《嘹亮的歌声》，进一步体验情绪、理解情感

1. 轮唱歌曲《嘹亮的歌声》

关键设问：歌曲的速度、情绪是怎样的？我们是用怎样的力度来演唱的？表现了怎样的音乐形象？

2. 轮唱与合唱的要点

关键设问：轮唱与合唱的要点是什么？

说明：

①学习要点：本环节重点在于运用 mp 的力度、稍快的速度演唱，感知歌曲轻快愉悦的情绪和所表现的少年儿童天真活泼的音乐形象，并复习轮唱与合唱的要点。

②教学意图：旨在引导学生通过复习轮唱与合唱的要点，能运用统一的速度，声部和谐、情感投入，更好地表现歌曲轻快愉悦的情绪和天真活泼的儿童形象，为下一个教学环节作铺垫。

3. 作二度创作演唱

（1）教师用中速、mf 的力度演奏歌曲主旋律，学生聆听比较。

关键设问：对比两段歌词演唱时的速度、情绪、演唱力度和所表现的音乐形象有什么不同？

（2）用两种不同的速度和力度演唱两段歌词。

（3）教师小结：通过演唱使我们知道了同样一首进行曲体裁的歌曲，用不同的速度和力度演唱所表现出来的音乐情绪和音乐形象也是不一样的。

说明：

①学习要点：本环节重点在于指导学生用不同的速度和 mp 和 mf 两种力度演唱，感知音乐的情绪和形象的变化。

②教学意图：旨在通过聆听感受、比较和演唱，感知歌曲速度和力度的变化及情绪和形象的变化。使学生初步了解歌曲速度、力度对表现音乐情绪与形象的作用。

三、合作、创编、演绎，表现歌曲风格特点与情感内涵

1. 交代分组创编的学习任务

关键设问：你能用自己擅长的音乐才能为两段不同速度的歌曲开展创编与表演活动吗？

2. 分组创编与排练

说明：

　　① 学习要点：教师按学生能力和学习基础，将创编小组分为歌唱、口琴与打击乐伴奏三组，用全音符、二分、四分、八分音符及四分休止符为歌曲不同速度的段落创编合适的伴奏型并表演，烘托歌曲两段不同的情绪。

　　② 教学意图：按不同特长分组，使学习任务难度符合学生能力和基础；小组内创编难度降低，减轻了课堂短时间内的学习难度；通过合作创编和交流、评价，完善小组表演，通过教师指导和声部的编配调整，丰富伴奏的效果。通过这一学习过程，使学生能根据歌曲速度、力度、情绪等要素变化，运用自己擅长的方式参与音乐创编，提高即兴创编与表现能力；通过组间合作，互相配合、速度一致地作歌唱、口琴和打击乐伴奏，提高音乐学习的合作、协同、交流与表达的能力。

3. 分组展示，师生互评、改进

评价要点：

歌唱组：能否根据歌曲两段不同的速度和情绪，用合适的力度和演唱，表达歌曲情感？

口琴与打击乐器伴奏组：创编的伴奏是否能够烘托歌曲两段不同情绪？与演唱组及相互的配合是否速度一致、音量和谐？

说明：

　　① 学习要点：交流创编成果，开展评价，提高、丰富整体表演效果。

　　② 教学意图：这是一个生成的教学环节。旨在通过展示、交流，以明确的评价要点引导学生的学习表现，通过评价促进各小组完善创编成果与音乐表现，使之进一步理解音乐要素变化在音乐表现中的作用。过程中，教师作为学习促进与指导者，明确目标导向，把握学习生成，给予适时点拨、指导，帮助学生用简单的小组成果通过组间合作、协同，构成比较丰富的、能表现音乐情感的完整音乐表现。

4. 完整表现歌曲
5. 下课

【教学流程图】

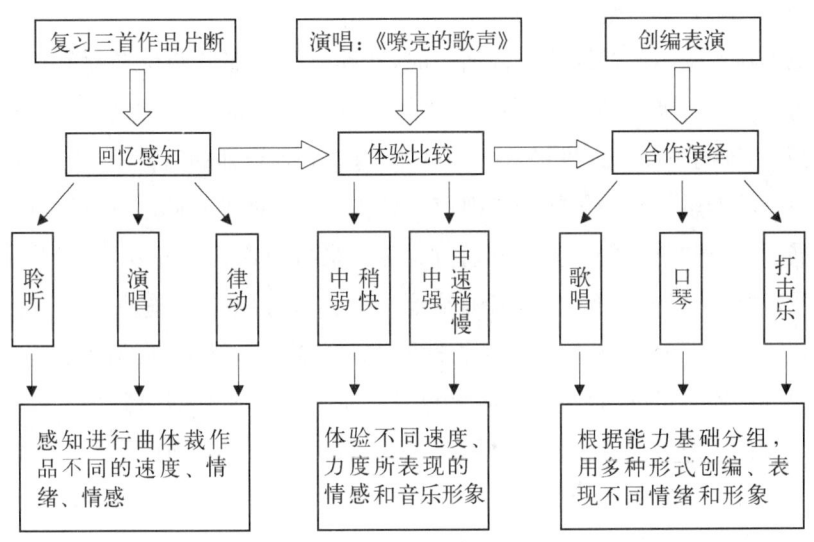

【学有所悟】
砥砺前行，做最好的自己

2011年底有幸成为第三期上海市名师后备人选，正式开始了由曹建辉和陆亚芳两位特级教师主持的上海市音乐名师基地的培训。时间过得真快，转眼5年的培训即将结束，回忆这段学习时光可以用"忙碌、充实"来形容整个培训过程，同样也可以用"收获、成长"来形容培训成果。

静心思考自己走过的这段培训之路，始终秉持着"砥砺前行，做最好的自己"这句座右铭，激励自己勇往直前。音乐名师基地的每一位学员都是来自各区县音乐学科中的佼佼者，人人都在学科中有自己的优势和过人之处，都有值得其他同学学习的地方，因此两位主持人一直勉励大家，自己跟自己比，"做最好的自己！"通过自己的努力不断超越自我，用坚韧的毅力和执着的追求，实现今天比昨天进步一点,明天比今天进步一点,不断朝着既定的目标砥砺前行,实现自己的理想!

"三台能力"促进全面发展

记得在音乐名师基地第一次活动时,曹建辉和陆亚芳两位导师就对全体学员提出的"三台"能力的培养:讲台、舞台、写字台。当时还感觉是不是要求太高了,随着培训的不断深入推进,让我们越来越体会到导师的良苦用心。基地将三台能力的培养融入每一年的培训中,有侧重的、有序推进。通过每位学员的课堂教学展示,展现"讲台"上的风采;通过每位学员特色课程的开发,国培精品课程的开发,学员学科专著的出版,名师基地公益讲堂的开设,锤炼大家的"写字台"能力;最后一年基地将开展培训结束前的大型文艺展示活动,希望通过这一途径充分展现基地学员的"舞台"神韵,这也是音乐教师所独有的"舞台"。虽然每个人在"三台"能力方面各有所长,但作为高端教师的培训必须促进每个人全面的发展与提升。虽然这些经历会遇到很多困难,也会使大家感到压力和困惑,但没有一个人退缩,用自己百分百的努力认真对待每一项培训内容,在这过程中让我们都体会到了专业成长的喜悦。

团队合作实现共同进步

音乐名师基地是一个团结、和谐、互助的团队,两位导师致力于团队合力的打造,希望大家都能在合作的氛围中实现共同进步。因此请三位学员分别担任小学组、中学组和科研组的组长,要求在组长的带领下,互帮互助、共同进步。

在这5年的培训中无论是个人课堂教学展示、国培课程开发、特色教材编写、微视频课程群开发,还是基地培训成果编撰,我们都会在两位导师的指导下,在三位组长的引领下,通过大家的通力合作,面对并迎接一个又一个具有难度的挑战,成功完成一项又一项艰巨而具有很高价值的任务。回忆这段经历既让我感受到了暖暖的师生情,又让我感受到了甜甜的同窗情,更让我感受到了一种溢于言表的团队的正能量。

记得2013年4月基地第一次对全市进行了"追求内涵,在名师培养平台上发展"的大型展示活动,我作为学员代表上了一堂五年级歌唱课《嘹亮的歌声》。当时感到压力很大,如何突破自己原有的教学模式,展现出在名师基地培训中对于课堂教学的思考与研究成果,一段日子整个人的心弦始终紧绷着。两位导师与我一同备课,听我试教,同时还在心理上安慰我。当我在教学细节中遇到问题时同学们会与我分享、讨论,这给了我无穷的动力。最终这节课得到了全市专家和同行的肯定,也使我在课堂教学中有了新的理解与感悟。

2013年4月,基地承接了国培课程"课堂教学18般武艺"小学音乐网络精品课程的研发项目。要求针对备课和上课模块开发27课时的课程教学内容,并且在一周多的时间内完成撰稿。两位导师让我全权负责该课程的开发工作,虽然感到压力很大,但作为小学组的组长,这是我义不容辞的责任。我当晚就架构了整个课程的内容框架,并参照样稿完成了一课时的文本撰写。"一枝独秀不是春,百花齐放春满园。"导师也希望通过这个课程的开发能提高整个团队的研究能力。于是在很短的时间内大家共同讨论框架—确定内容—梳理观点—撰写文本—寻找素材—拍摄视频。邮件、电话、微信架构起了思维碰撞的桥梁,通过大家的共同努力,课程开发终于圆满完成。

2015年1月,基地第二次对全市进行展示活动,这次活动是与美术名师基地联合向全市展示。由于2014年我们基地有4位学员被评为上海市音乐学科特级教师,因此这次的展示活动两位导师希望我们这4位新晋特级教师合作完成。我们分别从不同的视角、不同的学段、不同的学科结合基地培训的内容与成效交流了各自的认识与感悟。虽然上台的是我们四位,但之前一次次的磨稿、修改、试讲无一不是基地全员参与,我们只是作为基地的代言人在讲述着我们这个团队的研究成果。以上只是举了一小部分培训中的事例,这个团队能给我们增添无穷的斗志,能激励我们砥砺前行,做最好的自己!能够在这个团队中学习真好!

时间过得真快,回忆这5年时光,往事历历在目,对于我们而言真是一种充满了幸福的人生经历,可以让我们满怀感恩地娓娓道来,可以让我们充满自豪的高歌吟唱,更可以让我们内心喜悦地深藏心底。培训的期限或许即将画上句号,但"相约星期二,不见不散!"将成为我们每一位学员最为甜蜜与美好的回忆!

第二章 在经历中成长,在成长中经历

教师介绍

汤慧,1978年生,毕业于华东师范大学音乐学专业,中共党员,中学高级职称,现任教于浦东新区华林小学。

曾荣获上海市学校艺术教育先进个人、浦东新区教育局教育体育系统十佳杰出青年、浦东新区教育局教育体育系统"五带头共产党员"、浦东新区学校德育先进工作者等荣誉称号。现为上海市第三期双名工程音乐学科基地学员,浦东新区音乐学科带头人,浦东新区音乐学科中心组成员。

撰写的多项教育教学论文获奖与发表:《以特色项目为引领铸就艺术特色学校》获全国中小学艺术教师论文评比二等奖;《校园戏剧活动,为习惯养成教育插上翅膀》《校园戏剧,法制教育探索的"新戏"》获上海市中小学艺术教师论文评比二等奖;《"创"出新径,"作"自我》《融趣教学:灵动与智慧》《让学生在戏剧教育的演绎中收获快乐》等十多篇教学论文发表于《上海教育》《浦东教育》等杂志,《母鸡与公鸡》《开火车》等教学设计刊登于《中小学音乐教育》。潜心于学校学生戏剧社团的辅导,成绩突出:校园剧《耳朵飞了》荣获全国第二届中小学生艺术展演戏剧作品一等奖,校园剧《脏话收购站》《汽车总动员》《黑眼睛亮了》《爱就一点点》《胡萝卜》等作品在上海市学生艺术节戏剧专场、上海之春展演中荣获一、二等奖。

成长叙事

什么是成长?成长就是一切事物向成熟的阶段发展。什么是经历?经历是一种亲历,是一种探索,更是一种自我的建构。回首自己羞涩胆怯地站上讲台,开启音乐教师生涯的第一课,至今已经第 20 个年头了,期间,难忘的挫折,温暖的问候,真挚的帮助,喜悦的瞬间,清晰依然;此刻,我满心欢喜,满怀感恩……

成长路上的引路人

1996 年 7 月,我从上海行知艺术师范学校毕业,迈入了一所新建学校——浦东新区华林小学,28 位教职员工中,13 位是新师范生。第一次的教职工见面会,记忆深刻,大家相互间做着简短的自我介绍,学校领导进行着一项接一项新教师工作要求和新校规章制度的说明,最后一句总结性的话语掷地有声,"新校新教师新学生,你们这一批年轻人,同一起跑线,就看谁是领跑者了,加油!"

于是,我们这 13 位新师范生便成了全校的"宠儿",几乎每周都要面临校领导的随堂听课,音乐学科独苗的我,战战兢兢,没有师傅,自己研究,自己钻研,自己琢磨着怎样才能撑住一节课,能让学生安静地听,能让学生高兴地唱。

两个月后,一次偶然的机会,市音乐教研员郁文武老师走进了我的音乐室,耐心地听完了我执教的《夜晚多美好》一课。下课铃响后,我诚惶诚恐地走近专家:"郁老师,我知道自己的课有很多问题,您就使劲批评吧!""年轻人对自己要有信心,对于教材先要自己想通,再请教实践,随后反思调整,相信成功就在不远处!"郁老师的激励,泛起了我心底的丝丝涟漪,对进步的渴求如溅起的水花般给了我前进的动力,我开始追求课堂"质"的转变。

期间,我幸运地受到了区内徐承德老师手把手地指导,让我有了突飞猛进的进步:认识了"家常课"与"展示课"的异同,关注了学生音乐知识和技能的日积月累,懂得了不同课型教学方法的恰当使用……"发现教学中的问题,找到解决的办法,你又迈进了一步!"徐老师的每一次鼓励,都让我信心百倍,对于课堂更是充满着激情。

每周一次,我坚持去徐老师学校听随堂课,一个个音乐小游戏的巧妙设计,一个个练声小训练的组合变幻,一个个节奏小组合的灵活整合,一句句课堂评价语句的神奇妙用,一处处歌曲乐句的细致处理,我都一一记下,并在课后问个究竟。尽管有时回到学校后,面对自己的学生,在教学反馈上还是不尽如人意,但郁老师对于我这个新教师的那剂"强心针",依然不断激励着我,鞭策着我;老校长的那句"谁是领跑者"的话语言犹在耳,督促着我;徐老师的倾囊相授,不断提升着我。一年后,我拿下了浦东新区新教师"新苗杯"教学评比一等奖;第三年后,我获得了浦东新区中青年教师教学评比二等奖;第五年,我评上了浦东新区首届优秀音乐青年教师称号。

五年,我从青涩慢慢走向成熟,成长的路上难免坎坷与迷茫,但每一位引路人总能指引我成长的方向,我执着地修炼内功,踏实地铸就自己的音乐教学之梦。

意外的戏剧邂逅

当我慢慢在音乐课堂教学中捕获灵感,有了自己独到的想法时,学校领导将艺术教育这一块工作交于我全面负责,我的专业发展之路开启了新征程。

第一次的"布谷鸟音乐节",多好的机会呀,小试一下,编排了一个表演唱节目,竟然一马平川,获得了上海市的二等奖,这番意外的眷顾给了我不小的惊喜;第二次的"布谷鸟音乐节",和我的同事一起拉着队伍去参加合唱比赛,早练、晚练,功夫不负有心人,最后闯进了市决赛,获得了三等奖;遇上"金孔雀舞蹈节",我们又怀揣着美好的憧憬,抱着"敢闯敢拼不怕输"的精神,一路过关斩将,艰难地拿下了全市的一等奖……那几年,始终是有什么比赛,就抓什么队伍,每年的艺术节比赛季,就犹如农村里的"农忙季",在校园中上蹿下跳,和学科老师抢孩子,和时间进行赛跑,和家长进行沟通,和孩子玩"相依相伴",每一次比赛完,精神一放松,我都会累得要调整一段时间才缓过神。直到遇上了"孩子王"张忱婷老师,才让我改变了艺术比赛"突击队员"这个身份,开始了"艺术特色——校园戏剧活动"项目的实践。

"小汤老师,又到艺术节了,学校近两年的比赛成绩都不错,这次是戏剧节,我们也要积极参加,争取获得好成绩!"当校长向我传达这个任务时,我突感耳朵嗡嗡作响:戏剧?我没有接受过这方面的专业学习,自己也就在家看看电视里小品表演,听听相声片段,偶尔看看话剧,搞戏剧作品,这不是要难倒我吗?"万事开头难,我了解到少年宫有位上海戏剧学院毕业的大学生,你可以主动去学习和请教,慢慢学习和积累!"听了这句,我才缓解了忐忑的情绪。

张忱婷老师运用她在戏剧上的专业知识,给孩子们训练标准发音,肢体的表现,情绪的表达,孩子们学得认真,我也一一记录下训练的小游戏,小方法,表演能力的激发,肢体动作的设计,故事情境的创编引导。框架搭好后,我就自己琢磨自己给孩子们排练,继续发扬以往艺术节时的那种"拼劲",抓时间排练,同时自己也找来了许多的校园剧、儿童诗歌表演等视频,更多地了解和学习。

在交往中,我和张老师,两个年龄相同,性格相仿,处世态度颇像,共同话题较多的年轻人,成了一对好朋友。情景诗朗诵《属于我们的一天》成了我们合作成功的第一部作品,获得了新区学生艺术节诗歌朗诵专场的第一名,随后我们的作品愈来愈多,每一个作品也不断地走向成熟,孩子们对于表演也越来越投入。

戏剧社团成立了,队伍日渐壮大起来:社团中从没有"逃兵",孩子们盼望着每周的训练;社团的家长遇上我,高兴地聊起她的孩子:"老师,我家孩子回家对着镜子一直练习绕口令,还拉着我和她比赛。""孩子喜欢上看书了,说戏剧社要举行故事分享会!"老师们也反映说:"这些孩子口才越来越棒了,主持活动自信,有主见!"

听着这一席话,让我找到了学校在艺术教育工作上的突破点,学生感兴趣,家长很支持,教师为我点赞,我们何不将"校园戏剧表演"作为一个艺术特色项目,做大做深做实,创建学校艺术特色品牌呢? 就这样,校园戏剧活动由最早的社团活动,以"星火之燎原"的态势在校园中"蔓延"开来——全校学生接触戏剧午间游戏,教师接受戏剧减压活动,学校每年举办戏剧节,成立校、班两级戏剧社团,邀请戏剧学院在读研究生大学生与我校联合开展戏剧类主题活动……校园戏剧就此走进了校园的每一个角落,走进了每一个师生的心中。

巴黎梦破碎

随着我校每次参赛都能拿第一的出色表现,学校戏剧社所承接的比赛和演出任务也越来越多。2001那年,一个比赛通知又放在了我的办公桌上:根据所提供的故事梗概,编创一个校园剧,区内第一名参加市级复赛,复赛取胜参加少儿频道电视直播决赛,决赛胜出队伍前往法国巴黎参加巡演。

多具有诱惑力的赛事呀! 孩子们一听,个个激动亢奋,"老师,我们想参加!""我还没有上过电视呢,拿了第一,让爸爸妈妈在电视里看我演出!""为法国巴黎而战!"孩子们的话语也直击我的心声,要是能凭着剧本的创意、出色的表演,走出国门去巴黎,这可是何等的好事,"行,我们试一试!"于是,我又邀来了张忱婷老师,一起进入了"巴黎之战"。

研读故事，设计人物性格，编创情景，挑选小演员，着手编排，张老师就是我的"专业顾问"，在她的帮助和辅导下，剧本和排练都按着既定的计划，有条不紊地实施着，每一次的排练都收获着惊喜，孩子们对于作品有了自己的理解，时不时会冒出几句特别有意思的台词或者肢体的表现，不断地充实和完善着作品《水果乐园》。

　　为了让这个作品更能体现出果园的场景，道具的制作和设计是至关重要的，我启动了"全家总动员"的"策略"。剧中"农夫爷爷"需要一双草鞋，一件稻草衣，我求助妈妈，她帮着我去乡下收集稻草，去寻找会编织草鞋、草衣的老公公，根据我的要求，看着他慢慢编，按着我的想法进行调整和修改，那位"老公公"不理解地看着我说，"小姑娘不会编，要求还挺高嘛，你这么费心思地请我做，干吗用呀？"我笑着道谢，并高兴地许诺给他带法国礼物。孩子们的演出服装，我也几次跑了城隍庙，一次次收集各种仿真蔬果，仿真树叶，将它们一针一线地缝制在孩子们的演出服装上，既要让观众一目了然孩子们所扮演的角色，又要让孩子们在演出过程中轻松自如，不影响表演；买来许多的乐扣水杯，一个个跟他们"穿上"彩色的"衣服"，贴上自己剪贴而成的蔬果造型，每一个角色一亮相，都让大家有着惊喜和意外。

　　如此"用心"，孩子们也"尽心尽力"，区级比赛，轻松拿下第一；市级复赛，优势明显；最后一轮电视决赛，组委会要求将台词全部变为英文版进行参赛，对于这群三四年级的孩子们来说，真的是勉为其难了，许多好长的专用词语，既要关注正确发音，还要将英文口语特有的语感和表演相互融合，相当于是将作品推倒重来。当我觉得有些灰心丧气时，孩子们围坐一起，认真地念读英文台词，让我很受感动，他们都准备"拼了"，老师哪有退却的理由！于是，一个个词，一句句话，斟字酌句地熟读、背诵、过关，又回到了起点，开始了努力。

　　在东视的电视大赛中，孩子们依然发挥出色，精彩的剧本演绎夺人眼球，和节目主持人豆豆姐姐的机智互动，凸显了综合能力，我们觉得，"巴黎"的机票就在眼前，浪漫的国度在向我们招手。可最后组委会宣布的巡演名单中，我们不在其列。回家的路上，孩子们抱头大哭，我也无法回答"为什么"，我和张老师年轻的脸庞上也满是泪水，是委屈，是无奈，更是不服！"下次，我们一定要拿下更高的奖项，获得大家的肯定，没有一丝一毫的怀疑！"我们带着小小的骄傲又开始了校园戏剧探索的远程。

"耳朵"深圳行

上海市学生艺术节展演活动,我们的作品几乎年年都摘得市戏剧专场的一等奖,《爱,就一点点》《黑眼睛亮了》《脏话收购站》等等,我们一一认真排练,收获着排练过程中孩子们带给我们的快乐,收获着成功演出后的喜悦。2007年,我们的作品《耳朵飞了》,经过一轮轮的比拼,惊喜地收到了教育部学生艺术节组委会的通知,我们的"耳朵"要飞去深圳,参加全国第二届中小学生艺术展演了!

张建平校长和我率队带着六只"耳朵"和几个大箱子道具乘坐飞机抵达深圳,当看到深圳高级中学高高飘扬的彩旗时,孩子们欢呼雀跃起来,拿起相机拍照,我们的"发烧友耳朵"还高兴地播起了即时新闻:"请注意,请注意,自今天起的一周,深圳市的上空将聚集千万只耳朵,飞过来飞过去,一次盛大的耳朵派对即将进行,请密切关注,不容错过!"

他们每到一处有着醒目的"全国中小学生艺术展演"横幅或者宣传画的校园布置,总是要拉着我拍集体照,拍臭美照,孩子们说,这是他们小学阶段中的最高荣誉,他们要带回上海秀给伙伴们看,秀给家长和街坊邻居看。看着他们的"傻劲",我也仿佛回到了自己的学生时代,无比地乐呵,帮他们记录下每一个难忘的瞬间。

新奇、兴奋,充斥着我和孩子们,直至深圳后的第二天早上,我突然间发现,丢了最重要的一个演出道具——"绿色宝瓶"。这是一个用钢丝和竹条手工捆编而成的"大宝瓶",上面缠绕着许许多多的绿色仿真藤叶,是《耳朵飞了》剧情推向高潮时必不可少的一个道具,而这一天的行程就是前往深圳大剧院,熟悉剧场,设置灯光,完成走台,晚上进行比赛展演。这个道具的遗失,将给我们的作品完整呈现带来很大的遗憾,观众们会对剧情的转折产生疑问,学生们的表演也需要作重新的调整和安排,时间都这么紧迫了,该怎么办!怎么办!

我将自己和孩子们照相机内的照片一一进行翻阅,寻找"绿色宝瓶"的踪迹,需要判断是在哪一个时段"宝瓶"脱离了我们这支队伍。所幸的是,我们的确将它带下了飞机,带至了深圳高级中学。得知"宝瓶"不见后,女生们哭了,男生们一瞬间长大了:老师,女生留寝室休息,我们和你一起去校园找!我跑出了中学,寻找一个花店赶快再做一个能凑后的"宝瓶",可是兜了一大圈,不是花店还没开门做生意,就是不愿承接我这个复杂的"手艺活"。跑回深圳高级中学,三个摆着酷酷造型的"小帅哥"守在校门口等着我,但稚嫩的脸庞上还是藏不住他们的喜悦。原来,"绿色宝瓶"在抵达深圳高级中学后兴奋留影时,将它搁置在一旁给遗忘了,幸好清洁工阿姨保存了下来,可真是"有惊无险"啊!耐心地聆听他们七嘴八舌汇报"寻宝"的经过,此时感慨和激动油然而生,同时有种预感——"波折之后,必有后福"。

"绿色宝瓶"的失踪,让我和"耳朵们"更为谨慎,他们参与各项活动也格外认真了。演出前的暖身训练,引导孩子们抛开杂念,享受音乐带来的绿色畅想,宣泄性的肢体奔跑,感受肌肉的紧张,寻找剧情中的情绪;剧场走台,孩子们密切配合,走位定光,试耳麦,试场地,试道具的移位,在组委会规定的时间里高效完成;晚上7点的演出,"耳朵们"不负众望,每一幕都倾心表演,在剧情中时而欢笑,时而痛哭,舞台后的我也跟着笑着哭着。随着结束音乐响起幕布拉上,孩子们奔向躲在舞台幕布后的我,抑制住兴奋,压低着嗓子,"老师,完美,我们发挥完美!""这是我最投入的一次!""金奖没问题吧!"再轻声的声音,也按捺不住跳出胸腔的那颗激动的心。

拉着孩子们出了剧场,他们紧紧将我拥在了怀中,我的手背上有他们的眼泪,我的肩头靠着他们热热的小脑袋,我们为这份几个月来的努力而激动,为今天的成功演出而雀跃,为孩子们自己体验到了"完美"表演而相拥相泣。"走,老师请大家吃大餐!"

看着一桌的菜,孩子们一个也没有动筷子,"快吃呀,你们不是总吵着要汤老师请吃大餐的吗?机不可失,时不再来哦!"一直以来总看到他们疯疯癫癫,今天变得如此"成熟",还真不适应,于是我开始打趣起来。"汤老师,我今天站在这么大的舞台上,我心满意足了!""大嗓门耳朵"深情款款地看着我说。"发嗲妹"也起身凑到我身旁,趴在我肩膀上撒起娇来:"谢谢老师,这几天一直忙这忙那,既要排练节目,不让我们紧张,还要关心我们的梳洗,太辛苦了!""老师,我挨骂最多,有时还不服气,今天我想说,谢谢你的提醒,其实你最关心我,是为我急!""老师,灯光亮起的那一刻,我感到无比自豪,我们已经拿到属于自己的最高奖项了!""老师谢谢!""谢谢老师!"……聚餐上,一会儿哭得稀里哗啦,一会儿又疯笑不止,一会儿笑话接龙,一会儿歌声响起,此时,我感觉,做老师真幸福,因为他们懂我,我爱他们!

两天后,当我们收到校园剧《耳朵飞了》获得全国中小学生艺术展演小学组金奖的喜讯,孩子们激动地都蹦了起来,一瞬间如此协调统一的表现,仿佛又在诉说着孩子们美好的企盼,我们成功了!

基地大家庭

2012年2月,我幸运地成为上海市第三期名师后备音乐学科基地的成员,开始了长达五年的培训。在这个基地中,我结识了中小学音乐教育教学中德高望重的曹建辉导师和陆亚芳导师,相识了一个爽朗活泼的基地助理谢园美女,还有了一个相处五年培训期的音乐基地学员团队。记得培训初期,看着培训计划,心存忐忑:五年,好长,怎么熬!如今,回首经过的每一个培训阶段,无比感叹,心存感恩:五年的时光在基地的每一个闪闪亮的专业成长任务中,变得岁月飞逝,收获满满,珍惜不舍。

记得我们小学组在基地中参与的中国教师研修网《"课堂教学的18般武艺"网络精品课程》课程开发这个项目,这是我们承担的第一个大课题,大任务。当组长曹晏平老师第一次召集组员讨论学习,打开一个个文件包时,焦虑和烦躁涌上心头:怎么有这么多的"包中包"? 视频、PPT、文字,缺一不可,怎么做,如何完成?……导师送上了他的工作格言:"方法总比困难多!"被我们尊称为"大师"的曹晏平组长也开始安慰大家:"我们是一个团队,有困难提出来,一起探讨,一起研究,一起解决!"听着曹组长的宽慰话语,心中的不安得到了一些缓解,也慢慢地滋生了工作的动力。为了能让我们组员提高工作效率,曹组长先行先试,将项目分解细化,建立子课题供我们选择思考,提供策略方法供我们参阅,讲解理论知识帮我们理清脉络,就这样,我们一个个信心百倍地围绕认领的任务开始了研究。

在这个项目完成工作中,我从没觉得是一个人在"孤军奋战",微信和QQ的互动联系传送着彼此的关爱:我们会相互询问一下撰写进程,给自己的惰性施加压力;遇到比较混淆的问题时,小窗口相互讨论,理清思路;感到疲劳时,会给群内组员赠上"玫瑰",送上问候,继而奋力码字。我们还自发组团来到了曹晏平组长所在学校,开展了一次"名师大会诊"——大家将遇到的困难一一抛出,而曹组长犹如参加"答辩",结合我们完成的项目初稿,将他的意见和大伙交流探讨,过程中,既有犀利地提问,又关注对我们的鼓励,既有精彩的概括,又提供了诸多的实例帮我们分析举证……经过几个来回后,我们对于所要研发的课程,有了更清晰地认识,也理清了各主题间的脉络关系,对课标有了新的解读,对备课、上课中诸多的环节、内容、要求有了全面的把握。那一次的探讨,从中午12点,直至4点多,"专注""高效",是我们整个项目顺利完成的一个关键部分。最后,历时一个月,我们完成了文稿的撰写、视频的拍摄剪辑、PPT的制作,项目得到了专家的认可,顺利上线,让我更为珍惜的是,基地团队协作的力量和伙伴间互助的温暖。后期,我们还将这个课程参加了基地组织的"公益讲堂"活动,和众多的音乐教师进行交流和推敲,也成了我们小学组难忘的研训回忆。

基地的研训任务总是那样具有挑战性,但正是这些项目所具有的前瞻性,独特性,让我们每一位学员在项目结束后蓦然回首,总会有着甜甜的满足感,想大喊一声:我能行!

我校作为全国艺术教育先进集体,市艺术教育特色学校,区校园戏剧特色项目校,我也曾开发了各年级段的校园戏剧表演教材、戏剧德育主题活动教材,但将戏剧表演与音乐学科结合开发教材,始终未能静下心好好思考和设计。基地培训中"听、唱、奏、演、赏"特色课程的开发,让我有机会与陈薇老师结队,探讨《小小音乐剧》特色课程的开发,从"演"这个角度将小学音乐教材和小小音乐剧"牵上手"。

建立特色课程的内容框架,选定每一课时的主题内容,选择教材中适合的歌曲和欣赏作品,着手每一课时的内容编写,"微信"、"QQ"成了我俩每日联络的工具,文字的组织,插图的美化,小游戏的选择,色彩的搭配,拓展内容的编辑,从毫无头绪到一课课慢慢呈现,而每一课的呈现总要经历六七次的修改和调整,尽可能做到尽善尽美。

当特色课程初稿完成后,我们又结合这一册教材,参与了项目《"听、唱、奏、演、赏"音乐校本课程群的开发》的实践。这个任务可以说是最为全面的一次考验,融合了课程认识、课程架构、软件应用、视频剪辑等多种能力和技术:用言简意赅的语言来概括自己的课程定位,用层次清晰的框架来表述自己的课程内容,用富有逻辑的文字来阐述特色课程的"独特"之处,用具有说服力的课程实例来演示课程的实施重点,用美观形象的画面进行全面呈现……讨论会上,学员间毫无保留地给予意见和建议,迸发出了许多新的想法认识,让我在一次次反思和修改中得到提升。

以往的视频制作,习惯依赖于学校信息技术老师的帮助和指导,但在任务重,时间紧,规格高,要求严的情况下,我边学边实践,边改边熟悉,从不熟悉的软件,到逐渐研究,运用自如;从只会简单剪辑到制作各种转换和美化,看着作品中不断美化的视觉效果,很是欣喜。但当基地伙伴们拿出自己的作品交流汇报进展程度时,又不断心生进取之心,看到了许多亟待调整的画面和内容,耐心地询问,回家再次研究制作,调整优化,自己也不断地确立一种信念——只要努力总是会有新的突破。团队中精益求精的工作态度,倾囊相助的合作精神,让自己的作品不断修改和提高,在每一次的"蜕变"中,越发有味,越发精致。

基地培训的五年时光,虽然任务较多,要求颇高,有时感觉时间紧,有些辛苦,但最令我动容的依然是,基地中感受到的温暖和教育路上的那份情怀。五年的历练,收获了更多的自信,看清了自己的前进方向,分享了集体的智慧。五年,我人生中最美、最充实的回忆!

行走在艺术教育之路上,实践于快乐音乐课堂中,我感到很满足,遇到的良师,结识的益友,难忘的历练,喜人的收获。面对未知的明天,我依然这样告诉自己:微笑面对自己的学生,执着研究自己的课堂,在经历中成长,在成长中经历!

【且行且思】
享音乐综合实践活动之乐

一位音乐剧作家说:"音乐剧是你所能想到的任何元素。"音乐剧作为一种综合性很强的艺术形式,越来越受到人们的喜欢和关注。它将音乐、舞蹈、表演等艺术形式有机结合,是艺术的综合性、现代性、多元性的灵活统一。

音乐剧自身多元化,不受任何模式束缚的艺术特性恰好与我们中小学艺术活动强调的注重形式的灵活性、多样性,内容的艺术性、丰富性和充实性相吻合,所以音乐剧它是一个理想的教学载体,是我们音乐综合实践活动很好的实践园地。

音乐剧走近小学生,不单单是推荐和指导学生欣赏音乐剧的精品片断,更重要的是,我们根据音乐学科的教材,和学生们一起创编"小小音乐剧",即在一定的音乐背景下,设置场景,通过对白、演唱、表演等综合性活动来演绎故事内容,表达一定的思想内涵。在这样的音乐综合实践活动中,既能增强学生对音乐教材内容的学习兴趣,加深对音乐要素的体验和感悟,更大程度上发挥学生的想象力和创造力,提高学生的审美能力和艺术修养。本文就结合笔者所开展的小小音乐剧《三只小猪》,作一分享和交流。

一、借助动画,以趣促学

"以兴趣爱好为动力"是《音乐课程标准》提出的核心理念之一。在小学音乐课堂教学中,让学生日日带着浓厚的兴趣走进课堂,时时保持学习音乐的积极心态并由此产生愉悦体验,是学生感受音乐、理解音乐、享受音乐、感悟音乐魅力的重要条件。

小学低年级学生容易被丰富多彩、富有动感的画面吸引,容易对轻快、优美的旋律产生情感的共鸣,这正是他们生理和心理特征所决定的。富有童趣的动画片,它具有形象鲜明、画面生动、背景音乐轻快优美的特点,在实践活动中,利用动画片把学生的兴趣爱好和音乐的艺术魅力结合起来,可称为一个很好的抓手。

教学片段:

师:小朋友们,老师请大家观看一段音乐动画。

(播放音乐动画《三只小猪》第一、第二幕。)

师:谁能和大家复述一下动画片中看到的这个故事呢?

(学生简单介绍故事内容。)

师:老大、老二建造的房子都抵挡不住大灰狼的破坏,当大灰狼来到老三家,出现了什么转机?

(学生们分享交流。)

《三只小猪》是美国迪士尼公司拍摄的一个生动有趣的音乐动画片,也是学生们较为熟悉的一个童话故事。在音乐实践活动中运用音乐动画的精彩画面和惟妙惟肖的动物形象,既给学生们创设了一个轻松的音乐学习氛围,在生动逼真的环境中激发学生学习欲望,同时也引出了活动任务——共同以唱唱、跳跳、演演的形式,一起来探究《三只小猪》的故事发展。

二、师生互动,交流创编

课标强调教学过程中的学生参与,提倡运用探究式的学习方法开展合作学习,因此,对教师的辅导作用提出了更高的要求,课堂中教学方式与教学手段的探求成了很有价值的话题。

1. 大胆想象,交流感受

教学片段:

学习《三只小猪》主题旋律和歌词。(出示歌谱)

三 只 小 猪

1=F 2/4

欧美儿歌

```
5 3  1 5̣ | 4̣ 3  2 | 4̣ 3  2 | 3̣ 2  1 |
我 们 不 怕 大 灰 狼, 大 灰 狼, 大 灰 狼,

5 3  1 5̣ | 4̣ 3  2 | 4̣ 3  2 5̣ | 1    1 ‖
我 们 不 怕 大 灰 狼, 不 怕 大 灰 狼  呀。
```

师:你们能用四字词语来概括描述小猪三兄弟吗?大胆地用歌声来表现一下!

生:敷衍了事。老大和老二急着要玩耍,所以对待自己造房子这件事情不放在心上。(学生示范演唱)

生:勤勤恳恳。老三它认真对待,为了能造一座牢固的房子,美观的住所,他不受老大和老二的影响,专心盖房。(学生示范演唱)

师:同学们的分析和演唱都很好。老大和老二蹦蹦跳跳,调皮捣蛋,所以说话和唱歌时在速度上可以做什么处理呢?

生:速度稍快一些。

生:老三要显示出他认真的态度,动作沉稳,说话和歌唱时可以采用中速来表现。

(再次进行歌唱处理,分角色演唱)

2. 合作互动,创编歌词

从学生童心童趣出发,设计生动有趣,并具有创造性的活动内容和形式,能激发学生的参与性,提高活动能力。"小小音乐剧"歌曲歌词的创编环节,正是一个培养学生想象力、创新力的有效途径。要对一首歌曲中的歌词进行创编,我们首先要带着学生熟悉旋律,学会演唱,在此基础上进行创编。

教学片段:

师:三只小猪他们面对盖房任务时,态度各不相同,我们可以将他们盖房子时的表现编成歌词,填进我们《三只小猪》的主题旋律,先听听老师的是怎么编的吧。

三只小猪

1=F 2/4

欧美儿歌

```
5 3  1 5 | 4 3 2 | 4 3 2 | 3 2 1 |
三只 小猪 我老大，盖房子， 我最 棒，

5 3  1 5 | 4 3 2 | 4 3 2 5 | 1  1 ‖
搬来 稻草 盖草房，又快又省力    耶！
```

师：同学们，你们也来试一试，做回作词小达人吧！

（学生进行歌词创作的讨论和展示）

通过动画视频的观看，交流分享，通过主题旋律的学唱、表演展示，进入歌词创编，自然是水到渠成，顺理成章，孩子们创作的歌词脱口而出，为综合性的演唱和表演做好了铺垫。

值得一提的是，歌曲中歌词的创编，我们要针对教材及本班孩子的实际水平、年龄特点，挖掘歌曲中可以创编的"点"，循序渐进地安排创编的容量和难度，使每个学生都能体验到创编的乐趣，激发他们参与活动的积极性。

3. 重点练习，体验形象

音乐剧中的演唱是为角色或者表演服务的。小小音乐剧中，学生们唱的好不好，除了运用正确的演唱方法外，还要看是否能更好地塑造角色，运用表演性的歌唱，增添故事的趣味性，将情节形象地表达。

教学片段：

师：我们来给"三只小猪"设计一下，该如何进行歌唱表演呢？

生：歌曲很短，可以重复演唱，边唱边表演。

生：可以先站着演唱歌词，让大家听清楚，再开始表演盖房子的舞蹈动作。

师评价：建议很好。我们可以作这样的尝试：每只小猪出场表演时，将这段音乐重复三遍，第一遍，小猪高高兴兴地哼着"啦"上场，第二遍时分别演唱大家为小猪创编的歌词，第三遍音乐响起时，开始表演他们搭建小屋时的情景。

（学生开始进行舞蹈表演动作的设计和练习）

演唱中，我们要帮助学生分析角色的性格特点，引导学生进行音色的变换来塑造角色；指导学生变换速度进行演唱，突出故事情节，起到在歌唱中讲故事的

效果;我们还要指导学生恰当地运用肢体表演,表现角色形象,同时也很好地与歌曲演唱进行结合,比如,肢体动作幅度较大时,我们多半选用衬词的哼唱来表现人物的心情和情绪,而肢体动作相对生活化表演时,我们则要更多注重咬字吐字的清晰,将歌词唱清楚,将声音表现好。

三、感受音乐,细化表演

小学生感性认知阶段,我们要根据教学内容,设计有效而又生动的教学方法和手段,才能将音乐知识和音乐技能潜移默化地渗透给学生,更好地帮助他们体验、表现、感受音乐。

教学片段:

师:同学们,当老狼看到小猪们在快乐玩耍时,他会想什么,做什么呢?

生:老狼急着想要抓住三只小猪。

生:想着快快尝尝美味佳肴。

师:听一听老师编的小曲,你们从哪发现了老狼的迫不及待呢?(出示歌曲,并听教师范唱)

馋嘴老狼

$1 = F \quad \frac{2}{4}$

0 5	3 0 3 0	5. 5	3 0 3 0
我 馋	馋 馋,	我 馋	馋

1 -	1 2 3 4	5 6	5 -
馋,	三 只 小 猪 香	香	香。

5. 5	3 3 0 5	5. 5	3 3 0 3
我 一	口 吞 下,	我 一	口 吞

1 -	1 2 3 4	5 3	1 -
下,	我 的 口 水	哗 啦	啦。

X ‖
馋!

生：老狼看到小猪,直流口水。

师：说明老狼非常——

生：馋。

师：请同学们设计老狼的表情和动作。（请学生表演）

师：同学们很有表现力。大家听听,老师是怎样念这些歌词的。

（教师夸张地边做动作边进行歌词范读。）

$$5 \mid 3 \quad 3 \quad 0 \quad 5 \mid 5.$$
我 一 口 吃 下,

（学生模仿,进行跟读,体会休止符）

师：老师来演唱,请同学们在休止符出现的地方张大嘴巴,表现出老狼的馋相。

（师生合作练习休止符）

师：我们一起慢速地演唱一遍,边唱边表演,再来感受一次。（跟琴慢唱）

师：老狼想吃小猪,它是慢悠悠地演唱,还是迫不及待地想马上啃上一口香香的小猪呢？（跟琴快速演唱）

师：老狼狡猾、贪吃的本性,我们该用怎样的声音来演唱呢？

生：把声音压得低低的。

师：能否设计一个它招牌动作呢？

生：弓着背,轻手轻脚,眼睛骨碌碌地打转。

（邀请学生进行表演）

表演是音乐剧重要的组成元素,我们要通过指导,引导学生在静态的歌曲中体验丰富的情感,再外化为童趣的肢体表演。我们需要挖掘音乐文本,以风趣的语言,夸张的动作,将音乐知识赋予生命色彩,使音乐具有具象的表情变化,变得可以感受,可以理解,可以表现,有效地化解歌曲学习的难点,形象生动地把握老狼这个角色的形象特点,丰富音乐表现,更易学生模仿与表演。

四、课堂剧场,激情演绎

儿童音乐剧作为一种能使学生全员参与,全身心投入的音乐表现形式,必须解决如下问题：怎样使学生主动地参与到音乐剧的表演活动中去，怎样通过音乐剧活动培养和发展学生的创作力和创新精神，如何在音乐剧活动中培养善于交往、互助合作的团队意识。

在教学中我们要利用学生的艺术资源，调动学生的热情，让有特长的学生在团体中发挥带头作用。进行音乐剧排练时，可以让学生根据自己的爱好和特长自愿分组，如：喜欢跳舞，有舞蹈学习经历的学生去舞蹈组；爱好表演，模仿能力强的学生去角色表演组；爱好唱歌，有声乐基础的学生去演唱组；爱好动手制作，喜欢绘画的学生去舞美道具组；会乐器演奏的学生去乐队组；有组织能力、思维活跃的同学去导演创作组等，鼓励每个学生充分发挥自己的优势。

我们可以鼓励学生参与音乐素材的收集和选择，参与音乐剧中声音效果的配合。可以采用分组表演展示的方法，让学生都能有任务，有工作，在这一教学过程中，教师给予学生及时的指导、肯定和表扬，营造自由创造的氛围，以使学生大胆地提出自己的看法和主张，培养创新意识。

教学片段：

师：在大灰狼出场这一幕时，我们能否运用自己的聪明才智，模仿设计一些音效，将大灰狼的"坏心眼"这个形象体现地更为淋漓尽致呢？我们可以搜集生活中的"小乐器"，如易拉罐、报纸、铁盒等，也可以选用音乐课中的小小打击乐器来进行创编。

学生通过不断地试验与讨论得出答案：对着话筒吹，模仿刮大风的音效；在钢琴上进行刮奏表现房屋倒塌的声音；椰壳沙球互击模拟敲门的声音；用揉搓软塑料袋发出的声音为小猪因害怕而浑身发抖的表演场景渲染气氛……

在这一创作活动中，学生通过多方面的探究，新的想象、新的创意、新的灵感不断产生，他们陶醉在自己的作品中，体验着、感受着成功的快乐。在这样的教学中，学生的创作欲望得到了充分展现，鲜明的个性与独特的创造力也得到了锻炼。在创作过程中，我们要对学生多加肯定，鼓励学生大胆实践、创造，去探索更多的声音效果。这种以创造为纽带进行的集体合作与交流，有助于培养学生的群体意识和相互尊重的精神。

五、以剧为媒，育德育人

课标提出："要善于运用生动活泼的形式进行教学，并将思想品德教育内容寓于音乐实践活动中，让学生在艺术的氛围中获得审美的愉悦，做到以美感人，以美育人。"音乐剧主题符合孩子的年龄认知，对学生的情感、态度、价值观有积极的影响，有利于学生形成积极向上的人生观。

教学片段：

师：小小音乐剧《三只小猪》的学习，大家有什么收获呢？

生：我要学习老三，做什么事都要踏踏实实，这样才能换来令人满意的结果。

生：我懂得一个道理：自己要对自己负责。

生：我们边唱边跳，自己设计道具，设计音效，担任了导演、演员、词作家等很多的任务，真是个有趣的活动。

师：是呀，音乐剧就像一个魔术师，将音乐、故事、对话、歌唱、舞蹈、道具等等都融合在了一起，发生了奇妙的变化，然后向大家呈现了一个个有趣的故事。

师：《三只小猪》的故事今天暂且说到这儿，接下来可能还会发生一些意想不到的情况呢！老师希望小朋友可以小组为单位，一起编编演演，唱唱跳跳，玩玩乐乐，期待大家的新作品。

音乐教育以审美为核心，主要作用于人的情感世界。其基本价值在于通过各种音乐活动，使学生充分体验蕴含于音乐中的美和丰富的情感，使之净化心灵、陶冶情操。我们的音乐课，不仅要能够激发学生的学习兴趣，充分调动学生学习的主动性，更要为学生学习音乐奠定下良好的基础，使它能终身受益。

结合教材内容将音乐剧"小型化"，让学生在参与自导、自编、自演、自评的学习活动中，不断提高音乐、艺术综合实践能力、创新、创造能力，增加学习音乐的兴趣，提高艺术综合素养，这正是我们音乐综合实践活动的宗旨所在。相信这将会是学校音乐课堂教学改革的内容之一，是走向音乐实践活动的一个非常可行、具有创新意义的尝试，让我们一起实践，和学生一起享受音乐综合实践活动之乐。

【经典课堂】

幸 福 年

【课　　题】欣赏《幸福年》
【教　　材】沪音版第七册第五单元"多彩的歌声"
【执　　教】浦东新区华林小学　汤慧
【教学任务分析】

1. 教材简析

《幸福年》是欣赏内容。这首民族器乐曲以质朴明朗并带有鲜明地方色彩的音乐语言,反映了我国农村蒸蒸日上的景象和喜获丰收的农民愉悦舒畅的心情。乐曲由两个部分组成。第一部分包含四个4小节乐句。民族七声音阶的音调流畅活泼,迂回起伏,句末都落在同一个音 do 上,仿佛是亿万农民对社会主义、对幸福生活众口一词的肯定。乐曲的第二部分取材于第一部分,但调式改为徵调式,运用节奏扩展、变化重复等方法,起到再现的效果。全曲一气呵成,酣畅淋漓地抒发了农民发自内心的幸福和自豪感。

乐曲的旋律先后用不同的乐器作重复。第一遍由板胡主奏,爽朗明快;第二遍由二胡和板胡一起主奏,为乐曲增添了一丝柔美深情;第三遍由唢呐主奏,豪放热烈。乐曲用不同的音色演奏同一旋律,充分表现了农民们生活的美好幸福,欢度幸福年的热闹场景。

2. 学情分析

学生通过本单元前一课时《赛马》的欣赏学习,对于民族乐器二胡的构造、音色,已经有了一定的了解,在此基础上认识弓弦乐器板胡,有了一定的知识基础。四年级的学生思维日趋成熟,语言表达也日趋完整,词汇也较为丰富,能通过欣赏,较为准确地表达自己的感受,但由于学生从小在城市长大,对于农村生活、农家劳动、农家丰收缺乏生活经验,所以在本课时中,需要提供多种的素材,丰富学生对于农村生活的了解,并设计多样的音乐实践活动,鼓励学生主动参与,积极体验,在学生的学习反馈中进行帮助和指导,让学生能理解作品所表达的情感,进一步激发学生对于音乐学习的积极性,对于民族音乐、民族器乐的热爱。

3. 教学策略与方法

鉴于以上的分析,在本课教学中根据学生的现有音乐知识积累,提供图片、视频资料,帮助学生认识板胡,了解板胡的音色特点;根据学生从小生活于城市,缺乏对于农村的了解,农民生活的体验,借助形象生动的画面,运用律动感受、乐器伴奏多种体验方式,感受作品的情绪,运用音响声势、情景演绎、舞蹈律动等即兴创编表演音乐实践活动,帮助学生感受农村生活蒸蒸日上,农民心情的愉悦舒畅;总之,本课时力求通过形象生动的教学媒体、精炼简洁的教学语言、富有情趣的音乐活动拉近学生与作品之间的距离,在自主学习与体验中丰富学生的学习经历,突破和解决欣赏过程中的重点和难点。

【教学目标】

情感态度与价值观:

欣赏民乐合奏《幸福年》,感受乐曲欢快热烈的情绪,体验南北一家共庆丰收、欢度新春的喜悦心情,激发对民族音乐的热爱,对祖国、家乡的热爱之情。

知识与技能:

能听辨民乐合奏曲《幸福年》的主题旋律;

认识主奏乐器之一:板胡。

过程与方法:

在听、赏、动、唱、创、演等多种音乐实践活动中,理解作品所表达的内容,用自己的表演方式表现乐曲《幸福年》所描绘的场景。

【教学重难点】

1. 教学重点

欣赏民乐合奏《幸福年》,模唱、听辨乐曲主题,即兴编演,感受农民的幸福生活场景,并体会乐曲所表现的喜庆丰收、共庆新春的喜悦心情。

2. 教学难点

了解民族乐器——板胡的名称、形状及它的音色特点;听辨乐曲的主题旋律及主奏乐器,并能感受出不同主奏乐器所表现的乐曲情绪中的细微变化。

【教学过程】

一、欣赏导入

(民乐合奏视频《幸福年》)

关键设问：同学们,视频中为大家演奏的是民族乐团,还是管弦乐团? 这首乐曲的速度、情绪怎样?(快速、高兴、喜悦、喜庆、舒畅、幸福……)

(学生交流)

说明:

① 学习要点:本环节主要创设喜庆的情境,初步感受作品的情绪。

② 教学策略及意图:通过民乐合奏演出视频,营造探究民族音乐的课堂氛围,同时顺利引出作品《幸福年》。

二、欣赏全曲

(一) 初听乐曲,感受情绪

1. 律动感受

师:这么热烈喜庆的场面,让我们用肢体动作来表达一下喜庆丰收的热烈场面。

(声势律动)

你们还有什么好建议,能表达我们此时听到这个音乐后的感受呢?

(打击乐器伴奏)

2. 交流讨论

关键设问:你觉得这首乐曲仿佛描绘了一幅怎样的画面?

(喜获丰收、合家团圆、蒸蒸日上、欢天喜地……)

3. 揭示课题

师:这首喜庆的乐曲曲名就叫《幸福年》,是一首民乐合奏作品,以质朴明朗并具有鲜明地方色彩的音乐语言,反映我国农村蒸蒸日上的景象和喜获丰收的农民愉悦舒畅的心情。

说明:

① 学习要点:从乐曲的速度中初步体会到乐曲的情绪,引发想象和联想,感受作品所描绘的欢天喜地的幸福年情景。

② 教学策略及意图：运用声势律动、打击乐器伴奏等方法激发学生参与表演的热情，并在活动中让学生切实感受到乐曲所表达的情绪，也为本课时即兴创编表演环节做好了铺垫。

(二) 哼唱旋律，熟悉主题

1. 心中默唱

关键设问：我们来学一学乐曲的旋律，听老师弹奏一遍，你们心中默唱，并观察一下，旋律中哪些节奏型出现特别多？旋律的起伏变化怎样？

小结：旋律起伏变化较明显，附点节奏、切分节奏、十六分音符节奏型的运用，都能感受到欢快热烈的乐曲情绪。

2. 轻声视唱

师：轻声跟着钢琴视唱一遍，如果有困难，可以用"嗒"来模唱。

师：老师建议大家2小节进行呼吸，再哼唱一遍，熟悉旋律。

说明：

① 学习要点：熟悉乐曲的主旋律，并感受旋律线、密集型节奏对于表达乐曲情绪所起的作用。

② 教学策略及意图：通过多种途径让学生熟悉主旋律，为完整欣赏乐曲，听辨主奏乐器打下了基础，同时在歌声中感受喜气洋洋的情绪。

(三) 再次聆听，听辨主奏乐器

1. 完整欣赏

关键设问：乐曲中这个主题演奏了几遍？你能听出哪些主要乐器参与了演奏？

2. 分段欣赏

(1) 播放板胡领奏的乐段，认识板胡

关键设问：这个乐段的主奏乐器是什么？带给你怎样的感受？

小结：由板胡领奏，板胡很多时候都运用于北方的一些地方戏曲的主要伴奏乐器，相比其他胡琴，音量比较大，所以我们在这段作品中也充分感受到了一种爽朗与明快。

（2）播放二胡、板胡领奏乐段，复习二胡相关知识

关键设问：这个乐段哪两种乐器一起进行主奏？

在音乐的情绪上发生了什么微妙的变化？

小结：这段乐曲，二胡加入与板胡一起主奏，因为二胡具有圆润柔和、优美动听的音色特点，使这段音乐增添了一种柔和深情的韵味。

（3）播放唢呐主奏乐段，简要了解唢呐

关键设问：这个乐段由什么乐器主奏？它的出现，又让我们感受到了什么？

小结：唢呐的音量也很大，它的音色高亢、明亮、豪放，它时常和锣鼓一起，即刻把我们带入到了乐曲描绘的欢乐的场面，感受到了豪放热烈的气氛。

3. 小结

师：这三种不同乐器，演奏同一旋律，用他们各自的音色特点，充分表达了父老乡亲喜获丰收时愉悦舒畅的心情，真是一个幸福年！

说明：

① 学习要点：听辨三段由不同主奏乐器演奏的主题，感受不同乐器的音色对表达乐曲情绪所起到的微妙变化。

② 教学策略及意图：运用逐段听辨的方法，加强学生对于三种不同乐器音色特点的熟悉度和敏锐度，进一步感受和体会乐曲所要表达的情绪，联想到生活的安康幸福，同时也激发了学生对于民族乐曲、民族乐器的热爱之情。

（四）即兴创编，表演体验

1. 分段练习，即兴创编

师：听着这样欢快的音乐，大家是不是也想通过自己的方式，表达一下此刻的心情呢？老师建议，我们可以选用音响声势、情境演绎、舞蹈律动的方式来进行表演。

（学生讨论，分段练习）

2. 自主编排，即兴表演

关键设问：我们如何将这三种不同的表演方式合理安排顺序，和乐曲所表

达的情绪更加一致?

(学生讨论,交流分享)

3. 综合表演,情感升华

第一遍主题:音响声势(双响筒、串铃、小铃)

第二遍主题:情境演绎(摘果子、挑担、收割、掰玉米、敲锣打鼓……)

第三编主题:舞蹈律动(挥动红领巾等动作)

> 说明:
>
> ① 学习要点:即兴创编,能用自己的表演方式表达乐曲热烈、欢天喜地的情绪。
>
> ② 教学策略及意图:通过前一环节律动、节奏的铺垫,本环节出示许多的图片,为学生的即兴创编提供素材和资源,并运用分段的形式,鼓励所有学生积极参与表演与实践,感受农村欢天喜地、喜迎幸福年的场景。

(五) 小结

师:今天,我们认识板胡,感受到了板胡清脆、嘹亮、高亢、刚健的音色,也从乐曲《幸福年》的欣赏中,仿佛看到了农村蒸蒸日上的欢腾景象,感受到了我们农民们乐观的性格,欢度幸福年的喜悦。

三、拓展欣赏

1. 介绍作曲家——刘明源

师:通过今天的欣赏,大家是不是和老师有同样的感觉,这个旋律一直在耳边萦绕,喜气洋洋?

师:我们要感谢这么一位民族音乐家——刘明源,乐曲《幸福年》就是他的优秀作品。除了作曲,他还能演奏二胡、板胡、高胡、京胡等十几种民族弓弦乐器,大家都称他是"胡琴司令"。

2. 欣赏《喜洋洋》,听音乐出教室

师:最后,老师再推荐一首作曲家刘明源创作的,用板胡主奏的乐曲《喜洋洋》,在音乐声中结束今天的音乐课。

说明：

① 学习要点：了解民族音乐家——刘明源。

② 教学策略及意图：通过对民族音乐家——刘明源的简要介绍，乐曲《喜洋洋》的推荐欣赏，再一次让学生听到板胡的音色，感受到《喜洋洋》《幸福年》所表达的热烈、欢腾的情绪，联想到生活的美满幸福场景，同时也激发学生热爱民族音乐、民族乐曲，能进行进一步的学习和探究。

【教学流程图】

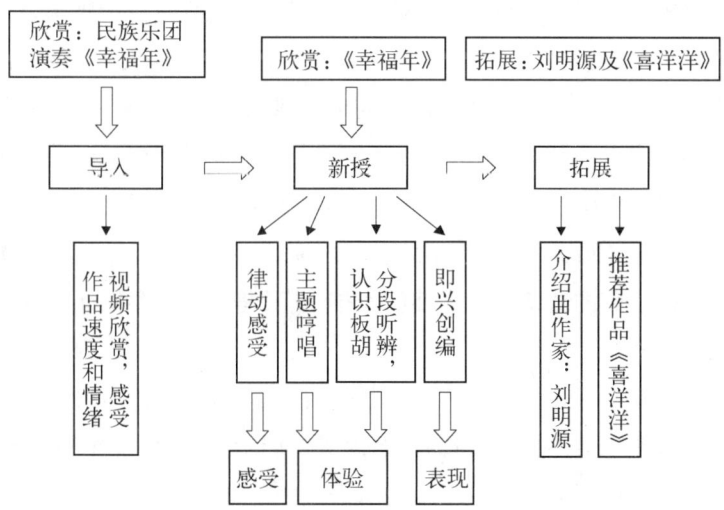

【教学反思】

一、根据学情，整合资源，用好教材

本课时的欣赏内容是一首带有鲜明的北方地方音乐的作品，但我的教学对象，从小生活在大城市，对于农村的生活、农村的丰收景象、农村中喜庆幸福年，缺少一定的生活经验和知识积累，所以我根据学生的学情设计教学核心内容，截取由板胡、板胡与二胡、唢呐等不同音色的主奏乐器演奏的三遍相同旋律的音乐主题，在聆听中辨别音色，在音色的感受中感悟乐曲的情绪，想象乐曲所表达的场景，并通过大量的反映农村生活的图片来拉近乐曲与学生之间的距离，增强学生对于听赏内容的兴趣。

二、"听"、"动"、"演"、"赏"、"创"互补互动,解决课堂教学重难点

本课时的教学重点我设定为欣赏民乐合奏《幸福年》,听辨、模唱乐曲主题,并体会乐曲所表现的喜庆丰收、共庆新春的喜悦心情。教学难点设定为了解民族乐器——板胡的名称、形状及它的音色特点;听辨乐曲的主题旋律及主奏乐器,并能感受出不同主奏乐器所表现的乐曲情绪中的细微变化。在本节课的教学环节设计中,我没有完全从音乐知识技能入手,而是让学生通过多次的反复聆听,熟悉乐曲的曲调,通过多样的音乐实践活动进行补充和内化,自然地理解《幸福年》这个作品及所表达的情绪。"赏"民族乐团的演出视频,导入民族乐器的复习和板胡的认识;用"听"来唤醒学生对于二胡的已知知识;再次"赏"板胡演奏的视频,在了解板胡音色的同时,完成对于乐曲速度、情绪的初步感知;运用"声势律动",在感受乐曲主题的韵律感中体会情绪,并为再一次的"动",打击乐器演奏、小组合作多声部演奏提供节奏语汇与创作素材;"唱"旋律,为全曲的听辨打下基础,分乐段的再"听",对学生提出了更高层次的聆听要求,区分出不同乐器演奏同一乐段时,由于音色的不同所产生的情绪上细微的变化;运用"创",将音响声势、情境演绎、舞蹈律动进行了综合的表演,并采用开放式的讨论,激发学生的自主性,根据乐曲的情绪进行表演的安排,这又是一次学生对于本课时的一种学习反馈。

所以,整节课中,每一教学环节都紧紧相扣,都试图通过丰富的音乐途径,扎实的教学铺垫,使学生能自信、游刃有余地进行展示和交流,合作和分享,将教学活动推至高潮,也更好的感受到了乐曲所表达的情绪。

三、以学生为本,在民主、平等的教学氛围开展音乐活动

教学中,我通过平等的、民主的对话方式,与学生进行沟通和交流,采用学生的表述语汇即兴融入自己的教学课件,采纳学生的意见进行情境演绎的表演,并不时给予鼓励和表扬,让学生在学习过程中获得满足感,增强自信,也促进了学生能在无拘无束的课堂学习氛围中,有条不紊的教学环节中进行创作和表达,积极地参与活动,顺利地完成本课时的教学目标,也更好地激发了学生对于音乐学习的积极性。

总之,在欣赏《幸福年》教学中,我遵循学生的认知规律,营造了热闹喜庆的丰收场景使学生能自然地"情境参与",又设计了一系列的节奏练习,让学生"身体参与",体验乐曲的情绪,继而在"听"、"唱"、"赏"、"演"、"创"这些音乐实践活

动中激发学生的情感,自然地跟随乐曲"情感参与",最后在媒体的辅助,情境的烘托、学生的创造实践中,激发学生"审美参与",对"幸福年乐曲之美"有了更多的体验与感知,对于"幸福年农村之美"有了更全面的认识和感受,相信他们的脑海中会时时浮现出农村蒸蒸日上、欣欣向荣的场景,也会更珍惜自己的幸福生活。

【学有所悟】
难舍基地五年情

特别喜欢的一首歌曲在耳畔响起:只是因为在人群中多看了你一眼,再也没有忘掉你的容颜……

此刻我想这样轻轻哼唱:因为幸运在基地中相遇有了这五年,就再也无法忘却这一段光阴与岁月……

只是因为我们有缘在一起,有了太多的美好回忆,变成幕幕片段,不能忘却。不能忘,初次相识时,大家腼腆又客气,五年的相处让我们直言不讳,而又欢声笑语,相互鼓励,共同提高,快乐学习的时光如此之美;不能忘,导师在每学期布置学习任务时的加油鼓劲,"方法总比困难多"的"导师铭言"让我们出色地完成了一项项学习任务,谆谆教诲耳边萦绕;不能忘,《"课堂教学的18般武艺"网络精品课程》、《音乐特色课程开发》、《"听、唱、奏、演、赏"音乐校本课程群的开发》……当听到项目名称时脑子的"嗡嗡作响",无从下手,到项目研讨过程中群策群力,互帮互助,完美收工,伙伴们孜孜不倦、严谨治学的态度让我佩服不已,顿生动力……只想,一直做音乐名师基地的一个学员,认真地聆听,仔细地摘记,踏实地实践,不断地反思;只想,一直做这个团队中温暖的一员,甜甜地说笑,真挚地相处,快乐地成长。喜欢如此执着的团队,喜欢如此温暖我的班级,什么都很好,什么都很喜欢,但此刻又是什么都很不舍……

亲爱的基地导师们,有你们的关怀,我很幸运……

亲爱的基地伙伴们,和你们在一起,我很幸福……

相逢相聚的五年,满满的开心与快乐……

第三章 用一生读你

教师介绍

葛民莉,1970年生,毕业于华东师范大学音乐系,共产党员,中学高级教师,现任教于杨浦区中原路小学。

杨浦区小学音乐学科带头人、区中心组成员、上海市第三期"双名"工程学员。曾获得杨浦区园丁奖;被聘为教育部2014年度"一师一优、一课一名师"活动"优课"评审专家;带领学校艺术团队连续三届荣获"杨浦区义务教育阶段优秀教研组",还获得"杨浦区工人先锋号"、"杨浦区巾帼文明岗"、"杨浦区艺术特色学校"等光荣称号。

曾获得上海市中青年教师教学评比竞赛音乐学科一等奖;撰写论文、案例分别获上海市论文评比一、二等奖等;撰写专著《读懂学生需求 理解音乐教学》;开发艺术特色课程《少儿舞蹈》和《轻音乐队》,编排的舞蹈多次获得市区一、二等奖,连续多届被评为杨浦区舞蹈艺术特色项目,"轻音乐队"以其特有的形式在杨浦区器乐比赛中屡获佳绩;参与国家、市、区等多个研究项目《上海市中小学(幼儿园)教材教法研修一体网络课程建设项目》《上海市律动表演项目》《上海市中小学(幼儿园)课程教材改革第二期工程小学音乐教材日常修改工作》《国家网络精品课程》等;带教、指导多名青年教师参与市区教学评选、教学公开,并获得优异成绩。

成长叙事

从有记忆那一刻起,我就梦想成为一名音乐教师:长发披肩、笑容可掬、琴声悠扬、歌声动听……师范毕业,我如愿走进校园,成为专职小学音乐教师,可谓梦想成真！于是，我倾其所有青春岁月，毫无保留播撒在小学音乐教育这片土壤中，用一生去读懂它，读懂那些年、那些事、那些人……

一、读懂那些年

翻开记忆的相册，那一幕幕、一页页历历在目……

1. 芽儿初探那些年

1989年那个夏季，一个懵懂无知的少年，带着一腔热情，带着对未来的憧憬踏上小学音乐教育之路。什么是专业理想？何为品质课堂？不懂，不知，不解，只凭一颗想拥抱世界年轻的心，在漫漫长路上开垦、播种……

工作第一年，我迎来教师生涯中第一次舞蹈比赛，那时学校正逢校舍改建，没有专用教室和排练场所，不知哪来勇气和动力，我凭借师范掌握的那一点有限舞蹈表演技能和勇往直前精神，利用中午休息时间在操场一角，天天坚持和学生一起跳、一起练，每个造型、每组队形、每个眼神，无不尽心尽力。也许，是和音乐教师这份职业有缘，这次比赛居然荣获杨浦区艺术节学生舞蹈比赛一等奖，意外的成功让我尽情品尝胜利果实那甜甜滋味，更为我今后教师专业发展道路中增添无穷信心！

2. 小荷微露那些年

1996年，我成为一位幸福的母亲，望着襁褓中那张小脸蛋，悄悄和他约定：因为有你，我会更加努力加油，做一个各方面都值得让你骄傲的妈妈！我为自己确立了专业目标，递交入党申请报告，迫切表达加入党组织的意愿，因为我觉得：党员都是意志坚定、业务精湛的优秀人才。同时，更加积极投入课堂教学实践研究与艺术社团活动建设之中，将音乐教育作为生命中重要部分之一。

2000年，我迎来专业成长道路上第一次全区公开教学展示《采茶灯》。那时虽然积累了一些课堂教学经验，但是基于学生需求巧妙运用教学方法、教学策略，智慧驾驭课堂等还是懵懵懂懂，对有效提升课堂品质更是一知半解。我凭着那份对孩子的热情、对音乐课堂的激情、对自己飞扬青春的自信，成功地完成了公开课教学，获得掌声、获得肯定。那一刻起，我对充满魔力的音乐课堂更加着迷了……

3. 茁壮成长那些年

对于教师来说，四年一届"上海市中青年教师教学大奖赛"犹如国际奥林匹克委员会主办的世界规模最大综合性运动会,能参加这样隆重而有意义的教学竞赛,是多少教师的梦想!而我,是那个梦想成真的幸运儿……如果说,首次教学公开展示使我在课堂教学初尝甘露,那2006年上海市中青年教师教学评比则是我专业道路上重大转折点。经过层层筛选,我顺利出线并代表区参加上海市中青年教师教学评比,一次次地研课、一次次地试教、一次次地反思,让我对课程、对课堂有了全新的认识,自己感觉重生似的。此次比赛最终荣获一等奖!我收获着成功的喜悦,更收获着对课堂的理解、对专业的敬畏。

成功给予我信心,同时赋予更多责任。我成了教研员的左膀右臂,参与区域教研各项教研教学工作,成为推动区域小学音乐学科教学改革的主力军。

4. 喜获硕果那些年

2009年,我顺利通过教师资格评审,成为一名中学高级教师。这是多少教师梦寐以求的学科高地,如今我成功了,付出艰辛、付出努力、付出多多少少对于教育教学思考的日日夜夜,我深感欣慰,这份欣慰是用耐住寂寞、守住专业换来的。

随着工作深入开展,我越来越意识到"学习是一辈子的事",要想成为一名新时代的优秀教师,需要不断学习,因为"学然后知不足"。我先后参与区高研班培训、上海市第一届特级教师讲师团培训,以及目前参加的上海市第三期双名培训……在这些培训中,我将看到、学到、感受到的运用在自己教学中,并对教师这个职业有了更全面认识。

我用心读懂这些年来在专业成长之路上一道道足迹,每一时都那么精彩,每一刻都弥足珍贵。

二、读懂那些事

经历是宝贵的财富,只有经历了过程,才能汲取养分。多年的专业道路,我经历很多事,并在这些事中历练、成长,从而逐渐成熟、蜕变。

1. 学校那些事

时常听人问起:你在学校教什么?当我说到"教音乐",人们都会淡然一笑,"教音乐啊?不要太轻松哦,只要教小朋友唱唱跳跳,又无须教学质量……"

音乐教师果真是一份"轻轻松松"的职业吗?我从多年工作中得出结论,音乐教师绝不是"轻轻松松"的职业,但却是"快快乐乐"的职业。"不轻松"是因为称职的小学音乐教师不仅仅能够站在三尺讲台上好课,还要承担学校艺术教育的各项活动、艺术团队建设等;"快乐"则来自作为学校艺术教育的主心骨,能和学生共成长,和学校同发展,体验那份来自灵魂深处的成就感和幸福感。

作为骨干教师,我带领艺术团队连续三届获得杨浦区义务阶段优秀教研组。分享评审过程中的那些事吧:2014年11月18日,对于中原路小学艺术教研组来说,是一个特殊而重要的日子。多年来,中原路小学艺术教研组队伍中所有成员团在组长带领下团结协作,合力将艺术教研组打造成一支务实、勤勉、团结、创新的和谐团队。而今天,这支奔腾着激情,流淌着希望的艺术团队将接受区的优秀教研组复评,组内每位成员期待着、盼望着,他们期待这一份艺术情怀能打动每一个人的心灵,盼望着本次的评选能为学校再添光辉一页。作为艺术组长的我在平时的教育教学工作中身先士卒,事事起到带头作用,在本次评选中更是统筹大局、把握细节:从近几年学校艺术工作梳理、教学资料整理、评选内容一一落实等,组内所有成员积极配合:各自工作整理汇总、所有资料打印并装订……这一天是紧张的,这一天是兴奋的。我率先进行了课堂展示,扎实的教学基本功和专业技能、新颖的教学风格获得评委老师高度称赞。接着,我又代表艺术组全体成员做学校艺术工作汇报,声情并茂的演讲和实实在在的工作实绩再一次获得所有评委老师的认可,"优秀艺术教研组"称号当之无愧的再一次落在这群热爱艺术、热爱学校、洋溢着飞扬个性的巾帼女教师手中。

2. 区域那些事

自从获得上海市教师教学评选一等奖之后,我将自己的专业成长和区域发展牢牢联系在一起。我多次在区教研活动中进行教材分析,与大家分享研究成果。每次有青年教师参加全国、上海市教学评选或是教学展示,我都积极参与指导,从备课—研课—试教—磨课,无不尽心尽力。那些生动的课例历历在目:上海市中青年教师教学比赛课《幸福年》、《我是人民小骑兵》、《牧童短笛》、《弄堂童谣》,上海市器乐教学比赛课《草原牧歌》、《牧场上的家》、《春之声》,区域展示课《我能行》、《哦,十分钟》、《小芽快快长》……参与设计研究这些课例的过程中,我紧紧跟随教育改革的步伐,在挑战中尽情享受课堂教学带给我的无穷魅力。

近几年,杨浦区小学音乐学科在教研员带领下,日趋成熟与创新。"上海市小学音乐教材教法研修一体网络课程"是一项极富挑战的研究项目,作为核心组成员之一,我参与课程纲要、课程内容、课堂案例、讨论内容等撰写与修改工作,课程研究过程中,经常接受华师大胡慧闵教授培训、指导、答辩,真心觉得是一种挑战,很辛苦,但当我们第一期课程上线并评为优秀课程时,心中那份成就感和自豪感油然而生,能够参与这样的课程何其有幸,能够加入这样的优秀团队何其幸福。

3. 基地那些事

上海市第三期"双名"工程培训基地,一个培养优秀教师的摇篮。在这个平台上,各种实践、展示、体验、挑战,让我们向着具有先进教学理念,能在讲台、舞台、写字台有所作为的高端人才逐步迈进。培训第二年,我们基地接到参与开发建设国家网络课程的重要任务。面对难题,学员们困惑、紧张、着急却又没有方向。此时,基地导师给了我们信心和力量:你们是高端教师,一定能够胜任完成任务;基地小学组的组长为大家制定了系统的课程方案;大家运用各自在教学中的经验开始着手撰写……短短一周时间,学员们在导师引领下,组长指导下,同伴互助下,顺利完成课程撰写和拍摄等各项工作。经历了这次课程开发与建设,大家欣喜地发现,学科的思考更加深入了,提炼思考的能力更强了……为了更好发挥基地成员的引领作用,导师精心为大家安排了带教任务,目的在于教育资源的有效利用、区域之间的教学交流,而我们基地成员带教的对象是第三期郊区部分骨干教师研修班的成员。面对这些既有丰富教学经验,又对教学有一定思考的优秀教师,与其说带教,不如说是共同学习、交流、共同成长,用"分享、交流、合作"来诠释这次带教活动可能更加贴切。双方之间互相听课,分享其各自的教学风格、教学经验,交流各自的教育教学成果,取长补短,合作尝试课题研究……总之,在这么一个有意义的活动中,帮助别人,鞭策自己;成就他人,提升境界。我想,我们每一个成员都会乐在其中,享受这个幸福的过程。

三、读懂那些人

我是幸运的,在我的专业成长道路上,无论是家里,还是校内外、培训基地,有亲人、有友人,更有贵人相助,成为我生命中的一分子。

1. 赋予生命的亲人

亲情是历史长河中永远闪亮的星星,因为有你,我拥有整个世界!

工作第一年,我编排了平生第一个舞蹈作品《我们的舞步像天鹅》,我得意洋洋地邀请父亲去现场观摩。那天,父亲请了假去区少年宫,还特意带着他的好友,他一定觉得:我的女儿是最棒的!那次比赛,居然出乎意料的获得杨浦区舞蹈比赛一等奖,还参加了上海市的比赛。意外的成功给了我莫大的勇气,也为我今后的艺术教育之路掀开了灿烂的第一页。我想,亲情的支持和信任也许就是我在这块领域中走得更高、更远的动力与源泉。

很久以来,我几乎是白天教学实践,晚上教学研究,回到家第一件事就是打开电脑。我忘我工作,背后亲人默默付出。我品尝的美味佳肴,带着父母那无私给予的味道,我享受的天伦之乐,体味着家人无怨无悔的大爱……

2. 同行互助的伙伴

在名师基地,几乎每年都会接受艰巨任务。"国家网络课程培训"对于我们基地学员而言,遥不可及,我们小学组的老师往往缺乏信心,幸好我们的团队中有一面旗帜,一个主心骨。曹晏平老师先将课程内容进行合理分配,让每位老师认领撰写的板块,还为大家提供了样稿,就这样,初次尝试课程编写的我们还是没有信心,于是,曹晏平老师再为我们每位老师将初稿一一审核,并提出金点子。经过这么一轮非常艰辛的过程,我们终于尝到了胜利的果实。我们按时完成了这项包括文本、视频、专家点评、实践作业等丰富内容的伟大工程。之后,我又将自己负责的"师生互动"这一版块内容进行加工、思考、梳理,完成了一篇有关小学音乐课堂师生互动的论文,再经过基地学员陈璞老师的修改、调整,最终获得上海市教育专业委员会论文评选一等奖。非常感谢教学之路有曹建辉、陆亚芳这样的导师引领,也有像曹晏平、陈璞这样的核心人物指点,还有那么多优秀同伴共同研究,我觉得专业道路上有那么多同行者,真幸福!

3. 助推成长的贵人

能够成长为今天的学科带头人、中学高级教师、上海市名师基地成员、兼职教研员,离不开专业道路上助推我成长的贵人。如果说我区小学音乐学科前教研员陆桂芳老师为我指明一条专业之路,那现任教研员李莉老师则是为我铺路、照明,伴我同行的知己、姐妹。多少年来,我们在一起学习,共同研究,碰撞的思维折射我们对生命价值的诠释,小学音乐教育事业的执着追求是架起我们友谊的桥梁,彼此信任、彼此牵挂。

记得我作为第三届高研班学员代表,在结业典礼上面对全区所有校长和高研班学员,曾经这样感言:在我眼里,有个最美丽的地方,那就是中原路小学,那里有着睿智的校长、亲切的伙伴、无私的团队、让我能自由呼吸的空气和培育我成长的土壤……的确,我在中原路小学这片沃土上成长,学校给予了我莫大的支持和培养。记得每次参加社团比赛,校长都会说:你有什么想法,尽管说,只要是对学校有利、对学生有利的事,都可以大胆去做。作为小学音乐教师,我像所有的艺术教师一样,爱唱、爱跳、爱表演、爱挑战、勇于创新,但在写作上却表现出文本不流畅、文笔不严谨的弱点。校长犹如我的文学老师,鼓励我撰写文章,并耐心阅读修改,一遍又一遍、一篇又一篇……如今,成熟的我多篇案例、论文获奖,甚至还出版个人专著。与此同时,学校也成为区艺术特色学校、民族精神试点学校、文化环境建设项目学校等,个人的成长和学校艺术教育的发展离不开学校支持、校长培养,孕育在中原这片土壤,何其有幸!

专业成长道路中那些年、那些事、那些人,都是我生命中最重要、最精彩的片段,需要用心、用情慢慢品读、细细体会,它像一杯醇香的美酒,渗透浸润在我血液中,直到永远……

【且行且思】
蓓蕾花开　舞韵自来
——舞蹈《染韵》参加上海市学生艺术节活动实践与思考

摘要　学校重视艺术教育实施与研究,开发儿童扎染、彩灯坊、民族歌舞等艺术类特色课程,拥有以"蓓蕾"命名的舞蹈社团、合唱社团、戏剧社团、轻音乐队、锣鼓队等完善的"三团一队"建设,充分体现出有梯度、有深度、有高度的艺术教育特色。本着"以学生为本"的理念,学校在艺术特色课程实施中,以点带面,鼓励更多学生参与艺术活动。上海市学生艺术节参赛节目《染韵》中,"蓓蕾"艺术社团的学生充分利用其课程特色,发挥各自特长参与活动,从中拓展思维,丰富想象,挖掘潜力,在欣赏美、感受美、表现美、创造美中激发对生活的热爱之情,在合作中体验付出与收获的快乐。

关键词　艺术课程　民族舞蹈　儿童扎染

前言

艺术教育是素质教育的重要组成部分,艺术课程则是艺术教育实施的重要途径。《民族歌舞》、《儿童扎染》是区域共建共享课程、区域艺术特色项目、学校艺术课程品牌。多年来,基于学校艺术特色课程开发的舞蹈社团积极参加市区的比赛暨展演并获得优异的成绩。民族舞蹈《我也想当兵》、《水乡童谣》获得区学生艺术节舞蹈比赛一等奖;集体舞《时光之歌》获得上海市学生艺术节艺术展演集体舞展示活动暨比赛一等奖;集体舞《跳舞的火鸡》、《嘿!加油》参加首届上海市民文化节校园舞蹈专场暨上海市学生舞蹈节校园集体舞展示活动等。舞蹈团把"美"传播在校园的每一个角落,是校园靓丽的风景线!《儿童扎染》作为自主拓展课程经过十年的实践,其扎染工艺和扎染作品深受学生喜爱。

为了将学校艺术特色课程影响更多学生,产生更大的文化价值,上海市学生艺术节舞蹈专场比赛活动中,舞蹈作品《染韵》以其独特的方式将学校艺术课程整合,用艺术的语言诠释传统民族工艺、表现美、传播校园文化。

一起走近"蓓蕾"舞团,走进《染韵》,感受"蓓蕾花开"那份淡雅清香,体验"舞韵自来"那种纯真、向善、精美……

一、作品创编——课程融合显"真"

作品《染韵》用舞蹈艺术形式表现扎染民族传统工艺制作过程,抒发对美好生活的热爱,展现心怀理想、充满向往、尽情飞翔的童真。其舞蹈作品在创编中凸显以下几点:

(一)"逼真"演绎

一群活泼可爱的孩子手拿一块块洁白无瑕的白绸,欢快嬉戏玩耍,她们时而高举白绸,时而甩动白绸,那片片飘逸的白绸犹如朵朵浮云在空中飞舞。过了一会儿,孩子们像神奇的魔法师,拿出一根根彩绳,将白绸捆扎成各种各样形状,然后扔进一个大大的染缸。时间一分一秒过去,终于,孩子们期待已久的奇迹终于发生了!解开绳子、拆开白绸,一件件精美靓丽、图形各异的扎染作品呈现在眼前。孩子们欢欣雀跃,用舞姿尽情表达自己双手编织创造奇迹的兴奋之情,他们扎出的不仅仅是一幅幅作品,更是一个个属于他们的世界,孩子们纯真的童心和白鸽一起,飞得更高、更远……

（二）"妙真"整合

在这个作品中，不仅将《民族歌舞》、《儿童扎染》尽情融合，更是尽情呈现《剪纸》、《橡皮章的生活》、《彩灯坊》、《我是小歌手》等艺术课程特征。为了丰富道具色彩，白绸的四角用橡皮章印上了《剪纸》课程中的剪窗花图案，片片白绸在甩动过程中若隐若现粉色窗花图案，可谓美轮美奂。舞蹈后半部分，各种各样扎染作品一一呈现，彩灯、彩伞、彩巾、彩画……这些琳琅满目的扎染作品道具，不是请专业的道具师傅制作的，而是出自于学校各艺术特色课程的师生作品。背景音乐制作中，8小节的童声伴唱是在艺术课程《我是小歌手》中挑选出的学生，他们稚嫩纯真的歌声增添了无限童趣。

（三）"纯真"梦想

舞蹈《染韵》演绎中，许多参与课程学习的学生都能看到自己的作品、参与的痕迹。因此，作品《染韵》清晰折射出学校艺术特色课程的落实与整合，渗透学校众多师生的智慧，展现所有孩子的纯真，承载师生的梦想！

二、道具衬托——团队配合露"善"

艺术再现生活，高于生活。在舞台上，无论演员的表演还是道具的呈现都需要丰富与夸张。

舞蹈《染韵》是表现扎染过程，其一幅幅扎染作品的展示对于烘托作品也是至关重要。平时扎染课程中，学生制作的都是一些小巧的作品，无法满足舞台展现，而《染韵》需要大幅的图案与形状，才能夺人眼球，取得良好艺术效果。针对这样现状，学校扎染团队的师生首先设计作品方案，根据舞蹈情节设计相应作品。拉扯彩绳环节，为了让孩子们将手上的白绸与彩绳在表演过程中更加随意与方便，老师们将一根根彩绳与一块块白绸进行精心缝合，这种在舞台上看似简单的道具既费时又费力。舞蹈后半部分，八幅高一米六，宽一米二的扎染作品穿梭在舞台，让人惊艳，学校多位老师自告奋勇承担制作任务，在捆扎过程中，大幅作品比小幅作品难度更大，不仅捆扎的地方多，还要考虑到染后要展示的图案是否精美漂亮，因此，对这群只是接受过扎染培训，但还不是很专业的老师们来说，是一项极大的挑战。功夫不负有心人，为了让孩子们在舞台上的表演更加绚丽，为了整个校园特色的完美展示，老师们在完成繁忙的教学任务后，一头埋进扎染工作坊，用自己的智慧与灵巧的双手，各自表达对学校的那份深情，流露那份"善"意。

三、舞台演绎——动作契合绽"美"

优秀的舞蹈作品需要精湛完美的舞台演绎去将其尽情体现。舞蹈《染韵》是情节性少儿舞蹈,生动再现扎染传统工艺过程,并从中渗透童趣、童真,尽情展现民族魅力。

(一)动作到位"表现美"

少儿舞蹈运用独特的舞蹈语言来塑造形象,犹如"活的绘画"、"动的雕塑"以给观众美的享受。舞蹈《染韵》中,提取于孩子生活中富有童趣的造型和动作,融合中国传统民族舞蹈动作加以变化组合,形成作品《染韵》特有的舞蹈语汇。面对这群基层学校,舞蹈技能并不专业的学生,老师在平时训练中从听、看、引入手,以帮助学生更好表现舞蹈,达到所期望的最佳效果。

1. 听节奏——提高准确性

《染韵》体现的是学校特有的校园文化,其音乐创编不仅渗透扎染起源地"大理白族"音乐文化特征,节拍更是采用二拍子、三拍子、四拍子交替变化,以增强其丰富的表现力和感染力。排练过程中,学会"听"音乐,踩准节拍至关重要。排练老师充分理解音乐风格特点,仔细分析音乐结构,分段分句进行排练,有时采用让学生自己大声喊口令,以巩固加深对音乐的记忆和理解。

2. 看队形——提升集体感

舞蹈《染韵》是 22 人表演的群舞,其表演过程中要进行丰富的队形变化,有时群体组合,有时个别领舞,有时小组合作……只有整齐的队形和默契的合作才能要给人以美的视觉与感受。面对这群一二年级居多数的小朋友,老师教她们学会"看",目测自己所在的位置,用余光观察周边的伙伴,及时变化调整。久而久之,学生的空间感更加敏锐,观察能力、合作能力有了很大的提高。学生通过本次活动,舞蹈技能等到提高,品质与能力收获更多!

3. 善引导——落实艺术美

参与表演的均是参与《民族歌舞》艺术特色课程学习中较为拔尖的特长学生,但与专业舞蹈演员不能同比。面对动作纠正,老师运用了"引"的方法,示范之余用形象生动的语言引导学生,加深对动作要领的掌握。拉扯彩绳的动作,老师引导:拉的直直的,手腕扣得高高的,观众才能看清楚你手中那么靓丽的彩绳,你们看,谁的彩绳拉的最直,待会儿她扎出染布一定最漂亮!

（二）表情传神"体验美"

学生进行表演时，通过肢体语言动作和面部表情相结合的方式，完整地表达舞蹈意图，传递给观众一种美的视觉享受。在表演过程中，学生根据舞蹈所表现的内容，进行面部表情更替，面部表情始终贯穿其中，是整个舞蹈艺术形象动作美感凝聚的焦点。舞蹈《染韵》风格活泼、欢快，孩子们灿烂笑容更是舞蹈的名片。

参与表演的学生基本都参加过《儿童扎染》课程学习，有过扎染技能体验与经历，排练过程中，老师让孩子们回忆扎染时期待心情以及作品完成后成功的喜悦。孩子们很快就找到感觉，并在老师的不断提示中将对美的体验用传神的表情尽情表现。

（三）情节渲染"创造美"

孩子们以舞蹈表现形式将特色课程整合，传播校园文化，让更多的人了解校园的特色课程。舞蹈中间部分，一群孩子把手中扎好的白布扔进"大染缸"，并围着"大染缸"，期待奇迹的发生，孩子们用充满期待、好奇的神态等待着时间一秒一秒地过去……终于，当其中一个孩子从"大染缸"里拿出染布，拆开彩绳，所有的孩子们纷纷拿着染后的作品，欢快舞蹈……这样的情节渲染，让舞蹈作品更有感染力，其独特的表现手段把人们带进"儿童扎染"，体验其无穷魅力，创造那独一无二的晕染世界！

思考

舞蹈《染韵》是将学校特色课程用艺术手段呈现、传播的一次尝试，其实践过程中有许多收获和感悟，同时也获得一些思考：

1. 艺术是相通的，用艺术演绎扎染课程可以让学生得到更丰富的体验，可以让教师之间彼此了解课程，走进课程，是人生一次难得的经历。今后艺术课程推进中将不断以新理念指导，开拓思想，更加有效实践。

2. 学生的潜能无限。大作品对师生要求高，师生能精益求精，不断完善，在力求完美中获得进步。因此，艺术活动要追求高质量、高标准，以提供学生更加广阔的舞台，开阔其视野。

3. 传统文化的传承需要各方不断支持配合。通过本次活动，深切感受到，艺术特色课程需要广大师生本着共同的心愿和信念，积极主动参与到文化传承的行列中。

结语

舞蹈和扎染作为学校艺术特色课程,是学校艺术教育的名片。通过一次活动推动艺术特色课程共同发展,让更多师生参与其中,在各自的舞台中放飞梦想,是一次大胆的尝试,同时预示学校在艺术教育领域中有更加广阔的空间,我们将一路践行,不断收获,不断前行!

【经典课堂】

上 学

【执　　教】中原路小学　葛民莉
【课　　题】一年级第一学期第一单元《上学》
【教材版本】上音版　九年义务教育课本
【教学内容】1. 音乐游戏《交朋友》　2. 初步学唱《上学歌》
【教材分析】

1. 作品分析

音乐游戏《交朋友》,学生随着音乐拍手,自由找朋友,然后用自己喜欢的方式和对方交流、打招呼。这个游戏非常适用于刚入学的新生,能够帮助他们在音乐中获得和伙伴交往的成就感和愉悦感,同时体验音乐的韵律美感,为学生推开学习音乐的大门。歌曲《上学歌》是学生跨入小学,在音乐课上学习的第一首歌。歌曲旋律优美、轻快,中速。歌词描绘孩子们第一次背上书包,高高兴兴地上学校,通过小鸟拟人手法的对话,表达了新生刚刚踏入校门时愉快、兴奋的心情,其内容与学生学习生活相当贴近,因此易被学生理解和掌握。

2. 育人立意

新生在一系列音乐活动和音乐游戏中感受良好交往氛围、建立积极的交往态度、树立健康的群体意识,获得音乐学习的兴趣,养成良好的学习习惯,同时对于校园生活有着美好的向往。

3. 教学重点

用轻松、愉悦的歌声初步学唱歌曲《上学歌》。

【学情分析】

1. 学习基础

刚离开幼儿园,踏入小学的新生,校园的一切对于他们来说,新奇而神秘,常规、技能、知识……在这群孩子的眼里,都是零,他们的世界,可能最多的就是"玩",因此,作为一年级执教者,教师们必须正视他们的心理,在课堂上让孩子们充分的"玩",在"玩"中融入同伴,在"玩"中获得认同,在"玩"中学习音乐……

2. 教学难点

在合作中玩玩音乐游戏《交朋友》;正确学习歌曲。

3. 难点突破

① 游戏助学

学生在音乐游戏《找朋友》中,树立交往的意识,提高交往的能力,在与同伴交流和招呼中获得同伴和老师的认同感。

② 图片助学

用四幅图片,提示学生律动表演(表演中,熟悉歌曲旋律、感受歌曲的分句);帮学生记忆歌词(看着图片,更加方便记忆歌词)。

【教学目标】

1. 新生在一系列音乐活动和音乐游戏中感受良好交往氛围、建立积极的交往态度、树立健康的群体意识,获得音乐学习的兴趣,养成良好的学习习惯。

2. 音乐中玩玩游戏《交朋友》,在轻松的氛围中感受体验音乐的韵律,同时认识身边的新伙伴;用轻松、愉悦的歌声初步学唱歌曲《上学歌》。

3. 在师生合作、同伴合作中认识彼此,在愉悦中感受体验音乐,进行丰富而愉快的音乐实践活动。

【教学准备】

媒体 图片 响板 电声乐器等设备

【教学过程】

一、组织教学——听音乐进教室

师:小朋友,我们要进入音乐小天地了,你们准备好了吗?就让我们踮起脚尖,伴随着优美的音乐,悄悄叩开音乐的大门。

[动作要领]

听着音乐,踮起脚尖,小碎步进教室。

说明：

① 学习要点：聆听音乐,在教师的提示下,句末的时候师生、生生相互间用点头,下蹲行礼表示问候;脚尖踮起,轻轻进入教室,养成良好的进教室常规习惯。

② 教学意图：在老师的带领下,听着音乐小碎步进教室。在这个环节中,注重培养学生安静进教室、聆听音乐、表现音乐的能力和习惯,并在表演中通过相互点头问候建立良好的师生、生生关系。

二、音乐游戏《交朋友》

1. 彼此认识

师：进入小学已经第三天了,相信你们一定认识了许多新朋友吧？去和你的朋友打打招呼吧。

2. 朋友之间互相打招呼

3. 跟着音乐表演《交朋友》

[学习要领]
跟着音乐拍手,用各自喜欢的方式和伙伴亲切交流和招呼。

说明：

① 学习要点：能够和着音乐,边拍手,边找朋友;用自己喜欢的方式,同朋友亲切、友好地交流和招呼。能够找到合适的地方和朋友一起表

演,具有良好的空间感。

②教学意图:在音乐游戏中感受愉悦的情绪,建立起良好的交往氛围,养成聆听音乐的良好习惯。学生在自由寻找新伙伴及用自己喜欢的方式进行打招呼的时候,观察力、创造力及空间感得到锻炼。

三、学唱歌曲《上学歌》

（一）感受聆听

1. 导入

师:和那么多朋友亲切交流,真开心!

2. 聆听录音范唱

[关键设问]

歌曲给你带来怎样的感受?你的心情是怎么的?

[追问]

你会用怎样的方式来表达你愉快的心情?

3. 歌曲感受

① 出示四幅图片

② 用动作把图片上的内容表现出来。

A. 分别做一做

B. 看图表演

[学习要领]

听着音乐,看着图片,带着愉悦的心情表演动作。

说明：

　　① 学习要点：跟着音乐表演，动作漂亮，情绪愉悦；思想集中，随着老师手中的卡片及时变换动作。

　　② 教学意图：在律动中学会聆听音乐，感受歌曲情绪，熟悉歌曲旋律和分句。结合教师的评价自觉形成良好的音乐学习的习惯和掌握音乐课堂的常规。

(二) 学习歌曲

1. 用"lu"轻轻哼唱歌曲
2. 老师示范演唱

[关键设问]

　　老师来演唱这首歌曲，你们听听老师唱了什么？

3. 学生交流
4. 出示课题
5. 看图片，按节奏朗读歌词
6. 跟着钢琴，轻轻地演唱
7. 接唱歌曲

小鸟唧唧叫，夸我起得早，　　　　　背上我的小书包，快快上学校，

见了老师，敬个礼，敬个礼，　　　　见了同学，问声好！

8. 教师评价

说明：

① 学习要点：看着图片的提示，正确地演唱歌词；声音位置高高的，像小鸟一样，飞得高高的。

② 教学意图：指导学生用轻松、自然的声音演唱歌曲。运用看图片接唱的方式，学生在记忆歌词的同时，注意力、观察力和合作能力得到培养，还在接唱的过程中学会了倾听别人的演唱。

(三) 完整表演

[学习要领]

用自然、轻松的声音，带着愉悦的心情演唱歌曲。

四、听音乐出教室

[关键小结]

师：今天我们在音乐小天地里玩的真开心，期待你们下一次的光临，今天的课就到这里，小朋友们再见！

【教学流程图】

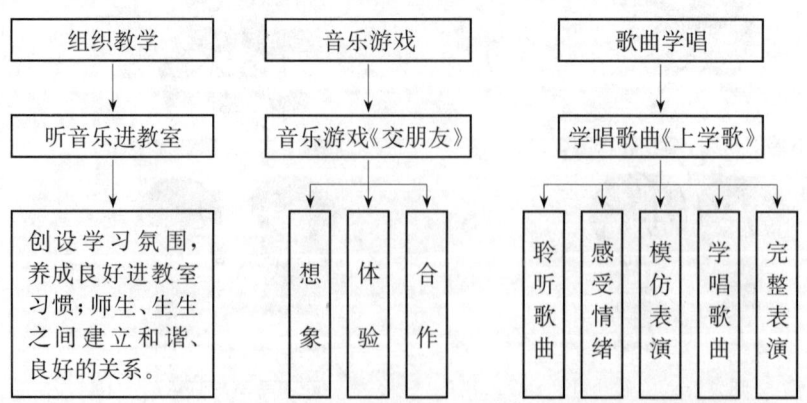

【学有所悟】
实 践 中 成 长

五年前,在自身对小学音乐教育事业发展有更高需求的驱动下,以及推动学校艺术发展需求的前提下,我积极申报"上海市普教系统名校长名师培养工程"。经过层层选拔以及严格面试,终于成为众多优秀教师中的幸运儿,走进以曹建辉、陆亚芳两位特级教师主持的音乐名师基地,开始历时五年的培训。来之不易的机会总是最珍贵的,进入名师研修班,迎接各种各样的实践和挑战,我们十五位学员都深深感受到:进入名师基地的大门不容易,要在这个基地成长,成为一名具有深刻学术思想、独到教育教学策略和风格的名师更不易。

一、加强学习,充分享受优质资源

进入名师研修班,参与了主持人精心策划的每一次精彩丰厚培训,由衷感到教育的天空广阔,原本已经到瓶颈的教育观念和教学理念有了指明的方向。

聆听特级教师陈白桦《坚持"三位一体"的团队建设,促进业余社团的持续发展——中福会少年宫小伙伴舞蹈社团建设的实践与思考》、特级教师施红莲老师《器乐教学特色课程开发与实践的行动研究》、杨浦高级中学李逊芳老师《来自潘斯帕草原的旋律》……专家们从自己切身经验体会出发,以师德、当前教育教学改革动向、教科研、课堂教学为专题畅谈他们对师德以及教育教学等各个领域的独特见解。顾志跃老师《教师的职业生涯规划与专业发展》则让我们看到了教师职业的美好前景与肩上的重大责任,要想成为一名优秀的教师,一定要掌握精深的专业知识,以及相应的技能,并运用自如。每周六华师大通识培训让我又一次对自己的职业与专业有了新认识:不仅要有精深的学科专业知识,还要拥有广博的科学文化知识,丰富的教育和心理科学知识,做到知识结构合理,相互融合,我也更加深感知识学问浩如烟海,也深深地体会教学相长的深刻内涵。

二、不断实践，用心打造优质课堂

根据基地安排，班里每一位成员都要进行教学实践与展示。名师研修班汇集各区优秀的骨干教师，他们拥有丰富的教学经验和独到的教学风格。我们先后欣赏聆听李逊芳、熊晓萍、史莉莉、程遥等老师的教学公开展示，这些课堂实例中，我们看到了各位教师对新课程的诠释及对他们所在区县对课改的思考与做法，我将所看所学的进行消化、思考，并结合自己的课堂实践继续研究，将好的教学方法带回学校，对青年教师多次进行示范指导，从中渗透我对教材的深度研究，对教学的不断认识，教法运用的与时俱进……总之，研修班的点点滴滴都让我不断成长。

三、潜心钻研，提高课题研究能力

我国著名科学家钱伟长说过："不上课就不是教师，不做科研就不是好教师！"名师研修班每位教师都应该努力成为教育科研的生力军、主力军，不但要有强烈的科研意识，更要不断提高自身的科研能力。基地主持人为我们提供了许多很好的理论学习机会，他们为我们每一位成员推荐了《关注音乐实践》、《国外音乐教育文献选读与分析》、《中国教育绝不输给美国》等优秀书籍，使我们每一位成员在繁忙工作中不断吸取知识养分，提高自身教育科研素质，为科研工作做着积极准备。

基于学校背景，结合学校特色，我围绕基地总课题《中小学音乐名师成长的实践研究》，制定具有学校特色、个人风格的子课题——《挖掘与深化小学音乐教材中民族歌舞表演的实践研究》，并参与区级课题申报立项。我还积极撰写案例"凸显审美 深化内涵——《彩云追月》教学课例的实践与思考"，发表于市级期刊。

四、展示个性，努力开创特色校园

音乐名师班培训板块中，特色课程建设占有很大比例，我是一名爱好舞蹈表演的教师，因此发挥特长，开设学校特色课程，进行学校艺术特色项目的建设，是我义不容辞的举措。

我发现小学音乐教材中民歌和具有民族风格的音乐内容占很大部分，因此，根据基地《新课程背景下的中小学音乐特色课程开发》，我尝试开发学校特色课程《民族歌舞万花筒》，编写教材。我运用现有的小学音乐教材中民族音乐内容这一有利资源进行充分利用及深化，制定科目实施方案，将基础教育与学校课程建设相结合，目的在于从教材的运用及延伸中，学生能接触多种从韵律到风格各显异彩、斑斓夺目的民族民间歌舞，用肢体姿态及歌声来抒发、表达情感，进行没有地域和民族之分的人类共通的形体语言交流与心灵感悟，此课程既充分运用了教材内容，又挖掘了音乐内涵，进行深化延伸，同时使学生领略中国传统音乐之美，了解华夏优秀文化之伟大和丰富，增强对祖国的热爱之情，弘扬民族音乐文化。

名师研修班里的成员都有着同样的理想：不做教书匠，而要做一个教育者。教育是艺术，艺术的生命在于创新，我们在这样一个富有挑战、极具魅力的平台之中，在导师的培育下，在同伴的互助下，用心、用情做着这一项高难度的工作，痛苦并快乐着……

第四章 快乐前行

教师介绍

熊晓萍,1975年生,杨浦区控二分校音乐教师,中学高级教师,华东师范大学音乐教育硕士。上海市普教系统优秀青年教师后备人选。现任学校综合学科教导员和艺术辅导员,杨浦区音乐教学学科中心组成员、区级学科带头人。曾经首次在区内以借班形式公开教学,也曾代表杨浦区参加长三角地区教学竞赛。在音乐学科中心组工作中,协助教研员组织筹备并成功举办了市级唱歌教学研讨活动、创造力培育展示活动等。

指导教师参加市中青年教学评比、器乐教学比赛,参与上海市中小学(幼儿园)教材教法研修一体网络课程建设系列项目课程的设计与撰写、参与编写由上海电教馆出版的《小学唱游律动创编》教学资源等。曾获长三角地区第五届中小学小班化教育研讨会"小班有效教育"优质课评选一等奖;市"新思路"音乐教育论文评选二等奖;全国音乐美术教育论文评选活动基础教育组一等奖等。指导的《在钟表店里》一课获第七届全国音乐课评比上海赛区一等奖、全国音乐课评比一等奖。

成长叙事

在《遇见好老师》一书中,有这样一段话:有一样东西——能有效满足人们的安全感、感觉到自己被尊重、迅速找到精神的归属感、感受到自己的力量、开始相信自己、藐视困难和挫折、打开灵感的大门,更好地学习、找到生命的正确方向……那就是——快乐!翻开记忆的相册,我突然发现,"快乐"这个词语充满了我成长的道路。

一、我学习,我快乐

"玉不琢,不成器。人不学,不知义。"古人寥寥数语就将学习的重要性高度地概括出来了。我 1991 年 7 月中师毕业,自参加工作至今,我一直坚持自学,先后完成了小学音乐教育学和汉语言文学双大专的学习后,又参加了教育技术学本科段的学习。期间我还参加了杨浦区小学第二届骨干教师高级研修班、市中小学教师师德与育德能力培训者培训班、市首届优青后备教师等培训。但是,每个人接受、理解、内化、表现的过程和结果皆有所不同,常常令我困惑的是,看似他人展示出的奇思妙想未必会在我的课堂上同样出彩,有时自己认为巧妙的构想却无法达到心中的预期,如何让能兼顾学生的整体发展和个性发展,让学生都能全身心地参与到学习活动中等等,这些问题常常困扰着我。于是,2007 年,我又报考了在职攻读硕士学位小学音乐教育专业,当时不少人不解地问我,你这个小学音乐教师读什么硕士啊?对知识的强烈渴望让我战胜了孩子年幼、工作繁忙等困难,最终考入华东师范大学,得以跟着姜旻副教授学习,在她的指导下,我围绕《上海市二期课改小学音乐学科教学现状》展开研究,2012 年,我进入市第三期名师基地学习,领略了顶尖的音乐教育专家的风采与胸怀:音乐学院陈蓉老师的奥尔夫工作坊丰富、有效的音乐学习活动令我深深着迷,上师大施忠教授的讲话总是那么灵动贴切、引人入胜;特级教师张展英老师的"曲终人不见,江上数峰青",让我领悟要超越技术、物质层面,寻求心灵、德性、灵魂的东西,她的"你是一块坚冰,我要把你抱在怀里,化为春水",时刻提醒我以一颗赤子之心去贴近学生需求、从学生角度备课……

记得几年前,我有幸跟随特级教师曹建辉老师赶往重庆,来到第六届全国中小学音乐课的评比现场,分享十年音乐课改的新成果。由于这样的全国性音乐现场课观摩活动四年才举行一次,行内人称之为音乐教育的"奥林匹克大会",聚集了全国各地的精英,是个很好的学习机会。我不仅感受了那火热的场面,领略了最新的教学思想。参评的 20 节小学音乐课,执教教师普遍具有很强的音乐基本功和较全面的人文素养,不但组织、引导、调控等教学水平高,而且教学设计均有特色,给观摩教师们带来美好的享受和深深的启发。

给我留下最深印象的是天津市选送的小学四年级《智取威虎山》一课,获得了本次比赛一等奖中的第一名。教师充分发掘了电子合成器的作用,使它发挥出管弦乐队的丰满音效:课一开始,教师就用电子合成器演奏了京调旋律。浓郁的京腔旋律、明亮柔美的京胡音色、鲜明的锣鼓经节奏,不仅向学生传递了音乐课的主题——京剧,同时初步体验了京韵;现代京剧《智取威虎山》的配器特点是京剧传统乐器与西洋管弦乐队的有机组合。引子片断管弦乐音响丰富。当学生用WU模拟哼唱圆号旋律时,教师适时的用电子合成器加入模拟管弦乐队进行伴奏。这时,师生合作产生的音乐是原音乐的复制,在这个环节中,学生既是音乐的欣赏者,又是音乐的创造者。这节课灵活运用电子合成器多变的音色,与学生的歌唱有机结合,给音乐教学带来了非常好的效果。

如果说现场音乐课给与会观摩教师带来各种思想的碰撞和交锋的话,那么,教学活动结束后的专家点评,则是帮助大家理清音乐教学思路,理解音乐教学本质的指路明灯。

在小学组的点评环节中,评委组组长、东北师范大学音乐学院教授、博士生导师尹爱青老师在充分肯定了本届现场教学评比课中关注歌唱、关注音乐本体、注重体验、注重音乐性、注重即兴教学等优点外,也提出了中肯的建议。如:教案中目标表述不规范,教学中应正确处理预设与生成关系,知识点教学与歌曲教学缺乏联系,创编过程中有教师越俎代庖的问题等,引起了教师们的共鸣。她还就"什么样的课是好课"提出了四个评价标准:

(一)自然轻松,流畅清晰,不做作的课。

(二)突出音乐本体,突出音乐的美,引起学生共鸣的课。

(三)引发学生学习兴趣的课。

(四)体现教师丰厚的音乐和人文素养的课。

学习,帮助我打开思路、放宽眼界,心中时时充满收获的快乐。

二、我教学,我快乐

我所处的学校是一所外地生源超过60%的普通小学。在教学中,我探索在音乐课中将情境、情趣、情感相交融,根据学生的特点来进行灵活有效的教学,引导学生在轻松愉快的学习中增长知识、锻炼能力、享受美感。我曾经带头在区内以借班形式公开教学,也曾代表杨浦区参加长三角地区教学竞赛,还在小学高年级中尝试过一人一机的数字化学习方式。在合唱队的训练中,我根据学生音乐基础薄弱的现状,以形象的比喻、有趣的游戏来指导学生,如在歌曲《渔歌子》的教学中,当前奏响起,我提示学生这恰似一条音乐小船,把我们载入白鹭、桃花、青箬笠、绿蓑衣的水墨画中……因此,我们的合唱训练总是充满了孩子们的欢声笑语。进入学校教导处后,我努力争取社会教育资源,与杨浦区"飞扬天使"青少年公益服务中心合作,为我校孩子开设了书法、舞蹈等公益课程,还为孩子们请来了著名青年舞蹈家黄豆豆,豆豆老师的促膝交谈、签名赠书,让孩子们的脸上洋溢着幸福的笑容,放牛班也有春天!

为了让孩子们的学习更加有趣,一则精巧的游戏、一个恰到好处的教具、一段自己制作的适宜学生演唱速度、调性的音乐,在旁人眼里或许并不起眼,但凝聚了我反复的思考,设计的过程恰是我快乐的源泉。

例如三年级第四单元的主题是"童趣",第八课《猫虎歌》教材内容取材于一则民间传说故事,刻画了一只聪明狡黠的猫的形象,幽默诙谐,极富童趣,符合三年级学生喜爱小动物的天性。在本课教学中我把握"教师主导,学生主体,音乐主线"的教学原则,围绕"趣"展开教学。

如何将学生燃起的兴趣有效转移到音乐知识的学习?记得我是这样设计的:我组织学生围成一个大圈,伴着歌曲伴奏音乐传钓竿,音乐结束时钓竿在谁手上,他就可以在"唱一唱、听一听、创一创、学一学"中自选一题回答,这四题分别对应了歌曲中骨干音、附点切分节奏、老虎"稀里糊涂"表情动作创编、倚音知识点,学生在游戏过程中不知不觉把歌曲难点各个击破。当学唱到歌曲结束句"森林之王,你服不服?"时,这里出现了全曲最高音,节奏长短有致,表现了猫理直气壮质问忘恩负义的老虎的形象。怎样让孩子们理解内涵,真正有感而发?我截取了动画片《老虎学艺》中老虎追扑猫不得,反而狼狈坠入河中的片断,请学生们畅谈"如果我是这只小猫,我会对老虎说……"然后请学生们听结束句——"歌曲中小猫是怎么批评老虎的?"紧接着出示乐谱,学生能轻松准确地掌握唱法。再加上动作:双手叉腰,然后用手指往前一指——小猫得意的样子表现得淋漓尽致。让我欣喜的是,他们能用歌声传达出乐句质问语气的"神"。

课堂教学,让我深深地感受到:在教学过程中,教师要根据教学目标,利用学生好奇、好动、好问的心理特征,并紧密结合音乐课的特点,运用各种手段创设真实、新奇、有趣的学习情境,让学生在感受"趣"、体验"趣"、表现"趣"的过程中领略音乐的魅力和童话的趣味。

教学,让我和学生们共同体验在音乐的海洋中畅游的快乐!

三、我助人,我快乐

自杨浦区开始评选骨干教师,我曾连任三届区骨干教师。因此,帮助区域内的音乐教师共同进步,是我义不容辞的责任。我经常走进青年教师的课堂,专心听课详细记录,认真思考,课后及时将自己的意见和她们毫无保留地交流。在一次次的听课交流中,青年老师的教学能力不断得到了锻炼。

作为青年教师一定要知道"教什么"、"怎么教"、"为什么"这三个问题,在备课时能设想学生在学习过程中可能会遇到什么困难,应该如何引导学生自己去解决这些问题等等。为此,我经常邀请青年老师进入我的课堂,借此共同探讨学生在学习过程中可能会遇到什么困难?如何引导学生自己去解决这些问题?如何根据不同的歌曲特点设计有趣有效的感受歌曲方法等等。在听了我的三年级歌唱教学《新疆是个好地方》后,她们很有感触:"在我们平时的教学过程中,应尽可能创造一切条件诱发学生的表现欲望。而学习口风琴演奏就是一个很好的教学手段。在本堂课中,熊老师巧妙地将口风琴的短吐音练习与本堂课的难点相结合,既巩固了口风琴演奏技术,又训练了本堂课的难点节奏,一举两得,大大地提高了课堂的效率。"在听了歌唱课《哦,十分钟》之歌后,她们又发现:"熊老师紧扣二期课改课程标准,从音乐游戏活动入手,注重对音乐的多种体验。在感知歌曲旋律的过程中,从感官的听觉感受开始,获得审美的愉悦,进入艺术审美状态。而课堂最后的歌表演更是体现了课堂的完整性,让学生在音乐声中开始活动,也在音乐表演中结束课堂,让孩子们充分地浸润在音乐的世界里。"这样的研究与交流,不断触动着我们对课堂教学的进一步探索。

要想帮助青年老师在课堂教学上有所进步,更重要的就是走进她们的课堂,观察她们的课堂教学情况,给予指导。在一次次的听课交流中,我们经历了共同备课、说课研课、试教磨课、反思评课的辛苦历程,她们的教学能力不断得到了锻炼。青年教师们的课曾被音乐教研员李老师总结出"课堂常规规范、课堂语言生动有趣、对学生要求明确且有层次"等九个优点,此时此刻,我真觉得比自己得到表扬还高兴。我还曾指导二联小学陈轶韵老师参加第七届全国音乐课评比获上海赛区一等奖和全国一等奖。

青年教师都有充沛的精力,有好学的热情,有丰富的知识,有创新的能力。带教老师在带教过程中教学相长,也能不断完善自己,今后我们还将共同经历学习、成长、成熟的专业化成长过程。

带教,让我品味到与青年教师们互相学习,共同提高的快乐!

四、我研究,我快乐

"教而不研则浅,研而不教则空。"我积极参与市区的各项课题研究。最近,我参与上海市"小学《音乐》(唱游)教材日常修改使用意见收集(课)"项目组和由翁铁慧副市长领衔的《大中小德育课程一体化建设》子项目的研究这两个市级课题,2014年6月以来还参与编写由上海电教馆出版的《小学唱游律动创编》教学资源;我还将攻读硕士学位学习中的研究方法与区域内的音乐教师们共享,一起开展了《杨浦区小学音乐学科学习准备期实施情况研究》的研究,该项研究获得上海市音乐教学论文评选一等奖,我的另一篇论文《小学音乐课堂教学中总结引导的方法研究》也获市二等奖。

我们在导师、专家的指导和引领下,尝试开发特色课程,我和葛民莉老师合作选择了民族歌舞体验的角度,设计开发了《民族花儿朵朵开》特色课程教材。小学音乐教材中包含了民歌和具有民族风格的音乐内容,但是这个角度值得挖掘和深化延伸,因为这一有利资源能让学生们在听、唱、舞中了解多种从韵律到风格各显异彩、斑斓夺目的民族民间歌舞,尽情地用肢体姿态及歌声来抒发、表达情感,领略中国多民族的音乐风采,喜爱祖国的民族音乐。我们在小学音乐教材中出现的少数民族音乐内容(土家族、壮族、藏族、苗族、侗族、维吾尔族、蒙古族)基础上进行补充、拓展和延伸,根据这些民族在我国的地域分布情况进行划分为——"中南情"、"西南韵"、"西北乐"、"东北风"四个单元,每课都设置了大开眼界、歌声传情、舞姿翩翩、创意舞台四个板块。

后来,基地又接到了紧急任务——要设计制作微课程。在名师基地导师、专家的指导和引领下,针对目前能供学习的口风琴教材为数不多,尤其与《唱游》、《音乐》教材相配套口风琴教材更是难以寻觅的现状,我编写了校本教材《你好,口风琴》,希望通过这本教材的学习,学生能基本掌握连音与单吐音的吹奏技巧,熟悉音阶在键盘上的位置,增进学生们对音乐的喜爱。

实践中我们发现,课程开发绝不是一件一蹴而就的工作,它综合考量了我们的教育理念、教育视野和教育创新水平,需要我们长期的学习和积累,努力突破学科限制,站在综合运用的角度去设计课程。

研究,让我享受到教学过程中有理论时时对照的快乐!

攀者有其径,其径有花香。循着音乐教学这充满了智慧与真情的路径,我庆幸不仅收获了许多快乐,还能将快乐与美的种子播撒在孩子们心田。让我们以丰富的知识,科学的方法,完善的人格,优雅的气质,努力去做一名有魅力的音乐教师!

【且行且思】
网络环境下小学高年级音乐学科教学探索

【摘要】 互联网改变了世界。网络环境已经渗透到人们的工作、生活和学习,渗透到了社会的各个角落。毫无例外,学校的一切也在发生着悄无声息的变化。网络环境在拓展课堂教学的深度和广度的同时,也使传统的教学变得更为形象和生动,它的产生使得个性化教学和学习成为可能。我校是上海市开展"1:1"数字化学习环境实验校之一,有一个实验班的学生由 Intel 公司提供人手一台"电子书包"。本课题旨在尝试充分运用计算机校园网、局域网、因特网技术以及丰富的教育资源库,在教师的帮助和引导下,利用网络信息资源,充分发挥和调动学生探究问题的积极性和创造性,使"网络环境"为音乐教学所用,为学生所用。让学生变枯燥的学习为快乐的畅游知识海洋。

【关键词】 网络环境 小学高年级音乐学科教学

【正文】

随着信息技术的革命,网络化教育所具备的"教育教学资源共享、信息交流、网上教学和远程教育"等功能,打破了传统教育在时间和空间上所受的限制,它能使分布在不同地方的每一所学校和每一个家庭都能得到丰富的教育教学信息,能使每一位教师和学生受益。

一、网络环境下小学高年级音乐教学策略

(一) 转变教师学生思想观念的策略

教师要认真学习先进的教学理念,力求将理论知识的学习与课堂教学的手段、形式、方法相结合,真正使理念得到更新,从思想上逐步实现四个转变:一是由知识的讲授者转变为学生学习的引导者;二是让学生由被动的接受者转变为知识的探索者;三是使网络从教师的演示工具转变为学生的认知工具;四是教学过程由传统逻辑分析转变为通过探求发现问题来获取知识。

(二) 培养教师、学生网络信息能力

首先,教师本身熟练运用操纵计算机的能力也是必备的,其次,要教会学生上网学习的方法。如,怎样搜索资料、关键词是什么、怎样概括搜索到的有关资料等。

(三) 创建丰富的网上音乐教学资源库

音乐教学资源库建设是音乐学科网络教育教学应用的核心和信息技术与音乐学科课程整合的关键。为了加快信息获取的快捷性,使网络资源适合于教学,建设音乐教学资源库不仅对传统教学带来丰富多彩的教学服务资源,对于提高网络化教学的效率也起到了重要的作用。

(四) 运用网络开展课外活动

运用网络环境还可以辅助学生进行音乐课外活动,不但能制作歌曲伴奏带、课件的背景音乐,还可以用于指导学校的合唱队与器乐队训练。

(五) 对学生学习评价注重网络学习评价

在网络环境下,学生不再被束缚在教师的知识权威与繁琐讲解之中,学生在学习上表现出更多的自由度,学生的个性得到了充分的表露。面对这样的学习方式,教师在组织学生开展网络环境下的学习活动时,要用发展的眼光来关注个体差异,要用多元指标来综合评价学生,真正指导与促进学生的发展。

二、网络环境下小学高年级音乐教学具体操作

在网络学习环境中,通过人机交互、网络信息共享、小组合作学习、展示学习作品等内容,为学生创设轻松愉快的学习环境,加强了学生的自觉参与和亲身体验,对提高学生的审美意识和实践能力有很大的帮助,不仅可以调动学生学习音乐的积极性,强化音乐教学过程,而且为学生提供良好的学习环境,促进学生的

个性化学习。

(一) 唱歌教学

古人云:"学起于思,思源于疑。"所以设置疑难、以疑启思,是发挥学生在自主学习中的主体作用的有效方法。《吹起我的小竹笛》是一首四年级的歌曲,教师让学生带着问题去欣赏:"你对这首歌有什么疑问吗? 有什么发现?"欣赏结束后,几乎所有的学生都会发现:"歌曲中出现了许多十六分音符,还有许多切分节奏、附点节奏","一石激起千层浪",老师没有采用以往的集体学唱歌谱的方法,而是请学生根据自己的水平选择不同的小组自学,有的小组媒体只出现歌谱,识谱能力强的孩子可以利用口琴自学;有的小组媒体不仅出现歌谱,还有伴奏音乐,识谱能力一般的学生也能自主地学唱;有的小组媒体不仅出现歌谱和伴奏音乐,还有老师的范唱,这样识谱能力较弱的学生也能较快地学会歌曲了,网络技术仿佛给教师插上了"七十二变"的翅膀,对不同层次的学生教师不再分身乏术,孩子们兴致盎然地、有声有色地表现了歌曲风趣活泼的音乐形象,课堂活跃、灵动。合理运用网络技术能引导学生学会学习、学习思考、学会创造,体现自主学习。

在这个实例中,网络教学环境为学生提供丰富的学习资源,学生在学习中,可根据自己的学习状态有针对性地选择适合自己的学习内容,确立适合自己的学习过程,实现学习过程中的自我调控,自我诊断,自我创新,变"被动"为"主动",同时凭借网络实现教师—学生、学生—学生之间的多种学习方式,教师和学生间通过媒体交互对话进行联系,能及时回答学生的问题,还能引导学生展开广泛的交流,发表各自的观点,促进学生创新学习能力的提高。

(二) 欣赏教学

音乐欣赏教学就是要激发学生对音乐的兴趣,从而来发展学生的音乐感受、理解力、想象力、鉴赏能力和扩大音乐视野、丰富感情。但是,学生对音乐作品的理解有较大困难,教师也感到音乐欣赏课不容易上好,网络环境下的音乐欣赏教学相对于传统音乐欣赏教学来说所具有的无可比拟的优势。

1. 拓展音乐教学的空间,渗透音乐相关文化

在高年级音乐欣赏教学中,引导学生充分利用网络资源查找音乐资料,让学生了解歌曲和乐曲的创作背景,收集著名音乐家的生平介绍、音乐作品、音乐流派等内容,交流作曲家创作时的逸闻趣事,比较他们的音乐风格。这样既开阔了

学生的视野,拓展了音乐文化范畴,又让学生获得了古今中外各种音乐信息,培养了他们搜集信息、处理信息、自主学习的能力,帮助学生更全面、自主地了解乐曲创作背景等相关知识。例如在欣赏乐曲《长城谣》时,我让学生通过网络查找资料,了解作曲家刘雪庵的生平事迹及创作《长城谣》的历史背景。通过播放剪辑的电影片段,让学生感受作品优美的旋律、沧桑的情感以及内涵的抗战救国的思想,学生对歌词中描写的那段历史有了清楚的认识,从而激发学生的爱国主义热情。在欣赏时通过节奏、速度、力度等音乐要素的处理,使学生充分感受到作品中磅礴的气势和中国人民前赴后继、勇往直前的革命英雄主义精神。学生主动参与到教学中来,分组进行讨论,由组长总结发言,对某些问题还进行了激烈的辩论,在不知不觉中解决了教学重难点。运用网络信息技术,能大大丰富学习资源,学生可以方便、自由地浏览感兴趣的知识,并通过与其他同学交流,不仅引起学生的广泛参与的兴趣,而且在活动中锻炼了学生的感知音乐、理解音乐的能力,更可以培养良好的表达心态和交流习惯,这是传统课堂教学无法比拟的。

学生一旦走入无拘束的境界,思维会变得异常活跃,创造精神会大大增强。又如《灯碗开花》一课,生活在上海的孩子们对来源于山西民歌"开花调"很不了解但充满兴趣,在初听乐曲后,我请孩子们以小组为单位自主选择感兴趣的内容浏览网页,在有限的时间里,学生身临其境地了解到什么是"开花调"、"开花调"流行于何处?有哪些东西可以"开花"……不仅充分满足孩子们的求知欲,拓宽他们的视野,而且孩子们热烈地相互交流一改教师"一言堂"的局面,大大提高教学效率,充分体现了"学生在教师指导下主动地、富有个性地学习"的魅力!

2. 运用网络环境帮助认识和了解中外乐器

在小学音乐欣赏教学中一个重要的内容是认识和了解中外乐器。由于平时分散教学,学生不能进行横向比较,无法分辨同类乐器在音色、性能、表现力等方面的不同,而在网络环境下利用 Cakewalk 音乐软件则能比较轻松地解决这个问题。

网络教学环境采用了图形交互操作界面,具有人机交互能力的友好界面,能把学生的眼、耳、手、脑等感觉器官调动起来,丰富了感性认识,开阔了视野,使学习内容变得容易理解、掌握和记忆,促进个别化主动式学习,充分发挥学生学习的主动性,提高学习效率;教师从网上下载各种乐器的图片及演奏片段,并配以鲜明的动物形象,例如长笛清脆悦耳的音色如同小鸟在欢快地歌唱;舒缓悠长的双簧管则代表了摇摇摆摆的鸭子;低沉的大管吹出笨重、缓慢的音乐,好像大象笨拙的脚步。让学生通过竞赛的形式边听辨边观察,在电脑上点击乐器的图片及所代表的形象,系统及时对出现的错误进行提示。学生一边看一边听,充分运用视觉来帮助听觉,感受不同乐器音色的差异及其效果。然后,师生共同欣赏"天鹅"片段,一位学生说旁白,其他学生根据情节的发展进行即兴表演各种动物。最后,引导学生上网查找更多乐器方面的知识,了解各种乐器不同的演奏方法与独特的演奏技巧。加深学生对乐器音色与表现力的感受和理解,提高学生的欣赏水平,激发他们学习的主动性。

(三) 舞蹈教学

舞蹈是一种有益于身心健康发展的艺术活动形式,是学校艺术教育的重要内容和手段。基础教育阶段艺术类课程标准中,指出了舞蹈具有重要的教育价值,并提出了明确的教育目标。上学期,教育部发出了推广《第一套全国中小学校园集体舞》的通知,我校在校园集体舞的学习过程中,网络环境发挥了很大的作用。利用网络,学生学会了舞蹈动作,还用五花八门的图形在自己的计算机上设计队形、表示自己的感受。正是由于网络环境的新颖性和感受性,使得学生对此产生浓厚的兴趣,而这种兴趣又迅速转化为一种求知欲望,转化成一种进入创造学习的主动性。同时,在一个个富有个性的舞蹈动作、符号当中,学生无意识地进行了艺术创作,开发了学生的艺术潜能,培养了学生的创新能力。所以,利用网络进行创造性学习,能够积极有效地开发学生的艺术创新潜能。

(四) 器乐教学

电脑音乐进入教学领域,不但为学生学习、欣赏音乐创设了一种良好的氛围,而且使学生感受、想象、表现、创造等综合能力得到了更大的提高。网络学习环境还可以辅助学生进行器乐教学,利用音乐作曲软件 MOP,可以将需要排练的曲子输入电脑,用打印机打印出总谱和各声部分谱。例如在口琴小组排练《红鼻子驯鹿》时,利用网络播放乐曲或单独播放每个轨道,听听每个声部是怎样演奏的,学生随音乐进行分声部练习,等学生在进行单独练习时,身边好像有一支乐队在为其伴奏一样,有一种身临其境的感觉,培养了学生在合奏中的节奏感、旋律感。这样为学生学习乐器和乐队训练起到极好的示范作用。

在网络环境下改变了传统的音乐教学模式,充分发挥学生的主体作用,使学生在愉快、充满活力的课堂气氛中得到锻炼,大大激发了学生学习音乐的兴趣,培养了学生的创新能力和创新精神。在音乐教学中,当对音乐作品有了充分的感受与理解后,往往让学生用打击乐器为乐曲伴奏,尝试利用网络教学则能起到事半功倍的效果。例如在欣赏管乐合奏曲《土耳其进行曲》时,请学生用小军鼓、大军鼓、镲为主题音乐编配打击乐伴奏。在教学中充分发挥网络教学的优势,先让学生听辨三种打击乐器的音响效果,了解到小军鼓适合密集、紧凑的节奏,大军鼓和镲适合疏松悠长的节奏。请学生来当作曲家,在电脑上进行节奏编配。由于音乐主旋律非常清晰地展现出来,光标随音乐进行而跳动,学生可以随时听辨、及时修改。在编配中可以任意点击不同的轨道,倾听各声部间的配合,及时做出力度参数的调整,使伴奏音量低于主奏音量,使音乐更为和谐、丰满。然后再用打击乐器进行实际演奏,分组练习,则非常轻松自然。

(五) 探究性课程

个性化的探究学习模式充分赋予学生自主学习、探索学习的自由,从而充分调动起学生的学习热情和积极性。例如:在教学四年级第一学期第一单元欣赏曲《打字机》时,我下载了一段实况演出的视频,发现演奏家们真的是用打字机参与演奏时,强烈地激发了学生的兴趣。抓住教学时机,趁热打铁,我布置学生上网查询自己喜欢感兴趣的乐器。课后,布置学生利用家校互动平台向大家介绍自己最喜欢的乐器。不久,我特意向学生们介绍了普罗科菲耶夫的交响乐《彼得与狼》,我请学生找找《彼得与狼》中到底使用哪些乐器进行演奏的,分别表现了怎样不同的音乐形象……由此激发学生从认识西洋乐器,到逐渐喜欢交响乐。我发现,学生十分享受这样的学习过程,他们在体验寻求知识的快乐,品尝获得知识的快乐。这种学习模式是教师真正把学习的权利交给学生,让他们根据自己的喜好开展有效的学习,学生学得轻松,在课堂中学生之间交流的信息也大幅度的递增。

【经典课堂】

快 乐 的 歌

【课　　题】三年级第一学期第二单元《快乐的歌》
【教材版本】上海音乐出版社　九年义务教育课本

【教材分析】

1. 作品分析

本教材选自上海音乐出版社三年级第一学期第二单元"快乐歌"。本单元以丰富多彩的音乐作品为主线,在听、赏、玩、唱、创的活动中引导学生感受并表现欢快的音乐情绪,激发学生学习音乐的兴趣。

歌曲《快乐的歌》是一首印度尼西亚歌曲,2/4拍,大调式,为6个乐句的分节歌,其旋律明朗、欢快,充满勃勃生气。

歌曲运用向上的四度中跳和八度大跳音程,生动地表现了一群天真活泼的少年儿童唱着歌、吹着口哨,精神抖擞地列队行进的音乐形象。

2. 育人立意

引导学生在活泼、欢快的音乐中,用身心感受和表达对音乐、对生活的热爱,体验合作、互动、分享、创作的愉悦心情。

3. 教学重点

用明快的声音,欢乐及饱满的情绪学唱歌曲。

【学情分析】

1. 学习基础

参与本课时教学活动的三年级教学班共有28名学生,其中百分之六十四为外地学生,学生在家庭中接受学习指导及音乐熏陶的机会很少,但学生纯朴,对音乐课学习兴趣浓郁,集体意识较强。

音乐学习基础方面,学生乐于和同伴合作,演唱声音自然,对节奏的模仿能力较强;口风琴学习方面,已掌握c大调音阶的指法,学习了《我的小宝宝》、《降落伞》、《洋娃娃和小熊跳舞》等歌曲,其中《我的小宝宝》通过率是97.6%,还有部分学生能够吹奏《小红帽》。但该年级学生的口头表达能力以及对音乐形象、情感的表现能力相对较弱,协同表演的能力不足。

2. 学习难点

能用自主学习、合作表演的形式学唱歌曲。

3. 难点突破(含能力分层设计)

(1) 抓住"快乐"这一主线,唤起学生情感上的共鸣,从而激发学生在歌声中体验"快乐"的浓厚兴趣。

(2) 运用同质编组:学唱歌曲时,有的小组只提供歌谱,有的小组媒体不仅出现歌谱,还有伴奏音乐,还有的小组媒体既有歌谱和伴奏音乐,还有教师的范唱——学生可根据自身的能力与兴趣选择,这样有利于每一个个体基于自身发展水平的向上成长。

(3) 能力分层设计:在为歌曲《小白船》创编造型、感受歌曲时的创编队形及设计行走路线、拓展表演《在欢乐的节日里》的环节,有针对不同目标不同内容开展的不同形式的小组合作,为个体的多向发展提供舞台。

【教学目标】

1. 在演唱歌曲中体验歌曲欢乐的情绪,并表现精神抖擞,列队行进的生动情景,从而激发学习兴趣,开阔音乐视野。

2. 学习用明快的声音,欢乐及饱满的情绪演唱歌曲,并在音乐的感知活动中认识2/4拍号及含义。

3. 在听听、拍拍、唱唱、玩玩、演演、创创中锻炼自主学习和合作表演的能力。

【教学设计说明】

《快乐的歌》选自上海音乐出版社出版的九年义务教育音乐课本三年级第一学期第二单元,是一首印度尼西亚歌曲,2/4拍,大调式。全歌为6个乐句组成的一段体分节歌,其旋律明朗、欢快,充满勃勃生气。歌曲运用向上的四度和八度大跳音程,生动地表现了一群天真活泼的少年儿童唱着歌、吹着口哨,精神抖擞地列队行进的音乐形象。本课的教学重点是引导学生用明快的声音,欢乐及饱满的情绪演唱歌曲以及认识2/4拍号及含义。教学难点是唱好歌曲中的难点节奏——附点八分音符及以及歌词演唱中的一字多音。本课的教学设计有以下特点:

1. 围绕"快乐"主线,与每一个学生"等距"

在本课的设计中教师牢牢抓住"快乐"这一主线,从听音入室到节拍的学习,以"游览巴厘"贯穿,唤起学生情感上的共鸣,从而激发起学生在歌声中体验"快乐"的浓厚兴趣。学生全员积极参与,体现了二期课改"为了每一个学生的发展"的核心理念。

2. 灵活运用同质和异质的编组

在歌曲学习过程中,教师灵活运用同质和异质的编组:同质即同等水平的孩子为一组,学唱歌曲时:第一组媒体上只出现歌谱,识谱能力强的学生可利用口风琴自学;第二组媒体不仅出现歌谱,还有伴奏音乐,识谱能力一般的学生也能学唱;第三组媒体既有歌谱和伴奏音乐,还有教师的范唱,这样识谱能力较弱的学生也能跟谱学唱——学生可根据自身的能力与兴趣选择,这样有利于每一个个体基于自身发展水平的向上成长。异质即不同水平的孩子组合,在为歌曲《小白船》创编造型、拓展表演《在欢乐的节日里》的环节,不同程度的孩子开展同样内容的活动,这有益于优质资源的互补、共享。在一节课中,有针对不同目标不同内容开展的不同形式的小组合作,为个体的多向发展提供舞台。这样的合作形式打破了常态小组合作的模式,让老形式焕发新活力,教——不留痕迹。

3. 抓住互动点,努力关注不同层次学生的课堂表现

苏霍姆林斯基说:"教育者的明智,就在于他能从似乎差不多的学生中,发现每一个人特有的兴趣和爱好、特长和志趣,大胆地让每一个人的才能得到发展。"在分层设计,循序渐进的基础上,我针对学生的差异,为有特长的学生提供实践与展示的舞台。如有学生会跳拉丁舞,我就请她在表演时担任领跳——课堂教学拓展到了课外,课外的收获又丰富了课堂教学。课堂虽小,但成为一个百花齐放的五彩天地。

【教学准备】

钢琴　口风琴　铃鼓　铝片琴　课件等

【教学过程】

一、组织教学

(一)律动表演

要求:师生共同表演《小白船》

(二)师生问好

(三)学生入座

[学习要领]

优美的旋律中,轻轻哼唱、自由摆动,既是发声练习,又自然进入歌曲学唱的"快乐"情境。

● 指导要点:

能够精神饱满、动作整齐地进行律动;能用自然、动听的声音向老师

> 问好;做好课前情绪上的准备。
> - 评价反馈：
>   采用集体表演的反馈形式,为本课时教学内容加以铺垫。

[关键小结]
"优美的歌声中,我们又开始了新的音乐旅程,瞧,我们来到了哪里?"

二、感知学习

（一）印尼人文介绍

（二）聆听歌曲《快乐的歌》,感知歌曲的情绪及节拍

（三）认识 2/4 拍

1. 介绍 2/4 拍的拍号的含义,请学生看,并作讲解。

$$\frac{2}{4} \quad \frac{每一小节有二拍}{以四分音符为一拍}$$

2. 走走、拍拍感知 2/4 拍。

[学习要领]
围绕本单元的主题"快乐歌"以及 2/4 拍知识,组织学生走走、拍拍,并以小组为单位创创、走走,异质编组创设了"快乐"的教学情境,又给学生的合作、创造搭建平台。

> - 指导要点：
>   通过"听一听"、"走一走""拍一拍",帮助学生认识、理解感知 2/4 拍拍号的含义,感受活泼欢快的歌曲情绪。
> - 评价反馈：
>   能够按照 2/4 拍的强弱规律走一走、拍一拍。

（四）沙滩漫步与海中冲浪游戏中学习歌曲中的难点

1. 听一听、选一选：

教师用口风琴吹奏，学生辨别老师吹奏的是哪一条，并吹一吹；

[关键设问]

"听，老师吹奏的是哪个乐句？"

2. 看一看，学一学：

教师用铝片琴演奏，学生模仿奏一奏。

[学习要领]

　　学习"2/4拍"这一知识点，并将歌曲难点巧妙结合在游戏之中，听、奏、唱、辨多种感官参与，学生在丰富活动中理解、感受歌曲节拍韵律，为歌曲学唱进一步扫清障碍，在教学中拓展"深度"与"广度"。

- 指导要点：

　　通过"听一听、选一选"、"看一看、学一学"，帮助学生掌握歌曲中同头异尾以及附点八分音符的旋律难点。

- 评价反馈：

　　能够脚步轻轻地跟着音乐的节拍踏步，并能听辨并唱奏同头异尾的乐句及附点八分音符。

三、学唱歌曲《快乐的歌》

（一）分组学唱歌曲

第一组：依靠歌谱，识谱能力强的学生可利用口风琴自学；

第二组：依靠歌谱和伴奏音乐，识谱能力一般的学生也能学唱；

第三组：依靠歌谱、伴奏音乐和教师的范唱，使学唱较困难的学生也能充满信心投入学习。

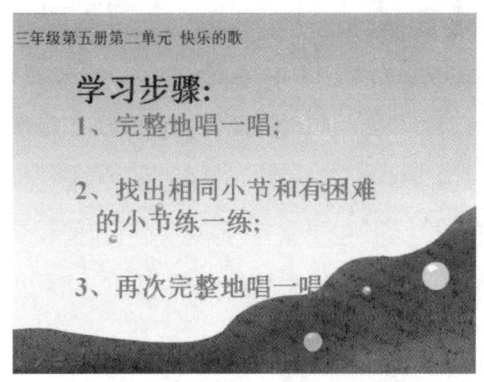

[学习要领]

识读乐谱枯燥、机械，但通过同质编组，学生根据自己的能力、兴趣选择小组参与、感知、演唱，学习扣人心弦、趣味盎然，教师的指导更能有的放矢，提高教学的"效度"。

- 指导要点：

学生根据自己的能力选择无伴奏音乐、有伴奏音乐、有范唱音乐三个小组学唱歌谱，并根据提示进行自学：完整→练习难点→完整。

- 评价反馈：

能够尝试与同伴合作初步完整地视唱歌谱。

（二）完整唱歌谱

找找相同的乐句，并注意换气。

迈向卓越

> [学习要领]
>
> 注意唱好附点八分音符。

(三) 学唱歌词

1. 教师范唱

黄色的字怎样唱?(一字多音)

2. 学生听一听,唱一唱

3. 录音范唱:印尼小朋友的演唱与我们有什么不同?

4. 欢乐及饱满的情绪唱歌词

> [学习要领]
>
> 在正确把握教学目标的基础上,从激发学生的学生兴趣出发,由浅入深地培养学生歌唱能力,在层层推进中激励学生学会识谱、歌唱,让孩子们在歌声与评价中收获快乐和自信!

四、拓展

(一) 印尼儿童歌曲《木瓜恰恰恰》;

(二) 歌曲表演《在快乐的节日里》。

> [学习要领]
>
> 该环节既是拓展欣赏印尼音乐文化,又为有特长的学生提供实践与展示的舞台。轻松愉悦的乐声更令"快乐成长"的启情悟智进入"润物细无声"的境地。

[关键小结]
　　同学们,我们生活在被誉为"东方巴黎"的上海,让我们以热情的舞姿去欢迎全天下的朋友们!

【教学流程】

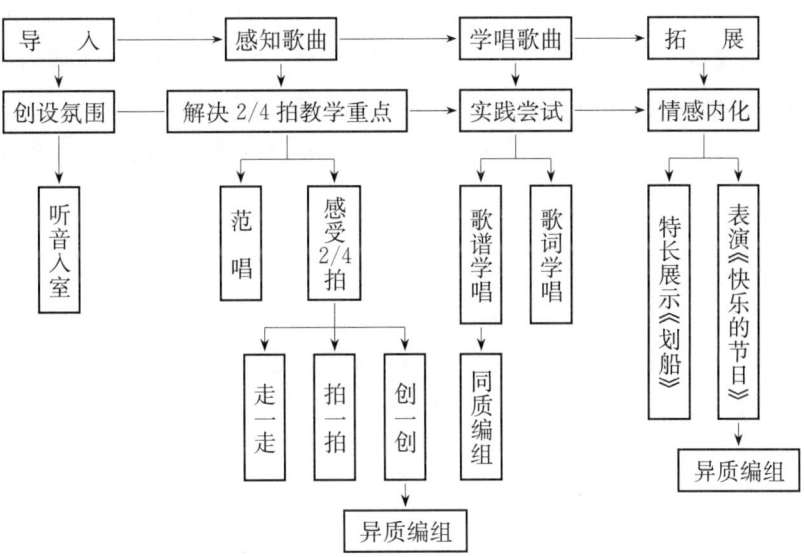

【学有所悟】
有你,真好!

　　"人生于世上,若白驹过隙,忽然而已",读到庄周的话,总感觉到一种思想的超脱与飘逸。如果说名师基地是一本书,那么时间则是一支笔,书写着我们的成长历程。回顾五年培训的点点滴滴,脑海中不由浮现出这样的旋律:"我总是依赖着你,你是我的方向感,我可以确定,你会带着我朝对的方向前进,I'm thinking of you,有你真好!"

一、导师,有您真好!

主持音乐名师基地培训的导师是杨浦区少年宫的特级教师曹建辉老师和同济一附中的特级教师陆亚芳老师,他们经验丰富,对学员的成长关怀备至。他们不仅手把手地指导我们制定发展规划,还亲临课堂观摩教学,带领我们开发特色课程。更难能可贵的是,每次活动结束还会与学员细细分析成功之处、可改进之处……导师奉献给我们的不仅仅是他们对教育教学的最独到而深刻的理解和认识,更使我受益无穷的是他们孜孜不倦、精益求精的人格魅力。这将成为我们教学生涯新的助跑点,成为激励我们不断求索的力量源泉。

培训期间,导师还为我们请来了许多专家,很多时候,繁忙的工作和生活使我们没有时间去思考,即使思考,也不知想些什么,没有方向和目标。专家们用他们渊博的学识、深厚的素养以及他们对教育教学的精辟见解,点亮我们心中对知识的渴求和对教育的执着追求,与专家对话是一种享受。一场场对话,一场场报告,就像一份份精神食粮,不断地滋养着我的思想,不断地给予我们力量,使我在今后的教育道路上能走得更远、更好。

二、同学,有你真好!

"石本无火,相击乃生灵光;水本无华,相荡乃生涟漪"——思维的激活、灵性的喷发源于对话的启迪和碰撞。基地同学都是上海市各区的音乐教学拔尖人才,陈向蕊老师的《歌情乐韵 悦耳爽心》一课中声情并茂的演唱、史炯华老师《走进奥运的音乐》一课中巧妙的构思、杨浦高级中学李逊芳老师的《觅影寻声——魅力非洲》、葛民莉、汤慧、陈薇、周佳春、沈洁老师活泼而又引人入胜的课堂,曹晏平老师规范大气的教学风格……让我看到了不同的精彩的课型中执教老师们精湛的教学技艺和娴熟的课堂驾驭能力、优秀教师扎实的教学功底和先进的教学理念,让我学习到课堂教学设计的多元性、教学的实效性及教师的教学素养如何在课堂中得到很好的体现。

令人记忆犹新的是短暂的北京、武汉两地游学活动,我们十几名同学朝夕相处,情同手足。初次踏入北大、清华、武大,走在校园的刹那,身心受到震撼——校园之大、历史之悠久、成就之辉煌……向我们展示了不同文化下的教育发展和现状,这样深的感悟绝不是能从书本上体会到的。

三、同事,有你们真好!

五年的培训,有时难免会影响到学校工作,但是我们学校的领导、同事给予我充分的理解和大力的支持:忘不了,综合组老师们齐心协力,在全校成功展示"分层教学设计"教研活动,连续两届被评为区"优秀教研组";忘不了,当我去后勤组借合唱演出服时,后勤老师告诉我:"你的搭档早就领好了!"忘不了,因外出听课无法及时赶回时,电话那头的:"别急,有事我顶上!"……一滴水只有放进大海里才永远不会干涸,成长在学校这片沃土中,我是多么幸福!

名师基地的引领,让我养成了"边教边学,边学边思,边思边悟"的习惯,让我在实践与反思中不断成长,不断提升完善自我。在这五年里,我感受到了一种从未有过的充实和愉悦!印度诗人泰戈尔有句名言:"不是锤的打击,乃是水的载歌载舞使鹅卵石臻于完美。"

基地若水,有你真好!

第五章　我拥有一个幸福的房间

教师介绍

沈洁,1981年生,毕业于上海市行知艺术师范学校,后于华东师范大学继续进修音乐学专业,本科毕业,民主促进会会员,现任教于上海市虹口区第三中心小学,教研组长兼艺术总辅导员。

上海市虹口区音乐学科骨干教师,区音乐教研中心组成员,上海市教育学会中小学音乐教学专业委员会会员,舞蹈家协会中小学舞蹈教育专业委员会会员,上海市第三期音乐名师培养对象。曾获"虹口区十佳青年"、"虹口区艺术教育先进个人"、"上海市园丁奖"、"上海市金爱心教师"等荣誉称号。被上海教育报刊总社聘为"上海教育新课堂论坛"讲师团讲师。

多次执教市、区级公开课,曾获得上海市音乐教学评比一等奖,上海市个人音乐技能比赛二等奖,上海市教育案例及教学设计比赛二等奖,多篇论文在《上海市中小学音乐新课程实施研究与实践》《虹口小学科目设计》《寻找童趣——虹口区小学唱游课教学案例》《小学新健康教育的实践研究与理论探索》等刊物上发表。所带艺术团队曾荣获上海市中小学艺术展演小组唱、集体舞、少儿歌舞剧等各类别比赛一等奖,多次获得虹口区学生欢乐艺术节各类团队比赛一等奖及优秀指导教师称号。在崇明支教期间指导学校艺术团队获得上海市集体舞比赛一等奖、歌舞剧比赛一等奖。

成长叙事

在小小的音乐教室忙忙碌碌17年,不管有多忙,上完一天的课,我总喜欢在空无一人的音乐室里坐一会,看着透进教室的阳光被孩子们的小椅子分成不同的阴影形状,心里想着,当音乐教师多幸福啊,我拥有这么一个房间,可以实现自己的理想,实现孩子们的梦想。

懵懂,成长的青涩

19岁走上讲台,那时的我一点都不会上课,拿着备好的教案一句一句地读,面对高年级的学生更是心慌紧张,好害怕自己出洋相。那时的我最怕有人从教室门口经过看到孩子们总是不听我话吵吵闹闹,沮丧地发现这一切与我心目中完美的画面相差好远。就在这个的时刻,一个人来到了我的身边,她就是我的师父,区教研员鞠伟老师。清晰地记得鞠老师第一次来听课时的情景,当时的我脑中一片混乱,课中孩子们依旧吵吵闹闹没有给我丝毫的面子,不知道是该停下"整顿一下纪律",还是假装听不见继续顺着备课上完所有的环节。课后我羞愧万分,只能解释说这个班的孩子实在是太调皮了。鞠老师对我说道,不要去责怪孩子的调皮和不集中,一定是你没有吸引住他们,不过不用急,你才刚开始,我们慢慢来研究。一席话使我茅塞顿开,也给了我很大的信心,原来这老师不是那么好当的,需要好好地学习慢慢地琢磨。

之后的每个月鞠老师都不定时的来听我的随堂课,那个时候铃声一打我就会紧张地看看走廊的尽头有没有那瘦瘦的身影出现,觉得压力真的好大,今天回想起来才知道当时的我是多么的幸运,在人生起步的重要时刻有这样一位认真敬业的师父手把手地带教我,带我绕开多少弯路,给了我多少启迪和帮助。第二学期,我在区里上了我的第一节公开课,取得了小小的成功,第一次感受到了努力之后的满足感,也第一次地意识到这个小小的音乐课堂将是自己承载梦想的地方。

窃喜,小荷才露尖尖角

2001年我调动到了虹口区第三中心小学。学校的艺术氛围浓厚,有历史悠久的管乐队和声名远扬的舞蹈团,有重视艺术教育的校长和热爱艺术的学生,有良好的校园文化,这里就像一块富饶的土壤使我在业务能力和专业发展上都有了很大的发展空间。

2005年我参加了第四届音乐教师技能比赛,这也是我第一次走出虹口参加市里的比赛。其实在专业上,除了舞蹈是相对擅长以外,我在其他的唱、奏方面都非常普通,心里知道鞠老师把这么宝贵的机会让给我是想给我更多的信心,更重要的是想让我拓宽视野,了解整个上海市各区县同行们的音乐技能水准,找到差距和动力。虽然最终获得的是综合二等奖和舞蹈单项一等奖的名次,但在赛场上我感受到了努力、拼搏、勇敢、敬佩等各种滋味,看到了大家精湛的专业技能,也看到了自己的不足,我知道要成为一名优秀的音乐老师必须把自身的专业技能放在首位,有了专业技能的支撑才能掌控课堂,才能带出一流的团队,才能让孩子们佩服你和喜欢你。

2006年我参加了上海市的音乐教学比赛。在教研组和区中心组各位老师的共同研讨下,决定发挥自身的舞蹈特长以及学校的舞蹈特色,上一节以舞蹈为特色的音乐欣赏课《森林铁匠》,定下教案后便开始了令我难以忘怀的试教阶段,那段日子里大家常为怎样处理一个小小的衔接部分想破脑袋,也曾为某一个教学环节争论不休,更有夜半突来灵感的兴奋。当天的课上的非常成功,得到了评委的一致好评,最终如愿获得了一等奖。成功的喜悦还来不及细细品味,鞠老师就通知我为了选拔选手参加全国比赛,市教研室准备在所有一等奖选手中进行再挑选,上课的方式是借班。听到这个消息后我不禁暗暗担忧,因为当时考虑到自己和学生的特长,在课的各个环节中设计了较多的舞蹈形体元素,而现在将要面对的是陌生的普通学生,势必要进行非常大的改动。于是在有限的时间内大家一起集思广益,既要保留整节课原有的亮点,又要调整教学环节去适应不同学习基础的学生。在向兄弟学校借班试教的过程中,我的确发现了不少的问题,对整堂课的设计也进行了颇多的改动。尽管如此,比赛当天的那堂课还是不尽如人意,所抽到的班级学生比较内向,课堂气氛相对沉闷,没有达到我所预期的效果,最终获得二等奖。

那阵子我总爱独自静坐在音乐教室里,反复思考,一等奖的那堂课真的是成功的吗?二等奖的这堂课带给我怎样的启示?那个内向的班级平日里面对自己的老师是怎样的学习状态?到底是学生的问题还是我的问题?为什么别的老师也是借班上课却师生关系融洽?习惯了特色班优等生的我还会不会教普通孩子甚至是弱势的问题学生?怎样的课才是一节真正的好课?在这个小小的教室,我将给予孩子们一片怎样的天空。从哪里跌倒就要从哪里爬起,我静下心来重审自我,调整教学理念,慢慢地,我开始改变,从上表演型的课转为扎扎实实的家常课,从关注表演的效果转变为关注学生学习的过程,从备教案到备学生,从害怕失败到挑战失败。

幸福,遨游在艺教的海洋

2007年起,为了响应国家"新农村建设"政策,学校开始托管崇明的一所小学,我作为艺术教育师资的输出,每周有两天时间要在崇明上课。于是那所幸福的房间被我搬到了崇明,一搬就是五年。

崇明的孩子给我的第一印象就是黑,他们小手总是黏黏脏脏的,手心里的每条纹路都变成了黑线,于是下课后我的手心里也画满了一条条的黑线。第一次在音乐教室教他们跳集体舞,我的第一个命令是"向右转",想不到的是这群四年级的孩子竟然分不清楚左和右,闹哄哄地乱成一团,他们老师见状一声"向东转"便解决了这个问题。孩子们也很刻苦,整整一个下午的集训时间,没有人说话,没有人叫苦。有时我想,市里的孩子比他们聪明多了,但是永远比不上他们的刻苦,而在很多事情上刻苦或许比聪明重要得多。

这段时间里我的感悟和收获都很大,在那里我看到了孩子们渴望艺术的眼睛。班主任和我说孩子们觉得能够去跳舞比得到任何奖励都重要,舞蹈队里谁的功课落后了,只要一声"再不认真就不让你去跳舞了",孩子就紧张万分。家长对我说原来以为跳舞影响学习,没想到自从参加舞蹈训练,整个人都不一样了,积极向上,性格大变,成绩反而进步了很多。

托管的那段时间崇明大桥还没有通,每次过去都要坐船,轮船没有预售票,只能即到即买,由于天气情况、航班情况等各种原因,往往轮不上最近的班次,只能眼睁睁地看着船满载乘客而去,遇到刮风下雨还会被滞留在岛上。印象深刻的是有一年自己学校和托管学校将参加同一场比赛,那段时间里分身乏术的我只能两头奔波,清晨上海训练,下午崇明集训,傍晚末班船回上海(因为第二天一早上海要继续排练)。等候末班船的候船室只有拾荒的老太太和觅食的小鸟陪伴,那段日子实在辛苦,但每次回想起来却是充实和愉快,因为孩子们对艺术的渴望和对学习的刻苦感动着我,我愿意付出所有的时间和休息换来他们美好的童年回忆。

在崇明的每一次训练课上我都被孩子们感动,相形之下上海的孩子太娇气了,当时我就有一个决心,一定要帮助他们创设充满艺术气息的校园氛围,一定要帮助他们获得艺术上的奖项。通过不断的努力，我们的舞蹈队和课本剧纷纷获得了崇明县的一等奖，并冲出崇明获得了上海市的一等奖。得知这个消息后所有的学生、老师和校长都兴奋得睡不着觉，因为他们从未在县比赛中拿到过奖项，更别提到市里比赛，想都不曾想到过。我也失眠了，这群孩子，没有任何一个人曾经接受过艺术的训练，有多少孩子是从一开始的同手同脚硬生生地练到手脚正确，有多少孩子从面无表情到学会眉开眼笑。在托管终期评估展上，一台精彩纷呈的主题活动向全体师生和嘉宾领导交上了一份满意的答卷。

在艺教这个充满魅力的艺术舞台上我和孩子们连连开出了朵朵艺术之花：2007年获得上海市学生艺术节班队合唱比赛一等奖、2008年获得市集体舞比赛一等奖、2011年获得市学生艺术节小组唱比赛一等奖、2012年同时获得了市少儿歌舞剧、小组唱、集体舞三项比赛的一等奖、2016年获得上海市雏鹰杯小合唱比赛一等奖。

多年前比赛时的心结也终于打开了，我能辅导艺术特长生，我也能教好资质平平的普通孩子，教育是平等的，只要我用心耕耘，处处都能浇灌出鲜艳的艺教之花。

锤炼，基地同伴互助成长

2012年是特别的一年，年初我成为上海市名师培训基地音乐学科组的一员，认识了18位来自各区最优秀的同行和两位德高望重的导师，从那一天起我的心中多了一间充满教育智慧和工作激情的房间。周二是培训活动日，基地为我们精心设置了各类培训课程，如此高规格的学习机会和学习条件让我受宠若惊。每到周一晚上我都会即期盼又紧张。期盼和同伴们一起分享精彩的讲座，领略导师们的人格魅力和厚实的专业素养，而一轮又一轮的"基地作业"则让我绞尽脑汁，焦虑到彻夜无眠。班主任曹建辉老师说过："我们到这个班都是来做加法的"，顾志跃老师在讲座中说过："教师的工作是在做事中学会做事"，前一期的学员说过："名师班的培训过程是痛并快乐着"。每当被工作压得喘不过气时我就会想到这些话，确实这样，当你觉得累时，说明自己正在前进，我就这样沉浸在这幸福的煎熬中。

时间总是这样的公正，无论你是多么的依依不舍，也无论过程是多么的精彩，它都一秒秒地走过。曾经觉得漫长的五年已到了最后说离别的时刻，永不忘怀的应该是那一个个成长的片段。

片段一：一堂精益求精的公开课

在学习的第二年里，我很荣幸地代表基地成员在市级平台上进行了公开教学展示。接到任务时我顿感压力山大，心里只有一个想法，我代表的是团队的水平，不能给大家丢脸，这堂课必须上的精彩。我有幸得到了市教研员席恒老师的亲自指导，从选课、备课到试教和教案的撰写，每一过程席老师都亲自把关。从选择教材到最后成型，我先后进行了6次改动，其中三次大幅度的修改，三次微调。第一次大改动中，将原来在整堂课上欣赏五种民族音乐的框架结构精心缩减成深入欣赏蒙古族音乐的片段课；第二次改动中，大家围绕课型定位于欣赏课还是舞蹈课做了权衡，最终基于学生的舞蹈优势而选择了舞蹈教学，第三次改动中，对小组合作学习的方式与内容做了改进。虽然每次修改都对前一次的付出产生了一定的甚至是全面的否定，但无数的思维火花正是从这一次次的否定中生成，对课的理解也越来越深刻。

在磨课过程中我深刻地感受到了作为一位成熟的教师，必须要有精准的专业识别能力。在以往的教学设计中我有时会停留在华丽的形式上，席老师总会一语点醒我，让我反思每一个环节的作用是什么，前后的逻辑关系是否正确，是否真正合理而有效。而另一个收获是提升了教学设计的文本撰写能力。想来汗颜，在以往的文本撰写中我主要着力于教学过程的描写，而对教学设计与实施的思路缺乏思考。在这次教案的撰写中我更关注了育人立意、基础学情分析、重难点的突破策略、分层能力目标等内容，细致地理清了整节课的脉络，也使观课老师能更全面地了解执教者的教学意图。当然这样撰写的方式需要更多的精力，但对我们更好地理解把握整节课的教学目标教学意图以及领会课标的要求是十分有效的，是真正地为"教"而写。

片段二：一个充满了集体智慧的课程

公开课上完后的第二天，我就马不停蹄地投入到新的挑战中，我们小学组的成员分头承担了国培计划"十八般武艺"系列中音乐学科备课和上课的全部模块。在完成这项任务的过程中我不禁感叹，从前觉得最难的开课，如今相比之下却成了最简单的事，眼界打开之后才发现原来自己就是那只懂的那么少的井底之蛙，没有任何值得骄傲。

我所负责的版块是上课环节中的状态监控，分为学习注意力、学习兴趣、学习情绪三课时来完成。其实这块内容是每一位老师每一堂课中都必须要去面对的,但却又是最容易忽视的,因为它太常规太细微了,正是通过不断研究让我重新认识了状态监控的重要性。小学组的老师们都是第一次接触课程开发,任务繁重、时间紧迫、缺乏经验,大家都很迷茫和压抑,每天各自闷在案头闭门造车。幸好我们有智慧与经验担当的曹晏平老师,组织大家相互探讨交流,我们在一次次的集体交流磨合中碰撞出思维的火花,共同寻找方向,寻求好的方法,不但理清了各自的思路,也相互学习了彼此不同模块的内容,更重要的是我们把握了课程开发的正确理念和基本的方法技术。

片段三:一本和女儿同时"出生"的教材

2014年是难忘的,因为在这一年中我晋升成为一位幸福的妈妈,尝到了初为人母的无比幸福感。但随之而来的"甜蜜的负担"却让我措手不及,从此再也没有一个完整的睡眠,没有任何属于自己的时间和空间,带娃的征途上24小时全程无休。而就在这段特殊的时期,基地的特色课程教材就要定稿汇编了,我的教材还处于"草稿"阶段。盘算了好久,决定避开孩子"放下就醒"的敏感白天,选择相对"连续睡眠"的深夜进行写作。那时觉得自己生了两个宝宝,白天照顾女儿宝宝,晚上照顾教材宝宝,那段时期真的好困好困,白天晚上都不能休息,体重直线下降,笑言倒是免了产后减肥的步骤。

由于产假我缺席了关于教材编写的培训,造成在框架结构上和大家的不统一,在第一次的汇报交流上同学们的现场展示和解说让我找到了差距和修改的方向。之后我把所有的材料进行了重新编排,形成了缤纷序曲(简单明了地介绍整节课的知识要点以及活动内容)、魅力舞台(开展根据本课所涉及的艺术元素而设计的趣味表演实践活动,体现综合性表演课程的多元性特征和实践性特征)、开心频道(主要介绍相关经典作品,拓宽学生艺术视野和提升学习兴趣,同时传承国内外优秀的艺术作品)三个栏目。终于我的"教材宝宝"跟上了大家的脚步。

在第二次的汇报交流中,大家提出应该在少儿歌舞剧的"少儿"两字上做更多的设计,让教材更符合小学生的年龄特点,同时更多地体现一些歌舞的特点。明白啦,我的"教材宝宝"太"成熟"了,必须回到"小孩子"的样子。于是我再一次对教材内容进行了取舍,编入了更适合学生的富有童趣的内容,同时也删除了一些不必要的内容,最终形成了"有趣的歌舞剧""动听的声音""灵动的身体""精彩的表演"四个单元。终于我的第一本教材在和每天和小婴儿的斗智斗勇中,在无数个静悄悄的深夜中完成了。如今我们的教材集已经成册,一本本创意无限的教材,凝聚着大家的智慧和经验,更饱含着我们对教育事业的诚挚的热情。

片段四:一个精益求精的微视频

在这个数字化高速发展的社会,时代对教师的要求也是与时俱进的。为此我们接收到了来自基地的最艰巨的任务:用微视频制作的方式完成课程集。在音乐学科领域中我们可能是得心应手的,但在信息科技领域我们却一筹莫展。接到任务后小学高中组的几位组长立刻进行了商讨,最终形成了课程的名称《"听、唱、奏、演、赏、创"音乐校本课程群的开发》,每位老师将根据前期撰写的特色课程教材设计完成各自的8分钟微课程,我参与的课题为《演——少儿歌舞剧》。

第一阶段,大家在曹晏平老师的带领下首先撰写了微课程脚本,分为课程定位、课程框架、内容浏览、教材特色、课程总结五个栏目,同时也思考了每一栏目的拍摄内容和制作方式。第二阶段各自拍摄镜头,制作PPT,录音,合成。整个过程是对大家综合能力全方位考验,在没有专业设备,专业人员帮助的情况下完全自导自拍自演自辑这八分钟的戏,同时必须体现出所介绍的特色课程的精华。在好长一段时间内我一直压抑烦躁,遇到一些操作难题时始终找不到突破口,也找不到好的灵感和创意。

第一次的交流汇报中,基地请到了特级教师张展英老师,大家把最基本的课程视频进行了展示,有几位学员的课程已经基本成形了,效果不错,让我很有启发,而我展示的只是几个素材和一段粗糙的PPT。在接下来的制作中我重新做了设计:为了保持画面的清晰度,将原先的录屏方式改为了绘声绘影制作;重新设计片段课,精心编排歌舞视屏内容挑选学生进行拍摄;用更能体现教材特色的音乐替换了原来相对平淡的背景音乐等等。在PPT制作过程中我特别要感谢我的先生,他亲自为我设计制作了精美的PPT,为微视频增色很多,整个作品一下子看上去高大上了起来。记得那个周末我们"逃离"宝贝女儿,带着电脑窝到了离家不远的咖啡厅。记得以前在约会时我俩也是抱着笔记本在这里工作,只是那时是为了追求浪漫,而现在是为了寻求清净。第二次的交流汇报中,我的作品得到了导师和同学们的肯定,张老师建议我在片段课上再做一些改进,在后期修改中我也做了改动。终于完成了,短短八分钟耗费了多少个不眠的夜晚!在制作过程中学习到了很多新的东西,也提升了不少能力,虽然很艰难,但是我体会到了有志者事竟成的深刻含义。

我拥有这个小小的房间,不管是在深爱的三中心还是美丽的崇明岛,在闪烁的舞台还是在温馨的基地,她始终都住在我的心房里。在这个小小的房间,有歌声和琴声,有笑声与掌声,有成长与感悟,有憧憬和梦想。人生中能拥有这么一个房间,我是多么幸福啊!

【且行且思】
农村小学背景下学生艺术教育培养的实践研究

一、课题研究的动因

为了贯彻中央"新农村建设"政策,全面推进城乡义务教育均衡化发展,市教委采取了对一部分农村学校实现托管的重大举措。长期以来,上海都在不断探索实现教育公平的社会理念并展开教育公平的社会实践之路。2007年至今,上海出现了学校办学托管这样的思路与实践,是教育制度创新之举。我们学校有幸参与了托管工作,托管了崇明县竖新镇竖新小学。力争在短期内实施优质教育和管理的输出,办好农村优质教育资源输入校的教育管理实践。

素质教育强调学生全面发展,而艺术教育正是全面推进素质教育不可或缺的组成部分。加强学校文化建设,开展丰富多彩的艺术活动,是培养学生良好素养的重要举措,但是农村教育中的艺术教育由于观念保守、师资紧缺、管理不当等原因面临着很大的挑战和困难。许多学校没有艺术教育专业人才,没有必要的教学用具和教学设施。农村学校仍把音乐、美术课看成是"副科",将艺术课沦为随意唱歌涂画,甚至被主课占用,形同虚设,成为应付。同时,大部分农村家长受文化程度所限、受传统观念影响,只对学生的语数外文化学科关心,认为学校开不开艺术课无关紧要。

由此可见,在全面实施素质教育、推进新课程改革的今天,农村艺术教育仍旧是教育的一个薄弱环节。关注农村学生的艺术教育,开展学校艺术教育,推动校园文化建设,圆学生的艺术之梦已经成为农村学校教育发展的迫切需要。

二、研究的目标、思路与方法

（一）研究目标

通过本课题的开展，在对竖新小学现有的素质教育进行梳理总结的基础上，以艺术素质培养为目标，艺术课程教学和艺术活动并进，推进素质教育的实施。通过本课题的实践研究引领学校艺术素质的培养，探索适合农村小学素质教育发展的课程和理念；推动学校艺术氛围，提升学校艺术教育能力；潜移默化地陶冶学生的性情，净化学生的心灵，提高农村小学生的艺术素养，从而推动学生家庭所在的农村社区的文化建设，为学生的健康成长营造良好的社区育人的文化环境。

（二）研究思路

1. 注重研究与教育教学相结合，形成综合成果。
2. 注重教育效果和研究效果，提升学校教育的整体效益。
3. 体现艺术素质培养实施学校的特点，同时在研究过程中强调实在性、突出操作性。
4. 在课程管理上形成艺术教育、艺术教学、艺术管理整合，形成多元广泛的合力。

（三）研究方法

1. 行动研究法

本课题注重实践研究是为了使艺术教育研究更加关注实效。根据一定的理论框架，设计相关的艺术课程，经过一段时间的观察，就课题研究的效果进行比较分析，从而得出有关艺术教育实施的实效。整个研究过程中把握学生的艺术素养和教师的教学情况，不断调整和丰富课题研究和教师的教学方式，并对原始素材进行质的研究。

2. 经验总结法

本课题的研究过程为边实践边总结，不断总结本校在开展艺术素质教育实践中的好方法并使之深化到理性认识中去。对本校艺术教育研究的开发与实施，从理论认识和实践操作两个层面上展开分析和研究，提炼有效的经验，概括出适宜竖新小学的研究实施方案。

三、课题的实施

（一）设计教师、学生调查问卷，对学校现有艺术教育工作情况进行前期的调查。运用经验总结法对学校的艺术教育工作进行总结提炼,抽出其中合理成分,研究存在的问题,为进一步深化研究做好准备。同时依据学生艺术素养评估提供的事实分析学生现有艺术素养。

(二)制定计划,为课题的实施提供切实可行的思路。

(三)本课题从具体的行为出发,即让学生在参与艺术活动中体验艺术的价值,形成正确的艺术价值观,开展适宜农村小学生的丰富的艺术活动。在项目实施中,我们展开了以下项目的艺术活动:

1. 校园集体舞

对竖新小学现有学生的艺术特长调查结果显示,本校参与校外艺术表演类培训的学生比例极低,大部分学生基本没有参与过除音乐课外的艺术活动,艺术资源匮乏。而校园集体舞是一种有益于身心健康发展的艺术活动形式,具有动作难度低、趣味性强、参与性广的特点,既可提升审美情趣又能锻炼身体,是学校艺术教育的重要内容和手段。本课程在教导处负责组织管理下,音乐(教研)组全体老师负责实施,属于艺术活动课程。

(1)课程要求

根据崇明竖新小学的现有状况,计划从校园集体舞入手,普及和提高集体舞《好朋友》《阳光校园》,培养孩子的审美情趣和协调能力、交往能力等;培养学生集体主义精神和集体荣誉感,利于构建和谐校园;培养学生律动、节奏、造型感,利于提高学生的综合素质;改变学生不良的心理和内向的性格,利于形成良好的心态和开朗、乐观的健康个性;改变单调乏味的校园生活,利于营造校园文化,增强学校的吸引力和凝聚力。

(2)课程内容

群众性舞蹈活动:开展在全校范围内普及市教委推广的规定性校园集体舞《好朋友》《阳光校园》。对象为1到5年级全体学生。

舞蹈社团活动:面向对舞蹈有特别爱好、身体协调性强的学生组织舞蹈队,培养学校的舞蹈活动骨干,一方面可以在普及基础上提高学校舞蹈水准,另一方面为班级开展舞蹈活动培养骨干学生,带领并指导班级进行集体舞活动。舞蹈队人员为40名学生,男女生各20名,对象为3到5年级中通过适当挑选的男女生。舞蹈队活动以学习原创自编校园集体舞为主,主要活动任务有:在班内担任舞蹈活动辅导员、在全校性活动中承担演出任务,或者校外演出任务、代表学校参加市、县集体舞比赛的活动,为学校争取荣誉。

(3) 课程实施

课程实施时间:每周三下午第一第二节音乐课、周四上午第三第四节音乐课为普及集体舞的时间,各班轮流排课,平均每个班进入3到4次训练;每周四早操时间为全校跳集体舞的时间,按班级排早操队形活动;平时每日有一节下课时间为全校跳集体舞的时间,学生自由找好朋友跳。每周三下午第三节课(晚托班时间)和周四中午(午休和午会课时间)进行集体舞演出节目《春晓》的排练时间。

组织舞蹈活动的场地安排:在指导全校性集体舞时,根据各年级不同的特点以及学校场地(场地宽阔)的特点,设计了3种不同的队形变化:一二年级为4人小圈,三四年级为6人中圈,五年级为10人大圈。既体现了不同年级的不同的接受和表现能力,又使全校舞蹈时整体效果更为活泼。

分层循序渐进地开展舞蹈活动:因为孩子之前从未接触舞蹈,基础比较低,为此在在设计指导跳集体舞时,要减低了舞蹈动作的难度,并把重点亮点放在队形的设计上,加入了学生喜欢的钻山洞、跳山羊等游戏。孩子们一边跳一边游戏,真正体现出了集体舞轻松有趣的特点。

2. 艺术社团——少儿作词作曲组

少儿作词作曲组是学生喜欢的课外艺术活动。四年级和五年级部分学生参加,在起步的一年多来,学生已经学写了二百多首歌词,其中有一百三十几首歌词编写入《竖新小学学生词曲选》,有的还正在学校的校报《竖新童心园》上刊登发表,有《小老鼠打电话》等三首歌词在上海市级报纸《语言文字周报》上发表。另有一些歌词在学校内传唱。学生自己谱写的歌曲唱起来特别亲切,也特别有生活气息,更感到特别的自豪。

(1) 活动内容

学习初步的作词知识,初步掌握歌词的特点和创作手法,并且实践练习,能运用一些简单的作词技巧;学习一些基本、简单的作曲知识,集体作曲。

(2) 活动要求

通过学习要求学生独立写简单的歌词;能集体创作单乐段的简单歌曲;培养一支小词曲小作者队伍。

3. 艺术社团——民族击鼓乐礼仪锣鼓

锣鼓乐作为一种地方气息浓厚的民族艺术,是学生、村民喜欢的音乐形式,符合农村学校的地域特征。我校帮助竖新小学配备了一套锣鼓队所需的打击乐器,并聘请了专业的教师进行锣鼓演奏教学与训练。通过锣鼓队的训练,学生可以在学校节庆期间展示学校积极向上的精神风貌,也丰富了村镇文化艺术,使学校新添了一个融入社会的途径。

(1) 活动内容

掌握鼓钹的基础知识和技法;学习基本演奏法,进行简单曲段演奏、多声部乐曲练习、合奏能力训练;进行各类演出的排练。

(2) 活动要求

中高年级学生自愿报名参加。学生重点掌握自己学习的锣鼓乐器,并学会一种其他锣鼓乐器;学生能正确按照乐谱演奏学习的乐器;学生能根据指挥合奏规定的乐曲;培养一支有一定演奏水平的锣鼓队,承担一定的演奏任务。

4. 群众性艺术活动——"人人会乐器"

器乐教学在小学阶段对于培养学生的音乐感知能力、创造能力和音乐表现能力都起到了重要的作用。"乐器进课堂"这种新的课堂教学形式不仅是新课标的要求,更是素质教育的需要。作为学校"今天行动计划"的一个组成部分,全校推行了"人人会乐器"计划,"人人会乐器"的实施对于深化素质教育、推进二期课改起到了应有的作用。

(1) 活动内容

一、二年级学生以学习打击乐器为主,由一位专职教师负责。

三、四、五年级学生以学习口琴为主,由本校两位音乐教师负责。

(2) 活动要求

分年段分层次:乐曲的学习则根据学生的具体情况而定,一般的学生学习简单的乐曲,有基础的学生可另学习其他乐曲,大大激发了学生学习乐器的兴趣。

两个学习途径:在音乐课堂上尽量使学生每节课都使用到乐器,以基础训练为主;课后则由老师布置作业回家练习或者组织部分学生在兴趣课上学习。

做好家长的配合工作,为学校活动计划的实施打下良好的基础。

组织多样的表演活动,激发学生的潜能。

5. 美术工艺类社团

包括泥塑、扎染、刻纸、豆贴画等。

(四) 运用个案研究法,对艺术教育比较成功的活动方案进行个案总结和提炼。个案研究是研究中采取的主要研究手法。通过重点分析、研究、考察,找出学生成长过程中的共同规律。

(五)对艺术素质培养的开发与实施进行全面总结。通过总结形成规律性认识,获得艺术素养实施的有效经验。

四、课题研究成果

(一)构建了竖新小学学生艺术素质培养的基本结构

学校艺术教育项目分为校园集体舞、少儿新词曲创作、民族击鼓乐礼仪锣鼓队、"人人会乐器"活动、综合美术工艺等五子项。形成了内容结构、形式结构、年段结构相结合的三维结构。

1. 内容结构

根据学生年龄和地域特点,所开设的艺术课程必须具有操作性和趣味性相结合的特点,促进学生的个性健康发展。

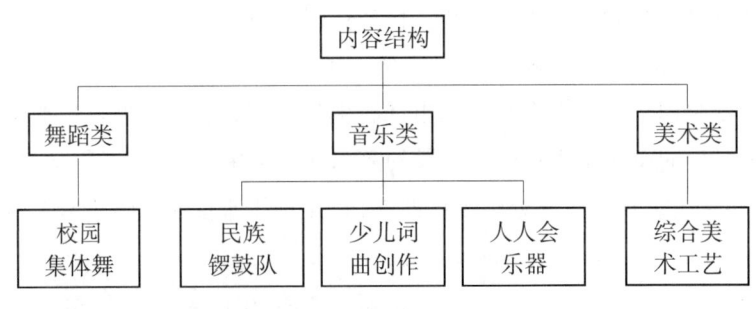

2. 形式结构

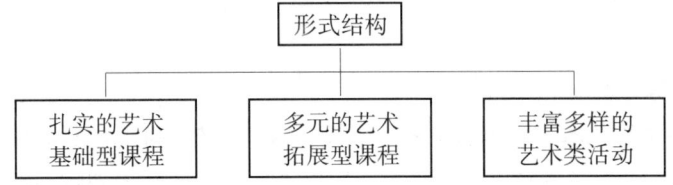

3. 年段结构

学校的艺术素质培养根据托管学校的具体情况及学生发展的生理和心理特征,把五年的学习时间划分为两个学段。这样有利于教师的操作,也有利于学生的选修。

第一学段:低中段(1—3年级)

第二学段:中高段(3—5年级)

（二）加强了学生艺术教育的管理

通过本课题的研究,我们归纳出了艺术教育管理的"四个纳入",要求做到:把艺术素质培养纳入教育整体规划、纳入教育教学管理的全过程、纳入学校人才队伍培养、纳入教育资源配置体系。

1. 纳入教育整体规划

针对农村学校艺术素质培养存在的问题进行时间和研究,并提出相应的对策。用科学发展观统领学校艺术教育工作全局,从思想上重视,把艺术教育培养作为托管学校的重要任务,认同其在学校教育中的重要地位和社会价值。将艺术教育纳入学校整体工作,统筹安排,和谐发展,这既是学校文化艺术教育可持续发展的动力,也是提升学校艺术素质发展的重要途径。因此,每学期都将文化艺术教育作为学校整体工作计划和实施计划,对学校文化艺术教育做出统一安排,提出具体目标和工作要求,将艺术教育列入各年级的重要考核、评比项目。

2. 纳入课程管理体系

课程管理体系分为组织管理和学科管理两方面:

（1）学校艺术教育组织管理

教导处组织——教导处负责艺术课程的编制,确定每学期的艺术课程。学期初由教导处向全校学生提供分年段的艺术课程菜单,学生以自愿学习为原则,跨班级、跨年级进行。教导处组织任课教师,并对任课教师开展艺术素质教育进行必要的管理。

班主任负责——班主任是班级艺术素质教育的主要组织者,也是落实学校艺术教育的实施者。班主任组织学生参加学校的艺术教育课程,并组织班级的艺术教育活动。

（2）学校艺术素质课程管理

构建多元的艺术教育课程体系:学校不仅要严格执行国家与地方课程中的艺术课程,而且还要开发适应学校的、成本较低的校本艺术课程,提高艺术教育的教学质量。学校课程不仅要重视艺术学科课程,也要关注艺术活动课程,让学生在艺术活动中体验,提高各种艺术能力,提高学生的审美能力。

关注艺术活动丰富多样性:在艺术活动中,教师应组织各类、各种形式的课外艺术活动,包括艺术表现活动,例如舞蹈演出、歌咏比赛等。活动要注重激发学生对艺术浓厚的兴趣,采取多样形式,运用多种艺术形式吸引学生,更好地启发、引导、熏陶学生。

（3）纳入学校人才培养

学校艺术教育的一个关键是艺术教师的师资。包括两类人员，第一类是专业人才，要建设学校艺术教育特色项目必须有专门的艺术人员，重点培养竖新小学的艺术教师，由托管输出学校的艺术教师直接带教。第二类是班主任，班主任是学生班级艺术教育的重要组织者，学校群众性的艺术活动也要依靠班主任推动和组织，为此需要加强班主任的艺术教育工作的培训，班主任对艺术教育的认识程度以及艺术教育能力会直接影响学生的艺术教育发展。

（4）纳入教育资源配置体系

学校要整合艺术教育资源，结合自身特点因校制宜，建设好学校艺术小组和学生文化团体。在活动中做到有计划、有组织、有教师、有活动场地、有时间保障。在竖新小学文化艺术教育领导小组的指导下，各年级结合本校实际相继建立了一批艺术课程和社团。

同时艺术素质教育还要充分利用家长资源和社区资源，本课题研究在实践过程充分证明了资源整合的重要性。

（三）推动了校园文化建设，提高学生艺术文化修养

学校艺术教育作为人文素质教育内容的一部分，其内容丰富，可以从审美情感、艺术观念、思维方式、价值观念等多方面熏陶学生，提高学生道德水准。通过艺术教育培养学生审美观念，并由此促进学生全面发展。如今充满爱心、充满自信、能歌善舞的竖新孩子正为原本苍白的校园增添出一道道亮丽的风景线。在终期评估交流会议中学生家长代表纷纷交流发言，有学生说道："以前我对上学读书不感兴趣，自从来了上海老师，给我们上了许多有趣的课，现在我天天盼望快点到学校能和同学们一起练习舞蹈，做豆贴画。"有家长说自己的孩子像是换了个人似的，原来那个沉默内向的孩子不见了，变成了整天乐呵呵的开心果，每天放学回家都有说不完的话题。还有老师表示现在"放"学生去参加艺术活动甚至成了要求他们认真学习的筹码，为了能在课余时间参加活动，学生们提高了作业的质量和速度，学习兴趣上也有了显著的提高。而学校的整体艺术水平了有了质的飞跃，曾经最高奖项只取得过县级三等奖的校队连续冲出区县，获得了上海市的一等奖，这是竖新小学全体师生连做梦都想不到的收获。

课题实践期间所获奖项：

参加2008年上海市中小学金孔雀舞蹈节集体舞比赛荣获一等奖。

参加2009年上海市中小学戏剧节课本剧比赛荣获一等奖。

参加2010年崇明县古诗词吟诵比赛荣获一等奖。

参加2010年崇明县合唱比赛荣获二等奖。

培育一项艺术教育特色,这正是农村学校托管有价值的选择,基于文化素养对培养新农村新学生的迫切需要,开展学生喜爱的艺术活动,提高学生的文化品位,发展学生的特长,促进学生个性发展,是抛弃急功近利式办学的行之有效路径。事实证明,通过艺术素质教育的实践活动,农村小学生的艺术素养提高了,从而推动了学生家庭所在的农村社区的文化建设,为学生的健康成长营造了良好的社区育人的文化环境。

【经典课堂】
可 爱 的 家

【课　　题】 一年级第二学期第二单元欣赏《可爱的家》

【年　　级】 一年级

【执　　教】 沈洁

【教材版本】 上海市教育出版社第2册

【主要教学内容】

1. 欣赏歌曲《可爱的家》,感受歌中所表达的动人情感。

2. 欣赏不同版本的《可爱的家》,理解速度情绪和音乐形象之间的关系。

【教学任务分析】

1. 教材简析

《可爱的家》是一首流传广泛并优美抒情的歌曲,曲中流淌着家庭生活中安详美好温馨感人的情感。本课选用了器乐与合唱两个版本的作品以及加快乐曲速度后情绪活泼的midi版本作为学生的欣赏素材,为学生创设不同的聆听体验。学生分小组组成一个个有趣而各有特色的小家庭,模拟家庭生活中的场景,用造型、情景表演和即兴舞蹈表现音乐形象,感受家中不可缺少的亲情,展现家庭生活中温馨的场面。

整堂课的教学脉络由知识线条和情感线条2根线索贯穿始终。纵向为知识线条——通过欣赏音乐把握"相同旋律不同速度的乐曲所表现的情绪不同"的知识点。横向为情感线条——通过欣赏音乐感受家庭的可爱与温馨,学会感激父母亲的养育之恩。两者相互融会贯通。

2. 学情分析

本课教学班的学生具有舞蹈基础,已系统地接受了一学期的儿童舞蹈训练,具有一定的舞蹈模仿和表现能力,喜欢舞蹈、乐于表演。基于该班学生积累了一定量的舞蹈语汇,基本可以独立完成相对简单的即兴创编。自由自在的创编和表演大大增强了学生的学习兴趣,同时亲身参与音乐,得到真实的内心体验。由于学生年龄较小,对于小组合作创编的经验相对较少,要求教师能巧妙地设计教学过程,循序渐进地提升活动难度,为学生搭建阶梯式的合作平台。

【教学目标】

1. 开展以"可爱的家"为中心的音乐活动,在感受音乐参与音乐的活动中体会到家庭的可爱与温馨,体验全家人在一起时的其乐融融,学会感激父母亲的养育之恩,感受人与人之间的和谐关系。

2. 用不同的速度演唱《小乌鸦爱妈妈》三段歌词,初步体会歌曲速度、歌曲情绪、音乐形象三者的关系;欣赏二首不同速度的《可爱的家》,体会同样旋律的乐曲中抒情和活泼两种不同的音乐情绪;用歌唱、造型、即兴舞蹈来表现乐曲抒情和活泼两种不同的情绪。

3. 在聆听、对比中初步感受歌曲速度、歌曲情绪、音乐形象三者的关系;通过造型、情景表演、即兴舞蹈表演来表现音乐形象,在表演中感受家庭的可爱与温馨;在分组、交流和评价中加强自主学习,提升表演能力。

【教学重难点】

1. 教学重点

欣赏《可爱的家》,感受家庭的可爱与温馨,体验全家人在一起时的其乐融融,学会感激父母亲的养育之恩。

2. 教学难点

用不同的表演形式表现出音乐所描绘的"可爱的家"的形象;体会音乐速度、情绪、形象三者之间的关系。

3. 突破策略

（1）体现参与性原则

对一年级的孩子来说，音乐艺术更是一种内心体验，没有亲身参与音乐活动是不可能获得这种体验的。所以在每一阶段欣赏活动中都设计了学生乐于参与的活动，让学生在造型、表演、律动中感受音乐不同的情绪。

（2）体现情感性原则

师生之间和谐的情感交流是整堂课中的关键，比如在初次欣赏的环节中将记录自己成长的照片分享给学生，用自己的感恩之心带动起学生的感恩之情，点燃学生的情感火花，有效地打开学生的心灵之窗。

（3）体现合作性原则

在音乐活动中学生分小组组成一个个的"小家庭"，在合作交流中共同感受表演的快乐和成功的喜悦，同时以团队的形式参与音乐活动更能贴切地感受家庭成员之间的亲密情感。

【教学过程】

第一部分：复习《小乌鸦爱妈妈》

教学步骤：

1. 复习歌曲《小乌鸦爱妈妈》。

2. 教师完整演唱《小乌鸦爱妈妈》，当唱到第二段歌词部分的时候放慢速度，第三段回到原速。

关键设问： 老师唱的歌曲和大家唱的有什么不同？猜猜为什么要这样唱？

3. 学生用变化速度的方式演唱全曲。

教学说明：

> 1. 学习要点：本环节在复习歌曲的基础上，对歌唱速度进行了改变。根据歌曲所表现的内容和情绪，将歌曲第二段放慢速度演唱。
>
> 2. 教学意图：引导学生根据第2段歌词小乌鸦照顾生病的妈妈，喂妈妈吃虫子的感人情景进行歌曲速度的改变。让学生初步体会音乐速度、音乐情绪、音乐形象三者的关系。知道情绪活泼的音乐速度比较快，情绪抒情的音乐速度比较慢。

第二部分：欣赏《可爱的家》（无歌词）

教学步骤：

1. 欣赏乐曲《可爱的家》（无歌词），感受乐曲温馨、幸福的情绪。

关键设问： 这首乐曲的速度和情绪是怎样的？

2. 观看音乐视频，让学生猜一猜"是谁的家"。

关键设问： 猜一猜这是谁的家？

3. 分小组造型表演《可爱的家》，教师用相机拍摄并即时在媒体中展示。

关键设问： 你们能用造型来表现日常家庭生活中一个温馨的生活片段吗？

教学说明：

> 1. 学习要点：本环节选用无歌词的乐曲版本进行欣赏，在感受音乐情绪之后通过小组合作的表演形式，用造型来表现温馨和美家庭的音乐形象。
>
> 2. 教学意图：本环节回避了歌词可能带来的定向思维，意图让学生在初次欣赏时通过媒体的视听结合形成自己的音乐感受。
>
> 在第二遍聆听时，教师播放了自己从小到大的成长照片，然后把成长经历简短介绍，通过亲身经历告诉孩子是妈妈爸爸把我养育大，我要怀着感恩的心报答他们。学生在音乐特有的魅力以及老师营造的感人的氛围中体会到了父母亲对自己的关爱，感恩之情充满了幼小的心灵。学生在初步感受到温馨家庭的音乐形象后分组组成临时家庭，共同设计一组日常家庭生活中的造型，教师用相机把温馨的画面记录下然后在大屏幕上播放，为学生搭建展示的平台和温馨的情境。

第三部分：欣赏活泼风格的《可爱的家》（速度比较快的版本）

教学步骤：

1. 欣赏活泼情绪的《可爱的家》

关键设问： 听听和刚才那首有什么区别？这段音乐表现了一个《_____的家》？

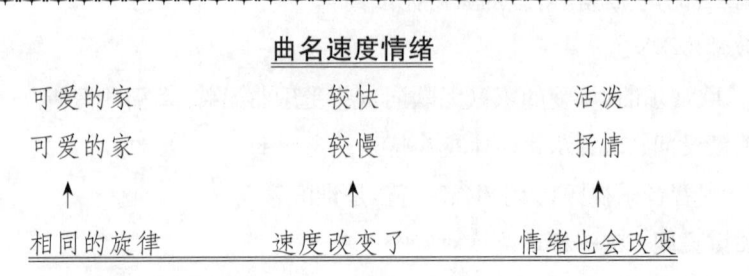

2. 学生以小组为单位随着音乐即兴表演

关键设问：大胆发挥你的想象力，你们觉得这个有趣的家里住着谁呢？他们在干吗？请你和伙伴们一起表演一下。

教学说明：

1. 学习要点：本环节的重点是通过对比欣赏速度加快后的《可爱的家》，知道同一首乐曲通过速度的改变，情绪也会相应改变。通过角色情景表演表现出乐曲欢快活泼的情绪。

2. 教学意图：在第一部分的学习经历中学生已经知道速度和情绪之间的关系，在本环节中将通过对同一首乐曲的速度改变，进一步使学生明白同一首旋律的速度变化了，它的情绪和所表现的音乐形象也会相应变化。在角色情景表演中学生创造性地模仿了各种动画人物，用活泼的表演形式表现了乐曲的欢快情绪，组成一个个有趣的家。

第四部分：欣赏合唱曲《可爱的家》

教学步骤：

1. 学生欣赏合唱曲《可爱的家》

关键设问：歌曲中唱了什么内容？

2. 学生哼唱

关键设问：你们能带着感恩的心，用 lu 来哼唱旋律吗？

3. 教师表演舞蹈

关键设问：请你观察老师的舞蹈有什么特点？

4. 学生即兴创编舞蹈

关键设问：你们能用学过的舞蹈动作编排一段简单的舞蹈吗？

5. 师生一同即兴表演

教学说明：

> 1. 学习要点：本环节的重点是欣赏合唱版本的《可爱的家》，感受经典作品的艺术魅力，同时为歌曲创编简单的舞蹈动作。
>
> 2. 教学意图：经过反复地聆听欣赏后，学生已经对旋律十分熟悉了，在这个基础上进行哼唱更能把握旋律线条的流畅性。教师用一段简单而经典的舞蹈点燃了学生对于舞蹈的热情，同时也提示学生抒情的音乐更适合舒展的舞蹈动作。基于本班学生具有一定的舞蹈基础，教师引导学生对已学的舞蹈语汇进行重新组合，形成简单的即兴舞蹈，通过舒展的舞蹈和优美的舞姿再一次感受歌曲抒情优美的情绪，同时获得成功的体验。

【教学流程图】

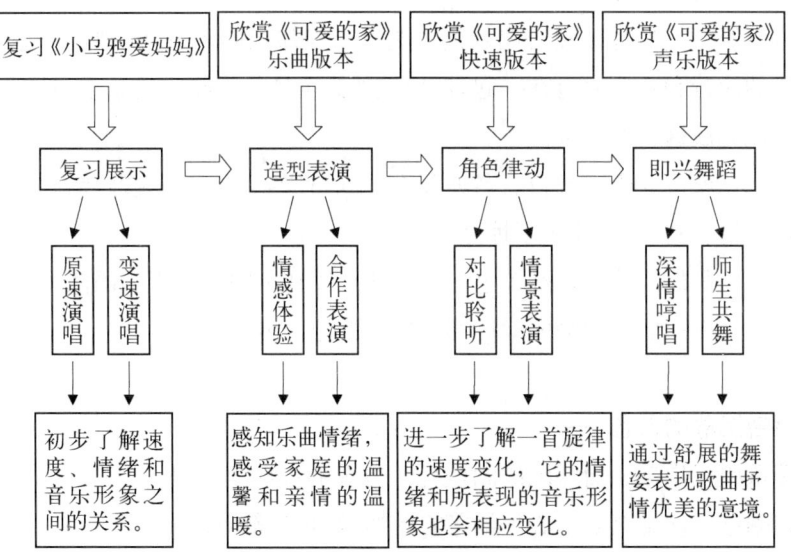

【学有所悟】
五 彩 的 回 忆

如果每个人代表一种色彩,那么回首五年,我见到的是一片流光溢彩。

充满热情的红色——

璞哥是纯正的朱红色。明朗的声音和浪漫的文人气质总是带给我们强烈的感染力,激发着整个团队的工作热情。

"曹大师"是稳重的深红色。强大的逻辑思维能力和扎实的学术功底一直都是我们小学组的榜样和标杆,引领我们完成一项又一项的课题。

志红姐是一抹温情的粉红色。她时时关心着我们每一位成员,细心稳重,像个温柔的大姐姐那样把我们当成兄妹照顾着。

温暖明亮的黄色——

逊芳姐就是那片暖暖的鹅黄色。能力超强却低调谦逊,特别羡慕逊芳姐能将挚爱的旅行和音乐融合在一起,然后把如此美妙的事物带给学生,只有美好的心灵才能完成这美好的事。

"炯炯"就像亮眼的橙色。名如其人,炯炯有神。思维高速运转,各种有创意的想法源源不断,令人充满了惊喜。

"圆子"是最活泼的柠檬黄色。干练的短发和爽朗的笑声为团队带来了无尽的快乐。每一次成功活动的背后都有她默默地付出。

睿智沉稳的蓝色——

薇薇姐就像美丽而深沉的湖蓝色。博客的主题永远都是徒弟和学生,长发飘飘裙裾翩翩的她是学生心中最美的老师,如此典雅而知性。

莉莉姐则是靓丽的孔雀蓝色。一首首华丽清脆的民歌惊艳了我们所有人,才华横溢的她闪耀着艺术教师身上耀眼的光芒。

施琼姐是朴素而纯净的天蓝色。五年里在路途如此遥远的情况下却几乎没有缺席和迟到，用自己的全部热情扎扎实实地为崇明学子搭建着绚丽的艺术舞台。

富有生命力的绿色——

"佳春儿"是清新的草绿色。热爱生活的她有一颗纯真的童心，能读懂每一个孩子，所以我最爱看她上课，如此的舒心。

向蕊姐是沉稳的墨绿色。尽管每天在学校都忙得焦头烂额，却始终保持着温婉的气质，常年累积的艺术底蕴早已在她身上深深印刻。

刘婧姐是明亮的翠绿色。聪明干练和清脆的嗓音是她给我的第一印象，也让我看到了一位研究者身上所具备的优良品质。

张懿姐是飘洒着清香的茶绿色。举止中流淌出宁静致远的韵致，平和的目光里凝聚着教育和艺术的智慧。

清新脱俗的紫色——

"小熊"是柔和的薰衣草紫。为人和文字中都流露出细腻的光泽，给人如沐春风的亲和感。

汤慧姐是灵动的丁香紫。创意的灵感来自对学生的热爱，令人惊喜连连的"小小音乐剧"为我带来很大的启迪。

民莉姐是高雅的玫瑰紫色。无论是工作还是生活都呈现出最美的一面，就像一道风景线，给人美好的享受。

耀眼的金色——

两位尊敬的导师是最耀眼的金色。你们像一盏明灯，引领着我们为艺术教育投入毕生的心血，又像父母亲教导我们怎样做一个优秀的人。

而我自己是透明色，努力地吸取同伴们身上那抹最美的色彩，当我思念大家时，当我需要勇气时，都能回看到那道最绚丽的彩虹。

第六章　感受　感动　感恩

教师介绍

刘婧，2001年华中师范大学音乐系音乐教育专业本科毕业，2016年华东师范大学教育学院教育学原理专业硕士毕业，中学一级教师，现任嘉定区小学音乐教研员。

嘉定区第九届音乐学科带头人、音乐骨干教师、上海音乐家协会会员、上海市教育学会中小学音乐教学专业委员会理事、上海市合唱协会会员、嘉定区音乐家协会副秘书长，曾获上海市"青年岗位能手"、嘉定区"十佳青年教师"等称号。

曾拍摄上海市"二期课改"教学录像课、"课改实践"市级交流课，执教市级公开课；曾获全国音乐教师基本功比赛（中学组）一等奖，上海市双语教师技能赛（个人项目）一等奖；多次获全国音乐论文评比二等奖，分获上海市学校艺术教育论文评比、音乐教学设计评比一等奖，多次获评上海市中小学音乐教学专委会"优秀会员"。曾主持全国重点课题子课题的研究，任中国教育学会自我教育学术委员会《自我教育论》一书编委，负责篇章撰写；承担上海市青年教师个人课题的研究，研究成果获市二等奖并发表；曾两次主持区级重点课题的研究，并获区科研成果奖；曾在中国教育学会教育管理分会的全国学术会议上，及"长三角地区学校艺术教育论坛"上交流发言；现主持上海市艺术科研重点课题和嘉定区重点课题研究各一项。2016年主编的《慧雅乐童——中国唱诗班诗乐文化经典》由华东师范大学出版社出版；文章发表在《中国音乐教育》、《中小学音乐教育》、《现代教学》等刊物、出版物上。

成长叙事

五年学习历程即将告一段落。在导师引领下,一路感受着名师们的风采,感动于超越自我的历程,感恩于在专业与人生成长道路上的种种善缘。

回首2012年能有机会作为编外学员在"上海市音乐名师基地"进行学习,圆了多年的愿望,自己在激动之时倍感珍惜。回看每学期的日程表,行程是很满的,工作与任务是很多的,偶尔感到压力,但培训是愉悦的、充实的,并且是常持振奋与感动的。这振奋与感动,就来自每一节所经历的课、每一场聆听的报告和讲座、每一位学员同仁的智慧分享、每一次特色团队的展示交流、每一回专家、名师的点评,以及基地主持人曹老师与陆老师的投足身影、用心良苦。

经历的培训多了,更加觉得培训没有最好,只有更动人。和上音乐艺术课一样,没有所谓的最好的课,打动人的课就是好课。这些振奋与感动对于自己的持续影响力,远远超过了公开课、报告、展示、交流、点评等等培训形式本身的价值,它们是今天策立我目标,触发我拼搏的催化剂,可能也是在未来,尤其是遇到逆境时,敦促我持之以恒努力追求的最好动力能源。当我从行政岗位转回自己喜欢的领域,第一次有幸作为名师班的旁听学员,如饥似渴地用心倾听、品味、思辨的时候,心中回味着两个字:很值!

一、阅读,用目标引领学习

一直以来,喜欢的书很多,尤其文化类的书,但总苦于没有大块的时间来阅读。而且,在教研岗位,经常在外面跑,静下来的时间更少。于是,在目前不能为爱好而读的阶段,根据名师基地的培训引导和学习要求,我试用了比较实用的"有目的的阅读"方式来促进自己的快速阅读。即结合学科项目实践、课题研究、论文撰写等实际需要,进行有选择性的泛读,及有针对性的精读。每每看到基地下发的暑期自主阅读的书单,更觉得涉猎的兴趣被调起。由此,逐步涉及了《音乐课程标准与解读》(上海版)和(全国版)、《音乐美纵横谈》、《国外音乐教育文献选读与分析》、《二十一世纪的音乐教学》、《音乐教育原理(第二版)》、《音乐美育》、《关注音乐实践——新音乐教育哲学》等音乐学科类书籍,《有效教研——基础教育教研工作导论》、《备课的变革》、《上课的变革》、《理想课堂的构建与实施——一个教研员眼中的理想课堂》、《音乐课程与教学研究(1979—2009)》、《变革与重建：课堂优质化建设研究》等课程教学研训类书籍，《课程：教师的创新》、《成长的勇气和智慧——经验教师追求卓越的行动》专业发展类书籍，以及《上海市教育科学研究获奖成果论文集》、《假如大师在今天当老师》、《朱永新文集》等"大夏书系"的教育研究类书籍。尽管自觉只属于皮毛阅取，但多层次、立体式的思维触动，带给了自己很多的实用收获。

而且，因为培训，因为有讲座，因为承担任务，因为有实践，因为有交流，又使阅读所获得到进一步升华，使"有目的的阅读"更有实效。

二、研课，学名师亲近课堂

2012年，作为一个将工作主阵地从中学转到小学的教研新手，我深知自己要拥有准确的专业判断力，必须以丰富的小学音乐课堂教学实践经验为基础。除了根据学院的要求执教教研员"实践课"，在没有日常教学班的现有条件下，研课便是我最直接的引学促思的方法。而名师基地的"名师引导研课"，则成了最有方向的滋养。两位基地导师，及郁文武、王月萍、张展英、施忠、席恒等等专家的课后深刻剖析，都是最好的示范，使课研得透、研得精、研得专。而基地中曹晏平、李逊芳、陈璞、周佳春等等一位位具有丰富教学经验与教学见解的"名学员们"，交流分享，智慧碰撞的过程，则使每一节课的价值进一步深入人心。

在基地研课的带动下，我将学习所得运用于教研实践。从区内的片级课到区级课，从研讨课到送教课，从我区教师准备市级、全国比赛的历次试教课，到全国现场评比课观摩等等，我均认真听课、记录、思考。而且为了提高区内教学摸底的效率，我采用现场课与录像课结合的方式，进行课堂教学信息的收集。

于是，听各种类型的课，加深自己对课的综合把握能力；录不同教师、不同年段的课，了解分析区内教学的积累基础与市级教学的研究动向；研课中的亮点与问题，进而思考普遍性问题与提升有效性的可行策略。这些过程与经历，大大缩短了自己对区内小学教学、教师与学生现状等的调研过程。助我大大提升了自主研课的效率和效果。因此，"一听、二上、三录、四研"逐渐成了一种习惯。

一听：听不同学段的课、不同类型的课、不同专长教师的课、不同特色学校的课、不同基础学生的课，听专家的点评，加深自己对课的综合把握能力。

二上：上属于自己的实践课，充分分享、展现自己的探索与智慧。

三录：养成积累资料的习惯，随时可供自己翻阅参考。

四研：写出每一份听课评价表都基于对课的亮点、特色与问题等的深入剖析。并且，我也很乐于把在基地收获的研课心得，与区内的老师们分享，也带动了一批青年教师的自主研课意识与能力的提升。

三、识道，用观察体味人生

基地中的活动很多，汇聚的名师亦多。虽不能一一回顾，但多层次、立体式、多元化的启发和思维触动，带给了我们无法言喻价值的实用收获。

术业有限，师道无边。在名师班里，最感叹的是榜样的力量。读一本书不难，读一节课也不难，而要真正识道，则不容易。

尊师。作为上海市名师基地的引领者，曹老师邀请来了自己的老师、著名的郁老师为大家做讲座和现场互动指导，言谈行止间的尊师敬师之举，正是给我们做出的榜样，让我们这些后辈也在心中树立起感恩、传神、承志的精神标杆。

汇人。两位基地导师对我们学员们非常尊重，从不摆名师的架子，在自己对基地培训作总体规划与思考的基础上，总站在学员的角度，从培训时间、内容、形式、侧重点等各方面，广泛倾听大家的意愿，然后交流意见实施指引，以理服人，使大家能真正通过思考和辨析的过程，对培训的方向、目标等达成共识，汇聚人心，汇集智慧。

谦和与胸怀。曹老师与陆老师，以及有幸在培训过程中接触到的名师们，举手投足间，都散发着谦虚和善的魅力，拥有着宽阔的胸怀，让人愿意亲近，乐于倾听。这是一种心态，也是一种境界。因为谦心在胸，所以能鉴众之所能；因为和意为怀，所以能纳众之所长；因为谦和与胸怀，所以能立高处。

早前就总听前辈们说，做学问先做人。越成长，越会意识到，识道是每位名师成长的底色，是有志向向"名师"努力靠近的人的必修课。要读书，要研课，更要能识道。因为坚信着这一点，我也总爱和青年教师们一起共勉：为人为学，然后有道，然后有自己。

四、研究，用科研提升实效

正如导师们引导我们每一位学员分析基础、制定目标、规划内容等等，都是为了扎实有序地推进落实培训工作，使每位学员真正得益。而有针对性的研究，一直是培训的重点内容之一。

基地导师们非常重视科研引领培训工作,记得第一次培训活动时,就针对基地研究项目的确立听取大家的意愿和想法。也在第一年,便针对音乐教育教学中比较薄弱的"器乐教学"开展了研究。几年来,我切身体会到了科研引领的重要性,体会到由科研引导的学科教研训,会帮助自己理清思路,找准关键点进行实践,会更加贴近学科教育教学的实际需要,更加有实效。

于是,我也根据本区音乐教师和学科的种种现状与问题,在区内组织开展学科研究。有幸能亲历王月萍老师针对教研组建设、学科科研、如何开展持续教学实践研究等的悉心、细致与系统指导;有幸参与市级学科项目研究,承办了市级"两纲"、"单元整体设计"的区域研究展示活动,在席恒老师的精心指导下,与学科团队共同努力与兄弟区县交流分享教研训成果与收获;有幸参加了曹晏平老师领衔并指导的"跨校联动教研——音乐课型教学研究与实践"项目研究,使区内一大批青年教师通过专家指导,在项目实践中迅速成长起来,而自己也在曹老师的指导下开设了难忘的"实践课"。也正是在这样重科研、做实科研的理念与行动引导下,基于实践积累,我陆续完成了区级重点课题研究、市级青年教师课题研究,并承担了市级艺术科研重点项目研究、区级新一批重点课题的研究,积极参加市级、全国音乐论文评比,持续开展了区域特色课程建设项目的实践。

每一个研究项目,每一步实践推进,都展现着基地引领的重要性,倾注着导师和专家们的心血,而我们这些受益者,更有责任和意识把这样的方向选择、其中的经验、方法传播开去,惠及更多的老师和学生。

五、创新,用实践积累"财富"

尝试创新,勇于创新,因创新实践获得新的自我超越,这是基地学习带给我的又一重要影响。当第一次知道大家要承担"十八般武艺国培课程"开发的任务,心中非常忐忑。无论对于自己,还是对于基地的小学学员团队,都是一项艰巨的任务,需要大家运用已有的知识、经验与能力,共同合作完成这项从无到有的工作。越是挑战,越是能激发人的潜力,提升人的实力。

而导师们为此任务所明确的创新组织策略,使得"国培课程"的创新开发得以有序、有效落实。导师和小学组组长曹晏平老师带领大家从培训对象的需求角度出发,结合教学经验,对课程进行系统规划;从组长拟定课程框架、撰写篇章样例,到与组员研讨和分工合作实施,从样例上报北京审核,到学员根据示范规范撰写,从学员间交流修改,到上报反馈后的进一步完善,从文本,到视频录制……,所有繁复的工作,显得有条不紊,而学员们最初的不自信与疑虑也彻底消除。并且,当基地开发的"音乐国培课程"被"中国研修网"正式录用,随之而来的"名师基地公益讲堂",又使基地的创新成果,能够尽快在市级层面辐射推广,以发挥其最大的效益,收获了音乐老师们的好评。

正因为有了这次的经验,2015至2016年的基地系列"微课程"制作与拍摄,以及"特色课程教材"的创新开发,就显得更加顺利和得心应手了,基地学员们的合作也更加默契。在郁文武老师、施忠教授等专家的指导下,基地导师们与中小学学员组长一起,充分考虑每一位学员的特点、教学特长、所承担的特色项目,并与学员们研讨,为每位学员量身选择了特色课程的开发方向与主题,并由组长们提供了样例框架……歌唱类、欣赏类、舞蹈律动类、器乐类等等,一个个展现着基地学科研究的实用性,展现着学员们专长的"微课程"陆续出炉,一本本"特色课程教材"陆续编写完毕,每一位学员的创新开发意识与能力也远远超出了自己原有的预想。这些都要感谢导师们和组长们的辛苦引领与付出。

立足学科开发课程,是最有价值、最接地气的创新实践之一。基地给了大家创新实践的目标、动力和体验的经历,而这种体验经历的重要影响力,将会一直持续下去,成为每一位学员专业发展之路中的富贵财富。

六、应用,用思考促进成长

在基地学习的各种丰富活动与过程中,又一个很深刻的体会是,人在投入的状态下,带着思考,做有思考的事情,就能在不知不觉中形成、展现并发展自己的个性,取得属于自己的成果。当思考成为一种习惯,成长便在进行时。回顾专家、名师们的成长之路,基本都是这样。而且,基地的很多学员都具有这样的品质,非常值得我学习。大家对培训和自身发展都有着较准确的定位和深入的思考,都展现出了良好的思辨习惯与能力。

这种培训团队的高水准、强实力的浸润,也促进着我努力提升自身的专业综合能力与素养。

很难用一文一稿道尽丰富、立体、充实的基地学习与生活的收获与心得,及其带给自己的触动与激励,但培训的点滴早已渗透入了自己工作、生活的方方面面,促发了自己又一个阶段的迅速成长。要再次感谢基地主持人曹老师与陆老师给予了我如此珍贵的学习机会,要感谢为培训的顺利进行默默奉献的谢圆老师,他们为学员们营造了专业、民主、平等、温馨的培训氛围,还要感谢我们基地的组长曹晏平、李逊芳、陈璞老师和学员同仁们的大力支持。

　　培训——训重授技,培重育心。心得则技更高。

　　作为学员,我们都深感幸福感。有如此好的导师,有领导如此的支持与关怀,有同学们的贴心鼓励与并肩成长;作为学员,唯有用自己的努力去回应、回报。思考并记录,能让自己在培训过程中有真实的存在感;交流与分享,能让自己的思考与思维、思想存在得更有意义。所以,我喜欢记录学习、研究的过程,督促自己坚持自主研修的状态和习惯,喜欢和同样投入的同仁分享和交流心得。在基地的五年,也是不断超越自我,不断取得新突破的人生篇章。

　　名师的引领受益终身。感受着,感动着,感恩着!愿我能一直坚持下去!

【且行且思】
基于"标准"的音乐学科思维干预策略研究

　　钟启泉教授在《静悄悄的革命》报告中指出:"课堂改革的核心环节是教师。"学生能否高效地"学",教师的"导"起着重要作用;而教师能否有效地"导",其学科思维能力起着关键作用,它决定着教师是否能够有效运用学科判断、理解、规划、执行、创造及评价等能力提升课堂教学引导的实效性。

　　随着"课改"的深入推进,广大音乐教师们已经清楚认识到了落实"课改"的重要性。2011年国家教育部出台的《义务教育音乐课程标准》(简称"新标准")更为音乐教师改进传统音乐课堂指明了方向。但同时,许多从旧的音乐教学模式中成长起来的音乐教师,在教学改进过程中,纷纷遇到了"想改"却"难改"的困惑,课堂改革的行动力终显不足。究其原因,不是难在方向不明,也不是教师不具备相应的专业技能水平,而是教师固有的学科思维定式、习惯和能力从很大程度上阻碍、束缚了其课堂改革行动力的调整与提升。缺少必要的思维工具和与实践行动的衔接路径,课堂改进与优化实践就很难凸显实效。如何为教师提供学科课堂改进所需的学科思维工具和路径,以提升其课堂改革行动力与引导实效,应成为学科研修组织者必须思考和研究的问题。

本文基于"新标准"和笔者所在区域的"课改"实践,针对音乐教师课堂引导过程中的普遍问题,从研修组织者的角度,提出了以基于"标准"的思维干预,为音乐教师提供课堂改革必备的思维工具,推动教师构建音乐学科思维、实现思维模式的优化转型,从而促进其课堂教学引导力提升的实施内容与策略,希望引发更多对于音乐教师学科思维构建与优化的深入思考。

一、基于"标准"的思维干预的主要内涵

基于"音乐课程标准"的思维干预,是指以"标准"中对于音乐课程性质、价值、理念、思路及目标等的定位,以及音乐"课堂转型"落实所需具备的思维能力、模式、特性等作为参照标准,对于教师在大脑中接受、存贮、加工以及输出音乐信息等思维活动过程,实施调整、补充、重建、转化等必要且有益的干涉,以促进其思维活动的优化选择与发展,使其以更加符合学生发展需要和音乐认知规律的方式,为音乐"课堂转型"的具体实践提供行动指导。

针对音乐"课堂转型"行动力提升的思维干预主要包括两个方面:一是基于"标准",针对教师现有学科思维能力中的缺失部分进行思维新建与强化,构建教师的有效音乐学科思维;二是根据"课堂改革与优化"实践需要,基于教师原有的音乐学科思维特征与水平,进行必要的引导转变和调整,以实现其思维模式转型。

二、针对问题,基于"标准"引导教师构建有效音乐学科思维

所谓有效音乐学科思维,是指符合音乐学科"新标准"理念,在促进教师改进原有传统课堂教学方式、方法、手段,关注学生,改善教学行为,提升课堂引导实效性等过程中起着关键作用的音乐学科思维。有效音乐学科思维的建立与强化,可大大提升音乐教师的专业判断力、理解力、规划力、执行力、评价力等,即"课堂改革与优化"行动力的品质,从而提升课堂教学的实效。

1. 以"四步阅读法"建立音乐母语思维

有的课堂中,教师为了让学生感受、了解音乐节拍、节奏、旋律等的特点,不是让学生在聆听中体验,而是花大量的口舌,对着拍子图示、旋律谱用中文进行讲解,用语言要求学生背记节拍韵律规律、打准节奏,或进行旋律特点口头分析,学生除了认真按教师的要求唱念、划拍和看图识辨外,几乎无法在具有音乐特点

的"五觉"活动中,反复感知、体验来自流动乐音中的音乐真正的美,使音乐课变成了"讲解课"。这是许多音乐课堂中容易出现的共性问题,原因就是教师未建立音乐母语思维。

音乐母语思维,是在音乐课堂情境中,把音乐作为本能性语言进行运用,作为师与生交流沟通的工具传递信息与情感的思维。"标准"中明确了"突出音乐特点"的课程基本理念,并在"标准解读"中提出了以"五觉"(听觉、动觉、视觉、感觉、知觉)进行感知体验的建议。

音乐教师应该明确意识到,音乐本身就是一种特殊的抽象性语言,并以其独特的音响传递方式展现着讲述、描绘、交流、情感传递等特殊语言功能,能够打破国家、民族等界限,用音乐的美来沟通人与人的心灵,引发人们的情感共鸣,是师生交流和传递音乐信息的最好媒介。作为语言,最重要的便是通过多样重复、模仿与运用丰富语言素材的积累,形成对音乐语言的敏锐感觉。

学科研修组织者,需要为教师提供"音乐语言体验平台",针对音乐母语思维的建立举行研修活动,如"四步体验式阅读":(1)由研修组织者基于"标准",选择与教材作品具有相同特质的,如:同类型、同题材、同体裁、具相同特点、难度相等的歌曲、乐曲等作品,组织教师以基于"标准"的听、唱、看、动、奏、演、创等方式进行"体验式示范阅读";(2)请教师根据自身的专业特长和提升需求,各自开发"个性化音乐阅读(微课程)",拓展音乐教师的音乐阅读量,丰富其音乐语言运用素材,活化其音乐语言思维;(3)开展"音乐阅读传递"活动,请音乐教师轮流将自己的体验式阅读成果与其他老师进行分享,即带领大家用自己的语言方式,或唱、或奏、或律动、或表演、或创造等进行体验;(4)选择、汇集有代表性的"阅读素材",组成"音乐体验式阅读教材",供教师们选择使用。

音乐应成为音乐教师潜意识中的第二母语,才能使课堂处处充满音乐的魅力与感染力。"体验式阅读"可以引导过去对音乐不敏感的教师们提升音乐思维的敏锐度,丰富、强化其音乐语言思维能力,从而为在课堂上自如运用示范、模仿、体验互动、音乐方式对答等方式与学生进行如同母语般的交流奠定基础,从而引导学生形成自己的音乐语感,提升音乐审美素养。

2. 以"四步一移法"建立音乐经验迁移思维

经常会有教师提出类似这样的问题:如何有效突破歌唱教学中的难点?有的教师自身范唱、范奏等能力强,但是当在课堂上面对学生的演唱、演奏和表现等，却对学生遇到的问题缺乏预见，无法根据学生的反馈，敏锐地抓住问题的要害进行评价和指导，无法将自己的经验传递给学生。原因是教师缺乏经验迁移思维，事先未关注研究学生的音乐学习认知规律，未作难点预想和对策预设，从而使课堂教学只能走流程。长期接受教师这样的单向授予，而缺少师生间的生成性互动与教师的即时指导，学生将无法真正突破学习难点，解答心中的疑惑，其音乐鉴赏能力也会因缺少正确指引而受到误导影响。若教师没有足够的经验储备，则无法进行有效迁移和引导学生。

音乐经验迁移思维，即首先由教师把自己当学生进行学习活动体验，模拟感知其学习过程，进而将各种可能出现的情况与对策预设于心，形成经验，迁移至教学引导过程中，以充足的准备、准确的专业判断给予学生有效指导。"标准"中给予了教师明确的教学建议："用自己对音乐的感悟激起学生的情感共鸣"，"用自己的歌声、琴声、语言和动作，将音乐的美传达给学生"。

教师可运用"四步一移法"建立自己的经验迁移思维：第一步，根据音乐作品文本中的现有提示，以初学者（学生）的角度感知作品，对作品进行初步感知，并且在此初步熟悉作品的过程中，细致记录作品给自己的初步印象、感受，包括初次实践作品过程中的不顺之处（即学生可能遇到同样的困难），从而获取本能性感知经验；第二步，查阅相关参考资料，对照自身的体验，充分了解歌曲的创作背景、民族文化、风格特点、创意表现等；第三步，根据所获得的参考信息，跟随课堂教学中将使用的媒体音频、视频等进行第二轮综合性反复体验，巩固对音乐作品的立体、全面把握，确保对作品示范呈现的准确性，并且详细记录解决难点的思考和实践过程，为课堂上给予学生游刃有余的指导做好准备；第四步，除了自身对作品的换位体验，教师还需要继续进行换位思考，尽可能全面地估计不同基础程度的学生，在课堂上可能出现的各种情况和问题，并预设解决方案；最后"一移"，便是教师基于自己课前积累的四步"自主学习经验"，迁移再现于课上对学生的引导过程中，实现即时引导。

教师只有站在学生的角度获取学习中的难点信息，并通过自己的专业能力找到解决难点的路径和方法，体会由"遇难"到"破难"的全过程，才能真正提升自身的专业判断力、评价力和指导力，给予学生最适时、最有效的引导。

3. 以"自疑三问法"建立音乐系统逻辑思维

有些教师的课堂，经常出现课堂教学流程设计与教学目标、重难点的确定相脱节，教学设计中的教材分析、学情分析，以及教学策略选择等文字表述形同虚设，成了写归写，教归教，往往不能以系统、合理在逻辑思维来理解和规划教学，这样，教学目标就难以达成。

音乐系统逻辑思维，是基于人的音乐学习认知规律，依据学生的音乐学习需求，建立起来的具系统性的逻辑思维。"标准"中明确要求教师"紧密围绕目标来展开音乐教学活动"。

因此，遇到以上这类困惑的教师，可以采用"自疑三问法"来建立针对教学规划的系统逻辑思维。如：在撰写《请来看看我们的村庄》一课的备课文本时，先设第一问，教学内容具有怎样背景、风格、特点、内涵的作品？基于"标准"要达到怎样程度的教学要求？为了让学生理解它、走近它，我需要在教学引导过程中做些什么？然后第二问，我的教学对象是具有怎样特点、特性的群体？他们现有的情感、态度与价值观，已有学习过程与方法的经验积累，以及知识与技能的学习基础情况如何？本课学习过程中他们可能会遇到什么困难和问题？紧接第三问，根据前两问的答案，基于"标准"，学生离本课学习的三纬度目标要求分别有多远？结合我现有的专业能力与素养，我可以选择怎样的方法、策略、手段、活动形式等引导学生有效学习？对于每一个问题，建议教师列出要点，作清晰的回答，并一一记录下来。通过针对三次自疑设问中的8个问题的思考，教师的教学思路会更清晰，教学设计就能更符合学生的实际，更科学、合理。

常用"自疑三问法"，音乐教师可以逐渐明确教学目标、重难点和教学过程等之间的逻辑联系，从而提升逻辑思维能力与教学规划力。

4. 以"创意累积法"建构音乐即兴创意思维

有的教师在教学中一碰到"即兴编创"环节就不知如何下手，而且首先会产生质疑，认为学生根本不可能即兴创作。分析这类教师的音乐学习成长过程，就容易理解产生这一现象的原因。这是因为长期受传统式音乐教学的影响，从未或甚少涉及即兴编创活动，缺乏即兴性创作的经验。所以，很多教师在教学过程中刻意回避或放弃了即兴性创作活动，或仅是让学生随意为之，而自己作为旁观者，未能给予学生必要、有效的启发、鼓励、评价和指导。

音乐即兴创意思维，即：运用已有的音乐学习实践经验，进行音乐即兴创造体验活动。"标准"中明确了"鼓励音乐创造"这一音乐课程基本理念，并指出："音乐创造包括""以开发学生潜能为目的的即兴音乐编创活动"；"标准解读"中也提出:"中小学的音乐创作活动要尽量多采用即兴性创作活动。"

面对"新标准"提出的要求,研修组织者可通过各种"创意累积法"为教师们建立起即兴创作思维,并丰富即兴创作素材。如:在研讨五年级第一学期《纵情歌唱》单元中"用简谱为每一组双音创编一条2/4拍四小学节奏句"时,首先组织教师就课本上的某一即兴创作主题和要求进行独立的即兴创作,记录尽可能多的即兴创作方案;第二步,与其他教师分享个人即兴创作成果,记录与自己的创作不同的创作样式,扩充自己的创作积累;第三步,组织教师以团组为单位进行同主题即兴创作与表现,记录下集体的即兴创作的特点,对比其与教师个体创作成果的效果与差异特征;第四步,在课堂上仔细观察学生个人与小组的即兴创作成果,将未收录的新颖创作加入自己的创作汇总单,并做好标记;最后,对照自己和其他教师,以及学生的创作方案进行分析,对所收录的其他教师和学生的创作进行体验、熟悉和内化,为自己下一次即兴创作教学作素材积累。

"创意累积法"的具体操作方式可以很多样,均需要引导教师通过与其他教师和学生们的多次成果分享、汇集,不断充实自己的即兴创作经验积累,从而在与学生几乎同步的学习尝试过程中,获得率先发展,以提高专业执行力。

5. 以"赏践结合法"强化音乐性合作思维

在有的音乐课堂上,会出现这样的情景:在小组合作活动中,学生分组,花大量时间一起谈论感想、讨论学习收获,或讨论某个知识呈现的对错,或评价自己与同学的课堂表现等等,使课堂看上去更像语言和思品课。这些小组交流是较好的语言交流形式或评价方式,但不是具有音乐特征性的合作活动。音乐教师必须明确分辨音乐性合作活动与非音乐性合作活动。否则会出现音乐课堂上学生合作互动很热闹,但缺乏音乐学科特征,学生未能从合作中获得音乐性成长的情况。

音乐性合作思维,是指以音乐作品和音乐学科特有的实践活动(如:演唱、演奏、律动、表演、创作等)为载体,进行互动合作的思维。"合作"是"新标准"中"过程与方法"课程目标中五个具体目标之一。音乐性合作思维,是指具有音乐特征,以音乐活动为载体、基于音乐问题、内容进行合作的思维。

研修组织者可运用"赏践结合法"强化音乐教师的音乐性合作思维。如:首先利用网络、微信等媒介,或以音频、视频、现场示范等形式,组织教师拓展欣赏富于浓郁现代创意特点的音乐性合作演绎的优秀作品,例如"五人钢琴演奏"、

"台湾茱蒂口琴乐团演奏"、"绿箭广告歌 Rhythm of the Rain 无伴奏合唱"等作品,建立对音乐性合作的鲜明概念,开阔视野和思路,获取关于音乐性合作活动的多样化、创意性借鉴参考信息;在"多元鉴赏"的基础上,研修组织者为教师们创造音乐合作的机会,一方面运用课本上的作品进行实践,例如用创意合唱演绎《夜晚多美好》、小组器乐合奏《老爷爷赶鹅》、合作创编表演《马车夫之歌》等;同时根据教师专业背景、特长和需求,为其提供更高层次的合作实践的机会和平台,例如参加著名合唱团、合奏团队等,丰富其音乐合作活动的经验和实践素材,进一步强化音乐性合作思维。

6. 以"重心转移法"建立音乐发展性判断思维

在教学中,部分教师总习惯于带着个人喜好、期盼,去审对教师的课堂行为是否顺畅、完美,看每个环节的结果和整节课的结果是否符合自己心中"优秀演绎"的标准,却忽视了学习主体学生,对学生的课前基础,以及课中学生的进步发展情况视而不见。这类教师习惯于"以教师为中心"观课与评价,也反映出了其课堂教学中也是以自己为中心开展教学。如果长期以此思维进行上课,会使教师只在自己的表现和课堂表面的效果上下功夫,这样将不利于学生的音乐学习能力和素质的提高。

音乐发展性判断思维,是指以促进学生的学习进步、音乐成长和发展为标准,以关注其学习进步过程为主要内容,进行专业判断的思维。"新标准"在"评价建议"中提出了"有利于学生了解自己的进步,增强学习的信心和动力"的要求。

针对这一现象,研修组织者可以通过"重心转移法"建立其发展性判断思维。如:一方面,在现场观课前,为教师提供能够充分观察学生的观课讲座,并有针对性地指向学生的学习状态、课堂生成、学习路径、互动反馈、发展过程等设定议课要点,观课中,请教师在评价表格上的相应栏中,较详细记录并分析学生在音乐学习活动中的反应细节与变化;另一方面,通过区域学科 FTP 共享平台,为教师提供以面向学生角度拍摄的、在有效引导学生学习与进步方面具有参考价值的课例片段视频,请教师作为研修作业认真观摩,并以表格形式记录自己的观测情况和感悟。以此,促进教师转移观课重心,改变观课角度,提升对学生学习发展过程的关注度,使其能透过表面看到学生在兴趣、期待感、精神状态与能力等各方面的进步,从而逐步改变原有的判断思维,促进自身教学关注点与行为的转变。

7. 以"专业视角微论坛"催生多元侧向思维

有些教师经常会抱怨"自己的教学缺乏灵感,思路很局限,问问其他任教同年段的老师们,也没有更多新意,课堂上用来用去,就是这几个花样"。这一类教师主要是缺乏多元侧向思维意识。

多元侧向思维,简言之就是从多样化、多角度、多领域的外部信息中获得启发,寻求解决问题的途径的思维。"新标准"中明确提出了"关注学科综合"的课程基本理念,为音乐教学提供了明确的方向指引,也为教师预留了可充分发挥自身创造力的思路启发,以及行动空间。同时,如:"课程内容的设计,在明确的规定性和适度的弹性之间寻求平衡,给教师教学和地方音乐课程资源开发留有余地和选择运用的空间"等描述,也值得音乐教师们进行深入思考,为教师的音乐教学研究和专业发展提供了更多的可能性和方向参考。

从另一角度来看,也是在提醒音乐教师们,只局限于自己所教授年段的学科课本和教参中,是绝对不够的。教师们在落实"新标准""学科综合"理念、进行个性化校本课程资源的开发与运用、实施"课堂转型"实践等过程中,会遇到一系列的新问题和困难,这时,专业视野与思路的开阔度、思维的灵活度、外来信息的采集、方法、策略、手段的丰富度等,将决定教师是否能出色应对,并打开自己的学科教学研究局面。

因此,研修组织者可组织"专业视角微论坛",请具备不同特长,或在音乐各领域中,或在跨领域、跨学科等方面有深入研究和资源积累的教师,分享研究经验、感悟和心得等,共享有益资源,来催生教师们的多元侧向思维,使平时忙碌于教室、办公室间的教师们更快捷且有效地,获得更多参考信息;也可鼓励教师运用网络、微信等可以获得丰富信息的平台,对音乐教育教学其他领域、各类音乐文化资源等进行必要的选择性摄取,甚至包括对非教育领域,如商业培训、管理思维等领域的有用信息也可有所借鉴和参考,来获得启示,拓展思维,思考解决教学问题的更多有效途径,发现更多可用于促进学生音乐成长的资源和方法,提升课程领导力。这将对学科教学信息获得渠道较窄、自主学习能力不强、时间不充裕的教师群体,起到较大的帮助作用。

以上所述的七种音乐学科思维干预策略,体现了基于"标准"的音乐学科教学与评价所需的有效音乐学科思维。当然,建立、强化有效学科思维的方法和途径还有很多,研修组织者可以根据课堂教学中反映的实际问题和教师的具体情况进行剖析和创新引导。

三、引导音乐教师实施课堂思维模式的优化转型

针对传统音乐课堂思维模式的局限性与非合理性,基于"每一位学生在音乐中的可持续成长"需要,引导音乐教师实施课堂思维模式的优化转型。

1. 由掌控模式转向期待模式

自主音乐思维及学习能力是学生终身发展所需的能力。其在音乐学习过程中的培养形成需要必要的时间和空间,教师不能一味为了遵循原有的教学设计,而用自己可掌控的方式,看似好心的"强势指导"取代学生自己的感受、调整、领悟的过程。

如:当学生在韵律体验过程中将重拍和弱拍演绎颠倒时,建议教师以自己准确的示范,配合眼神、肢体动作提示,引导学生基于自己的主动聆听和观察模仿,发现问题并进行自主调整,收获进步的信心;而不是让学生立即停止,带着受挫感,在教师的带领下重新开始机械性的模仿。适时、必要的期待模式,既可保护学生的学习自信,又可促进其自主音乐思维及模仿实践能力的发展。

2. 由单向体验模式转向对比思辨模式

对比思辨能力对学生逻辑思维的发展至关重要。音乐学习过程中经常会遇到需要学生感受对比分辨的内容。教师应该引导学生在充分聆听的基础上,通过有针对性的律动、指挥等辅助体验方式,引导其对比、思考和辨识,发现其中的差异与特点。

如:在让学生体会歌曲中的附点节奏对歌曲内容的表现作用时,如果教师只是一味让学生通过划拍、演唱和讲解等方式对附点部分进行单向的体验,一般学生都很难真正体会和理解其作用;只有当教师以对比的方式引导学生基于聆听等体验活动对有无附点节奏的进行思考辨别时,学生立即就能区分其演绎效果,理解附点节奏的运用价值。教师要能根据音乐作品的特点,为学生提供对比思辨的素材,提升其对比思辨能力。

3. 由具象束缚模式转向抽象联想模式

想象力、联想力、形象感对于学生的学习思维发展,尤其是创造力的提升起着重要作用。音乐的特性决定了同一段音乐作品会引发不同背景、基础、特点的人的不同形象想象。教师的音乐教学引导应该遵循人对音乐的认知规律,避免将音乐

以非常具象形式灌输给学生,从而束缚学生应有的想象力、联想力的发挥。

如：在学唱歌曲的过程中,有的教师一边随着音乐为学生口头描绘着非常具体的画面,一边要求学生扮演其画面中的具体角色者或律动或演唱等表演。虽然学生按教师的要求完成了表演任务,但音乐想象力、联想思维也被牢牢地束缚,实际是在演绎老师的想象。如果教师是以分享自己的音乐想象与律动表现给予学生示范引导,随之请学生也充分发挥自己的想象力进行即兴发挥,教师将有机会感受到学生丰富的创意。音乐教师要珍惜每一次激发学生联想创意的机会,给予学生进行充分形象思维活动的空间,促进其联想与想象能力的发展。

4. 由理性优先模式转向感性优先模式

音乐是听觉的艺术,决定了感受在音乐学习过程中的优先地位。良好的音乐感知能力,是进行更深入的欣赏、表现、创造等活动的基础。

如：有的教师忽视了这一音乐艺术的特征,习惯于以成人的理性思维安排学生的学习,当学生尚未对歌曲旋律等有充分地感知、体验,便带领学生进行理性的分析,示图通过理性分析让学生掌握音乐的特点,这样会抹杀了音乐本身的美感,也会使学生失去了对音乐的学习兴趣。所以,教师应把握听觉领先,动觉跟上的思路,从音乐认知规律出发,重视学生的感性体验、即兴感悟等,以富于感染力的音乐活动引导为学生建立良好的音乐感知能力,培养学生对音乐的持久兴趣,打好音乐学习的基础。

5. 由教授模式转向分享模式

音乐是用来分享的。音乐的学习过程要使学生获得"和谐身心、陶冶情操、健全人格"的引导,"培养学生良好的审美情趣和积极乐观的生活态度"。音乐本身就是最好的传递、分享情感的媒介与语言,教师要避免将音乐作品仅作为知识与技能教授给学生,而要基于作品的音乐特点,以分享音乐讲述的故事与情感的引导状态,与学生共同品味音乐中的真善美。

如：欣赏歌曲《长大后我就成了你》,如果教师只是一味用教授法让学生反复学唱并记忆"一字多音"的部分,并讲解"这是最具民歌韵味的旋律",学生记住的只会是老师对作品的分析和理解,而不是获得属于自己的真切感悟;这时,教师可与学生们分享自己的梦想,以讲述自己成长故事的状态范唱歌曲,引导学生品味"小时候"和"长大后"的不同,巧妙地引导学生模仿、体验"歌唱讲述"的语气、旋律与情感等,使学生既感知了歌曲特点,又被激起了与老师的情感共鸣,更获得了立志与感恩的教育。教师以分享模式授课，带给学生心灵的影响是不可预估的。

6. 由从众思维模式转向个性思维模式

拥有个性创意思维是学生未来创造力持续发展的基础。音乐学习更应该激发学生对于音乐作品、实践活动的个性见解，鼓励其善于表述自己的个性创意和独特的品位感受。教学中，教师不应默许学生容易产生的从众思维，或为了教学组织过程的简化与方便，让学生们习惯于跟随教师安排或集体大流而动，而应适时鼓励并引导学生大胆创意和表达。

如：在交流对器乐作品的欣赏感受时，教师可对学生符合音乐特点的表述给予充分的肯定；在歌曲表现时，鼓励学生进行个性化处理，并与学生共同用演唱等形式检验其创意的效果和合理性；在即兴律动创编活动中，使更多的学生拥有分享、借鉴和丰富自己个性创意表现的机会等等。虽然不一定每一次学生的个性创意都是正确、合理的，但结果远没有过程重要，启动、调动、鼓励、支持学生进行个性化实践的过程，就是对学生个性创意能力最好的培养过程。

7. 由关注个体模式转向面向全体模式

学习方法的获得与积累对学生学习能力与效率的提升影响极大，会学习的学生往往拥有非常适用的学习方法。

如：有教师在请学生聆听分辨歌曲的节拍时，未做任何有针对性的引导。听后交流时，仅凭个别音乐基础好、能力强的学生的回答，就让此问题草草略过，而没有关注其他大多数同学是否真正理解和明白，使其他同学心中仍然茫然一片，始终未掌握分辨节拍的方法。这样的教学引导未关注全体学生及其之间的差异性，使学生无法获得方法的指导，无法真正提升音乐体验能力。如果教师将教学引导调整为，在学生聆听歌曲的过程中，教师便引导学生共同用律动方式进行辅助体验，那么在聆听结束后，班级中的绝大部分学生都能准确分辨节拍，并且同时为今后的音乐体验活动积累了可用的方法。

8. 由同一模式转向生态模式

过去有些音乐课堂，教师对于音乐基础不太好、先天音乐感知能力较弱的学生缺少关注，要么以与其他学生的一样的标准要求这类学生，要么就干脆放任不管，使得这些学生失去了学习的信心，甚至产生自卑情绪。每位学生都有发展进步的需求和权利。尽管音乐先天才能对于音乐学习具有非常大的决定作用，但作为音乐教师，仍然要有明确的认识，使每个学生都能通过音乐学习获得适合自己的最好的音乐发展。所以,音乐教师应积极为学生创设生态发展环境,为有不同个体特征和学习基础、成长背景,以及发展需求的学生,设立不同层次的目标和引导策略、方式。

如:结合教学需要,请学生根据自己的意愿和爱好自主选择歌唱、舞蹈、小乐器伴奏等形式进行表现;为具备不同识谱能力的同学分别提出视唱、哼唱、默唱等不同要求,并鼓励学生自主选择,等等。音乐教师应以此符合"新标准"理念的引导方式,为每位学生提供音乐学习与发展的机会,使其在音乐课堂中收获可受益终身的音乐素养与能力。

基于"标准"的有效音乐学科思维构建,以及思维模式的优化转型,能够为音乐教师"课堂改革"行动力的提升提供科学性、合理化指导,也能促进教师音乐学科教学综合能力的提升;而教师学科教学综合能力的提升,也会反过来促进其学科思维体系及思维模式的优化,同时为"课堂改革"行动力提供有力支撑;最终增强音乐"课堂改革"实效。

四、基于"标准"的思维干预的实施过程与评价

思维干预的实施,首先需要由研修组织者引导教师基于"新标准"对自己的课堂教学进行课堂诊断,请教师对干预前的自我基础作较详细的分析,包括根据课堂——列举出教学中的不足与困惑点;其次,教师根据课堂诊断反馈出的问题,参与相关的思维干预性研修活动,并文本方式记录、积累自身参与思维干预活动的过程材料;其三,教师回到各自课堂中进行教学改进与跟踪评价,以此内化新思维,巩固思维模式的转变体验;并用视频记录工具拍摄具代表性的课堂改进过程(以课例形式);研修组织者对教师的代表性课例进行跟踪诊断,以"跟踪评价表"形式进行记录;其四,汇集参与思维干预活动中的过程性记录材料,对改进情况进行梳理,提炼收获,并选择有代表性的改进课例进行分享;其五,教师对比干预前后的变化,完成自我评价;研修组织者则根据从对教师思维干预前后课堂教学"跟踪评价表"的汇总、分析,对教师的课堂转型行动力等方面的变化与成效给予评价。

同时,为了优化实施环境,建议思维干预在教研训一体化的循环性活动中进行,即:由"教"生疑——从教学过程中提炼问题,明确思维干预的起点;由疑生"研"——通过针对问题起因的研讨,寻找思维干预的要点与途径;由"研"引"训"——进行思维新建或调整、优化的需要,进行有针对性的培训;由"训"促

"教"——再次回到教学中检验思维干预的成果,并进入下一轮循环的起点。教师在教研训一体化活动中获得的思维建构与优化经验,将会在其面向学生的日常教学中起到同样的作用。如果仅凭单一的教、研或训活动,则无法使教师系统经历并理解思维建构的全过程,行动力的提升效果也会受到影响。

由于思维干预的实施对象——教师,具有不同基础和发展差异性,所以,建议评价的实施采取教师自我定性评价、过程性评价,与研修组织者基于过程性实证数据的定量评价、诊断性评价相结合的互动评价模式。

【经典课堂】
深 深 的 祝 福

【教　　材】上海音乐出版社出版的九年制义务教育课本
　　　　　　五年级第一学期第二单元"深深的祝福"
【执　　教】嘉定区教师进修学院　刘婧

【主要教学内容】

1. 主教材一:复习歌曲《雨花石》并作表现处理
2. 主教材二:乐曲《红旗颂》(引子部分与红旗颂歌主题)

【教学任务分析】

1. 教材简析

(1)《雨花石》

歌曲《雨花石》是电视剧《红红的雨花石》的主题歌。歌曲为 2/4 拍,整体情绪充满深情,旋律动人、婉转,歌词运用拟人手法,将雨花石比喻为为了和平与人民的幸福而默默奋斗、无私奉献的英雄志士们,借用"雨花石"第一人称表达心声的手法,寄托人们对英雄们的缅怀与赞颂之情。

(2)《红旗颂》

管弦乐曲《红旗颂》由我国杰出的交响乐作曲家、著名电影音乐作曲家吕其明先生所作,是 1965 年 5 月第 6 届"上海之春"的开幕曲。乐曲描绘了中华人民共和国成立时第一面五星红旗升起的情景,表现了中国人民在红旗的指引下,英勇顽强、奋发向上的革命气概,热烈讴歌了伟大祖国蒸蒸日上的繁荣景象。

因全曲全长 10 分钟,根据"课标"对五年级的学习水平要求、单元教学目标及学生的学情基础与认知特点,本课中主要欣赏引子和红旗颂歌主题。引子部分主要关注:感受庄严、激昂的音乐情绪,听辨感知国歌素材、体验快速"三连音"的推动力;红旗颂歌主题,则主要侧重对颂歌旋律的歌唱性特征,以及开国大典上第一面五星红旗升起时的思绪万千的体验。两部分主题的欣赏,都要充分调动学生基于聆听的联想与想象,并借助媒体资源,引导学生更充分地感受音乐所表达的情感。

2. 学情分析

本次执教班级为嘉定区安亭小学四(5)班学生。整班学生在歌曲演唱方面具有较好的基础,音色较统一、声音较自然,在固定音高乐器引导下能音准到位,能基本做到有感情地演唱歌曲。在日常的歌曲处理过程中,能根据老师的引导运用演唱的技术、技巧表现歌曲的内在情感。在合作学习方面也具有一定的基础,愿意与伙伴一同投入地表演。

鉴于借班上课的原因,本课中尽量侧重于调动学生已有的音乐学习经验与能力,通过启发学生基于聆听的联想与想象,促进其对音乐形象与情感的体悟,并运用对比法促进其主动聆听、辨别、模仿与改进。

【育人立意】

感受音乐作品中对革命英雄的缅怀与歌颂之情,感悟革命志士们为国家和平、为人民幸福而默默付出、无私奉献的精神,珍惜今天来之不易的幸福生活。

【教学目标】

1. 歌曲演唱处理《雨花石》,欣赏乐曲《红旗颂》(部分),感受音乐作品中对革命志士的缅怀及对其无私奉献精神的赞颂之情;愿意了解作品背后的故事,分享自己的感悟,并乐于参与音乐合作表现。

2. 在复习演唱、情感表现处理、完整表演等过程中,运用对比聆听、即兴模仿、形象想象等方法,运用已有的歌唱本领,表现歌曲《雨花石》的形象与情感;在片段初听、了解创作背景、分段欣赏与实践表现等过程中,运用对比听唱、情景联想、凳子鼓模仿演奏、合作创编造型等方法,表现乐曲《红旗颂》(部分)的音乐特点及自己的听赏感受。

3. 能用和谐统一音色、情感投入地演唱歌曲《雨花石》;能哼唱《红旗颂》引子部分,并在老师的指挥下,用凳子鼓在长音处准确演奏;能与同伴合作创编造型并随"红旗颂歌"主题表演。

【教学重难点】

1. 教学重点：在演唱与欣赏中引导学生进一步感受不同体裁的音乐作品对英雄形象,及其为国家、人民无私奉献精神的赞颂之情,并用动、演、创等方式综合表现音乐带给自己的感受。

2. 教学难点：能基于形象想象与情感体验,有感情地准确演唱歌曲《雨花石》中的休止符;合作创编造型并表演。

【教学过程】

一、歌曲处理《雨花石》

(一) 复习演唱

1. 教师弹奏钢琴,学生轻声复习演唱

2. 师生交流回顾歌曲所表达的情感

关键设问：歌曲主要表达了怎样的情感?

> 说明：
> ① 学习要点：复习演唱歌曲《雨花石》,回顾歌曲情感及演唱要领。
> ② 教学意图：本环节主要通过先唱后交流的方式,引学生迅速进入音乐情境,感受音乐情绪,回溯歌曲情感,为后面对作品的艺术处理做好情感铺垫。

(二) 演唱处理

1. 处理歌曲前半部分

(1) 学生复习演唱歌曲前半部分,并交流

关键设问：歌曲前半部分"雨花石独白"的音乐情绪是怎样的?
哪些部分最能表现出对革命先烈们的缅怀与追思之情?

(2) 聆听老师范唱前半部分

思考：老师是如何演唱休止符,表现缅怀与疼惜中哽咽与感叹的语气?

(3) 指导用"声断情连"的方式演唱2、4句歌词中休止符

① 学生演唱2句　　　② 师生唱、读结合解决难点

③ 学生再次演唱 2 句　　④ 用同样的方法演唱第 4 句

(4) 学生完整演唱歌曲前半部分

说明：

　　① 学习要点：感受歌曲前半部分所描绘的雨花石"静静躺"、"深深埋在泥土之中"的形象，及对革命先烈的缅怀与追思之情，体会休止符的表现作用，并有感情地演唱。

　　② 教学意图：本环节主要引导学生通过对比听辨、模仿朗读、师生对唱等体验，运用唱读结合的方式，体会歌曲所表达的情感，感知休止符的表现力，及情感语气对演唱声音表现的重要性，促进学生主动发现演唱表现的不足，并在教师指导下模仿体验，增强歌声的表现力。并且，为了更好地展现肢体动作在歌唱教学引导中的作用，使音乐形象呈现更生动、直观，教师在示范中适当加入了动作元素，促进学生对歌唱要点的把握。

---

2. 处理歌曲后半部分

(1) 学生演唱歌曲后半部分

关键设问：歌曲后半部分的音乐发生了怎样的变化？

(2) 聆听教师范唱后半部分

关键设问：为了把迫切心愿与崇敬之情表现得更加充分，演唱中要关注什么？

(3) 师生交流，指导改进

① 预设一：请学生用"声断情连"的方法演唱含休止符的乐句

② 预设二：指导连续高音的演唱

解决对策二：高音需要有良好的气息作支撑，记住口诀"放松下巴吹蜡烛"

③ 预设三：指导"我愿铺起"的表现语气

解决对策三：对比聆听教师运用两种语气诉说

(4) 学生改进演唱第 1、2 句

(5) 学生完整演唱歌曲后半部分

要点提示：用较强的力度，激动、深情地表达雨花石的迫切心愿；带想象会感叹，唱高音松下巴，休止符声断情连。

> 说明：
>
> ① 学习要点：感受歌曲后半部分中雨花石的迫切心愿及人们对其的赞颂之情，感知音乐所发生的变化，并运用已有歌唱经验和方法增强演唱感染力。
>
> ② 教学意图：本环节继续运用对比听辨、欣赏教师范唱、模仿朗读、深情演唱等方式，引导学生巩固对歌曲的情感体验，同步关注音乐与演唱表现的变化，并启发学生借鉴歌曲前半部分用过的方法，如：休止符部分声断情连的唱法等，尝试演唱改进，在提升歌唱表现力的同时，促进情感理解，丰富对歌曲情感表现方法的积累及经历体验。

3. 处理歌曲尾声部分

（1）演唱尾声部分（与歌曲后半部分的完整演唱衔接）

（2）师生交流后演唱

思考：歌曲的尾声让你联想或想象到什么？可以运用怎样的力度演唱表现？

4. 完整演唱歌曲

> 说明：
>
> ① 学习要点：体会尾声部分的形象，改进演唱表现。
>
> ② 教学意图：对于尾声的指导，仍然基于联想与想象，并引导学生运用音乐要素的变化，使情感的表达更加生动。

二、欣赏管弦乐《红旗颂》

（一）初听片段

关键设问：音乐带给你怎样的感受？

（二）简要了解作曲家及创作背景

> 说明：
>
> ① 学习要点：初步感受乐曲片段，了解《红旗颂》的作曲家及其创作背景。
>
> ② 教学意图：由于本乐曲无法在课上完整欣赏，故本环节通过片段

聆听,引导学生通过初步感受乐曲核心主题的音乐情绪,自然进入听赏情境;并通过图片、音乐及教师现场讲解相融合的方式,向学生简要介绍作曲家吕其明先生,浓缩展现乐曲《红旗颂》的学习价值。

(三) 欣赏引子部分

1. 初听引子部分(播放音频),并交流

思考:音乐情绪如何?主奏乐器是什么?让你联想到怎样的情景或画面?

2. 对比聆听后分辨"《国歌》引子"和"《红旗颂》引子",并用"Bong"哼唱"《红旗颂》引子"旋律的开头部分

3. 观看教师示范演奏小军鼓,并用凳子鼓模仿敲击表现引子部分

思考:老师在音乐的哪些部分加入了小军鼓的演奏?
　　　加入演奏后让你感受到了什么变化吗?

(1) 师生交流　　(2) 随老师慢速哼唱旋律,演奏凳子鼓

4. 完整演绎引子部分

说明:

① 学习要点:欣赏引子部分,听辨国歌旋律素材,并用哼唱和拍击凳子鼓表现引子部分激昂的情绪及联想与想象的情景。

② 教学意图:本环节通过关注点不同的五层递进性的聆听,引导学生在记忆引子部分旋律的同时,感知并表现其音乐与情感特点。首先由"听觉切入",引导学生在感受音乐情绪、主奏乐器的同时,展开联想与想象,为后面红旗颂歌部分的对比欣赏作铺垫;第二层为"对比聆听",由引导学生心中默默哼唱,到对比哼唱主题片段,助学生感知乐曲中的国歌素材;第三层"听唱结合",学生用"Bong"哼唱旋律片段,体验音乐激昂的情绪,进一步强化为新中国即将成立而心潮澎湃等真切感受;第四层学生"听奏结合",基于主动聆听,在老师小军鼓的引领下,拍击凳子鼓参与表现音乐;第五层为综合性聆听,即:以"听唱奏结合"的方式,师生完整聆听表现引子部分。此外,教师又通过两次钢琴片段对比范奏,引导学生聚焦旋律的素材来源;并且在练习演奏凳子鼓的过程中,通过示范哼唱旋

> 律,引导学生心中默唱并敲击体验,培养学生内心主动聆听的意识与习惯,进一步强化学生对音乐记忆与感知效果。

(四)欣赏"红旗颂歌"主题

1. 听赏"红旗颂歌"主题

关键设问:乐曲的"红旗颂歌"主题与引子部分有何不同?又带给你怎样的感受与想象?

2. 小组合作为"红旗颂歌"主题前半部分创编造型

(1)教师示范造型表现

(2)明确合作编创要求　　创编要求:(1)每组同学迅速讨论想表现什么情景或画面,并立即创编。(2)造型可以模仿老师的动作,也可以参考图片,更鼓励自己的创意表现。(3)在音乐声中有序、迅速地创编,轻声交流。(4)关注评价要点。

评价要点:造型动作形象,有创意;表现投入,表情生动;合作表演有默契。

(3)各小组在音乐背景声中进行合作编创

(4)交流展示

(5)评价交流

3. 师生合作表现"红旗颂歌"主题

> 说明:
>
> ① 学习要点:对比感知"红旗颂歌"主题与引子部分的情绪与音乐要素的不同,分享不同的感受与想象,并用合作创编造型等方式随音乐进行表现。
>
> ② 教学意图:本环节中通过对比聆听,调动学生基于乐曲人文背景的丰富想象,展现红旗升起时人们的万千思绪与感慨;并通过欣赏"开国大典"配乐视频,进一步激发学生内心的民族自豪感,从而为创编造型和动作演绎打下情感基础。在合作创编造型前,教师先用示范和英雄雕塑的图片为学生提供启发借鉴,并鼓励学生自主发挥想象和创意。为了更符合音乐情境,对于主题后半部分的动作表现,也采用较安静的方式表现,通过向英雄"行礼"表达崇敬之情。

(五) 完整演绎《红旗颂》的引子部分和"红旗颂歌"主题

1. 明确表演要点
2. 师生合作完整演绎

三、课堂小结

【教学流程图】

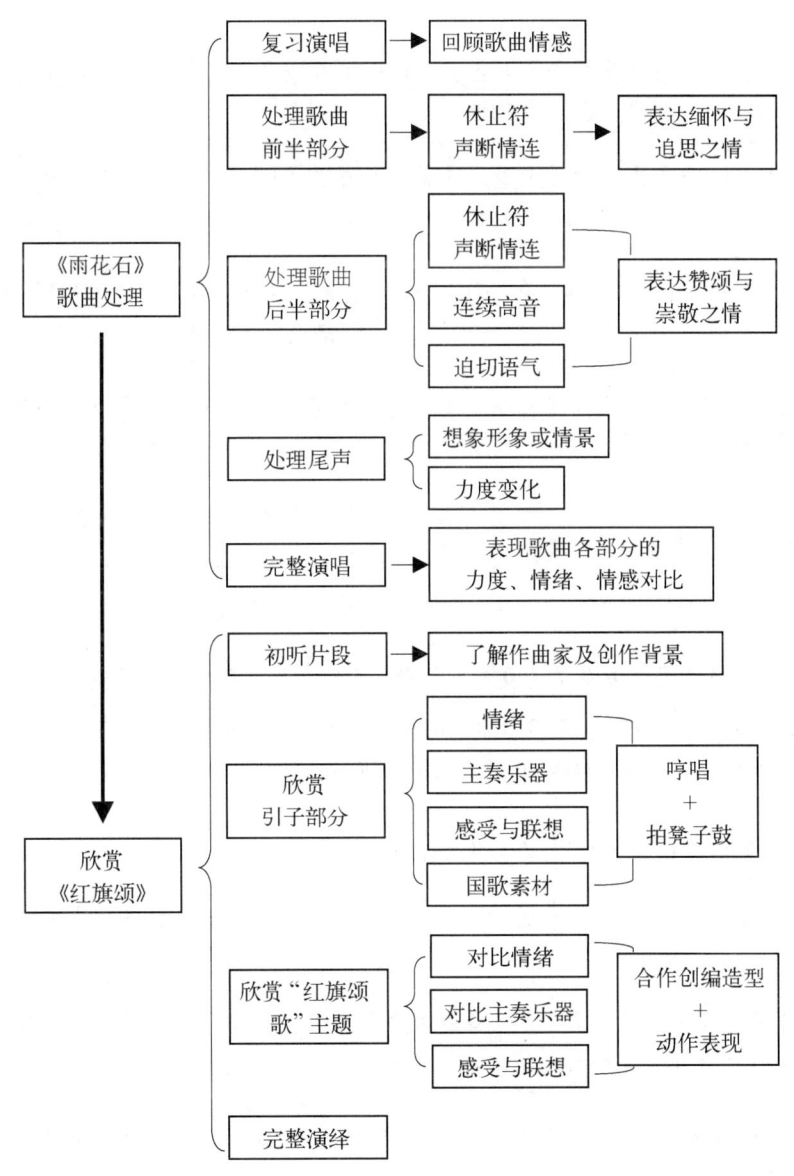

【学有所悟】
手 牵 手

1 = G 4/4

有活力地

刘婧 词曲

(5 5 1 2 2 3 3 3 5 4 3 | 4 3 2 6 6 1 1 1 7 6 7 0 | 5 - - 4.⁵4 |

3 - - -) | 3 3 4 5 5.7 1 3 | 7.6 6 5.0 5 5 | 6 5 1 1 0 3 3 4 5 5 |
　　　　　　手牵 手，我的朋 友，　　我们 永远　相伴 在左右，

5 4 3 2 2 - 0 1 1 | 6 6 0 6 6 7 1 7 6 6 3 3 3 | 5 1 1 0 3 | 1 - 3.4 4 6 |
不要 哭泣，不要 放弃　　　我们的 友谊，给我　前进 的

6 7 7 7 - | 7 - 0 0 | 3 3 3 3 3 4 5 5 6 5 1 | 2 3 1 1 - 0 2 1 |
勇　气。　　　　通往 未来 的路上 尽 情地　翱翔，　为

4 4 5 4 4 0 2 | 2 1 7 1 7 5 0 1 1 | 6 6 6 6 6 7 1 7 6 0 1 7 6 | 5 3.2 3.3 |
我喝　彩，为你歌唱。　　原来 生命可以如此 美　妙，在拼搏的路 上，你

4 6 7 7 7 - 1 2 | 2 - - 0 |

{ 5 5 1 2 3 3. | 3 1 1 7 6. | 2 2 2 6 1 1. |
  5 5 5 7 1 1. | 1 5 5 3. | 4 4 4 4 6 6. |
我携手奔向 梦　　想。　　喜欢 这片天空　给我 想象，喜欢 这片海洋

{ 7 7 7 3. | 5 5 5 3 7 7 0 5 | 6 7 1 7 6 | 2 6 0 6 5 | 5 1 3 0 6 7 1 |
  3 3 3 3 3. | 3 1 1 1 3 3 0 3 | 4 5 6 5 4 | 6 6 0 1 1 | 1 1 1 0 4 3 3 |
给我希望，牵着手的我们　走 过青春时光。任凭　快乐 希　望 在心中

{ |1. 7 - 1 - | 6 - - - : |2. 7 - 3 - | 6 - - - |
  |1. 3 - 5 - | 3 - - - : |2. 7 - 1 - | 3 - - - | 5 5 1 2 3 3. | 3 1 1 7 6. |
流　　　淌。　　流　　淌。　喜欢 这片天空　给我 想象，

2 2 2 6 1 1. | 7 7 7 7 3. | 5 5 5 3 7 7 0 5 | 6 7 1 7 6 | 2 6 0 6 5 |
喜欢 这片海洋　给我希望，牵着手的我们　走 过青春时光，任凭　快乐

5 1 3 0 6 7 1 | 7 - 3 - | 6 - - - | 6 - - - | 6 0 0 0 ‖
希望　在心中 流　　淌。

第七章　美的使者　美的追求

教师介绍

陈薇，1970年生，上海师范大学音乐系本科，美国太平洋大学教育学硕士，中共党员，中学高级教师，现任青浦区青少年活动中心副主任兼党支部副书记。

中国教育学会中小学音乐专业委员会会员，上海市教育学会中小学音乐专业委员会会员，第三期上海市名校长名师培养工程中小学音乐基地学员，青浦区中小学音乐学科研修基地主持人，音乐学科兼职教研员。曾获上海市园丁奖、上海市优秀志愿者、上海市优秀少先队辅导员、青浦区学科带头人、青浦区艺术教育先进个人、青浦区见习教师规范化培训优秀指导教师等荣誉称号，领衔的教研组被评为青浦区基础教育阶段先进教研组。

曾在全国、市、区各类公开教学中赢得专家和同行的赞赏，并多次获市、区音乐课堂教学评比获一、二等奖；主持并参与多项国家级、市级、区级课题研究工作，撰写的教育教学论文与案例先后在全国音乐、美术教师论文（案例）评选、上海市艺术教育论文评选、市教育学会音乐专业委员会论文评选、区教科研成果评比中获奖，并分别发表于《上海教育》、《中国音乐教育》等杂志；个人专著《踏歌前行——小学音乐教育教学实践与思考》受上海市教师专业发展工程领导小组办公室资助，于2016年12月正式出版。参与教育部2013年"国培计划"远程培训项目、上海市"十三五"教师培训、见习教师规范化培训等课程的开发、研制与主讲任务，开发的特色课程《小小音乐剧》《音乐午茶》《童心》等在市、区交流展示受到好评。作为连续五届"青浦区名优教师"称号获得者，带教的几十名青年教师中多人在市、区级教学评比中获得高等第奖或在市级层面上进行公开教学展示。

成长叙事

人们说，音乐是美的艺术；我想说，音乐教师是美的使者。

甜美的笑靥、生动的言语、悦耳的歌声、婀娜的舞姿……在我的课堂，无时无刻不在向孩子们传递着美的信息。犹如一只穿梭在音乐百花园的蜜蜂，我背负重任却又来去自如，在深深眷恋着的花丛中翩翩起舞，舞动出生命的热情与智慧的灵动，只为将"美的使者"形象扎根于孩子们的幼小心田之中——期待孩子们的身心在被吸引、被陶醉的同时，认识美、感受美、体验美、创造美，再把美的种子传播到各个角落。

用真情奏响美的序曲

美是由内而外的，教师的美则来自内心所散发出的那份浓浓师爱。怀着对事业的执着追求和对学生强烈的责任心与使命感，在音乐教学这方充满理性而又饱含情感的天地中，我捧出一片真情去影响、感染、关爱每一位学生。因为我知道，只有对孩子付出真情，孩子才会回报以真爱。

一年级的心遥是个长眉细目、白皙秀气的女孩。可她下课从不跟小伙伴一起玩，也不跟老师说话，性格颇为孤僻。上任何课，她都会"神游太空"，若是老师的提醒或批评惹恼了她，她便会使出大哭大叫这"杀手锏"，尖厉刺耳的哭声可以传遍整幢教学楼。刚开始我有点不相信：这么丁点儿大的孩子能有多大能耐，连"久经沙场"的老师们都束手无策？直到那一次我真正领教了她的"厉害"……

那天的课上，孩子们高高兴兴地选着自己喜爱的节奏乐器为歌曲伴奏作准备。待大家选好乐器，我的手指刚落向琴键，只听得重重的"哐当"一声，随即，"哇"的哭声从教室的某个角落响起。吓了一跳的我定睛一看，原来是心遥！我急忙上前，只见她脚下可怜巴巴地躺着一只破了鼓面的铃鼓。我气恼地问："你哭什么呀？这是怎么回事？"谁知她没听见似的，捂着眼睛哭得更厉害了。从小朋友们的七嘴八舌中，我了解了事情的起因：心遥见自己想选的碰铃被其他孩子拿光了，便生气地拿起旁边一只铃鼓狠狠摔到了地上。"哪能这样,简直是无法无天!"我火冒三丈地指着地上的铃鼓大声喝道:"把它捡起来!"刹那间,心遥就像是一只被点着了的炮仗,尖利的叫声夹杂着哭声如排山倒海般袭来,小小音乐室的天花板都快被震裂了!我一看苗头不对,深呼吸忍住气,对其他小朋友说:"快快,谁的碰铃先让给心遥?"一只、两只、三只,心遥的面前一下子出现了好几只碰铃。我想,这下你总该满意了吧?哪知道小姑娘一扭头,一屁股坐到地上,踢着脚继续大哭,完全一副不领情不合作的样子。看着她不依不饶的劲头,我头皮发麻脚发软。正在这时下课铃声响起,我如大赦般逃离教室。

课后我了解到,心遥在幼儿园时就有这样的"怪毛病",家长无计可施苦恼异常,每次接送孩子都是见到老师躲着走;而老师们说起她的名字直摇头,纷纷对她采取"不敢招惹、敬而远之"的策略。我苦恼了——难道就这样放任不管,任其从一个"小怪物"演变成一个人格不健全的社会"异类"?

一位教育学家说过:"对待特殊学生,要像对待一朵玫瑰花上颤动欲坠的露珠一样小心。"于是,我开始特别关注起心遥来。走向音乐室的路上,我总是牵着她的小手走在队伍最前面,尽管她最初并不乐意;唱歌时,我总会特意向她绽开一个灿烂的微笑,尽管她大多时候没有回应;跳集体舞时,她往往是我第一个邀请的舞伴,尽管她动作有些不协调表情有些不自然;演奏小乐器时,我一遍遍耐心教她,尽管她的小手略显笨拙;表演完毕,我总会当着全班同学的面表扬她"心遥表演得真棒",尽管她有时故意表现得不以为然……

随着时间的流逝,渐渐地,我俩之间似乎平添了几分亲近——对于我的微笑,她不再熟视无睹;听到我的赞扬,她偶尔会羞赧一笑;见我走上前,她不再忙不迭地躲开……从前那个动辄大哭大叫的孩子渐渐发生着变化。更令我惊喜的是,教她第二年的教师节,我收到了她亲手制作的卡片!啊,在通往音乐殿堂的道路上,心遥的"心"离我不再那么"遥"远。

美国心理学家詹姆斯曾经说过:"人性中最深切的禀质乃是被人赏识的渴望。"我愿意带着欣赏的眼光和积极的心态投身于课堂教学活动,因为真诚的期待不仅能诱发学生积极向上的激情,而且能影响着学生终身的发展。"谁爱孩子,孩子就爱他。只有爱孩子的人,他才能教育孩子。"心遥如此,其他孩子亦如此。音乐课上,孩子们尽情歌唱、欢乐舞蹈——我的课堂成为孩子们心驰神往的地方;校园里,每到一处都会听到此起彼伏的问好声,有的甚至还要在我怀里亲热地依偎一下——我的笑容送出的是如音乐般温暖的力量。是啊,真挚的爱温暖了学生,也亮丽了自己,更为音乐教学奏响了美的序曲。

用智慧灵动美的音符

课堂是一个动态系统,在实施中常常会遭遇"意外"。正是因为这种种意外,让我对音乐教学工作充满一份不可名状的"长情",多少年来,非但未曾褪色反而历久弥新。因为这种意外常常与预设南辕北辙,考验着教师是否具备面对生成智慧应对的本事,这让我觉得自己的工作充满激情和挑战。

说到教学智慧,我的脑海中总会浮现自己曾经被变成"巫婆"的故事。试想,任何一个女子被比喻成"巫婆"都会暴跳如雷,更何况我这样一个超级爱美的音乐教师?因此,那份经历让我记忆犹新……

一年级唱游课上,我教孩子们学唱《小树快长高》。为了激发兴趣,也为了更好地感受歌曲情绪,在初听时我设计了这样一个游戏:全体学生扮演小苗苗,我跟着音乐节奏在苗苗丛中穿梭,手中的"魔棒"点到哪颗"小苗",他(她)立即"长成"一颗挺拔的小树。孩子们玩得可欢了!

游戏结束了,一个小女孩仰起头对我说:"老师,我觉得你就像个仙女,你的魔棒真神奇。"其他孩子听了,一个劲地点头表示赞同。我不禁一阵飘飘然。

"那有什么稀奇?"角落里传来一个小男生乐乐的声音:"巫婆不是也会变魔法的吗?!""啊?老师老师,他说你像巫婆!"皮大王小刚怕我没听见,大声地向我汇报。

我顿时懵住了,一阵火气直往头顶冲:哪有这样的学生?简直胆大包天!刚想发作,不经意环顾四周,前一秒钟还热闹非凡的教室早已寂静无声,几十双眼睛齐刷刷地盯着我,眼里写满了惶恐不安,仿佛在说:不好,老师要发火了!

看到孩子们的反应,我反而冷静了下来。深深吸了一口气,我定了定神走到乐乐跟前,摸摸他的头说:"你知道的真多,巫婆确实也会施魔法。"又面向全班孩子问:"但是,巫婆会不会帮助小苗苗一下子长成可爱的小树呢?""不会不会!"孩子们纷纷叫嚷起来:"巫婆只会把小苗苗变成毒蛇或变成其他的妖怪!""你说呢,乐乐?"我蹲下身子,轻声问道。小男生歪着头他思索了片刻,心悦诚服地点点头。我的心中涌起"童言无忌"的释然,面向全体孩子笑容灿烂地说:"是啊,只有仙女才会把小苗苗变成小树,因为仙女的心地是那么善良美好。接着,让我们继续游戏。谁愿意来扮演仙女?"

音乐再次响起,音乐游戏继续进行,一场"疾风骤雨"转瞬间化为了"和风细雨"。下课后,我想起自己那几秒钟的失态,不由得心有余悸。

我们鼓励学生有个性的理解,有自由发挥的空间,甚至有出错的权利,这些都是非常重要的生成性资源,是那么的真实而又可贵,这太需要教师具备课堂上应付"再生枝节"的智慧。首先,教师要对"不速之信息"迅速判断:是否正确,可有价值? 其次,要快速反应,接住学生不经意间冒出的"怪"问题,迸出的"怪"想法,想出对策:是组织讨论,是巧妙点拨,还是顺着学生的思路"再生枝节",继续将课堂引向深入? 教师只有以平和、宽容心态去正视和理解这种"枝节",并智慧地将其作为课堂上极其宝贵的生成资源加以利用,随机应变、因势利导,课堂才会焕发出勃勃生机。

用勤勉谱写美的旋律

我认为,美的旋律对于音乐教师,是流动的音符,亦是流畅的文字。王洁博士一直强调,"要把学懂的东西做出来,把做好的东西说出来,注重通过主体性悟性把行为与理性联结起来。"作为一名音乐教师,不仅要会唱会跳会说会演,还得学会写,让学到、悟到的东西固化下来,与更多的人交流分享,这同时也是促进自己专业成长的必要经历。多年的教育教学实践,让我越来越明晰一个道理——只有通过教育科研才能不断提升一名音乐教师的专业境界。

可是,多年前的我并没有这份"觉悟"。我觉得,高大上的教科研应该是教育研究者的专利,一线教师只有上好课才是王道。苏霍姆林斯基说过:"如果你想让教师的劳动给教师带来乐趣,使天天上课不至于变成一种单调乏味的义务,那你就应当引导每一位教师走上从事教育科研这条幸福的道路上来。"对这段话我心存疑虑:音乐教师每周十八节课上下来就已经够累了,还要花时间与精力搞课题作研究,这不是自己找罪受吗? 人生的幸福感从何而来? 于是乎,偶有几篇小论文小案例获奖、跟在经验教师后头做些零打碎敲小研究,我已是沾沾自喜心安理得。

一晃几年光阴匆匆逝去,我在教学上小有成绩,在教科研方面不见长进。但我还是心怀那份"小窃喜",丝毫没有意识到自己成长道路上的"营养不良"。

直到有一天,老校长的一番举动和一席话语将我这个懵懂的"梦中人"狠狠点醒。

那一年,老校长让我加入她的一个德育课题组。老校长是上海市德育特级教师、特级校长,领导与专家的"命令"我哪敢不从?于是,下发问卷、汇总数据、搜集资料、查阅文献……我诚惶诚恐地做一些力所能及的工作。当然,我并不认为自己在做课题研究,我只是完成校长交代的任务而已。

一天,校长让我和她一起去教育局参加"青浦区教科研成果评选颁奖大会"。让我惊愕不已的是,一等奖获奖证书的获奖者一栏里,我的名字竟然紧紧跟在校长的名字后头!我不知该说些什么,只是反复嗫嚅着那一句:"我什么也没有做,这怎么可以……"老校长笑着打断了我的窘迫不安:"小陈,你想做一名优秀教师吗?""想,当然想!"我边说边一个劲地点头。她拍拍我的肩膀,语重心长地说:"要知道,课堂是戏台,科研是砚台。只有上了戏台唱得了好戏,拿起砚台写得了好文章,才是一名优秀的教师呀!今天只是你拿起砚台的第一个小小成果,将来的路怎么走,就看你自己的了!"

老校长的一番话,让我面红耳赤又倍受鼓舞:原来,她在用这样的方式把我领进教科研的大门啊!这份睿智令我折服,这种豁达令我汗颜,这般良苦用心令我醍醐灌顶!

钱伟长说:"教学没有科研作底子,就是一个没有观点的教育,没有灵魂的教育。"从那以后,我把科研与课堂教学改革紧密结合在一起,在教学形成特色的同时,努力实现自己由"经验型"转为"科研型"的转变,把"苦干型"工作方式转化为"学习、实践、科研"三结合的新方式。我有意识地把教学中的问题、难题转化为教育科研课题,从大处着眼,小处着手,把小而近、小而实、小而新的教育教学实践心得、方法及时总结,用先进的教育思想和理论去分析它们并在实践中不断加以完善,从而获得宝贵的实践经验。正是多年的经验积累,让我有幸获得了上海市教师专业发展工程领导小组办公室的资助,个人专著《踏歌前行——小学音乐教育教学实践与思考》即将出版。

科研的力量来自永不停息的探索与追求,科研的价值在于有效的指引实践并不断地在实践中提升效益。为此,我且学且行,且行且思,并从教育科研中体验到了职业的幸福感。今天想来,我走过的教科研之路,不正印证了苏霍姆林斯基的那段话么?!

用执着续写美的乐章

每一学年伊始,我总会接过一本红彤彤的聘书——见习教师规范化培训带教聘书。对于身处管理岗位又参加市双名基地培训的我来说,八小时亦步亦趋不离身的带教工作,确实让我在时间和精力上感到心有余而力不足。但人贵有感恩之心,更应有感恩之行。想到我自己成长历程中得到的关心和指导,我还是克服一切困难欣然接受。我暗下决心:引领新教师用坚实的脚步走好教学生涯的第一年,并用自己精业勤业的治学态度影响他们未来的教学生涯!

又是一个新学年,校园里走来五位年轻的见习教师。其中有位叫小路的女孩子,小巧玲珑斯文腼腆。每次听完课后,其他新教师都会急于发表自己的想法,而她呢,总是坐在最边上凝神倾听若有所思。直到听见我点她的名,才会涨红着脸轻轻说上几句。我不禁为她着急:这么个内向的孩子是块当音乐教师的料吗?

很快,结束了第一阶段的听课见习。在对课堂教学有了直观的、初步的感受后,走进课堂亲身实践应该就是顺理成章、水到渠成的事情了。我根据每一位徒弟的专业特长,在他们自主选择教学内容的基础上,提出合理的建议。在研读教材、挖掘作品内涵并进行独立的教学设计后,我对教案进行修改和完善,再一一走进课堂听课。

同伴们摩拳擦掌踌躇满志,只有小路愁眉不展心事重重。我特地仔仔细细地批阅了她的教案,发现不仅格式规范要素齐全,思路也比较清晰。我欣喜地写下评语:"若是在活动设计方面能更好地凸显师生互动,这将是一份较好的教学设计。期待领略你课堂上的精彩,加油!"

到了小路上实践课的日子,我和她的同伴们满怀期待地走进课堂。孩子们看到见习老师上课总有些"人来疯",兴奋得像一群叽叽喳喳的小鸟。小路将怯生生的目光投向我,我连忙站起身对孩子们说:"看,路老师正安安静静地等着给你们上课呢!你们准备好了吗?"教室里顿时安静了下来。

这是一节歌曲新授课,教的是一首印度尼西亚儿童歌曲。小路让孩子们带着"歌曲的情绪是怎样的"的问题聆听范唱。谁知范唱音乐刚响起,教室里又喧闹起来——

"这是伦巴舞曲!"一个孩子嚷道。"我也听出来了!""有什么稀奇?我还会跳伦巴呢!"众人起哄:"快跳给我们看看嘛!""是啊是啊,我也想看!"原来,班里好多位小朋友在课外学习拉丁舞，而这首歌曲的典型伦巴节奏已然被这些灵敏的小耳朵捕捉到。

几个孩子的小兴奋激起了全班同学的大热情，教室里你一言我一语热闹极了。看到这个架势，手足无措的小路又向我投向求救的目光，仿佛在期待我对孩子们说点什么。我心一狠，没有站起身，而是对她做了个"加油"的手势，似乎在告诉她："小路，路在你自己脚下，你能行！"

聪颖的小路读懂了我的目光。她定了定神走到教室中间，没有说一句话，而是跟着音乐跳起了伦巴。孩子们一下子安静下来，张张小脸露出惊喜的神色。一段音乐结束，小路问孩子们："谁愿意和我一起表演伦巴舞？"于是，会跳的当仁不让成了"小助教"，不会跳的跃跃欲试跟在后头学，教室俨然成了欢乐的节日广场。几遍音乐下来，歌曲的旋律已经了然于心。再围在钢琴边轻声唱几遍，原本预设的节奏和音准难点竟"无师自通"地迎刃而解了。

下课铃声响起，我和其他几位见习老师热情地为小路和孩子们送上鼓励的掌声。这时，小路的脸又涨得通红。但我知道，此时的脸红不是因为胆怯，而是因为体验到成功喜悦后的兴奋。

这节课以后，小路自信开朗起来。她和伙伴们一起，在一次次的课堂实践中积累一次次的实战经验，从过程、经验中学习，在指导、引领中进步，在实践、反思中成长。几年过去，小路已经成长为一名区域内职初教师中的佼佼者。回想起见习期间的那段日子，她常常会充满感激地说："没有师父的鼓励，哪有今天自信的小路！"

诚然，年复一年的带教工作，有忙碌劳累，有苦恼纠结，但更多的是看到新教师充满自信走上讲台的美好画面所带给我的兴奋和欣慰，因为年轻的他们不正是我们所钟爱的音乐教育事业的希望与未来吗！？看着徒弟们一步步成长并走向成熟，即使付出再多也无怨无悔，因为"予人玫瑰、馨香满堂"一直是我心目中"名师"的美好形象。希望有一天，我能成为这样一个美好的人。

用求索华彩美的交响

通过多年的努力，我已经在区域内得到了普遍认同，连续五届荣膺"名优教师"称号就是最好的证明。但是我深知，教师的专业化发展是必须贯穿于整个教师生涯中的。凭着一股发奋图强的求索精神，我在紧张工作之余努力完善自己，不断追求自身的专业发展。上海市第三期双名工程音乐名师基地,正是我努力提高专业能力和人文修养的最好平台。这里有学识渊博、德高望重的导师,有才华横溢、积极进取的同学,有先进上位的教育理念、得天独厚的政策扶持。能在这样的基地中得到培养,我何其幸运!

五年的光阴转瞬即逝。回眸走过的每一个脚印,都是那么的坚实有力。因为每走一步都承载着满满的收获——其中有广博的学识,有开阔的视野,有珍贵的情谊,更有积极向上的正能量。

难忘,在个人专业发展遭遇瓶颈之时,两位导师的点拨和谆谆教诲,使我进一步认清了当前的教育形势,明了了自己所处的教师成长的阶段,并懂得了"学生为本,师德为先,能力为重,终身学习"的当代教师专业发展理念。于是,我仔细分析了自身情况和区域特点,认真制订个人规划,为自己的专业成长之路定下了目标和方向。另外,基地推荐的系列书目也让我如获至宝:《中国教育绝不输给美国》让我为祖国的基础教育之发展态势而感到自豪;《国外音乐教育文献选读与分析》促使我以新的高度认识和考量自己的教学;《与名师同行》令我一次次感受到榜样的无穷力量。"拨开云雾见青天。"规划的制订,好书的研读,使我的每一个学习行为都和学习目标的实现紧密联系起来,学习行为具有了明确的目的性和充分的有效性。

难忘,在迷惘于追名逐利的浮躁之风之时,那么多位呕心沥血、无私奉献的名师凭着对教育工作的满腔热情和对学生的无私爱心,几十年如一日全身心地投入到平凡工作中的高尚情操感染了我。其中令我最动容的是特级教师陈白桦老师。在20多年的从教生涯中,陈老师始终把爱舞蹈、爱艺术、爱孩子作为自己一生的追求目标。她以对童心世界的投入,以一名少儿教育工作者的高尚情操和崇高的社会责任感,不断探索,努力实践,通过创作一个个优秀的儿童舞蹈作品塑造孩子们真善美的心灵,在教孩子学艺术的同时更好地教会他们做人,将人的品德教育全面渗透于美的艺术教育之中。在为陈白桦老师的优秀师德而感动的同时,我更为自己今后的工作道路找准了方向,那就是——做一名像陈白桦老师那样的美的传播者!

难忘,在苦苦探寻课堂教学真谛未果之时,同伴们的可贵经验让我找到了答案:曹晏平老师十年磨一剑,高深的教学境界、精湛的教学技艺背后,不知历经几多磨砺几多坎坷,但仍将"荣誉是起点,追求无止境"记挂于心,在平凡岗位上孜孜以求"乐海拾贝";李逊芳老师为"觅影寻声"飞遍世界各地,用自己的旅行经历和历经艰险拍摄的唯美画面开拓学生的视野,更用散发着浓郁地域特色的音乐打动学生的心灵;陈璞老师对教育科研情有独钟,多年来努力探索音乐教学规律,着力塑造学生良好的人文素质,为构建起充满音乐之美和活力之美的"最美艺术课"不懈追求……特级教师的魅力灿若星辰,其他伙伴的情操同样令人敬佩。身边一位位优秀艺术教师的信念和毅力,体现了对音乐教育这份事业沉甸甸的责任和执着的追求,他们身上所放射出的光芒,正是对"心中有爱"这四个字的最好诠释!我真正找到了答案:课堂教学的真谛,不就是学生在老师心灵的呼唤中焕发出的生命之灵动么?!

真情、智慧、勤勉、执着、求索……音乐教育教学这份美丽的事业给了我生命历程中不息的激情和美好的享受。面对未来,我将一如既往地在高天流云间与美的音乐相逢,在三尺讲台上将美的旋律谱写,在师生互动中将美的心弦拨动,在心灵碰撞中将美的情怀迸发!为了心爱的学生,为了钟爱的事业,我愿意做一名美的使者,怀揣着这份美的追求一路走下去……

【且行且思】
在校本研修中提升小学音乐课堂教学有效性的实践探索

校本研修将教学研究的重心下移到学校,以教师为研究主体,以课程实施过程中教师所面对的各种具体问题为对象,强调理论指导下的实践性研究。它既注重解决实际问题,又注重经验的总结、理论的提升、规律的探索和教师专业的发展。我们发现,在传统教研活动中还存在着"理论学习多,专题实践少"、"任务布置多,深入研讨少"、"问题意识差,交流对话少"等不足,这种"浮于表面、流于形式"的活动方式不利于学校、教师的发展需求。因此,我们从新课程理念出发,立足于主题式校本研修活动,以改善教师的教学行为直接目标,以提高学生的音乐素养为根本目的,多维度、全方位地从同伴互助、实践反思、行为跟进等方面,积极探索有效开展校本研修活动的新途径。本文拟以一学期的校本研修活动为例予以阐述。

一、发现问题、确立主题,体现研修针对性

研究始于问题,而问题来自教学中的困惑与发现。任何没有针对问题而开展的研修活动都是没有实效的。因此,提高研修活动的针对性是校本研修的关键。教师主要以具体的教学行为来表达自己对学科教学的理解,以实质有效的方法掌握来反应自己对课程理念的领悟,以实作经验的不断积累内化来体现自身的专业发展。这一切,都建立在从自身教学实践中发现问题,并筛选出有研究价值的问题进行研究的基础上。因此,我们有意识地对教师在教学中遇到的比较突出、比较普遍的问题进行收集和梳理,每学期提出一个有针对性的、亟待解决的问题,作为校本研修活动的主题进行研究。

我校音乐教研组共有四名专职教师,除组长为经验教师外,其余三名均为青年教师,其中两名还是未满三年教龄的职初教师。如何使课堂教学的新理念真正落实于行动,对她们来说并非易事。教师们的课堂教学常常呈现出机械单调、枯燥乏味的状态,教学活动的设计、教学环节的实施缺少有效的策略与方法,学生的音乐素养得不到真正的提高。那么,如何在有限的教学时间内引导学生积极地参与学习过程,促进学生对知识的主动建构?如何通过教与学的互动,使学生在音乐学习中掌握音乐知识、领略音乐美感、体悟音乐文化,有效地提高课堂教学的效率?这些问题除了要靠教师自身在教学实践中不断摸索外,还需要通过教研组形成研究合力,通过有效的校本研修活动来提升教师课堂教学能力与素养。

新一轮音乐课程改革指出,课堂教学要从学生的学习兴趣、生活经验和已知水平出发,倡导通过感受、体验、实践、参与、合作与交流等学习方式,提高学生的音乐素养。由此可见,音乐课堂教学的有效策略与方法是衡量课堂教学有效性的重要标尺。我们认为,要全面客观地评价教学策略与方法的有效设计与实施,必须将视角定位于一节课的各项基本要素的有效性体现,即关注教学目标的有效达成、教学内容的有效设置、教学过程的有效实施、教学效果的有效体现等。于是,我们将"小学音乐课堂教学的有效策略与方法的实践研究"作为校本研修活动的主题,以分析和研究教师的教学行为为抓手,积极探索优化音乐课堂教学的技术策略,以促进学生音乐学习能力的生长和学习方式的转变,从而使音乐课

堂教学的有效性得到提升。

二、开发量表、观察课堂，凸显研修科学性

课堂是教师实施教育教学的主要阵地，同时也是教研组进行专题研究的重要基地，离开了课堂谈教师专业成长无异于缘木求鱼。因此，我们的校本研修始终立足课堂，力求通过对课堂的研究改进教师的教学行为，提升教师的专业素养。

众所周知，课堂观察就是研究课堂的重要手段。但是，课堂观察如果仅凭感觉、经验，是无法找到问题的症结的。只有通过科学的手段，提高校本研修的科研含量，才能有效地解决问题。通过访谈我们发现，教师对课堂观察有着较强烈的需求，但是苦于缺乏专业性的观察技术，对学理性较强的专业术语不甚了了。作为一种科学研究方法的"课堂观察"至今仍然是"一项被遗漏的教师专业能力"。那么，何不开发一种相对简单易行的"观测量表"，将专业性的观测工具转换为质朴易懂的语言，帮助教师消除对课堂观察的神秘感，以此提升教师科学课堂观察的能力？我们达成了"课堂观察，量表先行"的共识。

为了让全组成员更好地进入研究角色，我们积极组织学习，因为有效的理论学习可以扩大教师的视野，提高教师发现问题的灵敏度，是成功开展有效校本研修的基础。我们学习主题相关的文献资料，把握学科前沿动态；观摩名师教学录像，体悟课堂教学魅力；搜集专题研究信息，加深课程标准理解。我们意识到，有效的音乐教学策略与方法，是以建构具有艺术性、人文性、实践性、创造性的学生主体活动为主要形式，以激励学生主动体验、主动参与、主动实践、主动思考、主动探索、主动创造为基本特征的。教研组成员仔细研读新修订的《上海市中小学音乐课程标准》以及沈毅、崔允漷所著的《课堂观察——走向专业的听评课》等书籍，开发设计了"小学音乐课堂教学的有效策略与方法的实践研究"课堂观测表，并针对观测表中可以量化的部分观测点，开发了操作性较强的量表。利用观察量表进行分工与记录，可以帮助教师捕捉课堂上有用的信息，看到信息背后所蕴含的价值，使教师认识、理解、把握课堂教学事件，解决教学实践的焦点问题，并在数据分析的基础之上反思教学行为，寻求新的有效的教学改进策略与方法。

以下为我们设计的部分观测量表以及工作流程：

表一 "教学内容的有效设置——容量与密度"观测量表
（适用于欣赏教学）

观测点：教学内容、教学任务的数量是否合理

	组织教学	复习导入	欣赏歌曲			拓展	小结
			感受情绪	学唱片段	创编表现		
教学用时							
课堂占比							
概括性评价							

表二 "教学效果的有效体现——音乐知识、技能掌握"观测量表
（适用于歌唱教学）

观测点：对音乐知识理解、音乐要素感知的答问情况（后测）

	回答正确	回答不全面	回答不正确
学唱的歌曲歌名叫什么？			
歌曲是由哪国作曲家创作？			
歌曲表达了什么情感？			
	音准节奏好	音准节奏一般	音准节奏较差
唱一唱歌曲片段			

表三 课堂观察工作流程

课前	说 课	教学内容与教材分析、教学目标及重难点确立的原因和突破的策略等
	提供材料	教学设计、班级座位表、学困生和学优生的分布情况等
	交 流	了解、获得观察点的信息
课中		运用观测量表以及摄像、录音等工具进行观察、记录。观测记录要求既有定性的描述性记录，也要有定量的记录，还要有观察者的现场感受与理解
课后	对话交流	与观测对象作短暂对话，为对观测结果进行分析评价作准备
	即时反思	执教者对目标达成度、教学策略与方法的有效性体现以及学生学习效果体现等进行反思
	分析评价	在完成观测量表基础上，对教学行为作相应分析
	课后会议	反馈以及汇总各项观测结果，提出改进策略

基于观测量表的课堂观察，主要是为了关注学生课堂学习活动的性质及其

行为表现，并让教师对课堂的状态、学生的学习效果和教学目标的达成度有微观的了解，体现了校本研修的科学性。在课堂观察的整个过程中，教师借助于课堂观察共同体，探究、应对具体问题，开展自我反思和专业对话，在改进课堂教学的同时，促使教研组内每一位成员都得到应有的发展。

三、课例研究、分工合作，彰显研修有效性

课改专家于文森教授认为，课例研究的实践性主要表现为"课例研究的出发点和归宿是解决教学实际问题，课例研究是教学观念不断更新、教学行为持续不断改进、教学水平不断提升的过程"。可见，课堂是检测教学策略与方法能否得以有效实施的平台，课例研究是促使教师反思改进，并得以专业成长、发展乃至成功的有效载体。

我们的主题式课例研究活动采用的是"一人同课多轮"的实践模式。即，同一教师连续多次上同一课，内容重复，但行为不断改进。具体流程为：执教者独立备课后说课，教研组针对教学策略与方法设计的有效性进行交流讨论，完善教学设计。第一轮上课，组员听后对课堂教学中存在的问题进行分析、讨论，集思广益，执教者形成新的教学方案。第二轮上课，执教者与同伴对两轮课进行对比，明确进步，分析问题，进一步修订方案。循环几轮后，全组成员反思整个过程并写成教学课例。

当然，我们的课例研究不仅仅停留在说课、听课、评课层面，还紧紧围绕主题，针对教学实践中的具体问题，组织开展理论研究与实践探索，因此这是一个理论学习、问题研究、行动跟进相结合的活动过程。这个过程需要全体组员的分工合作，每一个阶段都是教师团队之间多向互动的过程，以此引发全体参与者的智慧碰撞，从而对教师教学行为的转变产生积极的影响。下面以一次主题校本课例研修活动为例。

1. 制订计划，合理分工

学期初，每位教师根据制定的学年音乐学科研究主题"音乐教学的有效策略与方法"，在自己执教的年级中确定一个课题作为实践课的教学内容，组长按照教学进度安排制订《课例实践安排表》。对于每一次课例实践，在团队合作共同合作的基础上，组长再进行合理的分工，并讲解每一项任务的具体工作以及时间安排，并提出明确的要求，使老师们在任务的驱动下去学习、去观察、去反思、去

研究。

表一 "音乐教学的有效策略与方法"主题研修活动课例实践安排

课　　题	年　级	课　型	执　教	日　期
《捉迷藏》	四年级	欣赏课	A教师	第4周
《四小天鹅舞曲》	二年级	欣赏课	B教师	第8周
《在遥远的森林里》	二年级	歌唱课	C教师	第12周
《小树快长高》	一年级	歌唱课	D教师	第16周

表二 音乐教学的有效策略与方法——《小树快长高》课例实践分工

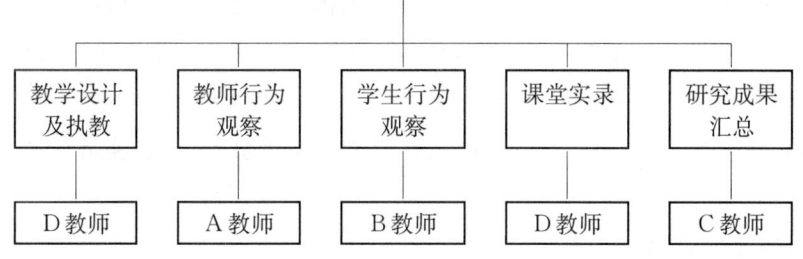

2. 收集材料，学习理论

每位教师围绕研究主题和上课内容，各自收集学习材料。在此基础上筛选出有价值的材料，组织全体组员共同学习。围绕"音乐教学的有效策略与方法"主题，我们从加里·D·鲍里奇(美)所著的《有效教学方法》中选取了"促成有效教学的五种关键行为"、"与有效教学相关的一些辅助行为"等章节内容进行深入学习。我们还从叶澜教授所著的《重建课堂教学课程观》一书中，了解了教学过程中师生的内在关系是教学过程创造主体之间的交往、对话、合作、沟通的关系，这种关系是在教学过程的动态生成中得以展开和实现的。有关理论和先进经验的学习，使我们从中获取信息，吸收经验，并指导实践。

3. 备课说课，交流研讨

根据日程安排，执教教师认真备课，着重指向研究主题的教学设计。其他教师围绕研究主题，对执教者提供的教学设计开展交流研讨，分享各自对问题的认识和解决问题的对策，并提出可行性的修改意见。然后，执教者根据同伴们提出的意见和建议修改教案。

以《小树快长高》课例中"跟音乐律动，体验歌曲情绪"教学环节为例：

教学设计：

师扮演"春姑娘"进行范唱，学生跟着音乐模仿小树苗自由律动。

提出问题：

该教学策略的设计意图是什么？有效性如何？

诊断反思：

仅仅为了感受歌曲韵律、熟悉歌曲旋律，那么教师扮演"春姑娘"角色的意义何在？我们认为，该环节的角色安排缺少目的性，活动设计落入俗套。试想，没有教师的指导和同伴的合作，感受活动只能停留在"个体活动"层面，活动的效度可以预见。

改进策略：

有效的主体参与应该是一个主动建构、积极体验的过程。教师可在此环节开展以下音乐游戏：在教师引导下，学生个人或几人一组，自由设计动作或造型，扮演形态多姿的小树苗。教师手执"魔法棒"扮演"春姑娘"，随着歌曲节奏在"小树苗"中间穿梭、舞蹈。"魔法棒"点到哪里，"小树苗"马上变换动作，"长大"成一棵挺拔的小树。

4. 课堂观察，策略改进

执教教师上课，其他教师观课，并根据量表内容进行分工，对课堂进行观察分析。课后，基于观察量表，教师就研究主题的相关问题展开讨论，以先进的课程理念审视、分析教学中的具体活动设计与实施，把握课堂教学事件，澄清教学实践的焦点问题，在数据分析的基础之上反思教学行为，进一步研究教学策略的改进，并在讨论以及达成共识的基础上，总结归纳出解决问题、行动跟进的具体策略与改进措施。

过程简述：

音乐声中，教师手执魔法棒，轻盈的身影在教室里穿梭。孩子们睁大眼睛，热切期待着"春姑娘"快快来到自己的身边。为了吸引"春姑娘"的注意，他们忘我、投入地表演着。一遍表演结束，教师马上说："现在，请一位小朋友来扮演春姑娘吧！"活动继续，可孩子们的新鲜感、参与热情和投入程度都降低了几分。

提出问题：

从观测量表的统计中发现，第一遍活动的学生参与率是 96%，而第二遍则下降为 82%。原因何在？

诊断反思：

新奇的角色表演和伙伴合作，让学生充分感受到了参与音乐活动的快乐，他们主动积极地表达对音乐的感受，师生的感情和谐融洽。但是，活动的真正目的是体验"小树苗在春风吹拂下快点长大"的喜悦心情，这也正是这首歌曲所蕴含的情感内涵。师生情感交流的缺失，使该学习活动的实施停留在机械操作层面，降低了教学策略的有效性。

改进策略：

有效的主体参与还应该是一个全员参与，多向互动的过程。活动后，教师应抓住时机与学生展开即时的交流与互动。教师可提问几个事先设计的问题，开放学生的思维空间；对于学生的回答，教师应进行适当的补充；对学生的即兴表演，教师应予以积极的鼓励，进一步激发他们的参与积极性，为教学策略的有效实施提供有力保证。

5. 再次实践，反思总结

执教者第二轮上课，其他教师再次观课。通过课堂观察以及对量表的分析，得出"教学行为是否得到有效改进、教学中的具体问题是否得到解决"的结论。通过反复切磋、合作交流、互相支持、分享经验，从而共同成长，并在今后的教学中推广成功经验。

过程简述：

第一遍即兴表演结束，"春姑娘"和"小树苗"展开了对话："小树苗们，此时此刻，你们心情是怎样的"、"你是用哪些动作表现快乐心情的"、"你的表情是什么样的"、"你和小伙伴合作的造型能否为大家展示一下"等。学生争先恐后地抒发自己的感受，展示自己的表演与创意。

"那么，我们再来表演一次，愿更多的小树苗在音乐声中快点长大！"第二次表演，学生的动作、表情、造型创意都有了进步。

出人意料的是，两遍表演后学生意犹未尽，要求再来一次，因为他们还有更好的动作、更多的造型要展示。教师欣然满足了孩子们的要求。

教学评析：

从观测量表的统计中发现，第一遍表演的参与率为94％，第二遍与第三遍均为100％。由此可见，活动后教师适时的提问与点拨，使学生的情感体验得到了激发，自主意识得到了体现，创造性思维得以发展，课堂中的不同观点也得到了相互碰撞与交流，音乐课堂活动在宽松的教学氛围中得以顺利、有效地开展，教学策略与方法的运用得到了令人满意的效果。

得出经验：

教学策略与方法的有效设计，离不开对学生学习心理的了解；教学策略与方法的有效运用，离不开师生之间的即时交流与互动。只有这样，才能使学生产生师生平等的直观感受，真正感觉到教师是学习过程中的亲密伙伴；才能使教师了解到学生在学习过程中产生的困惑以及学习的兴趣点所在，从而改进教学策略与方法，提高促进教学目标的有效达成。

课堂教学是一个由教师、学生、教材、教学活动等多样素材组成的生态系统。这样的教学生态系统只有处于融洽和谐与动态平衡时，课堂教学才能有效促进学生能力提升和素质发展。同样，校本研修活动也是一个生态系统，它充分发挥教师个体创造力和教师群体合作力，并凭借着群体间持续不断的互动学习与实践，使个体价值与群体绩效得以最大限度地显现。

四、几点收获

1. 校本研修是一种唤醒

校本研修活动在很长时间内只是一种展示、一种表演，听课者往往作为被欣赏者，观课者的评议也往往是"好话多批评少"，从而形成研修活动针对性和实效性不强的窘境。

我们的主题校本研修活动为教师提供了一个自我挖掘和发展的舞台，促进了教师"问题意识"、"研究意识"的形成。面对教学中不断出现的新问题，通过反复的实践与研究，唤醒、培养、强化教师的"问题意识"和"研究意识"，促使教师及时改进、修正教学行为，并在实践中再检验，在验证中提高反思能力，不断增强运用新课程理念解决教育教学实际问题的能力，为教师向"研究型教师"的角色逐步转变打下基础。

2. 校本研修是一种体验

教师教学观念的更新与行为的跟进，实际上是一个"学习、实践、反思、提升"的循环过程，我们的主题研修活动也正体现了这一过程。在确立研究主题的基础上，课前有备课讨论，课中有观课分工，课后有反思评议，促进了教师个体和群体更深入的反思和更有效的学习。

从以上案例中可以看出，"实践反思"使教师在集体备课、上课观课、共同研讨的过程中得到教学行为的自我修正和教学理念的不断更新;"同伴互助"将问题的研究和解决置于全员参与的研修活动之中,是集体智慧撞击的最佳体现;"行为跟进"让教师不再纠结于具体的教学行为,而是对教学行为背后存在的问题进行剖析与改进,脱离了低水平重复,增长了思考力和感悟力。这一切,真正体现了教师在研修过程中体验,在教育行动中成长。

3. 校本研修是一种提升

主题校本研修活动的过程,是对课堂教学进行系统观察和理性分析的过程。我们力求使基于观课量表的对课堂现象和课堂信息的记录与整理,成为对课堂作出正确、客观推论与评价的有力依据。教师在对话、记录、交流、反思中诊断、改进和解决教学中的问题,教师群体智慧得以激活,教学灵感在思维的碰撞中产生,研修活动的品质也在其中得到提升。毋庸置疑的是,在此同时,教师的教学能力和学生的音乐素养得到了共同的提升。这应该就是我们所追求的一个学习共同体所应有的和谐、进取、合作、创新的健康发展吧!

实践证明,将课堂教学中具有针对性的问题作为校本研修的主题,将基于量表的课堂观察作为凸显校本研修科学性的手段,将分工合作的课例研究作为促使教师反思改进并得以专业成长的载体,切实有力地推动了校本研修活动的有效开展。我们将为此而不懈努力!

【经典课堂】
在欢乐的节日里

【教材版本】 上海音乐出版社九年义务教育课本《唱游》二年级第一学期第三单元"欢歌声声"

【教学内容】 学唱歌曲《在欢乐的节日里》

【教材分析】

一、作品分析

(一)音乐知识技能

歌曲《在欢乐的节日里》是一首欢快活泼、热烈奔放的印度尼西亚歌曲,节奏明快而富有动感,旋律活泼且起伏较大。全曲由四个乐句组成,4/4 拍,为一段体歌曲。其中,第三乐句与第四乐句旋律相似,只是在尾音上稍有变化。歌曲中的衬词"啦啦啦"采用了"一字一音"的处理手法,更增强了节日的欢乐气氛,充分展现了儿童们在欢乐节日里纵情歌唱、快乐舞蹈的情景。

(二) 音乐思想情感

歌曲《在欢乐的节日里》以跳跃的旋律和动感的节奏,表达了印尼儿童载歌载舞庆祝欢乐节日的愉悦心情,抒发了能歌善舞的孩子们热爱生活、快乐成长的幸福之情。

(三) 音乐相关文化

印度尼西亚为东南亚国家之一,由上万个岛屿组成,是全世界最大的群岛国家,别称"千岛之国"。其中最著名的岛屿莫过于巴厘岛了。巴厘岛沙细滩阔,海水湛蓝清澈,景物甚为绮丽,是全世界游客向往的旅游胜地。印尼音乐中最具代表性的、最体现印尼传统音乐文化特征的,并在世界上影响范围最大的音乐种类是甘美兰音乐。甘美兰是指以打击乐为主的合奏音乐,同时又泛指一切合奏音乐和演奏这些音乐的乐队。

伦巴是对一部分舞蹈的统称,它涵盖了很多舞蹈子类,作为印第安人音乐或舞蹈的一种形式,每个岛屿上的确切定义都不尽相同。伦巴的音乐节拍是 4/4 拍,超常快速的动作、被夸大的臀部动作是它最大的特点。胯部的摆动是伦巴最优美的舞步,充分表现了这种具有典型热情气息的舞蹈的魅力。

二、育人立意

学唱印度尼西亚歌曲《在欢乐的节日里》,感知富有动感的节奏和热情奔放的旋律,感受歌曲所表达的热烈欢快的情绪,体验印尼儿童热爱生活、热爱音乐的美好情感,激发对世界多元音乐文化的学习兴趣;在音乐实践活动中,体验合作、互动、分享的喜悦。

三、教学重点

用自然、轻快的歌声有感情地演唱歌曲,表现歌曲热烈欢快的情绪。

【学情分析】

一、学习基础

本班学生已基本养成良好的歌唱习惯,并具备视唱字母谱的能力。在日常学习中乐于参与律动以及简单的舞蹈创编表现活动并具有较浓厚的兴趣,虽个体能力参差但整体基础良好。学生大部分喜爱音乐学习,并能与教师展开良好的互动。相对而言,音乐学习中学生的合作意识与协同表演的能力有待培养,交流与评价能力有待提高。

二、学习难点

1. 在演唱中准确掌握歌曲节奏紧凑、旋律起伏的特点;
2. 根据歌曲节拍,感情投入并肢体协调地跳跳伦巴舞。

三、难点突破

从学生熟悉的节日入手,通过听音乐即兴律动和互动交流,引导学生回忆并表现节日的欢乐,激发参与音乐学习的兴趣和热情;欣赏教师自制的视频,了解印度尼西亚的美丽风光、风俗人情、音乐文化等,开阔视野,为学唱歌曲作好铺垫;提炼印尼音乐文化中相关内容,设计"奏奏身体乐器"和"跳跳伦巴舞蹈"的音乐实践活动,不断加深对旋律的感知和对情绪的体验,帮助学生学会、唱美歌曲。

以教师示范的形式,引导学生自主发现伦巴舞的动作要领;以模仿基本动作、创编新动作,作为学习活动的两个层次要求,使不同能力的学生都有不同的音乐表现,都能体验参与音乐活动的喜悦。

【教学目标】

1. 学唱歌曲《在欢乐的节日里》,表现印尼儿童在欢乐节日里纵情歌唱、欢快舞蹈的喜悦心情;乐于参加歌唱、舞蹈等音乐实践活动,并在活动中与小伙伴分享音乐带来的快乐。

2. 能用自然、轻快的歌声有感情地准确演唱印尼歌曲《在欢乐的节日里》;能根据歌曲节拍,感情投入并肢体协调地跳跳伦巴舞。

3. 运用情境创设、听觉感知、肢体律动、合作创编等方式,在师生互动交流的过程中学会演唱歌曲,体验歌曲情绪,感知歌曲节奏紧凑、旋律起伏的特点。

【教学过程】

一、导入新课

听《春节序曲》片段,律动进教室

[关键设问] 乐曲的情绪是怎样的?在音乐声中,你联想到什么?

[小结过渡] 刚才我们听着音乐,模仿"敲锣"、"打鼓"、"扭秧歌"等动作进教室。从你们的表现中,我感受到了我国传统节日——春节的喜庆与欢乐。

说明：
- 学习要点：

  在音乐片段《春节序曲》中即兴律动进教室，感知节日的热烈气氛。

- 设计意图：

  创设音乐情境，在共同律动中，教师用动作和语言提示学生关注律动与音乐节拍、情绪的统一，引领学生在愉悦的心情中投入音乐学习活动。

二、新授歌曲

（一）视听结合，了解印尼

1. 聆听歌曲范唱

[关键设问] 来了一群外国小朋友，他们也在唱着歌曲庆祝自己的节日呢！听一听，歌中的小朋友是怎样庆祝他们的欢乐节日的？

2. 师生对读，感知节奏特点

在 欢乐的 节日 里，我们 在 一起，

弹 琴跳舞唱 歌，大家 多 欢 喜。

[小结过渡] 弹琴跳舞又唱歌，欢乐的节日真热闹！咦，这是来自哪个国家的小伙伴呢？原来，他们的家就在印度尼西亚。

3. 欣赏视频，了解印尼

[关键设问] 你能用优美的语言将视频中给你留下深刻印象的画面与大家交流分享吗？

4. 师生互动，交流相关信息

[小结过渡] 印度尼西亚不仅有着美丽的风光和充满异国特色的风俗人情，印尼人们还非常能歌善舞、爱好音乐。尤其在庆祝节日的时候，他们一定会载歌载舞，尽情欢乐。

说明:
● 学习要点:
① 根据节奏,准确朗读第一、二句歌词;② 欣赏视频,在互动交流中了解关于印尼的各种信息。

● 设计意图:
本首歌曲第一、二句歌词的节奏,学生演唱时容易发生错误。通过设问引导、按节奏朗读的方式,提前扫清学习障碍,为新歌学习打好基础。另外,针对二年级学生语言能力相对较弱的特点,采用学生交流、教师补充介绍的方式,帮助学生了解"印度尼西亚"这个相对比较陌生的国度。

(二) 动觉切入,感受歌曲

1. 奏奏身体乐器

[关键设问] 看,印尼小伙伴在干什么呢? 你们能不也像他们一样,快乐地跟着音乐的节拍弹奏"身体乐器"?

① 听歌曲伴奏拍击节奏

② 用拍手、跺脚、拍腿等方式为歌曲伴奏

③ 即兴创编一小节 4/4 拍节奏,用多种声势为歌曲伴奏

[小结过渡] 你们用身体乐器演奏的音乐真是充满热情,让我忍不住想跟着你们的演奏翩翩起舞。下面,就让老师为你们表演一段印尼伦巴舞吧!

2. 跳跳伦巴舞蹈

① 欣赏教师示范

[关键设问] 请你一边欣赏老师的表演,一边找一找伦巴舞的动作有哪些特点?

② 学跳伦巴舞的基本动作:摆动胯部、转动手腕

③ 听音乐即兴舞蹈

[关键设问] 伦巴舞的动作丰富多彩。你能用不同的手部动作来创编自己喜欢的伦巴舞吗?

[小结过渡]节日的盛会有了动听的演奏和美妙的舞姿,怎能少了热情奔放的歌声?让我们和印尼小朋友一起展开歌喉,唱起欢乐的歌!

说明:
- 学习要点:
① 用教师给出的节奏和自编的节奏,用拍手、跺脚、拍肩、捻指等多种声势协调地进行"身体乐器"的演奏;
② 从教师示范中自主发现伦巴舞的特点,在教师的指导下跟音乐起舞,并能和小伙伴一起自由创编手部动作进行表现。
- 设计说明:
引导学生反复聆听歌曲,运用多种形式的肢体律动,感受、体验、表现歌曲的节拍韵律和情绪特点,发挥学生的音乐想象力、表现力和创造力。

(三)和谐互动,学唱歌曲

1. 聆听教师范唱歌谱,找找旋律规律

[关键设问]歌曲共有几个乐句?哪两个乐句是相似的?

2. 听琴画画旋律线,感受第三、四乐句的不同旋律走向
3. 听琴慢速唱字母谱
4. 用喜爱的演唱方式学唱歌词
5. 有感情地演唱

[小结过渡]节日的钟声敲响了。让我们和印尼小伙伴一起,尽情地用歌声、舞姿抒发心中的欢乐吧!

说明:
- 学习要点:
能用自然的歌声和欢快的情绪准确演唱歌曲。
- 设计意图:
采用找找相似乐句、画画旋律走向的方法,加强对不同旋律走向的感

知;在学唱过程中,运用学生喜欢的演唱方式,降低学习难度。本环节主要体现由易到难、循序渐进的教学规律,引导学生自主歌唱与表现,并体验歌曲的音乐要素。

(四) 载歌载舞,表现歌曲

1. 布置分组表演的学习任务

[关键设问] 你能和小伙伴一起,选择喜欢的表现形式来表演歌曲《在快乐的节日里》吗?

2. 分组创编与练习

3. 展示与评价

评价要点:① 歌唱要富有感情;② 舞蹈要富有美感;③ 演奏要符合节拍。

4. 集体完整表现歌曲

说明:

● 学习要点:

能用歌唱、舞蹈、声势等音乐活动形式,以符合歌曲情感和韵律感的方式进行歌曲表现,并学会较为准确地评价小伙伴的表现。

● 设计意图:

在唱会、唱好的基础上表演歌曲,体验成功的喜悦,培养团队合作的能力,积累音乐审美体验,同时达到巩固歌曲的目的。

三、课堂小结

[小结语] 在今天的课上,我们乘着音乐的翅膀,和印尼小伙伴一起纵情歌唱、热情起舞,共度欢乐的节日。老师相信,只要与音乐相伴,我们的每一天都像"在欢乐的节日里"!

【学有所悟】
这 五 年

五年前，播种下求索登攀的种子，
五年间，学有所思、学有感悟、学有践行，
五年后，曾经的困惑、迷惘皆被学习的精彩所冲淡
——这是我音乐名师基地的五年！

我陶醉，每一间课堂绽放出音乐教学的魅力与光彩；
我欣喜，每一门课程折射出五彩斑斓的思想与灵魂；
我感悟，每一场报告指明了专业发展的航标与方向；
我赞叹，每一次讲评汇集着百花齐放的探索与创新
——感激我音乐名师基地的五年！

给思维带来灵性，为行动注入生机，
给信念扎根土壤，为理想插上双翼，
给时间留下永恒，为友谊珍藏记忆，
给收获增添信心，为成长赋予力量
——难忘我音乐名师基地的五年！

第八章 遇见——最好的自己

教师介绍

周佳春，1997年毕业于上海市行知艺术师范学校，后毕业于华东师范大学艺术学院音乐系，中共党员，中学高级教师。现任教于上海市宝山区第二中心小学。

上海市教委教研室音乐学科中心组成员、宝山区学科带头人、宝山区音乐学科基地领衔人、宝山区文体工程先进个人、上海市"一师一课"优课评审组评委、全国"一师一课"部级优课评委等。

曾获得上海市中青年教师教学评优一等奖、上海市青年课题成果研究三等奖、撰写的案例《音乐审美—情感表现的灵魂》和《捕捉生成 即时反馈》收录于上海市教委教研室编撰的《向善尚美 知音识曲》中小学音乐学科育人价值研究一书中。全国中小学歌唱教学优秀教案评选活动二等奖等。带领的合唱团多次代表宝山区参加上海市学生艺术节合唱比赛并获等第奖。

成长叙事

[渴望遇见]

我，1997年毕业于上海市行知艺术师范学校音乐专业，那一年我18岁。刚毕业的我自信满满，觉得以自己的专业能力、认真的工作态度，一定能有一帆风顺的工作前景，那时的我相信——是金子总会发光。

毕业后，我放弃去一些重点小学或音乐特色学校的工作机会，而是服从学校分配来到了偏远的一所乡村小学——宝山区庙行中心校，我是学校的第一位专业、专职音乐教师。那时的校舍简陋、孩子们的"乡气"着实让我这个市区长大的小老师有好一阵不适应。学校在音乐教育上的空白虽让我没有捷径可走,但我依然坚信这是一块实验田,它留给了我施展的空间,我一定可以在这里干出些什么!

> ➢ 遇见——期盼的眼神

一所没有音乐专职教师的乡村小学,终于迎来了第一位专业的音乐老师。学校的领导带着多大的期许可想而知,他们时不时地会走进我的课堂,看看这样一个年轻的专业教师是如何驾驭课堂的,课后他们总是笑一笑,点着头,看似满足地走了。那时的我用师范学校里教法课上老师教的所有本领上课,总以为自己很投入,还不错,感觉颇佳。在领导期盼的眼神下我看不出还有什么要求,所以无知无畏的我觉得这样下去我就能成为一名称职的音乐教师,能为这所学校的音乐教学带来很多变化。

但随着一次次区内教研活动的观摩,我发现一堂堂让我听得出神的音乐课,不是像我的教学那么简单的。老师讲话时要用孩子的语言,这叫"儿童化";设计活动时要用故事串起,这叫"情境化";讲述艰深音乐知识时要有图片、比喻等作为辅助,这叫"形象化"……这些信息不断地冲击着我的教学观念,改变着我的教学思维,但要把这些理念都落实到自己每天的教学行为中是需要方法的。我渐渐发现,自己根本就还是一颗未曾破土的种子,外面的世界根本未曾触及,我和课堂上的孩子们一样地稚嫩,我需要了解、学习的东西太多了,那段时间我走进课堂的角色从原来的女高音突然变成了女中音,而且还属于气息严重不足的那一类。

> ➢ 遇见——引领的春天

刚工作一年,学校为我请来了一位"贵人"——区教研员李春红老师,那时起我有了师傅。作为教研员的她在业务上让人仰慕,在为人上令人敬佩。在师傅事无巨细的引领、指导下我的成长真正踏上了起跑线。师傅回想起当时的我,乖巧、认真但灵气不足。每次听课时总觉得我与孩子的交流犹如"隔靴搔痒"——**不贴切**;上课时总用"诚惶诚恐"的眼神看向她——**不自信**。

曾记得,刚开始师傅的每一次听课后总会用安慰的语气说:"看得出你很努力,但总觉得课堂的互动缺了些什么;教学的设计也动了脑筋,但总是没能把握要点。"那时的我最讨厌那些"但是",我总是愤懑地问自己:"为什么总是没有进步?为什么不能变得更好?难道我是那么不开窍的吗?读书时总是出色的我去哪儿了?"一次次公开课前的磨课虽然备受折磨,但是压力总与动力并肩而行;一轮轮的突击听课总让我心神不宁,听到师傅直言不讳的批评时,心中的挫败感不言而喻,但越挫越勇的劲头也就此产生;获得师傅赞扬声时心中的狂喜只有被"虐"过的人才能真正体会。只要不放弃、有韧劲,赞扬总会替代批评。当每一次的公开课顺利完成后,我总觉得自己又向前跨了一步,有时感受了不同课型的教学侧重,有时体会了学习形式变化所带来的不同效果,有时则摸索了师生互动过程中的教学相长。所有的一切都在任务驱动中不断积累起来。

2002年师傅让我代表宝山参加了上海市的音乐教师基本功大赛,获得了二等奖;2004年我参加全国音乐录像课上海地区选拔赛,赛前我的压力很大,这堂课的成败与否从一定程度上代表着宝山区的音乐教学水平,师傅将这样难得一次的市级比赛机会给了我,我们学校的学生从音乐素养到穿着打扮都无法与区内其他中心小学的学生相比,更别说去和市里的优秀小学抗衡,在这一点上我们占了绝对的劣势,但师傅依然与我并肩,打了一场没有把握的仗,在师傅与我的一次次精心备课、辅导后我的这堂课获得了上海市二等奖。赛后我问过师傅,为什么把这样的机会给我,师傅是这样对我说的:"乡村学校的青年教师也需要锻炼、需要机会。作为师傅看到你的努力和付出,愿意与你并肩共同成长。"记得那年我上完区里的一次骨干教师展示课《花儿与少年》,大家的掌声、赞美声让我飞上了云端。那天师傅才说起,整节课她都不敢到处张望,生怕我看向她时她没能给我一个肯定的眼神,而影响我接下来的教学,原来我一直有个习惯,总在上课时会观察她的眼神和表情,我在意她对我的每一句评价每一个眼神,那是2008年。整整十年我在师傅的呵护、鼓励、陪伴下慢慢地成长。

在春天般清风拂面的呵护下,我的专业发展路上迎来了更多引领的导师们。2012年初,我成为上海市双名工程第三期的学员,遇到了专业成长中的高端平台。在基地曹建辉、陆亚芳两位导师的引领下我看到了特级教师身上散发出的魅力,他们对专业的孜孜不倦、对教学的深入钻研、对工作的执着追求。在基地的学习中导师们为我们设计了符合音乐教师专业成长的路径,为我们搭设了很多锻炼的平台。比如,特色课程的开发、校本教材的编写、科研论文的撰写以及教学展示、名师讲堂等丰富的活动。我在这些任务的驱动下、锻炼下,渐渐发现了自己教育教学中新的突破点,精心整理了十几年来教学中的所思所想。这五年,我在跟随、在探索、在吸纳、在前行。

> 遇见——友好的分享

与当时学校年轻、漂亮的教导主任一次同事间寻常攀谈时,我说起自己想要撰写一些教育小故事或教学案例,总觉得词不达意,无从下手,很是困扰。她却翻开抽屉拿出好些笔记本,一一说起了它们的用途,一本是用来记录教育杂志上的经典语录的;一本是用来整理学习笔记的;一本一本……

从那以后,我也学着根据自己的需要开始了摘抄、收录的学习方法。我收集、整理听课后的笔记、教案,在整理教案时添上一些自己的反思和做法,然后在自己的教学中学着试一试。我开始翻看《中小学音乐教学》《中国音乐教育》等音乐教育教学期刊,把经验教师所总结的精彩教学方法摘录在自己的摘抄本中,经常读读、看看。随着教学思考的深入我的玻璃橱里多了好些工具书,每年的寒暑假都会去书城逛逛,买些教育理论书籍回来翻看,把一些给人启发的、实用的摘记下来或在书中做些笔记,外出的讲座学习后我也会进行笔记的整理。合唱队组建以来还有了"合唱指导方法记录本",把看到、想到的问题、方法都记录下来。

一段时间的学习和积累明显看到了成效,我在撰写教育教学论文、案例时语言不再苍白,视角不再单一。2003年我的论文《音乐教学中运用体验发挥学生的主体性》一文获得了全国第四届全国音乐论文评选三等奖。2005年完成了上海市青年教师教育教学研究课题《小学音乐教学中技与趣关联的研究》的申报,并在一年后的结题中获得了三等奖,虽然等第不高,但对我而言在完成这个市级课题的整个过程中了解课题研究的流程、要点是什么,梳理总结了自己教学中很多的方法和策略,因为这个课题,我在科研方面渐渐成长起来。在这之后的教学设计、教学案例、教育论文的市区各项评比中总有我的身影,获得了不少教育科研上的荣誉,近几年也在《清歌流韵皆育人》《知音识曲　向善尚美》《现代教学》《宝山教育》等书籍刊物中发表了一些文章。

> 遇见——纯真的笑脸

成为老师最大的幸福就是能与孩子们在一起,他们给了我最纯真的爱和鼓舞,因为与他们在一起我的生活多彩变化,有时我是"大姐姐"与他们一同游戏玩耍;有时是"好朋友"与他们谈心解疑……要走进学生的生活,就需要不断地变换自己的角色,让他们接受我,喜欢我。我知道在与学生交流、沟通的过程中每一件事情都是一个很好的教育契机。

有一次合唱队参加区里比赛的时候,由于考虑不周孩子们将饮水瓶随处丢弃,让我一直耿耿于怀。于是,在下一次的活动中,我给每个孩子准备了姓名标签,每瓶水上都贴上了他们的名字,并给每组分发了不同的塑料袋,演出前由组长负责统一收好,比赛结束再还给队员,这样既不会弄乱又保证不会浪费。另外,这个姓名标签我还用在了服装的整理与归还上,每个袋子上都贴有名字,谁还了谁没还一目了然。把一些事务性的工作做细致不但能为工作增色,更为学生树立了有条理的处事方法,这也是教育的一部分。

发生在合唱队里的故事还真不少。我们的合唱队为了不影响孩子们的正常学习,所以排练时间安排在了早上 7:00 到 8:00,孩子们总是在睡眼惺忪中唱起美妙的歌声,为了保证排练时间充足,我总是用各种方法鼓励、诱惑他们早些到校。一天早上,我骑着自行车 6:45 左右来到学校,在校门口遇到了我们队里的"小百灵"——杨文萱,她平时学习成绩一般,但是天生一副好嗓音,在队里她是领唱。她见到我满面欢喜地跟我打招呼,"周老师早!""你早呀!"我也热情地回应道,接着听到她和送她来的家长告别时,她的爷爷大声地嘱咐了一句:"好好唱歌噢!"我当时就怀疑是自己听错了。来到教室,我问她:"杨文萱,刚才爷爷临走时说了句什么?""好好唱歌呀!"原来我没听错,家长没有说"好好读书"、"好好上课"而是说"好好唱歌",对于一个学习一般的孩子来说,她在合唱队里找到了自我的价值和成就,能够得到家长如此的重视对我而言是幸运的,同时也鞭策着我要努力地和孩子们一起唱出更美的歌声。

不知怎么回事,与孩子相处,有时总会笑着笑着就哭了。

有一年寒假结束开学后的几天,我终于去上五年级孩子们的课,来到教室门口,里面整齐的竖笛声依然悠扬,但窗帘却拉得严严实实,门也紧闭着,我敲开门,全班的孩子们爆发出热烈的欢呼声:"祝周老师,生日快乐!"孩子们手拿礼物扑向我,黑板上画着漂亮的生日蛋糕和各种祝福,我顿时热泪盈眶不能自已,孩子们亲手制作的贺卡、编串的手链、描绘的图画都是来自他们最真心的祝福,合唱队的孩子们还为我唱起了《时间去哪儿了》,那是最特别最难忘的一次生日。

还有一年毕业季,我像往年一样给合唱队五年级即将毕业的队员们准备了小礼物——一个杯子,寓意着一辈子都珍藏童年里在一起的美好回忆,不经意翻开书桌时发现了一封曾经教过的孩子写来的信,里面满是回忆和感动,我记得这个孩子叫陈贝,她毕业前我知道因为外地生的关系,必须要回老家读中学,离别前非常不舍地来向我告别,我准备了一套中学生少年文学的书籍扎上漂亮的蝴蝶结,在书的扉页给她留下了这样的话语:"少年时的离别代表着你已长大,不必沮丧,无须悲伤,老师在这里等待着你的归来,盼望着大学时的你亭亭玉立出现在我的眼前!亲爱的孩子加油!"当时她抱着我哭了好一阵。最近遇见在上海打工的陈贝妈妈,她说陈贝今年高考,目标是上海交大,就因为周老师说过让她一定以优异的成绩考回上海……

在与孩子们的相处中我们有太多珍贵的故事,他们的成长点滴、喜怒哀乐都深深地藏在我的脑海,送走一批批的毕业生,回来三三两两的熟悉身影,感慨岁月的流逝是如此无情,但心底的温度却总是如此的温暖,只要孩子们能常常想起曾有这样一位老师带给她们美妙的音乐,教会她们吹奏悠扬的竖笛,教导他们许多做人的道理,那就足够啦!

➢ 遇见——最好的伙伴

"独木难成林"、"人的结构本就是相互支撑"。从我工作至今,与我并肩的伙伴给予了我莫大的支持,如果没有她们同行,这一路必定是寂寞的、惆怅的。

薛卫莉,长我 6 岁,1998 年调入学校,是与我共事时间最久的同学科伙伴。我们不仅是同事,更是推心置腹的朋友,是一个眼神就能传递"我懂"的最亲的人。合唱团组建后她一直是团里的钢琴伴奏,是"薛薛"支持着我每天早上 7 点的准时训练,刮风下雨、天寒地冻从没有推诿和怨言,学校的合唱团能有今天她功不可没,就是因为我拥有这样的伙伴,才使得我更努力、更坚定地走在自己专业发展的路上。

陆莹莹,比我小一岁,2000 年毕业后来我校工作,莹莹的到来我们学校音乐学科的"铁三角"就此形成,这一干就是 16 年。莹莹聪明、能干,用师傅的话说:"她比你有灵气!"可我们之间的交往没有攀比,没有妒忌,每一次公开课都是大家的事,不分彼此,所以我们共同成长,相互学习,没有内耗的成长是如此的令人称羡,这样的你追我赶催促着我不能松懈,勇敢向前!

三个人在一起的时候讨论得最多的是课堂上的"各种八卦",有孩子们的奇思妙想;有教学中的点滴收获;更有困惑与问题的交流,经常在随意的聊天中擦出教学智慧的火花,形成了许多我们共同的课堂规则,"整队顺口溜""班级积分制""竖笛小故事",这些做法深入我们每个人的行动中,所以整个学校的音乐教学水平能够同步提高,各种音乐社团都能够呈现出人才济济的良好状态。

随着学校扩建,我们团队的人员在增加,新伙伴虽然年轻、缺少些经验,但是踏实、肯干、勇挑重担,相信不久的将来也能成为团队中重要一员。

在名师基地的学习中,我迎来了更多的伙伴。他们个个"身怀绝技"。走进他们的课堂我看到了每个人不一样的精彩;了解他们工作状况更体会了每个人的艰辛;深入的交流中更敬佩着他们对学科的理解与追求。精彩也好、艰辛也罢,他们总是带着笑容娓娓道来;追求也好、执着也罢他们总是毫无掩饰地表达着自己对音乐学科的热爱。感谢身边有你们成为我的标杆和榜样,更感谢有你们一路与我相伴。

我们总是说"走在一起是缘分,一起在走是幸福"身边的每个伙伴都是我的"幸运星",有你们才会有更好的我。

➢ 遇见——真诚的放手

想要的太多往往得不偿失,这世上很难鱼和熊掌兼得。在我的成长经历中,有一次放手,意义深远。

2004年老校长退休后,谈莉莉成为学校的新一任校长,她就是与我分享一本本笔记的,当年的教导主任。她信任我、爱护我,让我接任当时的大队辅导员工作,我知道那是一个非常锻炼人的岗位。我一边在这个岗位上摸索、学习,一边又坚持做好每一件与音乐学科有关的工作,课堂教学的发展、合唱团的建设、少先队的探索,当时的我觉得自己被压得喘不过气来。坚持了5年,我终于提出了放弃大队辅导员的岗位,我要回到音乐教师一线的岗位上,踏实、投入、精心地研究我的教学。校长犹豫再三,挽留再三,但是我的想法依旧坚定,我坚信离开行政岗位并不是我退缩,而是我的选择。我觉得自己在教学中羽翼未丰,在合唱训练上更是初出茅庐,这些都是我的挚爱,我没有精力再更好地服务于那个岗位,所以我做了选择。我的校长,明理、宽容,最后她真诚地放开了手,尽管这让她在行政管理上一度被动,尽管这让学校的工作有些慌乱,但她理解我的苦恼,愿意成全我的追求。那一年2009年。

自那以后我全身心地投入到了音乐教学中，全国观摩课、合唱大师班、名师后备的推荐，只要是我需要的学习，对我的专业成长有帮助的，谈校长没有一项不鼎力支持的，这是她给予我"真诚的放手"。合唱团成了学校的一张名片，有这样的支持，我怎能不为学校尽更多的力？除此之外每年艺术节的集体项目我们学校都参与了全部比赛场次，为学校获得了各种荣誉，让名不见经传的乡村小学先成为"宝山区合唱特色项目学校"，而后成为"上海市合唱特色项目学校"。今年，刚刚揭晓的宝山区艺术各项评审中成为"宝山区艺术特色学校"。

学校成就了我，同时我也应当成就我干了19年，爱了19年的学校。

> 遇见——执着的自己

想要拥有一张傲人的名片，手中必须有活儿才行。"一名音乐教师，绝对不能只用一条腿走路。课内课外都要开花才行！"师傅这句语重心长的话经常萦绕耳边。为了能两条腿走路，我需要打造一个执着的自己。

从小爱唱歌的我具有丰富的合唱团实践经验，在中福会少年宫合唱团里我唱了十年，我熟悉合唱、了解合唱、爱合唱。

2007年学校的合唱团正式组建。当时学校的教学班不多，三、四、五年级，适合唱歌的孩子也不多，我的招生原则只有一条——爱唱歌。50人的合唱团建起来了，我选择了主学科老师们都不用的时间（早上7:00—8:00）进行排练。那时，清晨的校园里每天都飘扬着歌声。可排练的效率着实不高，音准、咬字、和声、音色等，总觉得有很多不尽如人意的地方。但我相信勤能补拙，所以那时的我们比别人付出了更多的努力。区艺术节的比赛中我们获得了第一名，代表宝山区参加了上海市学生艺术节的合唱比赛，获得了二等奖。

以"勤能补拙"式的练习，让我的合唱团尝到了些许甜头，但比赛前的"疲劳作战"让我和孩子们都感觉非常累。我的心里出现了一个声音"要积累有效的训练方式，要提高排练的效率"。

我购买了一些合唱教学的工具书，参加了很多童声合唱培训，边翻阅工具书边做摘录，边聆听培训边整理笔记。渐渐的，排练中有了新的指导方法，孩子们的歌声有了一些改变。我坚持着这样的学习和实践，那段时间的目标是：给排练减负！不要加班加点的排练，合唱团依然能保持原有的水平。在日积月累中我的合唱指导能力的确有了进步,大赛前我和队员们不再焦虑,每一次练习都能有一定成效。每年合唱比赛中我们的成绩依然名列前茅。

在合唱指导的专业发展中,我的"拿来主义"学习方式起到了很好的作用。但总觉得排练指导还不够用,还不接地气。也许是我的学习不够有深度,操作起来一知半解;也许是我们的基础与大师们的案例相去甚远。所以我开始了新角度的思考。

每次排练前我认真读谱,做好案头工作,编写关于此首歌曲演唱重点的练习方式,找到解决难点的突破口,将其一一记录在乐谱旁边,排练时有针对性地进行练习。我发现,这样终于接上地气了。我把排练时的一些得失记录下来,为再思考再调整提供依据。除此之外,我在一些世界知名的音乐教学法的学习中发现了很多合唱训练的方法,带着不断更新的教学理念我的合唱指导方法也不断地更新着。

从 2007 年唱响《牧童之歌》开始,到 2014 年和维也纳童声合唱团共同在央视的银屏中演出,我们的合唱队走过了 8 年,每一年的收获都是满满的。随着合唱社团的逐渐发展,学校的艺术特色项目站稳了脚跟。可学校艺术活动不能仅仅只有合唱,必须探索更多的艺术项目共同发展才能让校园艺术之花绚丽夺目。

少儿歌舞剧的探索中,从剧本的编写、音乐的编曲到服装道具的设计,直至排练,一系列的综合性舞台艺术工作我都进行了尝试,虽然第一次的原创,很稚嫩,但是有经历就一定有收获。

朗诵作品的原创过程也是富有挑战的。我去书城翻看了大量的儿童文学书籍,在一篇篇的故事中寻找灵感,终于选择了"等我当了爸爸、妈妈"这个题材,用孩子的语气道出他们对爸爸妈妈的渴望与请求。

这样的自觉挑战,让我在专业成长的路上脑洞大开,每一次的学习就是信息的采集,这些信息会给我带来很多新鲜的思考。我的执着来自对专业的热爱。我从课堂教学走到课外社团,一直有一颗爱音乐学科的心。

[感恩遇见]

是那些年的眼神给了我希望,是那些年的分享给了我方法,是那些人的支持给了我无限的力量,感谢专业成长的路上遇见了这些重要的人,这一路的"遇见"让我成为现在的我。

如今,站在讲台我享受每一次与孩子们精彩的互动,走上舞台我挥动着心中最愉悦的节拍,伴随着我的是孩子们美妙的歌声,让我体会着心中最深的感动。感恩这一路有你们携手相伴……

【且行且思】
小学音乐教学中普及型竖笛学习的有效策略研究

一、研究现状分析

音乐课堂教学是基础教育中学生审美发展的重要途径之一,但面对每周两课时的音乐课学习,音乐审美的表现只能运用一些较为简单的音乐表现手段,对音乐作品的感知也较为初步。音乐是需要用多种表现手段来阐释其美感与乐感的一种艺术形式,它必须以音乐表现技能为媒介,通过歌唱表现、乐器演奏、舞蹈律动等多种形式对音乐作品进行演绎。在我们通常的课堂中以歌唱表现、肢体律动作为最普遍的表现方式以外,很少能够寻找到适合全体学生共同参与的表现形式。所以,很多时候我们的音乐课被称为"唱歌课",这使得音乐学习过于单一和片面。

随着艺术教育的蓬勃发展,乐器学习作为音乐课堂的一项重要内容日益受到重视。《音乐课程标准》指出,器乐教学对于激发学生学习音乐的兴趣、提高对音乐的理解、表达和创造音乐的能力,发挥音乐教育的审美功能,丰富学生的课余音乐生活,都有着十分重要的作用。我国自20世纪80年代将器乐教学纳入中小学音乐教学以来,实践证明演奏乐器是中小学音乐教育不可缺少的重要组成部分。器乐教学在音乐教育体系中既是学生学习音乐和表现音乐的重要手段,又是开发其智力的重要途径。通过学习器乐,让学生掌握基本技能,重在培养审美的情趣、能力,丰富发展学生文化生活,提高学生的音乐素养。在器乐进课堂的背景下我们应当如何有效实施呢?有些问题常常会困扰着我们实际的课堂教学实施,比如,器乐教学应当如何与教材内容相结合?器乐的学习应当遵循哪些学习规律?等等。

在教学中我选择了八孔竖笛作为课堂器乐,选择它是由于它构造简单、携带方便,便于课堂组织和学生课后练习。竖笛能吹出两个八度的音域,基本满足小学阶段的欣赏、歌唱曲目的学习需要;吹奏时吹孔可见适合小学生器乐入门学习。

在小学阶段,由于竖笛教学没有具体教材,对竖笛教学方法、策略方面的探究并不多。本课题旨在改变以往课堂教学中枯燥单纯的竖笛演奏技能训练方式,主要从小学阶段音乐课堂中全体学生全员参与的竖笛学习为研究范围,学生的学习兴趣和学法指导出发,充分整合、重组现有教材,编写校本教材为主要研究方向,挖掘课堂器乐教学的有效方法和策略。

二、研究的主要概念界定

普及型:学校音乐教学中的课程分拓展型课程与普及型课程,拓展型课程是指面对部分有音乐特长、兴趣爱好的学生开设的课程。而本课题中指的普及型课程是指面向小学阶段音乐教学中所有学生的课程内容。

三、普及型竖笛课堂教学的有效实施策略

1. 从器材出发,找准竖笛教学起始点的有效策略

低年级的竖笛教学是器乐学习最困难的阶段,虽然学生的好奇心强、求知欲望,但持久性却非常短,这件乐器于他们而言只是一个玩具,如果这个"玩具"不能很快地玩出新花样、成就感,那么他们很快就会失去玩"玩具"的兴趣,基于这样的情况在竖笛教学时必须找准器材特点与学生的生理、心理发展的最近关联区,让整个学习的过程易上手、见效快。

(1) 基于学生手部肌肉发展程度的起始点设计

在起始教学中我选择了先进行F调的学习,虽然从指法的替换角度看F调的指法相对较复杂,但对于低年级学生的手部肌肉控制能力不强的情况而言,选择手指按孔数量较少的F调,符合学生的生理发展情况;另一方面,学生此阶段所学唱的教材中的歌曲音域也以F调为主。基于以上两个方面的情况,认为竖笛起始阶段的学习选择F调能够降低学习难度,让学生能够较容易地体会学习的成功感,树立学习竖笛的积极性。

(2) 基于竖笛发声特点的合理吹奏方法设计

在竖笛学习的起始阶段手指触觉的敏感度培养尤为重要,正确的执笛方式、

按孔方式会直接影响今后吹奏技能的掌握。所以我以按孔手指敏感度练习为主,指导学生进行"敲印章"的小游戏,让学生关注每一次执笛后找到指腹中间的小圆孔是否完整,如果圆孔印不完整说明吹奏时会出现漏气、破音现象;如果圆孔没有出现在指腹中间,那么也会随着指法替换偏移指腹,造成按孔不实的现象,通过这样的练习建立起学生对于按孔方式的初步感知,在这之后吹奏时的怪音、破音的出现概率。

在吹奏气息方面用轻吹羽毛的方式感受吹奏气息的力度控制,起始阶段的吹奏以缓吸缓呼为主,过分用力的吹奏亦会导致破音的出现。在指法先行、气息跟进后再进行手口协作的吹奏练习。

2. 从教材出发,找准竖笛教学结合点的有效策略

竖笛作为课堂教学的学具应当是辅助音乐教学的有效手段,它可以增强学生的音乐表现力;可以提高学生的音准、节奏等音乐基本素养。但作为每周只有两课时的音乐教学来说要将器乐教学渗透进课堂就必须找准与教材相符的结合点。

(1) 引用教材中歌曲片段作为吹奏练习曲

对教材中学生熟悉的歌曲吹奏兴趣会非常高,在练习设计中可以将教材中的歌曲进行整理,根据学习进度选取他们能力范围内的片段作为练习曲。

比如:一年级的歌曲《上学》中,每个乐句的前两小节中只出现了1、2、3、5四个音,老师可以利用这首孩子们很喜欢的歌曲进行师生合作对奏的方式进行学习,学生只负责前半乐句,教师负责吹奏后半乐句。当学生能够将这首他们非常喜欢的歌曲吹奏出来时对竖笛学习的热情也随之升温。老师可以根据学生的学习进程挖掘教材内容中的乐曲、歌曲片段让学生开展竖笛学习。

(2) 挖掘教材歌曲特点编写短小的伴奏练习

低年级的歌曲学习方式以听唱法为主,歌曲的节奏旋律形式多样、丰富,大都不适合此阶段学生直接用作竖笛吹奏,所以教师可为部分歌曲编写简单伴奏,让学生在熟悉的歌曲声中进行吹奏练习。

比如:在学唱《玩具进行曲》时,我根据歌曲的节奏特点编写了一段节奏型规整、涉及音较少的旋律,提供给学生为歌曲进行伴奏。设计时有目的地将此阶段竖笛学习的主要音"5"进行反复练习,与歌曲的和声相符的同时也要兼顾学生

的学习能力进行编写。这样的学习方式可以根据学生的学习实际进度和能力随时进行调整，练习还具有一定的针对性，是有限的课堂时间里进行竖笛教学较好的方法。

3. 从乐谱出发，找准竖笛教学的生长点的有效策略

乐谱的识读能力直接影响了学生竖笛学习的进程。如何找到适合学生器乐的读谱方式又能够兼顾教材内容的学习要求，还要考虑学习过程中自主练习的需要，让学生拥有他们能够驾驭的乐谱是非常关键的环节。在研究中试图寻找最适合学生的识读乐谱的有效策略。

（1）根据低年级学生认知规律进行简谱的识读乐谱

对于低年级的学生既要学习吹奏方法又要识读对理解力要求较高的五线谱是有一定难度的，所以用简谱作为初始阶段的乐谱对学生而言较为适合。

学习竖笛时，每个低年级的学生都会有一本小册子，将要学习的乐谱记录下来，起初是只有1、2、3三个音的歌曲《小宝宝要睡觉》，对学生而言只需依葫芦画瓢抄写一些数字，简便迅速，不会占用过多的课堂时间。但记录的过程中学生会涉及拍号、小节、终止等一系列简谱符号，教师需要进行一些必要的讲解，通过一段时间循序渐进的学习，学生掌握了简谱的识读，这本小册子中的歌谱也能够作为他们课后练习的乐谱材料，也能记录下他们的学习成果，比如贴上小贴纸或敲上奖励小印章。当然这个做法的过程中还需要老师悉心地观察、了解学生对于识读乐谱的问题和困难，及时地开展辅导。

（2）根据中年级学生认知发展进行五线谱的学习

根据音乐课程标准要求三年级的学生应初步掌握五线谱的乐谱识读，根据竖笛学习进程学生已具备了F调的吹奏能力，需要进入C调的学习，此阶段配合五线谱的学习一同进行可达到很好的学习效果。

经过了简谱的学习学生对于节奏型的识读已经有了一定的基础，五线谱的识读过程中重点在于记住音的位置，将音位的学习和原有的节奏型相结合就能形成较为初步的五线谱学习，此时的教材充分考虑了学生五线谱的识读学习，涉及的音较少，旋律相对简单，而此时的竖笛学习也由原本的F调渐渐转向C调，恰好与之相符，所以教材中的很多歌曲可以作为竖笛的练习曲进行练习。有了竖笛的吹奏练习五线谱的识读能力也能够随之增长。乐谱和竖笛学习紧密相连，不可分割，我常跟学生开玩笑地说："在吹竖笛的学习中我们绝不能做心中

'没谱'的事儿。"

4. 从学情差异出发，找准竖笛教学发展点的有效策略

普及型的竖笛教学中需要面对所有学生，学生间存在一定的差异，理解力的差异、学习参与程度的差异，这些差异会直接导致学生们的学习结果产生很大的区别，针对这样的情况教师需要采用分层教学的方式进行辅导。

（1）利用及时评价的原则关注每一位学生的学习现状

课堂上经常进行一些抽样式的小测试，以了解学生的学习情况，这样的方式会让每个学生都专注力很高，课前准备也会较为主动，每次吹奏测试后老师给予及时的评价和引导，还会颁发一些小奖励以鼓励孩子们的学习积极性，为后继的学习指明方向。

比如：我的钢琴边一直有一张特殊的座位，为竖笛学习的后进生而设，这张座位没有固定的人选，经常有一些有学习困难的孩子来坐坐，当大家都在自主练习竖笛时我会对这些学生进行一些短时间的个别辅导，帮助孩子们及时解决困难，找到学习的方向。所以孩子们都不抵触来到我的身边，经常有学生主动到我身边求助，对于这些学生我也会给予更多展示成果的机会，让他们的点滴进步都能与同伴分享。我发现这样的个别辅导能够让学生打消对竖笛学习的畏难情绪，真正主动地参与竖笛学习，成功感能让他们保持积极的学习热情。

（2）利用"小先生"制为学习落后生提供贴心的帮助

学生习得的方式多种多样，他们会以他们的方式与同伴交流。所以在课堂上我经常让孩子们当"小老师"去帮助学习有困难的学生。学习困难生在同伴的互助中感受到了心理上的关爱和技术上的指导，加快了他们的学习脚步。

在我的教学中有特制的"小老师章"，在每一首歌曲的吹奏中都会有一些优秀生获得此章，然后他们就会带着自己的经验和成果去陪伴或教一些有困难的学生。这个过程中对于优秀生而言是一种精神上的鼓励也是一种学习上的复习；另一方面，小老师们可以在教其他小朋友的过程中总结更多吹奏的方法有利于自己的提高。对于学习有困难的学生来说有了同伴的陪伴和帮助，增强了他们对于竖笛学习的持续性，能够早日感受到竖笛学习所带来的成功喜悦！

四、竖笛课堂教学实施后的思考

1. 如何挖掘器乐特点形成较系统的学习内容

每项乐器都有其特殊的性质,每个年龄段的学生也都有其不同的理解力和感知力,在教学中如何形成既符合学生实际又凸显器乐特色的学习体系是有效开展竖笛教学的重要问题。

这需要教师一方面不断地学习、查阅繁多的学习内容,深入了解乐器特点;另一方面悉心体味课堂,探寻学生的学习需求、学习基础,将竖笛学习的内容进行合理分解,找到最符合学生学习发展区的内容与方法。

2. 如何有效利用课堂时间进行竖笛吹奏练习

音乐课堂的学习时间非常有限,能够实施器乐教学的时间就更是一刻千金,如何利用好每堂课中学习竖笛的时间是始终需要关注的问题。

器乐学习决不能有始无终,也不能朝三暮四,今天想到了就学,明天没时间就放一放,这种不具有持续性的学习方式对学生而言是忽冷忽热的,永远无法激起学习的长久热情。所以,我们的器乐教学需要教师不断挖掘基础型课程所提供的教材内容,将其进行不断地利用、重组、创造,将一些符合学生知识能力基础的内容进行提炼或重构,并在每堂课中不失时机地加以运用,已达到竖笛这一课堂器乐在教学中能够对音乐学习活动的开展起到辅助作用,同时还能在器乐演奏能力的发展上形成不间断的螺旋上升的态势。

3. 如何长时间激发起学生对竖笛学习的热情

无论哪项学习活动都应当是学生主动参与的,只有这样的学习活动对于学生而言才可以称为有意义的学习,在我们的竖笛教学中如何让孩子摆脱学习困难所带来的畏难情绪,让他们始终保持学习的热情是教学的又一重要话题。

在教学中我们必须清醒地认识到,参与学习活动是每个孩子必然的学习经历,在孩子们学习的过程中也一定会遇到许多困难,而对于大多数孩子而言学习产生困难时如果缺乏及时的关注和帮助就会很快感受到学习带来的挫败感,这种挫败感会直接导致学生放弃这一部分的经历。因为孩子们没有如同成人一般的自制力和意志力,他们容易接受也容易放弃。所以在我们的教学中应当始终关注学习的兴趣与学习意志力的协同发展,无论在学习内容上还是情绪管理方面始终坚持及时地进行辅导,在第一时间给予学生中肯的评价,不让他们感到孤独和无助,让他们在学习的漫漫长路上经常获得成功的喜悦,勇敢地迈好学习的每一步。

【经典课堂】
童年的摇篮曲

【课　题】　四年级第一学期第四单元"可爱的童年"——歌曲《童年的摇篮曲》

【课　时】　1课时

【教学设计导读】

一、教学内容与立意

（一）内容分析

《童年的摇篮曲》是上音版第七册第四单元歌唱内容。歌曲旋律优美，表达了学生对于母校生活留恋不舍的真挚情感。另外，此歌曲是学生在上音版教材中遇到的第一首带有二声部的歌曲，本首歌曲中出现了一个乐句的二声部旋律，节奏以两个长音呈现，是较为简单的二声部旋律。

通过歌曲的学唱，意在使学生感知附点节奏、前八后十六节奏等音乐节奏特点表现歌曲细腻的音乐情感；歌曲以舒缓的哼唱引入，而后以生动的童年嬉戏场景展现了孩子们美好的校园生活，在歌曲的演唱过程中能使学生获得丰富的音乐审美体验，并对童年生活的美好记忆。

（二）教学立意

通过这首歌曲的演唱，意在使学生感知附点、前八后十六节奏对歌曲情感的推动作用。同时运用贴近学生生活、符合学生学习能力的学习方式激发、引发学生对美好童年生活的深厚留恋之情。

二、基础学情立意与任务

（一）基础学情分析

所执教的班级学生，从一年级起学习竖笛已经掌握了一定的吹奏技能，在往日竖笛学习的积累过程中掌握了一定的识读简谱能力，具有较好的歌唱习惯。因此，本课设计中采取了多重聆听入手，多次竖笛辅助以及多媒体有效运用，为整堂课的歌唱教学形成了多角度服务，充分调动学生学习积极性，使他们能够自信、有表情地参与歌唱活动。除此以外，本班的学生合唱能力方面有些欠缺，较容易受其他声部的干扰,在学唱本歌曲的最后一个乐句时可能会遇到一些困难。

(二)教学任务分析

1. 教学重点:能甜美、深情地演唱歌曲《童年的摇篮曲》,表达对童年美好生活的无比留恋之情。

2. 教学难点:能用较为和谐、均衡的声音演唱歌曲的二声部旋律。

三、教学策略与方法

鉴于以上的分析,在本课教学中根据学生的实际音乐能力,力求以生活化的情境再现唤醒音乐情感;以形象化的教学语言丰富学生想象;以简单化的肢体动作辅助学生歌唱;以分层化的竖笛吹奏支撑歌曲难点;以精细化的媒体板书推进歌唱表现。

【教学目标】

1. 演唱歌曲《童年的摇篮曲》,感受歌曲甜美抒情的美好情感;表达、抒发内心对童年的留恋之情,唤起对生活积极乐观的态度。

2. 学唱歌曲,在聆听感受、分句视唱、分声部练习等方式中用良好的音准、连贯的气息演唱歌曲;歌曲处理,在感知音乐要素、引发情感升华等活动中用多种表情记号进行歌曲尾声的演唱处理,表达对童年美好回忆的留恋之情。

3. 能用平稳连贯的气息、甜美和谐的声音初步演唱二声部歌曲《童年的摇篮曲》。

【教学过程】

一、组织教学

1. 听赏罗大佑创作的童声合唱版《童年》入室

2. 谈话交流

关键设问:这首活泼、俏皮的童年歌谣,让你想起了"童年的_____"。

3. 照片集锦《多彩的校园生活》

方法:提供反映本班学生学校生活的一组照片,边看边回忆在学校中度过的快乐时光。

4. 配乐歌词朗诵

说明：

　　① 学习要点：本环节主要以创设快乐美好的童年生活为主线，重点在于唤醒学生的生活经历。

　　② 教学意图：通过唱童年的歌、说童年的事、看童年的照片等这一系列的活动勾勒出校园童年生活的美好形象，为学生的歌曲演唱做好情感铺垫。

二、新授歌曲《童年的摇篮曲》

1. 聆听范唱

关键设问：听一听，这首《童年的摇篮曲》和刚才我们进教室时唱的《童年》在歌曲的情绪上有怎样的不同？

2. 歌谱学习

（1）师范唱歌谱　生同步默唱歌谱

要求：感受应该用怎样的气息演唱歌曲旋律。

（2）视唱歌谱

要求：边唱边找出歌谱中的节奏难点。

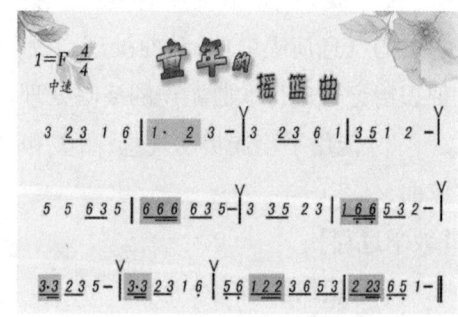

关键设问：演唱的过程中是否发现旋律中比较难唱的地方？谁来说一说？

（3）讨论并分乐句练习

（4）完整视谱演唱

说明：

　　① 学习要点：此环节意在解决歌曲演唱中多次出现的前八后十六、附点等难点节奏。

　　② 教学意图：学习中老师用贴合歌曲情感的形象语言，引导学生感受难点节奏带给歌曲的特殊色彩；同时在感知这些节奏的过程中教师利用多媒体交互的功能，通过本环节的学习学生能够自主体验发现问题，感

知音乐要素,能够形成对歌曲情感的真切体验,这样的学习更具有主动性和生成性。

3. 师再次范唱,学生用 lu 伴唱

4. 填词演唱

(1) 全体填词演唱

(2) 分句指导并演唱

(3) 领唱与齐唱

5. 二声部乐句学习

(1) 师生合作演唱　感受二声部效果

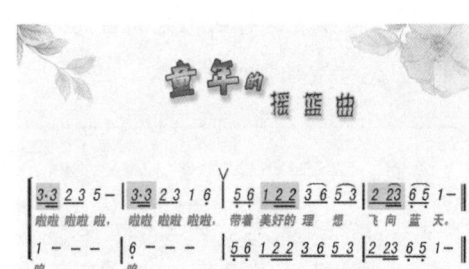

关键设问：老师和你们唱的哪个部分不一样?

(2) 单声部竖笛练习

(3) 媒体演示二声部合奏

关键设问：再听听两声部合奏的效果,音响效果变得怎样了?

(4) 合唱(两声部中各运用两支竖笛辅助音准)

(5) 完整演唱歌曲

说明:

① 学习要点：此环节是歌曲二声部的学习,是本堂课的难点,这部分主要运用了增设支架、分步提高的教学策略,意在指导学生唱准合唱部分的旋律。

② 教学意图：教学中除了借助多媒体能够分步出现的特点,还借助竖笛具有固定音准的特点,解决了演唱上音准的问题。学生通过竖笛吹奏技能的有效迁移,在唱准音高的基础上,还能用平稳连贯的气息唱好二声部部分。这种教学轮换、技趣联动的教学方法,有利于学生对歌曲中二声部旋律所蕴含的深厚情感得以更好地表达。

6. 歌曲引子与结尾

（1）学习引子部分

关键设问：加了引子部分你感觉怎么样？

方法：学生选择自己喜欢的方式学习该乐句。

（2）歌曲结尾处理

关键设问：引子部分在哼唱中使童年的记忆慢慢地弥漫开，想一想歌曲的结尾可以怎样使这种回忆充满留恋呢？

7. 完整演绎歌曲

说明：

①学习要点：以上环节是对歌曲细腻情感的升华过程，让学生通过自学、即兴创编等方式将音乐处理与歌曲情感表达寻找最佳的契合点。

②教学意图：此环节通过歌曲引子部分的自学，引发学生对歌曲更深入的情感共鸣，学生能在把握歌曲思想与感情内涵的基础上进行歌曲结尾的处理。这样的学习能让学生以深情的演唱、丰富的肢体表现，对音乐进行再创造，对歌曲情感进行再塑造。

三、拓展学习——视频欣赏《他们的童年》

1. 观看视频
2. 为歌曲《童年的摇篮曲》配上简单手语进行表演唱

说明：

① 学习要点：通过观看反映聋哑儿童学习生活的视频资料，感受他们乐观、坚强的生活态度，从而感受体会应该更加珍惜自己美好的童年。

② 教学意图：在教学的拓展部分，带给学生一种与众不同的视觉冲击，引起心灵的触动，并结合手语演唱这首歌曲，再一次点燃了学生的情感火花，使情感得到升华。

四、教师课堂小结

【教学流程图】

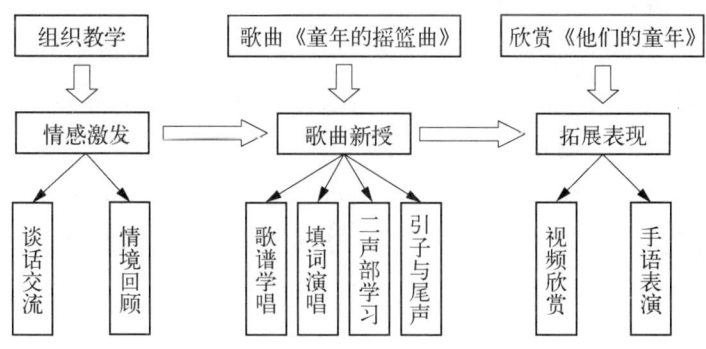

【学有所悟】
高平台学习中的紧紧跟随

成为名师班学员的这五年真是一晃而过，初见时陌生的感觉早已荡然无存……

还记得那一次的初见，在上师大的校园里，我们第一次围坐，听着每一位学员的工作经历让我不禁心中发虚，每个人都是学校中那么亮丽的风景线，尤其是身边的"偶像"们——曹建辉、陆亚芳老师竟然即将成为我的导师，与我五年共修的同窗中也有好多让我仰望的人们，我依然记得那天是如何用颤抖的声音讲述我的工作经历与成果的,那是一种敬畏更是一种难以掩饰的激动。

- **吸收前沿的学习思想理念**

　　面对两位导师为我们制定的成长计划,我欣喜不已。五年中,我们与这么多的音乐学科专家面对面,聆听他们的谆谆教诲,感受他们的学术精神,了解他们的专业思想,每次学习完我都要写下自己的体会与感悟,总要在具体的教学中也作一番新的尝试,这样既有理论又有实践的学习真是太有价值了。作为一名一线教师,能够走上这个平台是多么令人兴奋,我唯有用力学习、用心体会才能在这样的队伍中茁壮成长。

- **分享精彩的所思所想**

　　每位同伴的课堂教学、专题讲座交流也是我学习的力量源泉。能够看到大家对于课堂教学的精湛演绎我兴奋不已,教学中伙伴们的一次示范、一个问题甚至一个眼神无不吐露着他们对学科的认识与热爱;讲座中的一个 point、一段引言、一个举例无不阐述着他们对学科的深刻理解。我在其中交流、分享、收获着每个人带给我的灵感,同时我也用尽全力、绞尽脑汁将自己的所想、所思、所做毫无保留地与大家共享。这样的学习方式让我们集众人之智,强个人所能,非常的高效!

- **触发深厚的个人潜能**

　　五年的学习中最值得回顾的要算是每一次的"任务驱动"。面对一些高端的研修任务我们觉得陌生,但陌生的领域正需要有人去探路。第一次的全市活动展示中,初探制作数字故事,仅用文字与画面阐述我对学科的点滴理解,在市教研员席恒老师的指导和帮助下,脚本的一次次修改,播放方式的不断调试磨炼出了一个让我自己满意的作品,尝试了教育教学交流的新形式。"十八般武艺"的网络课程编写过程中,我们小学组的学员们在组长曹晏平老师的带领下,整理课程思路,优化课程框架,梳理课程核心内容,撰写讲稿,制作 ppt,不知熬过了多少个夜晚,过程是艰辛的,但成果也是让我们欣喜的。后来,基地又为我们创造了制作主题式的微课程活动等等,在这样的打磨中我觉得自己的能力更全方位了,思考教育教学问题的角度也有了新的突破,专业成长就在每一个任务的驱动中。

　　曹老师、陆老师为我们精心规划了每个阶段的学习任务，我们朝着目标不断地前行，我紧紧地跟随伙伴们的脚步，不敢懈怠，不想停歇……眼看研修结束就在眼前，但这样的研修方式和研修精神会帮助我在专业发展的道路上继续踏实地走下去。

　　感谢所有的导师与伙伴们！

中　学　篇

第九章　做一头"千里牛"

教师介绍

陈璞，1973年生，上海师范大学音乐系毕业，民盟浦东区委委员，浦东新区政协委员，浦东新区音乐教师培训基地主持人，中学高级教师，上海市音乐特级教师，现任教于上海市川沙中学。

曾荣获浦东新区学科带头人、浦东新区教科研先进个人、浦东新区学科领军人才后备、浦东新区最美家庭奖、上海市艺术教育先进个人、上海市德育实训基地优秀学员、上海市教师君远奖、民盟上海市委盟务工作先进个人、上海市名师名校长工程培养对象、《星教师》"年度星教师"、搜狐教育"年度变革力教师"等荣誉。曾担任浦东新区兼职教研员、浦东新区艺术学科中心组成员、浦东新区教师中级职称评委、上海市国家教师资格考官库成员、上海市中青年教师教学评比评委、上海市中学教师高级职称评委、全国"一师一课"部级优课评委等。

曾获区、市级教学与科研奖50多项；主持或执笔课题10多项；开发浦东新区首批学校特色课程《中国音乐之路》；多次执教市级公开课，拍摄上海市教师全员培训音乐示范课，在贵州、浙江、四川、陕西等地上课与讲学；在《中小学音乐教育》等发表教学文章100多篇，在《学习报》开设专栏，参与开发"上海市高中艺术教学资源库"，开发上海市教师培训市级共享课程，出版教学专著《最美，艺术课》《让心灵伴着歌声成长》。《上海教育》《现代教学》《教师博览》《小演奏家》《浦东教育》等媒体进行人物专题报道。

成长叙事

回顾自己走过的教育教学成长路,我在教师专业发展上的进步可以说是这么八个字组成的——"一路学习、一路成长"。我属牛,所以我一直认为自己比不了那种天纵奇才的"千里马"式教师,但我相信勤能补拙,马一日千里,那么我这头"牛"十日千里,不也是"千里牛"了吗?所以,我喜欢勤奋地学习,这是能加快我前进步伐的唯一办法,而以自己喜欢的学习方式学习,并在学习中寻觅快乐的心情,则是我的秘诀。

一、在低空盘旋的"白丁教师"

和许多入职后就能"风生水起"的青年教师不同,我早期的教学生涯是那么平庸甚至糟糕。1994年我从上海师范大学音乐系毕业后就回到母校,我是学校的第一个音乐专职教师,没有教学上的带教"师傅",音乐课对我而言就是教歌课,唱唱教材上的歌曲,有时候拓展一点社会上的流行歌曲,"教法"、"学法"是"神马浮云",把歌教会就目标完成,我像一丛野草肆意生长着,没有教学研究,也没有反思学习。一年又一年,除了上课、校内外排练节目,就是呼朋唤友,喝酒、下棋、打乒乓啥的。教师当时在社会上地位不高,而音体美老师更是在学校里俗称为"小三门"。在懵懵懂懂中我渐渐成为"熟练教师",教学工作的倦怠和没有成就感使我陷入了迷茫,路在何方?

这一阶段唯一的收获就是在职读出了音乐教育自学考试本科文凭。我自嘲为没有任何教学上的荣誉与成绩的"白丁教师",不懂得也不主动去了解教学的规律方法,也不知道自己作为教师的价值何在?作为一名音乐教师要是仅仅教学生会唱几首歌曲,我其实还不及一台录音机有用,起码录音机不会累。就这样,我在自己教育人生的低空盘旋着,是飞翔化"鹰",还是落地成"鸡"?谁也不知道。

二、向自己的能力边缘挑战

那是2002年,学校领导在一次闲聊时有意无意地提起:"小陈啊,你以前读书时语文很好的。你看带一带语文怎么样?"我以为只是说说而已,当然回答:"没问题啊。"没想到临放暑假前,学校正式征求我的意见:"下学期可否兼带一个班的语文?"对于学校的建议,我心里也矛盾重重。一方面对此自然有着恐惧感,高中语文,可不是随便玩票的;可另一方面我又有着一种挑战感与新鲜感,我想,为什么不去尝试一下一种新的教学生活?

2002年9月1日,我夹着语文书踏进了高一(3)班的教室……我已经不记得第一节语文课是否讲了书本上的东西,但我记得下课走出教室时,我的心热热的! 在多教了一门课后,我发现自己又对教学充满了激情。兼职教语文期间,我遇到的最大问题是班级成绩排名极不稳定。多年后我曾反思这个问题,或许这正是因为我当时在教学中融入了太多"应试"的元素吧。从音乐课的强调"基本技能",到语文课的强调"基础知识",其实是一脉相承的。其实,如果是为了应付考试的目的而去给学生讲课,那么,讲到了,学生就能考好,讲不到,学生就往往考不好。例如我曾上过一节《"浪子"柳永》,我设计的教学目标事实上只有"知识与技能"目标:了解柳永的基本情况;知道《雨霖铃》《望海潮》两首作品的主旨;背出两首词;字、词、句通析,知道情景交融、白描、铺叙等写作手法。我感觉就像一个蹩脚的导游肢解着文本,用习题反馈的方式巩固着知识点,我还总结编制了所谓"炼字""析词"的诗词题应考模版……这么"有货"的教学文本却上得毫无文化魅力,这也使教学的成效在学生那里只停留在知道的层次,而无法上升到应用的层次,更谈不上迁移了。是啊,过分关注"知识与技能"的应试型教学,不论是音乐课还是语文课,必然会陷入一个"死胡同"。

当然,在面对一门对我而言全新的课程时,对语文教学的学习掌握过程,其实也是一种对"学科"的研究过程,这一种课程解读能力的获得可以说是极其宝贵的。渐渐地,我发现音乐与语文在人文性、精神意义、文化传承等方面其实有着共通之处。于是,在语文课堂教学中,我开始摒弃以教参为纲的做法,极力拓展课程资源,让学生们听到"窗外"的声音,鼓励他们进行自己的思考。同样,由语文课的课程资源拓展经验,我也开始了对音乐课的课程资源进行拓展。这时,"校本"的概念也在渐渐兴起,我也由课程资源的随心拓展,过渡到有脉络、有主题的拓展,再到音乐校本教材的开发。我开发的音乐校本教材也在全区校本教材评比中获得了一等奖的第一名,后来,这门课程还成为浦东新区首批学校特色课程。

踏上了校本课程之路,是当时我觉得,音乐艺术是和产生时代、历史背景以及各地区相关的文化紧密联系在一起的。一部音乐发展史既是音乐发展的历史,也是社会文化发展的历史。而在传统的音乐课程中,过多地注重了音乐学科本位的学习,忽略了音乐与相关文化的因素。结合我当时的音乐学科能力和已经呈现的教学特质，我以中国音乐的通俗发展史为主线，拓展其文化内涵及内容，开发了这门《中国音乐之路》校本课程，力图打破狭窄的专业教育界限，立足于陶冶情操、怡情悦性、心怀美好的人文素质培养，让学生能从广阔的视角去了解我国音乐的发展。这门校本课程我是编写了校本教材的，教材共有5个单元23课的内容，分别是第一单元：第一单元：古道溯流觅彩石——中国古代音乐；第二单元：踏遍青山人未老——中国近现代音乐；第三单元：人间正道是沧桑——中国内地现当代音乐（上）；第四单元：万紫千红总是春——中国内地现当代音乐（下）；第五单元：小楼一夜听春雨——港台澳音乐的发展。

那时，我同时任教了三门课：音乐课、语文课、拓展课，我就像是用熟练的技巧操控着钢琴、小提琴、大提琴的钢琴三重奏，虽然忙碌，但在"舞台"的聚光灯下尽情享受着观众们的掌声。当时，课堂教学的"满堂灌"已经被批判，课堂教学组织活动开始强调创新性、求乐性、实践性、自主性、互动性。我在2005年参加区中青年拓展课教学比赛时，就上了一节诗词为素材的拓展课《诗人毛泽东》。这节课我在设计时主要关注了课堂的"形态"——要有师生互动、多元评价等，所以整节课显得热闹非凡。从参赛的结果来看，我的这节课是成功的，但我心里知道，其实这节课上的学生并没有真正学到什么，为了追求课堂的"形态"，学生们都只是我手里的"木偶"，学生们的"动"都是"被动"，课堂看起来很"美"，但只是一场"秀"。其实，关注"过程与方法"的"活跃的课堂形态"应是结果，而非目的。特别是过分注重课堂表面形态的"活跃"，往往会使得课成为"无效"的课，这也使我在后来不敢轻易在课中使用小组合作学习这么一种先进的学习方式。当然，通过这样的综合课堂的"磨炼"，我在教学的技术上开始日渐成熟。

作为教师专业成长的路径之一，参加教学评比的历练非常重要的，特别是在教师数量比较大的区县，对于年轻教师而言往往是踏上专业成长的第一步，而期间的试教、反思、修正的"磨课"过程，就是教师的课例研究能力提升的过程。对此，我有两条最初的比较朴素的经验，就是"细节决定成败，特色决定成败"。

记得2006年我参加了上海市中青年教学评比，当时我准备了一节《云南风情》的课。我知道，这次比赛可以说是强手如云，都是各区县的拔尖选手。除了课本身，许多细节问题我都要考虑到，比如，我的音乐教室硬件与环境是比较简陋的，这个通过我外出听课，特别是去市区学校听课时注意到的。但是教室硬件这个问题是我无法一下子改变的，最后，我想，不是"云南风情"吗？这本身是一个极具画面感的教学主题:彩云之南,风花雪月,繁花似锦,绿草如茵。于是我想了个办法,往音乐教室里搬了大大小小二十多盆绿化,让人进来就进入自然味十足的"教学情境"之中。还有,课的内容要有特色,我的"云南风情"要与别人上得不一样,在这节课的导入部分,我是用复习蒙古民歌《城墙上跑马》来引出音画作品《香格里拉》的,为此,我专门通过网络求教于蒙古网友,让网友把这首歌的歌词用汉语谐音翻成蒙古语,然后自己学唱并教授学生的。用蒙语唱歌是小的特色,这首歌曲体现的教学内容整体构思则应该是更大的特色,它体现了我这节《云南风情》的非孤立性,而是系列课中的一节,也就是从单课体现教学的单元。事实也是如此,因为我曾开发过一个《中国音乐风情之旅》的短课程,以各地区民族音乐风情为主题的课是一个系列的。这样,在课后的反思答辩中,民族音乐课程资源开发也成了我的特色之一。而这样的课程资源开发思路是暗合上海市教材改革思路的,在后来编写的上海市初中新教材中,就有专门的一个单元"民族花苑",就是和我当初开发的《中国音乐风情之旅》的思路一样的。

恰如音乐舞台上的"偶像派"总是"短命"的,只有"实力派"才能有着长久的艺术生命。教育生涯的下一步该怎样走?我找寻着从"技术型教师"到"内涵型教师"的转型。

三、走上教学与研究结合之路

一名教师的成长就像是雄鹰展翅,只有教学与科研这两只翅膀都羽翼丰满了,才能搏击长空,自由翱翔。让我们来看看那些历史上的优秀将领们,他们能战而胜之可不是光靠勇猛或武艺高超就行的,更靠的熟读兵书战策,甚至自己也能从经验中提炼出道理,写下论战之著。再来看教师吧,如黄自是我国优秀的音乐家,但他写了大量的音乐教育论文,这也是鲜为人知的吧?在读他的音乐教育论文时,亦如欣赏他的音乐作品那样感到酣畅淋漓。再如朱自清先生,他在创作文学作品的同时,其实也留下了许多语文教学的精言辟论。因此,过好"研究关"是为了收获课堂教学的果实,为今后教学工作的腾飞奠基。每一次课堂教学都是不完美的,通过反思研究,能够使教师实现教学理论与实践的良性循环,促进教师素养的提高,最终成为一个专家型教师。

当我刚兼任语文教学时,适逢区教师进修学院师训部的季靖老师去我所在学校支教,我俩办公桌面对面,季老师是中文系毕业,因为年龄相仿,都爱看书,所以我们也特别投机。季老师劝我要在音乐教学中搞一些研究，这对我的专业成长有好处，反思研究能够使教师实现教学理论与实践的良性循环。而我读的一些名师的成长事迹，也印证了：教育科研是推动教师成长的第一生产力。于是，我开始带着自己的想法走进音乐课堂。为了了解教育教学领域的研究进展，我阅读了大量的教育书籍、报刊，也开始动笔写一些教学体会文章。

2003年，我发表了第一篇教学论文《浅谈音乐教育中学生参与意识的培养》，是发表于教育内部刊物《南汇教育》杂志上的。其实那篇文章用我现在的眼光去看是不满意的，但是也有收获，这是我第一次知道写文章还要看参考文献的，知道写文章是要有理论依据的，懂得需要提炼自己的论文观点成为小标题，要把自己的教学实践经验写成论据，等等。后面，随着坚持研究与写作下去，文章也越来越鲜活起来，而我也真正认识到了，研究是一种责任，一种对自己教学生涯的责任！从发表第一篇论文到现在，我的教育教学文章已经发表超过100篇，可以说，这些都是留下了我在教育教学领域中一步步前进的足迹，这里面有着探索、成功、教训、失误、汗水、执着、酸甜苦辣，百味齐全。

要掌握系统而规范的研究方法必须去做课题，我的课题研究可以说是从被"逼"到主动的。2004年学校关于"体艺"方面的区教育科研课题要结题了，因为课题组长正在外出挂职培训，所以就把执笔完成结题报告的任务交给了我这个课题参与者，这就逼着我学习了课题研究的方法、研究报告的写作规范、研究资料的收集整理和提炼等，在区中学科研员陆爱桢老师的建议和帮助下，最后总算是不辱使命吧，这就是我最初的课题实践经历。后面，我学会了写课题申报书等，又自己开始主持课题，从区一般课题到区重点课题。再后面，我又开始负责学校科研工作，并创办了学校的科研杂志《竹苑》。由我执笔和运作的学校龙头课题（校长领衔）上海市教育学会重点课题《普通高中"青年教师成长工作坊"的设计与实施》研究成果获得市科研专家的赞许，课题报告主体发表于中文核心期刊《上海教育科研》杂志，此外，慢慢还有机会参与了一些区内的课题指导、科研成果评审等工作。就这样，一步一个台阶，课题研究的能力、课题指导的能力和课题管理的能力，都是在实践中慢慢提升起来的。

曾经是让我用来下棋的网络，却成了我打开教学研究视野的门户，2004年起我还在中国最大的音乐教育网站"洪啸音乐教育网"担任了论坛版主，与来自全国各地的音乐教师们展开交流。我自己也曾建立过"上海南汇音乐教育网"，并在区中小学电脑作品设计比赛中获奖,这个网站在线运行了几年,成为具有上海地方特色的音乐教育网站,汇聚了大量的上海音乐教育资源,这也是当时区内音乐教师的网络教研平台。可惜由于两区合并,教师进修学院服务器搬迁,网站因而被关闭。我早期的博客还获得南汇区"今日博客"教师风采大赛二等奖,并曾被《中国教师报》推荐。

我用音乐教师的激情点燃了语文课堂,用语文教师的睿思反思着音乐课堂。2003年起我开始在市、区两级的教学与科研评比中全面开花,我综合的教学能力与潜质引起了区音乐教研员倪红老师的关注,成了她重点的培养对象。教研员对我采用"任务驱动式"的带教方法,开区级讲座、跨区借班上公开课、开区级教师继续教育课程、做教学评比评委、撰写学科文件……我在各种任务磨砺中不断增益所不能。2005年我被评为上海市艺术教育先进个人,2006年起我还在倪老师的推荐下担任了区兼职音乐教研员,在一系列调研、教研等活动中,我对音乐教学的把握能力上了一个新的平台。2007年,我向语文兼职生涯挥手作别,在语文教学上我说我有成功也有失败,还有着教学上最终都没能解开的困惑,但作为一名教师本身来说,我可以说是获得了成功,这一段兼职教学路,让我这个本来碌碌无为的青年音乐教师,思考得更多,实践得更勤,彻底改变了自己的行走方式,使我在专业化发展道路上一路疾行,就在这一年我评上了中学高级职称、区音乐学科带头人。

借着科研的力量,我奏起了教育生涯的"梦幻曲",体验到多种成功的快乐。"教""研"结合,使我从"苦干型教师"走向了"智慧型教师"。作为身处农村普通高中的青年音乐教师,能够走到区学科带头人的程度已经是十分幸运,而我下一步的发展需要有着更广的舞台,更高的引领。

四、在"教师学习共同体"中不断进步

此时,"马太效应"也开始在我身上起作用了,荣誉与奖项的获得对我而言不再是那么难的事,是熬着资历"混"下去,还是继续学习前进不懈怠?我选择了进一步学习完善自己。我不放过任何一个学习提高的机会,也通过各种教师培训平台,使自身获得了再次提升的学习机会。

教育要发展,教师是关键。如果说,国家对教育资金的不断投入是教育发展的硬件基础,那么,教师的专业成长就是教育发展的软件基础。当下,教师对自

身专业化发展的重视度在不断增强,在这个过程中我们也发现,教师在专业成长道路上"组团"前行往往比"独自"探索的步伐更快!正是由于参加"教师学习共同体"的学习历程,让我这个农村学校教师能够飞快成长起来。那么,参加这些"教师学习共同体",我到底学习到了些什么呢?

首先,就在于人格魅力的引领。我曾参加上海市浦东新区教科研名师工作室的学习,主持人上海市科研特级教师黄建初老师要我们"读书、交友、写文章"。最初的我是冲着学一些教育科研的方法去的,但最终我感觉从黄老师身上学到的最重要的就是怎样做人!黄老师待事认真、一丝不苟,待人则宽厚、细心,遇事先从自己身上找问题,从来没有"上位者"惯有的那种颐指气使与透过于人。黄老师曾带我们去他早年的同事陈兴邦老师家拜访,并由学员们张罗着包饺子、包馄饨,一起吃了一顿午饭,饭后一起听陈老师谈他的教育故事。那顿饭,黄老师命名为"三代教师话教育",陈老师作为老一代教师,黄老师承上启下,我们作为第三代教师,在一起谈论教育问题,其乐融融,美好难忘。后来陈兴邦老师去世,黄老师还带着我们前往吊唁,并亲笔撰写了追悼会的挽联。在人际相处间,很多自以为聪明的年轻人往往以为:成功的秘诀一定是一些更加诡秘的东西,比如"厚黑学"。具有讽刺意义的是,走这条路的人还非常非常之多,这就是为什么成功的人会非常非常之少。阿甘的妈妈说得最精彩的话就是:"只有做傻事的才是傻人。"我想,要做好人先就是不要耍小聪明,君子坦荡荡,小人长戚戚,你以为你会耍小聪明,其实别人还防着你这样的人呢。郭声健教授曾谈到自己收研究生的第一条原则就是:不收那些很有心计的学生,因为对这种人他是心存害怕的。我爱看武侠小说,从中也有体悟,《射雕英雄传》中的郭靖天资不聪颖,但真诚、能干、执着,到了《神雕侠侣》终成为"侠之大者",而他的夫人黄蓉心计百出,最后在《神雕侠侣》中虽不失大节,但令我们对当年"蓉儿"的喜爱之心荡然无存了。

教科研名师工作室的同学基本都是学校的科研主任,我也和其中许多同学成了好友,交往也从工作室的范围扩大到了生活中,与这些不同专业背景和学段的朋友学习和交流,也让我的教育视野更为开阔,我的听课范围甚至拓展到了幼儿园!黄老师的教科研名师工作室我参加了两期共四年,后来,虽然工作室的学习结束了,但我和工作室的"线"一直没有断,黄老师有什么好文章会在邮箱中发来分享,他也时常把一些一线教师的文章托付我来修改。如果工作室有好的活动,他还是会给我发通知邀请参加。而我只要有时间,就一定参加。如果我有事不能参加,也就直接回一声不参加,一种非常随心随意的师徒关系。

其次,在于善待生活的勇气与诗意。教师职业要成为可持续发展的职业,就一定要合理安排好工作与生活的位置。我认为,不懂得生活的人,就难以把职业做成事业。我曾参加上海市艺术人文德育实训基地的学习,热情而多才多艺的主持人上海市特级校长、美术特级教师赵其坤老师带领我走入"美育、诗意、通识"的学习历程,学蜡染、习茶道、做陶艺、赏名画、写书法……三年中,丰富的艺术学习活动开阔了我的眼界,提升了艺术素养,更重要的是使我学会诗意地栖居于教育路途,让自己能找到工作与休闲合理的交替,让自己始终能以最饱满的热情来面对工作,让自己以最快乐的心情来面对学生。而在德育基地的学习结束后,蒙赵老师的器重,我还是有着机会参加他后来主持的课题,参与他主持的杂志栏目征稿,参与新一期基地成果集的编辑工作等,让我能延续着"后基地"学习成长之路。

当然,对我而言,专业推动力最大的学习历程来自参加"上海市名师名校长工程"音乐名师基地,在音乐名师基地中我获得极大的展示才华的平台,得到了众多学科专家长期的带教指导。

还记得 2008 年 11 月 18 日,第一次参加第二期上海市音乐名师基地的学习,就能面对面聆听三位音乐特级教师的教诲,幸何如哉!基地主持人曹建辉老师与陆亚芳老师分别就学习的目的、意义、内容等进行了阐述,曹老师还对我们提了一个总要求,就是希望我们每一个学员都能找到自己的发展方向。基地特聘导师张展英老师在音乐课堂教学上独树一帜,她曾听过我几次课,而且我总感觉自己身上有些特质与她有些相似。得遇良师,真是开心!在之后的日子里,又得到了许多专家的指导,黄白教授、王月萍老师、郁文武老师、施忠教授、张荫尧教授……这简直是精神的饕餮大餐呀。龙滨线——地铁二号线——地铁四号线——22 路——杨浦区少年宫,这就是此后三年我经常走的路线,每一次学习我在路上花的时间要 5—6 小时,但我并不以为其苦,我总认为学习是件幸福的事。

三年学习期满,我对音乐名师基地的幸福学习生活充满着留恋。时隔一年,2012 年我正在外地,学校打来电话说上海市第三期"双名工程"开始报名选拔了,我虽然已经参加过第二期"双名工程",但因为南汇区与浦东新区合并的缘故,文件中并没有对我这样的情况进行禁止性条款。听到这个消息,我马上拨通了基地主持人曹老师的电话,在曹老师的鼓励下,我终于下定决心再参加一次"双名工程",就这样,我以浦东新区的"新身份"被遴选参加了层层考核,最终成了第三期音乐名师基地的学员,我也是基地唯一的"留级生"。这一次的学习历程将是2012年到2017年。音乐名师基地根据高端教师专业发展的要求,将培养内容落实在音乐课堂教学能力、舞台音乐表演能力、教育教学科研能力,即音乐教师"讲台、舞台、写字台三台合一"加"专业引领能力"的培养上,细化在学习园地、实践园地、研究园地、个性园地四个模块中。在我的学习过程中,各种层次的教育论坛、文化沙龙、教学研讨会、学术考察……基地给了我各种与专家、名师学习交流和展示的机会,正是得到基地的助力,使我提炼了教学特色,形成了教学风格,并把自己的专业影响力扩展到了更大的范围中去,让我在2014年顺利评为上海市特级教师。

如果要让我用一句话来总结自己对"教师学习共同体"的感觉,那就是:风檐展书读,古道照颜色。"教师学习共同体"就是那本让我读之倾心的"书卷",而每一个同行者的美德,会一直闪耀在我的前进路上,成为照亮我师途的心灵路标!

五、用读书垫高自己的人生高度

我想,读书应该是一个教师专业发展的源泉之一吧!教师,在乡下老人们口中的称谓经常是"读书人",此言不谬,教师行业的祖师爷孔子就曾日夜读《易》,以致"韦编三绝",这不正是标准的"读书人"吗?

我喜欢这样的日子,傍晚饭后,则去家附近的海天湖公园散步,淡淡月色下,绕着水波粼粼的海天湖畔走一圈,回家后泡上一杯香茶,与书为伴,执笔作文。为此还曾赋小诗《月夜遣怀》:"新丰酒阑舞东风,欲闻吴刚伐桂声。蓝桥不是天涯路,淡淡欢喜伴书灯。"因为学校进行一个关于青年教师成长的课题研究,所以与一位学校领导聊起了学校青年教师的专业发展前景,其中我提到了一位理科的青年骨干,已经做出了一些成绩,人很努力,踏实肯干,并且也有区级专业发展平台与导师引领,但就是无法再进一步发展。该领导对这种情况用一句话做出了诊断:"书读得太少!"

其实,从识字开始我就喜欢胡乱读书了。读了中学后,更是像一匹"饿狼",书读得多而杂。大学时我的床上除了寝具,就是一摞摞的"闲书"。而工作以后,渐渐地,书离我越来越远了,我总认为自己忙,没时间看书。除了音乐课堂教学外,还要上音乐兴趣课、组织学校的文艺活动、辅导学生参加比赛、自己参加演出、给外面的单位排练合唱……我从"书虫"蜕变成急于到处展示自己美丽翅膀的蝴蝶了,书——成了随风飘散的"明日黄花"。但后来在我兼教高中语文的日子里,我发现,只凭以前中学里的底子是绝对不够应付这个意外任务的!必须要多看书,自我学习和提高!于是,我又开始了读书之旅,开始时读一些语文名家的文章,因为我要把自己在教学中遇到的问题从书中得到答案,那一段时间我通过阅读了解了于漪、李镇西、韩军……这些有着自己时代特征的语文教育家的论述,给了我极大的启发。后来,我把阅读的视野扩大到了"教育"的范畴。那时候的我,音乐学科上的事务越来越忙碌,但我不再会说没空看书了,书成了我不离不弃的"知心爱人"。

我以为,好的教育书籍的标准不在于学术名词多寡与新鲜否,太多的学术名词往往掩盖的是思想的浅薄与苍白,当某些书让我们这些自认尚通文理的教师反复读也不懂时,放弃吧,这不是你需要读的书,哪怕它是"闻名"的教育论著。真正好的教育论著应该既有思想的灵动,也有着叙述的近人。"学而时习之,温故而知新"是《论语》的言说方式,"教学做合一"是陶行知先生的言说方式,《窗边的小豆豆》是黑柳彻子的言说方式……真正的教育言说是不故弄玄虚的。

还有,在基础教育领域,一个真正好的教师,应该是一个"杂家",而一个"杂家"所拥有的知识储备,既是自身不断学习的结果,也是自身能够不断发展的基础。所以,读书不妨也"杂"一些。哪怕是理科教师,也要多看些文史哲方面的书籍。只要有心,即便是武侠小说,我们也能读出些道道来。比如,读古龙的名著《多情剑客无情剑》,从龙小云对李寻欢的由恨转敬,说明了爱的力量。从阿飞冷漠下掩盖着的热情,让我们教师知道,或许你教室一角那个不合群的孩子,内心正祈望着老师的关注……

其实,我现在还参加了一个民间的"心世界"读书会,这个读书会吸引我的地方在于温暖、跨界的"浅学术"氛围。我们是一群志同道合的读书人,并且取名为"心世界",意为通过读书,推开那扇走进人们(包括我们的孩子)心灵世界的门。这个读书会的核心成员有 15 人,学段从幼儿园到高中各学科都有,其中教育博士有 4 人,此外还有外围观察员多人。已经共读的书有《万历十五年》、《乡土中国》、《世说新语》、《教室里的电影院》、《格调》等,基本是休闲与学术兼具的书,故名之"浅学术"。除了读书交流,读书会成员还热心公益,为"爱飞翔·乡村教师培训"做志愿者,为民办随迁子女小学的教师作公益讲座……著名教育学者张文质先生到上海领取"老虎文学奖"期间,还兴致勃勃地来参加"心世界"读书会举办的"一个思索人生的下午"朗诵会,一起朗诵优美的诗歌作品,分享读书的体悟。

六、找到自己教学的方向

"我们为师者到底该构建怎样的课堂?我们该给学生什么?我们课程教学的重心该放在哪儿?"这一系列问题的答案,随着我的学习和教学实践在我心中慢慢清晰起来。教学不仅是传授知识的过程,更是重要的育人的活动。不但要向学生传授知识和技能,更要发展学生的认知、情感和行为,通过在课堂教学的过程中关注学生的精神生命,并按照人生命成长、发展的规律和社会需求实施教学,这就是真正的生命化课堂。

我一直不认为自己的课堂教学有多高的水平,从音乐教师的音乐专业技能来看,我也不算是非常突出的那种。但是,谁也不能否认我在教学上有着极为浓重的个性与特色,文学与音乐的结合,这也铸成了我在专业成长路上最初的突围。如2005年我在上海市五区县高中音乐教学研讨会上,应邀在上海市奉贤区致远高级中学借班上音乐公开课《诗意江南》,这堂结合音乐、诗歌、美术为一体的课,获得了与会专家与老师的一致好评,以至于这节课多年以后还被当时听课的老师和教研员提起。2006年我在区音乐教学评比借班上了一堂《思乡曲》,课堂小结时我配乐朗诵了艾青的诗《我爱这土地》,为整节课起到了画龙点睛的作用,最终获得第一名,之后我又拍摄了上海市"二期课改"优秀录像课,我以南唐李后主的千古名作《虞美人》为主题,上了一堂《情系故国〈虞美人〉》,等等。

在教学上,我认为一名教师要学会不断地设定更高的奋斗目标。对于一名青年教师来说,在不同的阶段会有不同的奋斗目标,这些奋斗目标将激励你不断进步。就像我曾许多次地参加区及市的教学评比,后来也曾担任区、市教学评比的评委工作。从最初校级公开课的稚嫩,到区公开课的勇敢,到跨区借班上课的沉稳,到市级公开课的激扬,最后到外省市上公开课依然能挥洒自如,每一次的平台给予我的不仅是挑战,更是成长!就这样在一次次的历练与进步中,我渐渐形成了自己的教学见解。我希望自己的课能以音乐切入,把教学重点放在对学生进行人文精神和文化修养的培养上,培养学生对中华文化的亲近感,及对世界多元文化的广博了解。

随着上海市进行艺术课程改革的步伐,我积极找寻关注音乐知识与技能的"传统课堂"与关注审美和育人的"应然课堂"之间的桥梁,提出了构建"三景"艺术课堂的教学主张:构筑以音乐为近景,以艺术为中景,以文化为远景的"三景"艺术课堂。这"三景"就是在艺术教学中逐步深入的教学立足点,首先立足于音乐作品进入教学,其次立足于艺术的综合来拓展教学,最后立足于文化与价值观层面让学生有所收益。

曾经,我在自己的成长规划里写下的远期目标是撰写出版自己的教学专著。但那时仅仅是一个梦想而已,作为一名普通的教师,著书立说,那是多么遥远呀!但梦想就是用来追求并实现的。2011年6月,我的第一本教学专著《最美,艺术课——上好艺术课并不难》由中国轻工业出版社"万千教育"书系约稿出版了,这是国内第一本由一线教师撰写并公开出版的艺术课程教学专著,书中的18个课例,除了一节关于摄影内容的课我是选用了一位好友上的课,其他全部是我曾上过的公开课、评选课实录和反思。成书之后,我国艺术教育的权威郭声健教授评价此书为"迄今为止我所读过的出自一线艺术教师之手的最有分量的书","具有较高学术研究价值和实践指导价值的艺术教学专著"。这样的评价显然有些高了,但我想这是因为郭老师出于对我这个一线教师的激励吧。

在写这本书的一年中,有半年时间我腰椎间盘突出病发,不能久坐写作,所以专门请人帮我做了一个能平躺在床上用电脑的架子,每天都是躺着写作到深夜,由于眼睛与电脑屏幕之间的距离不能调节,时间一长就会头晕眼花,于是就把眼闭了休息两分钟,接着继续写。虽苦虽累,但我乐在其中,因为我感觉是在做"桥"的工作。"桥"的价值就在能帮助大众,所以不论是帮区内、外的音乐教师进行磨课指导,或是帮他们进行论文修改指导,我都全心投入,乐于伸出热情帮助的手。我也希望在未来的日子里,能多做这样一些"桥"的工作,这才是一个真正好教师的价值!

2014年,我的第二本书《让心灵伴着歌声成长——22位音乐名师的教育智慧》也由江苏凤凰教育出版社出版了。本书中我对众多全国的优秀音乐教师进行了访谈与研究,通过他们的成长经验及经典教学课例来告诉广大的音乐教育同行们:一个优秀音乐教师是怎样炼成的?怎样的音乐课是算是好课?音乐教师专业成长的足迹是可以复制的!音乐课堂的教学艺术是可以学习的!音乐学科也可以有着大抱负!这些老师,假如说他们有着一个共同之处的话,那就是

"忙"！但他们大都愿意在百忙之中施以援手，有的老师甚至是在病中仍然积极襄助，令我感动万分！当然，在这本书的出版发行过程中，也遭遇了种种困难和委屈，但最终的结果还是让我开心的。我相信自己的这本书是有价值的，是后来者研究优秀音乐教师专业成长绕不过去的一本书，如此足矣！

七、赠人玫瑰，手有余香

清华大学的老校长梅贻琦曾提出一个"从游论"：学校犹水也，师生犹鱼也，其行动犹游泳也。大鱼前导，小鱼尾随，是从游也。从游既久，其濡染观摩之效自不求而至，不为而成。而我这些年的学习，希望就是这样一个从游的过程！

赠人玫瑰，手有余香。小鱼跟着大鱼游，变成大鱼带小鱼，在我获得自身成长的快乐同时，也体悟到了把这种快乐传承下去的意义！就这样，我在自己学校中开设了"青年教师艺术教育工作坊"，这个工作坊有成员十多人，包括了音乐、美术、体育、语文、数学、英语、物理、信息技术、地理等各个学科的教师，由我担任主持人。就如"大鱼带小鱼"的教师培训方式，我希望通过打破学科界限，用艺术养分来帮助、关注学校青年教师生命成长。"以人为本"时代的到来，呼唤教师的成长回归生命的本真，让教师的教学生涯能够成为诗意的存在，凸显生命的灵动，并以此渐臻教师自身的完满与幸福，而艺术是能够达到此目的的捷径。我结合自己的特长和资源，为青年教师们开设一系列的讲座、展开摄影采风活动、参观博物馆、举办诗会等。《信息教研周刊》2012年第5期还以《上海市祝桥高级中学：用艺术点亮教师的教育人生》为题，对我主持的青年教师艺术教育工作坊进行了整版的新闻报道。通过这样的培训经历，这个主持人所获得的收获与成长其实是不亚于工作坊的学员教师的，或许，这将为我以后可能承担更多的教师培训任务奠定能力基础。

八、永远走在成长路上

黄建初老师曾总结了优秀教师专业发展的基本路径为"勇于挑战、勤于学习、善于反思"。确实如此！勇于挑战，才能不断拓展自己的能力边缘；勤于学习，才能不断垫高自己的学养基础；善于反思，才能修正自己的教学方向，留下自己的实践成果。

教育的探索恰如回旋曲，有的只是研究的轮回。所有过往的荣誉已成为走过的风景，更美的风景还在前方，走在成长路上，我不会停步！

【且行且思】
一堂好的音乐课是怎样的

笔者在担任 2014 年上海市中青年教师音乐学科教学评比评委时，短时间内高密度地听了近 30 节课，有的课听来心旷神怡，也有的课听得心情郁闷，评委如此，我想，学生们也当如此吧！如果我们从教学的结果来对一堂课进行评判，可以称之为"有效课堂"或"高效课堂"，但教育显然是"艺术"大于"技术"的工作，"有效""高效"的说法未免过于"功利"。我们也可以从专业理论与学科标准的视角来作出评判，追求的是"理想课堂"，但既然是理想的，往往也是现实中教师们比较难以做到的。所以，我还是用一个"好"来定义我心中认为"合理""有序""有得""善良""美好"的课堂样态。结合本次评比中听到的一些课来探讨一堂好的音乐课，我认为至少要达到五个标准。

一、教学文本设计要合理规范

现在建筑学领域的一个概念——"顶层设计"被人们运用到教育当中。在设计一堂音乐课时，如果有一个清晰的"顶层设计"的思路，那么，这堂课就会有相对合理的整体设计。比如，一节课的设计最重要的是"教学目标"，在这次评比的反思答辩环节中，参赛教师们最多被问及的一个问题就是："你觉得自己这节课中，对教学'三维目标'的达标度分别如何？"那么，且先不提教学目标的达标度，假如这"三维目标"的设计本身就不合理，那么，这节课就很难思路清晰地设计并落实好的。

教学文本设计的合理规范还体现在对教学内容的理解和对学科的理解。以金山区张金娜老师的一堂《生、旦、净、丑演乾坤》为例，京剧是我们中国的国粹，但京剧毕竟已经不再是当代学生艺术欣赏的主流，要设计好这么一堂课是需要细费思量的。从金山区的张金娜老师的教学设计来看，她对学情的分析到位，其教学思路就是京剧"技术"上的低起点切入，高体验展开学习，把京剧"技术"的学习融会到京剧文化的展示中去。再如，松江区的杨利抗老师的一节《从歌声中感悟人生》从教学设计的角度看，要设计出来很简单，学歌加上思想品质教育，但如何把握好音乐学习与思想道德教育之间的关系与分寸，在凸显音乐学科特质的背景下让学生有着自发的人生体悟，是一个需要解决的难题。"音乐能力环环相扣，音乐思维绵绵发展，音乐情感徐徐上升"，杨老师用他的教学理解提供了解开这个难题的一把"钥匙"。

二、教师要展现良好的教学气质

教学气质是指教师在课堂中展示的相对稳定的个性特点和风格气度，其虽为隐性因素，但对于提高课堂教学效率、建立良好的师生关系方面有着极其重要的作用。但不论是激情洋溢式的课堂，还是春风化雨式的课堂，如果教师能把自己的脉搏与学生共振起来的，往往就是一堂好课！教学文本的书写设计毕竟是"死"的，一份再优秀的教学文本落实到课堂中，也必然有着预设与生成之间的差异与距离，这就需要教师本身固有的教学能力与教学机制来把思想"落地"了。

如，张金娜老师课上最突出的亮点就是教师饱满的教学激情，带动了学生的学习激情。教育是什么？"教育就是一棵树摇动一棵树，一朵云推动一朵云，一个灵魂唤醒另一个灵魂。"从课伊始的本地选秀节目"金山少年派"冠军柯霁航的表演导入开始，到教师的唱、学生的演、师生的念白互动，整节课都沉浸在浓浓京剧文化学习与交流的氛围中，贯穿全课的是教师的"精、气、神"，是学生的"学、思、演"。不少学生们在课后还舍不得离开，亲热地围着教师继续看京剧脸谱小泥塑，让我看到了他们对教师的热爱，看到了他们对这节课的热爱。

而杨浦区的闫菁老师在《可爱的童年》一课上展现的又是另外一种教学气质——温文尔雅！恰如她淡雅美丽、中国水墨画风格的多媒体课件。与学生们一起感受《牧童短笛》时而悠扬舒展、时而欢快活泼富有变化的音乐情绪，联想着音乐描绘的江南水乡之情景，品味着乐曲清致淡雅、诗情画意的曲调韵味，体验音乐实践活动中合作、互动、分享的愉悦心情。

这两节课给我最终共同的感受就是：只见学生，教师的教的行为无痕融入课中！需要明确的是，激情的课堂不是失控，温婉的课堂也不是平淡！

三、学生处于积极的学习状态

在参评课的教学文本上,诸如"自主探究,激发兴趣"、"合作交流,体验感悟"、"听觉切入,动觉跟进"、"玩中学"、"乐中学"、"创中学"等词汇频频出现,但真正能做到学生能进入积极学习状态的课并不多。这个积极的学习状态不是指学生能积极配合教师上好这节评选课,而是学生能基于之前学习积累和这一节课的教学点拨,迸发出激情的、喜悦的、智慧的学习行为。

在这次评比中,嘉定区的江雪老师的一节二年级的《劳动最光荣》给我们留下了深刻的印象。江老师所任教的小学90%为外来务工人员随迁子女,经过一年的音乐学习后,学生们能参与音乐游戏,当听到热烈、欢快富有激情的音乐或听到优美抒情的乐曲时,能跟着音乐或节奏用简单的律动来表达,并乐于和同伴分享。针对部分学生的聆听习惯和发声习惯还有待提高,特别是个别男孩,唱歌时爱大声喊叫,且不能准确模唱音高,她有意将男女生按比例分成四组,让音准较好的同学和音准较弱的同学坐在一起,有助于同伴间的相互聆听和共同学习。最后,通过组织学生哼唱歌曲旋律、模仿唱读体验、创编造型等一系列音乐实践活动,再加上江老师"亮亮"的眼睛对学生时刻的关注,把全班学生共同带入了积极的学习状态中去。

同样,在杨利抗老师的课中,当配着郑智化身残志坚形象的视频画面,教师抱着吉他用沧桑的声音与学生一起唱起《水手》,全班学生的演唱与声势伴奏,共同用音乐托起了情感,在课堂中形成了一种"学习场",师生的情感形成共鸣,课堂教学进入高潮,连我这个听课者也不由自主地在心底吟唱起这首歌。可见,只有师生共同的成为课堂的主体,才能找到积极的学习状态!

四、学生能够学有所得

这个学有所得,首先就是音乐上的学有所得!作为音乐教师,我们首先要问自己的是:通过一节课,学生在音乐能力上有所提高了吗?然后,由教学内容生发的其他方面:意志、情操、情感、为人做事方式等等方面,是否也有所得?前者就是"鸟儿已经飞过,天空要留痕迹",后者就是"当把老师教的具体教学内容都忘了后,心中依然存在的东西"。

如虹口区的封晶艳老师的一节《丰收的节日》,从歌唱教学来说,她通过分析旋律的节奏和音高上的特点,采用从易到难的教学步骤,帮助学生学会第二声部的演唱并进行二声部的合唱。其过程中注意引导学生关注不同演唱方式对表现歌曲音乐形象与情感的作用,帮助学生更好地体验歌曲情感,理解音乐作品的内涵。这是学生歌唱能力上扎扎实实的提高。同时,作为电子书包试点学校,她将信息技术应用于课堂,学生可以实现自主的个性化学习,如本节课前,学生进行了微视频的学习,学生带着"为了更好地表现歌曲的所表达的情景与情感,可以运用哪些表演形式与方法?"的问题,进行了预习。并在回家作业中利用网上平台交流。由于学生有了自己的思考过程,为本节课对歌曲的再学习提供了学习基础。在了解塔塔尔民歌特点的教学环节中,教师利用电子教室平台作为学习媒介,在大屏幕上转播各组学生的完成情况,有助于教师实时掌握学生学习动态,更有针对性地进行指导。而这种自主运用云平台学习的能力,其实是跨越了音乐本身,对学生将会产生一种长远的、有益的影响。

五、关注学科育人

上海市"二期课改"的重要理念之一就是"以德育为核心,强化科学精神和人文精神的培养"。苏霍姆林斯基也多次表明了这样的观念:"音乐教育并不是音乐家的教育,而首先是人的教育。"基于此,结合音乐学科特点,在这次评比之前的一系列教研与培训活动中就强调了"学科育人"。参赛教师的教学设计中基本都有了"育人立意"这一单列内容,55份参赛文本中单列"育人立意"的有53份。

在本次评比中,一些在学科育人方面做得好的课,大体体现了"求真、向善、尚美"这么三个特征。陶行知提出"生活即教育,教育即生活"的思想,把教育同整个生活、整个社会联系了起来。增强教学内容与社会生活的联系,要面向丰富多彩的社会生活,利用学生已有的生活经验,选取学生关注的话题,开发和利用社会生活的课程资源,追求一种"求真"的课堂。如闵行区的张洁老师,通过创设音乐情境游戏,为学生营造走进大自然的意境,引导学生感受大自然的和谐、多彩、有趣,从而激发他们探寻大自然的奥秘、喜爱大自然、热爱生活的情感,并在这一过程中出色完成了欣赏乐曲《野蜂飞舞》的教学任务。我们还应该充分重视教学的育德功能,引导和帮助学生获得对生活、对世界、对人生的反思和感受,使学生形成"向善"的世界观、人生观与价值观。而"尚美"的音乐课堂的教学过程应是一种自觉的审美过程,以美感的发生为根本内容,通过音乐实践活动,揭示美的规律、美的本质,从而取得由审美而来的育人实现。

以上这五点都是课堂本身所呈现的一种外显的形态,好课的形态可以有不同的表现,但我相信,一节真正的好课,其内蕴的底气必然基于教师对音乐课堂的热爱和对学生的热爱!我们的音乐教学应该体现对学生浓郁的人文关怀色彩,不但要向学生传授音乐知识和技能,更要发展学生的认知、情感和行为,促进学生的个性形成和发展,为学生终身发展奠基!这才是我们本次教学评比主题"促进理解的教学"的真正内涵!

【经典课堂】
光影世界之音画情缘

【内　　容】　上海市高中《艺术》教材
【课　　时】　1课时
【设计说明】

本课以"音画结合"因素,把高二教材中的电影教学素材《辛德勒的名单》和高三教材中的电影教学素材《熊的故事》结合起来进行教学,其实是一种基于对教材校本化的解构重组。这两部作品都是经典的电影作品,在教学的连接点上,除了有"音画结合"的技术上的明线,同样也有着对美好情怀积极褒扬的暗线,深具教育意义。

【教学目标】

1. 情感态度与价值观:学生通过欣赏影片中这几段经典的片断,激起热爱和平、珍惜生命的向善的情感。

2. 过程与方法:在欣赏感受、思考探讨、交流与展示等活动中,感受电影音乐对推动电影情节和塑造人物形象的作用。

3. 知识与技能:了解电影中的"音画结合"表现手法,理解这些表现手法的特征与作用。

【教学重点、难点】　引导学生从影片中感悟人生,产生求善向美的情感共鸣。

【教学过程】

一、创设情境导入

1. 教师演奏《无尽的悲伤》主旋律

提问1：同学们曾听到过这段旋律吗？感觉这是一段表达怎样情绪的音乐？

提问2：这段音乐来自一部奥斯卡获奖影片《辛德勒的名单》，这是由大导演斯皮尔伯格导演的名片，哪位同学可以说说这部影片讲述了什么吗？

2. 课件：《辛德勒的名单》基本介绍

第六十六届奥斯卡最佳影片——《辛德勒的名单》根据澳大利亚小说家托马斯·科内雅雷斯所著的《辛德勒名单》改编而成。史蒂文·斯皮尔伯格导演，真实再现了德国企业家奥斯卡·辛德勒在第二次世界大战期间保护1 200多名犹太人免遭法西斯杀害的真实的历史事件。在《辛德勒的名单》中，作曲家约翰·威廉姆斯采用了与以往不同的创作手法……

> 设计意图：提供一个拾步之阶，让学生在情感和认知上都对教学内容有一个"热身"。

二、介绍电影音乐，并进一步深化审美情感

1. 电影音乐《人性的反思》

师：知道吗？在二战期间死于德国纳粹手下的犹太人有多少吗？600多万！相当于20个南京大屠杀！所以，这首电影配乐是如此悲伤。让我们再来感受一下电影原声《人性的反思》。

联系：日本在中国的南京大屠杀的史料。

2. 电影音乐的美学功能

讨论：电影音乐的美学功能？（基本答案）：

(1) 用音乐揭示人物的思想感情，使人物的形象更加鲜明动人。

(2) 暗示剧情的进展或延伸。

(3) 增加欣赏感官上的立体感。

> 设计意图：在电影音乐美学功能方面进行学习的同时，把育德能力的培养隐含在其中。

三、音画对位

1. 巴赫介绍

师：今天，我们要知道一位伟大的音乐家的名字，他就是巴赫，最伟大的德国作曲家之一，被后世尊称为"西方音乐之父"……

2. 播放巴赫的《英国组曲(第二号)》(Andras Schiff 演奏)

巴赫的《英国组曲》是 17 世纪键盘名作，因为巴赫将乐谱献给某英国贵族，所以被称为《英国组曲》。《英国组曲》共有六号，其中第二号作品风格华丽、柔美、优雅。

3. 连线题

师：请同学们就欣赏这段钢琴表演的感受，把这部作品与旁边的感觉匹配的词连在一起。

(学生们连上了：高雅、活泼、绅士、美酒、舞会、剧院……)

师：确实，像这样优美的音乐只应该与一些美丽、阳光的词联系在一起，而不可能与死亡、屠杀、血腥这样的词连在一起。那么，当在电影中用到这首音乐时是怎样的情景呢？

4. 播放影片片段《小镇屠杀》

师：大家看，在这里，画面是最血腥的屠杀场面，而音乐是欢快的音乐，这就构成了一种非常极端的对比效果，在电影的配乐手法上，这就叫音画对位。

讨论：音画对位的艺术效果与作用？

四、音画同步

1. 柴可夫斯基介绍

师：今天，我们还要知道一位伟大的音乐家的名字，他就是柴可夫斯基，他的音乐中有着一种骨子里的忧伤。

全体学生朗读柴可夫斯基的简介：柴可夫斯基是俄罗斯伟大的作曲家。1893 年 10 月 28 日，柴可夫斯基在彼得堡亲自指挥演出他的代表作品《第六交响曲》，9 天后便离开了人世。柴可夫斯基的作品繁多，体裁广泛，仅大型作品就有：10 部歌剧，以《叶甫盖尼·奥涅金》和《黑桃皇后》最为著名；6 部交响曲，以《第五交响曲》和《第六交响曲》最为著名；4 部协奏曲，以《降 b 小调第一钢琴协奏曲》和《D 大调小提琴协奏曲》最为著名；3 部舞剧——《天鹅湖》、《睡美人》和《胡桃夹子》；以及幻想序曲《罗密欧与朱丽叶》、《一八一二序曲》、《意大利随想曲》和钢琴套曲《四季》等等。柴可夫斯基的音乐真挚、热忱,具有俄罗斯民族那种特有的风格,他的作品被称为"俄罗斯之魂"。

2. 播放柴可夫斯基《六月船歌》的风景视频

字幕:这首作品没有采用船歌特有的音乐节拍 6/8 拍子,但 4/4 拍子从强拍到弱拍一摇一摆的节拍,同样体现了轻舟荡漾的意境。悠长的旋律小调带有淡淡忧郁的表情……

3. 欣赏《熊的故事》片断(母熊之死,配乐《六月船歌》)

作品简介:1988 年,法国导演让·雅克·阿诺拍摄了一部介于故事片与纪录片之间的奇特电影,以北欧式的浪漫将动物生存的优雅与悲壮升华到了极致,讲述了两只熊在森林中的惊险经历,电影完全是写实主义风格,没有任何旁白,而是凭着绝佳的跟踪拍摄与剪辑,构成一个关于熊的完美故事……

音画同步:影片音画关系的一种。指音乐与画面的情绪一致,节奏相同。常用于动画影片。迪士尼在他所导演的"米老鼠"影片中充分运用音画同步的艺术处理。因而音画同步的音乐,也称"米老鼠音乐"。

> 设计意图:以两部电影作品的经典场面,希望学生能在深深的情感触动中,习得关于音画结合的具体知识。

五、配乐实践

请同学选用周润发电影《英雄本色》中"小马哥战死"等几部电影的片段,分别选用《英国组曲(第二号)》与《六月船歌》试配,并说出理由。

讨论:在电影中音画结合到底是用音画对位效果好?还是音画同步效果更好?(开放性答案)

> 设计意图:开放性的问题讨论答案来培养学生的创新思想和自圆其说的能力。

六、教师小结

电影音乐是 20 世纪新出现的音乐体裁,有音乐的一般共性,又有自己的特性。音乐可以通过不同的音乐节奏和音乐语言,来表达电影的节奏,迎合电影故事不同的风格、不同的场景……

【教学反思】

  这节课的教学主素材是奥斯卡获奖影片《辛德勒的名单》,这部影片真实再现了德国企业家辛德勒在第二次世界大战期间保护犹太人免遭法西斯杀害的真实历史事件。在这节课的导入部分,我首先演奏了电影主题音乐,让学生们在辨析音乐情绪的情境教学中,开始了对《辛德勒的名单》的学习"旅程"。在之后的教学中,既有对电影配乐的赏析,也有对电影画面运用技术的解析。之后,更是把德国纳粹对犹太人的屠杀与日本侵略者当年在中国大地上犯下的血债联系起来,以一连串数据与照片深深震撼了每一位学生。这节课由感觉无尽悲伤的音乐开始,到充满人性光明和反思意蕴的音乐结束。教室中的每个人,都一直沉浸在情感的悸动中,既有着对被屠杀者的同情与悲伤,也有了"以史为鉴"的警醒。或许,这样的教学,才可能成为当学生若干年后把知识都遗忘了,但依然忘不掉的艺术课吧!而《熊的故事》则对音乐与画面结合的"电影语言"有了更进一步的知识性学习,之后的配乐实践则是当堂学习效果的有效反馈。在这样一系列的学习之后,我相信,学生能够在得到知识传授的同时,在审美能力方面也得到同步的提升。

【学有所悟】
春风十里不如你

  非常幸运,我能够先后参加两期的上海市音乐名师基地,3年+5年,一共8年,与基地导师、基地同学们相聚时的美好的时光,都是我最美的人生记忆。

  我要感谢一直以来对我伸出热情帮助之手的基地导师们!是你们的扶持与支持,才使我走上了一条专业成长的快速路。我要感谢我先后两期的基地同学们,我们从陌生人到朋友,一起听报告,一起听课评课,一起讨论,一起思考,一起谈笑人生……每一次活动,都可以看见我们三五成群讨论的身影。同样的学习意愿与热情,使我们间的交流如饮心灵鸡汤,我庆幸自己能在这个温暖的团体中与你们同行。

作为教师,最糟糕的就是"原地踏步",我不希望自己成为一个"原地踏步"的教师。成长更不是一时一事的短、平、快,需要把反思、研究贯穿于整个职业生涯中。在参加基地学习的日子里,我不断地在忙碌中充实着,在努力中收获着,在学习中成长着。音乐名师基地给我搭建了成长的舞台,而专业的自觉,成长的规划,执着地行走,教师人格和精神上真正的独立,都需要靠自己来完成。正所谓"鸡蛋从外被打破叫食物,从内到外打破了才叫成长"。

通过基地平台,我勇敢地与音乐教育专家、同行交流,踊跃分享所思所想所实践,提升着自己对音乐教育的感悟。同时,作为一名负有专业引领责任的音乐教师,我希望自己能不断地做些于人有益,于己愉悦的事,不懈怠、不骄纵、不妄自菲薄,每一年下来能自我评价一句"没有虚度光阴",便足矣!

教师的成长是什么?教师成长就是拥有真善美的教育情怀,拥有一颗向上的心,不断实践、不断反思、不断领悟,用心地将看似平凡的教育教学生活演绎成精彩的教育大片,甚至成为一段自己教育生命的传奇。那么,名师基地就是这部教育大片的导演!

春风十里,总不如你——上海市音乐名师基地!

第十章　十五年,留给我的那些记忆

教师介绍

史炯华,1978年生,毕业于上海师范大学,教育硕士,中共党员,中学高级教师,现任教于上海市致远中学,党支部书记。

上海市第三期普教系统名教师(音乐)后备人选,上海市第二批普教系统优秀青年教师后备人选,上海市第四批中小学教师艺术人文素养培养与研究实训基地学员,浦东新区中学音乐学科带头人,浦东新区社工委优秀共产党员,浦东新区中学音乐学科兼职教研员,浦东新区中青年教师教学评比中学音乐学科评委,浦东新区青年明星教师,浦东新区新长征突击手,浦东新区青年岗位能手。

先后主持两项上海学校德育"德尚"系列研究课题、两项浦东新区教育科研课题,参与多项市区级课题,多次获市、区级教育科研评比奖项;多次执教市、区级公开课,曾获2006年上海市中青年教师教学评选活动中学音乐一等奖等;出版专著《基于学生学习的高中音乐教学设计的思考与实践》、《乐学笃行——基于美国加州音乐教育见闻:中学音乐生活化教学实践探究》、特色教材《走近东艺,品味经典》。

成长叙事

一个人独处的时候,我总喜欢喝杯咖啡,听听音乐,回忆十五年来的那些日子,成功的和不成功的,快乐的和不快乐的……二〇〇一年的七月,我从上海师范大学音乐学院毕业参加工作,至今已经整整十五个年头了。其实,十五年里,很多的往事已经变得模糊了,而有些却依然清晰,仿佛就是昨天的事。

十五年,那些人

十五年里,那些人来了,那些人走了。那些人来了,给予我知识,让我不断充实自己;与我心与心的交流,让我不断明确自己的方向。那些人走了,带走了我的烦恼,也带走了我的挫折。

在建平世纪中学的十四年里,我经历了五任校长、七任书记,而老马,一位人高马大、身材魁梧的中年男人,在我迷茫的时候给了我鼓励与支持,在我得意的时候给了我严苛与指点。在这十五年里,他是我的领导、我的师长,更是我的伯乐。在工作的前四个年头,我一直担任学校的团委书记、少先队大队辅导员,可能是对于学生团队活动的特有的敏感与不懈的努力,我成了区域内团队干部中响当当的人物,尽管没有呼风唤雨,但也抛头露面。就在我得意之时,作为校长的他调整了我的岗位,把我安排到了校务办公室,一个忙碌而又不起眼的部门。在换岗的那一天,他对我说,一个优秀的干部在任何一个部门都能将任何一项工作开展得有声有色,一个优秀的青年人也能在风雨之后的平静中耐得住寂寞、学会冷静与思考;他对我说,干部没什么了不起,因为在学校的招聘中根本没有干部这个岗位,只有教师,任教某一门学科的教师;他对我说,音乐学科其实是门很受学生欢迎的学科,更是一门很具有人文深度的学科,只要你努力,我相信你将会是一名受欢迎的优秀音乐教师。一个岗位的调整、一次几分钟的对话,却让我思考了许久。而正是这一次岗位调整、这一次对话,似乎成了我这十五年人生历程的重要转折……

十五年里,我再次回到了当初的大学校园,那熟悉的大学校园——上海师范大学,攻读学科教学(音乐)方向的教育硕士学位。我感谢,我遇到了自己的导师张荫尧教授,是他每周一次准时在 skype 上连线探讨、交流,是他让我学会了独立思考问题的能力,是他让我学会了做研究的策略与方法,是他让我最后以"优"的成绩通过硕士论文的答辩。我庆幸,我能成为这样一位敬业的导师的弟子;我感激,导师的严谨细致和精益求精的治学精神,将是我今后工作的榜样和努力的方向。在大学校园里,我还遇上一群让我不断充实、丰厚起来的良师益友们——施忠教授、刘鸿模教授、施国新副教授、钱大维副教授、王月萍老师、汝源老师。

十五年,那些事

十五年里,那些事总埋在记忆的深处却被轻易地提起,那些事被人提起却怎么也想不起来。在工作的十五年里，我经历过生机勃勃的春天，骄阳似火的夏天，硕果累累的秋天，还有银装素裹的冬天，而那一场比赛却让我在四季轮回中走进了收获的秋天。

那是2006年的上海市中小学中青年教师的教学评选活动，我意外地获得了那场比赛的入场券，因为那是教师们梦寐以求的入场券，犹如奥运四年一回。根据比赛要求，比赛的教学内容必须与正常的教学进度相一致，而两周一次的高一艺术学科音乐部分正好是《肢体语言，心灵律动》舞蹈拓展部分，那时的我真的有些无奈和迷茫，舞蹈对于我来说太陌生了，怎么办？在选定踢踏舞作为教学内容后，我开始一边搜集相关文字资料、视频资料，一边寻求朋友们的帮助。如何让全班30多位同学在课堂一开始就被我吸引并调动起他们的兴趣，我大胆设想自己真刀真枪来一段踢踏舞。在朋友们的帮助下，我借了一套踢踏舞的服装和舞鞋，他们还帮我刻录了一套踢踏舞的教学光盘，于是每天晚上我就跟着光盘学习基本动作，最后自己还创编了一套由10个基本动作组成的60秒的舞蹈片段。舞蹈片段有了，但与之匹配的音乐怎么办？踢踏舞是非常讲究节奏和速度的，在一个星期的寻找中，却没有合适的，那时的心情真是百感交集。也就在山穷水尽的时候，办公室电脑中的一段音乐吸引了我，vitas 的《opera》，那不是我要找的吗？众里寻他千百度，那音乐却在我的电脑里。开场有了，中间内容也很重要，作为踢踏舞重要的组成，爱尔兰和美国百老汇踢踏舞是不可不讲的内容，于是我找来了它们的代表作《大河之舞》和《雨中曲》，每天都手拿遥控器来回播放，选择其中最精彩的部分。由于课堂时间的有限，无法大段落播放，必须把两部作品剪辑在一起，组成3—4分钟的片段。在电脑里自带一个 Movie Maker 视频剪辑软件，我想这个应该简单，一个下午就可以完成。然而想象总是美好的，由于资料的容量比较大，学校电脑、手提电脑总是无法最后保存并转换为视频格式，最后我找到了一位担任信息技术学科的朋友，用他的电脑在2个小时之后，我完成了视频组合。在舞蹈教学中，最重要的是学生的实践，让他们通过实践学习一段舞蹈，真正感受其中的魅力，我将踢踏舞最基本的点步、轻点步、踏步三个基本动作组合在一起，并做了一个节奏谱供学生们练习。当然，为了让学生们在练习的时候更好地感受踢踏舞的节奏与速度，我改编了贺绿汀先生《游击队之歌》的钢琴伴奏谱，用在了学生们的练习中。

尽管在这场四年一轮的上海市中小学中青年教师的教学评选活动中我赢得

了一等奖,尽管最后所呈现的也只是一堂 40 分钟的课,而这背后的一步一步的艰辛只有自己知道,但正是这一步一步的磨炼,才让我慢慢成长。

十五年,那些情

十五年里,那些情感动着每一个人,让人刻骨铭心;那些情变得荒凉,好似原本就那么无所谓。我真的很感谢每一位帮助过我的师长、朋友,也很感谢那些变得脆弱、荒凉的情感,因为所有这些都让我在不断长大、变得成熟。

在音乐教学岗位的十五年里,人们都说,同行是冤家,不争个你死我活,也要争个明白,而我最感谢的就是我的同事、好朋友叶子,她也是位音乐老师。我们经常在一起聊工作、聊生活,一起听音乐会,一起观看比赛。要说在学校的所有学科组中,同伴互助最好的一个组,那肯定是我们音乐组,因为音乐组就我们俩。我们时常会为课堂教学中的某个环节争论不休,她认为她的观点是最贴切的,我认为我的观点是最有效的;我们时常会为听到一场好音乐会而感叹,这样的音乐真的太棒了,并会疯狂地购买这个乐队(歌唱者)的 CD 唱片;我们时常会为学校的合唱排练而倾注所有,一个指挥一个伴奏,会对每首作品的细致处理而探讨老半天;我们也会时常一起吃饭,叹苦经,工作为什么这么累,而后又神奇般满血复活投入工作。我想,这是工作中一份同事兼好友的情谊,更是一份特殊的情谊,在情谊中一同成长。

十五年里,我还拥有着与我们浦东音乐老师的同行情,俞秀华老师、李祎祎老师是她们带领我走上了音乐教师这个我如此之爱的岗位;陆志毅老师是他带领我走上市级教学比赛的舞台,让我知道一堂好课背后所付出的努力,也让我收获了信心;倪红老师是她给予了我丰厚平台,音乐兼职教研员的每次调研课,让我学习着、思考着、实践着、反思着,我仿佛发现自己正慢慢地"胖"起来。

十五年,那些路

十五年里,走过的那些路,有的一帆风顺,似乎所有的一切都是自己预想的那样;有的蜿蜒曲折,尽管走了许多的弯路,但是在自己的努力后也总能实现;有的布满荆棘,是一种说不出、道不明的感受。这一路走来,只有自己最为清晰与明了⋯⋯

十五年的路上,参加浦东新区优秀教师赴美研修的这段经历最为难忘、记忆最为深刻。之所以最为难忘、记忆最为深刻,不仅因为这是2014年的故事,更是因为在"赴美研修班"的前前后后2年路程中,开阔了我的眼界、提高了我的思维,更充实了我的世界。

"在马路上竟然也可以上课"、"学生艺术团队的数量如此之庞大"、"如此多的舞台表演和社会实践"成了我在美国加州访学期间的最大感触——三个"没想到"。这一切让我对自己的音乐教学进行着一个分析与思考。我发现,两地的音乐教育有着共性的地方:一是关注聆听体验的音乐学习;二是关注学生实际的音乐学习。但加州音乐教育给我最大的思考是,他们关注生活实践的音乐学习。无论是各类音乐课程,还是学校丰富的音乐教育活动,他们的音乐学习始终与生活实践紧密结合在了一起。我思索着自己的音乐教学,我想,我们一定要遵循音乐学科的规律,针对不同的校情,充分挖掘各类资源,搭建多元平台,关注艺术实践,让我们的音乐课成为学生和谐成长的大舞台。回国之后,我一直做着这样的尝试:一是将社会热点音乐素材与课堂教学内容相结合,引导学生正确的审美感知;二是建立微信公众平台,通过互联网的方式与学生及时分享各类音乐信息;三是创设校园音乐沙龙,充分发挥学校音乐圆厅的作用,给予有音乐特长的孩子一个实践的舞台。

未来的路还很长,但我一定要秉承并不断实践"让学生真正成为音乐学习、艺术学习的主人"的教学理念,通过自己的努力,成为学生成长路上的高素质引路人。

十五年,那些梦

十五年里,我梦想着自己的每一堂课都能精彩万分,让每一个孩子都能喜欢到心坎里;我梦想着自己能有一本属于自己的专著,与同行们分享我的教学故事;我梦想着让自己成为浦东音乐老师的名牌,只要一提到"史炯华"三个字就知道这是个音乐老师。

十五年里,我有幸入选第三期上海市普教系统名师后备人选,并参加音乐学科基地的五年培训。五年,我能想象大家听到这样一个时长,肯定一脸惊讶,并会有一丝的害怕之感。没错,我也有过,但正是这五年的培训,五年的音乐学科基地培训,让我的梦想在一步一步实现。在"学习园地、实践园地、研修园地、个性园地"的四个模块培训中,我的"讲台、舞台、写字台"的三台能力正在一步一步提升。还记得2013年初春的一个星期二早上,名师班的活动是交流《学员培养档案》，每位学员都将自己一年来的公开课、论文、讲座等成果讲述了一遍。听着大家丰硕的成果，我的内心感慨万分，同样也羞涩万分，感慨的是大家的成果数量不仅多，而且质量高、层级高；羞涩的是，自己的成果只有那么仅存的一小点。尽管大家给予了我掌声，导师还不停鼓励我，但我暗自下定决心要加倍努力。五年的学习中，我共发表文章21篇，6篇文章分获市区各类评比等第奖，申报成功4项课题，其中已结题2项，完成了个人两本教学专著，《基于学生学习的高中音乐教学设计的思考与实践》在2015年2月由上海教育音像出版社出版，《乐学笃行——基于美国加州音乐教育见闻：中学音乐生活化教学实践探究》在2016年11月由文汇出版社出版。

感谢导师五年来的孜孜不倦，在他们的鼓励中让我不断前行。2015年1月20日的下午，有幸代表音乐名师基地参与了"艺术育人，育人艺术"第三期上海市普教系统名校长名师培养工程音乐基地、美术基地联合展示的主题发言，尽管只有10分钟的发言，但这是我永远铭记的一段时刻。在导师的悉心指导下，从发言稿的撰写到几次修改，每一次都让自己的思考深入再深入、升华再升华。而正是这样的一次主题发言，让我学会了用更加辩证的方式去思考、去思维。在五年的培训中，我被导师、基地同学推荐，分别到杨浦区、虹口区、华东师大音乐研究生班、上海市音乐课型研究合作团队、上海市艺术德育基地、上海音乐学院音乐教育系等讲座17次，与大家一同分享我的境外研修、特色课程研究等成果。

十五年之前，我还是个刚走出大学校园，未曾脱离稚气的学生，憧憬着独立生活的美好开始。十五年之后的今天，尽管我已经走上了学校的领导岗位，担任一所初级中学的党支部书记；尽管我完成了上海师范大学音乐学院学科教学（音乐）方向教育硕士的学习；尽管我出版了自己的两本教学专著；尽管我出版了自己的第一本教材。但我不禁感叹，因为这份幸运，让我碰到那些人、那些事，拥有着那份情，在人生的路上，去逐步实现那些梦，让我向着更高的台阶迈进。今天，对于我而言，又将是一个新的起点、新的开始，我将继续用自己的努力去求知、去探索，为音乐教育尽自己的微薄之力。

一个人独处的时候，我总喜欢喝杯咖啡，听听音乐，回忆十五年间的那些日子，更憧憬未来的岁月。

【且行且思】
基于生活视角的美国加州地区
中学音乐课堂教学研究及启示

一、选题背景

1. 一个课例产生的疑惑

在上海师范大学就读在职教育硕士期间,在《音乐课堂教学研析》的专业课程学习中,导师布置了一项作业,要求每位学员根据教材任意撰写一篇教学设计,并将教学设计付诸一堂实践课,并拍摄成录像。于是,我根据上海音乐出版社的高中艺术教材,精心设计、撰写了一篇题为《民族心声的时代脉搏》的教学设计作为作业,并就此教学设计进行课堂执教,并摄制成录像一同上交。然而在录像摄制、课堂教学过程中,每一项的教学内容、教学目标几乎不能按照精心预设的教学设计继续实施。尽管学生们在我不断、有意地引导下,但教学目标还只能勉强达成。

带着一丝疑虑,我将此篇教学设计投稿、参加了《中小学音乐教育》杂志社举办的"2010年全国中小学音乐课堂教学设计大赛"。2011年6月,比赛成绩揭晓,我的这篇教学设计《民族心声的时代脉搏》荣获了高中组三等奖。

课堂教学效果的差强人意和教学设计在比赛中获奖的截然反差,使得我感到疑惑。是我撰写的教学设计不够完善?是课堂教学过程中我的教学方法存在着问题?还是……

2. 孩子们喜欢音乐,但不喜欢音乐课

在读教育硕士的时候,就很想做一个问卷调查,为什么我们的孩子喜欢音乐,各种不同类型的音乐,但对于音乐课他们却宁愿在班级自修。但,最后我放弃了这个调查,第一,我不敢预测孩子们需要怎样的音乐课堂,第二,我担心对于孩子们的需要,我们无法给予指导或者帮助。

3. 美国之行的研究任务

作为一名普教系统的名师后备人选,我一直在思考,我们的中学音乐课堂应该是如何的,我们如何来做到新课程改革所要求的"以学生为本"。

通过查阅各类资料,我了解到:美国的音乐课在小学阶段以综合音乐课为主,到了五年级以后就逐步开始专业化学习,课堂模式以排练为主,学生可以根据自己的实际情况,选择一项乐器参与乐队或者参加合唱队等。在教师的课堂教学中,他们所关注的并不是如何将教学内容传递给学生,教材实际上只是一种媒介,他们想通过它提高学生对音乐的体验、表现能力,他们的音乐教学是自由、轻松、愉悦的,他们的音乐课堂犹如他们的日常生活,是个体与自己进行交流的一种方式,更是个体与他人之间关系的桥梁,通过音乐,使孩子们感受到人类大家庭的丰富多彩和多样性,体验到生活中、生命中无穷无尽的意蕴。

对于美国这样的音乐课堂,我非常好奇,也非常想通过与当地教师、学生的交流,通过课堂教学过程的观察,对加州地区的中学音乐课堂教学进行研究,通过和国内音乐课堂、自己的音乐课堂的比较与研究,能有所启发、有所感悟,取长补短,并以此提升自己对生活化音乐课堂的认识和实践能力,真正创设学生喜欢的"音乐课堂"、"音乐生活",能为学生的发展和未来尽可能的创设来自音乐课堂的能力、态度和价值。

二、研究的目标

当今,经济的全球化,促成了资本主义生产体系在新的历史条件和技术条件下所做的全球性新的调配,音乐也不例外,音乐产品市场的形成足以影响到民族音乐文化的存在。由于文化的、人口的、教育的、移民的、旅游的跨文化交流形成了不同文化交融与文化重组,音乐也不乏其中。随着多元文化时代的发展,在中国,"原生态音乐"、"新民乐"、"新潮音乐"、"传统音乐"、"新音乐"、"女子十二乐坊"等现象不断涌现,多元文化的音乐教育已开始深刻影响着世界的音乐教育,理解世界各民族音乐传统及动态音乐文化现象,将是我们从音乐方面理解和适应世界文化变化的重要方式,也是人类认识世界存在的基本方式之一。

课堂的社会性发展趋势。课堂是学校生活的核心,随着新课程教学的改革,我们的课堂生活日趋丰富。然而课堂的丰富性昭示出教育研究的多种可能性,课堂是具有社会性的特殊组织。这里的"社会"是指在教室、在班级、在操场和校园中学生之间的相互影响。它是个体的相互影响,集体的心理反应,学校组织盛行的风气,以及这些因素对个体行为的影响。从这种意义上来讲,课堂(教室)是学生群体和教师与各种或显性或隐性的课程事件相遇的社会性场所。有学者认为教师和学生就是生活在这个环境里的"居民",因而课堂乃是由"居民"和"环境"交互作用而形成的生态系统。课堂的社会性发展,对现在的教师提出了更高的要求,教师需要不断地调整自己的"社会"身份(课堂身份),整合教学资源,全面的关注学生的个人价值和创造性培养。我们的教师不仅仅是教学的指导者,更是文化的传播者。

音乐来源于生活,而高于生活。美国音乐教育的目的是"突出文化的多样性,尊重世界各民族的音乐文化。"他们重视学科的综合性,音乐作为主线,其他艺术学科、非艺术学科与音乐的有机结合的特点,引导学生在不同的学科领域中学习音乐、创造音乐,享受音乐的生活。

因此,通过本课题的研究,一是通过对加州地区中学音乐课堂教学的观察,尤其是基于生活视角基础上的观察,最真实的了解加州地区"学生为主体"的课堂教学,通过借鉴,能够最大化、最优化的在自己的课堂教学中实现"以学生发展为本"的教育理念。二是通过自己的音乐课堂,通过贴合学生生活实际的各种不同形式的音乐作品的欣赏、分析与探究,不仅能让每一位学生真正享受自己的课堂,享受过程的体验、感受,而且还能够促动每个学生的音乐思维、提升每个学生的音乐想象,并且能通过对音乐的学习,帮助他们将音乐的思维、想象和学会的技能迁移到其他艺术领域、学科领域、学习领域,并能有所收获,为学生的发展和未来奠定基础。

三、加州地区音乐课程标准的研究及启示

毕加索曾说过:"每一个孩子都是一个艺术家,问题是如何保证每个孩子在长大后还是一个艺术家。"[①]为了实现这一目标,2001 年 1 月加州教育委员会通过、颁布《加州地区视觉与表演艺术课程标准》(Visual and Performing Arts Framework for California Public School),2004 年经过修订,再次颁布《加州地区视觉与表演艺术课程标准》。目前正使用的《艺术课程标准》为 2012 年 5 月 3 日修订颁布的版本。

---

① California State Board of Education. Visual and Performing Arts Framework for California Public Schools [EB/OL]. Sacramento:California Department of Education,2004:5.

1. 《加州地区视觉与表演艺术课程标准》概况

加州地区基础教育阶段(幼儿园至十二年级)的艺术课程分为四个部分,即舞蹈、音乐、戏剧和视觉艺术,并分别由艺术感知、创造表现、历史和文化背景、审美评价、关联与应用(艺术学科内部及其与其他学科领域之间)等五条主线组成。

《艺术课程标准》也非常注重家庭、艺术家、社会团体、画廊、博物馆等教育利益相关方与学校之间的合作,以确保学生能够拥有丰富的艺术学习经验。尤其值得注意的是,在这份标准中,将媒体和电子技术的多方面作用融入到了艺术教育中。

《艺术课程标准》中也明确提到了学生的艺术学习要为其将来的职业生涯而起到一定的帮助作用。所以,在加州,艺术学习对于学生来说不仅是种快乐的体验,而且有助于学生的自我成长及其社会关系的开展,艺术学习被期望能够有助于学生的继续深造或成为应聘相关工作的一种资格证明。

2. 音乐部分课程标准

在音乐部分的课程标准中,音乐的含义、历史、特性、术语等内容分别由艺术感知、创造表现等五条主线贯穿其中,如图表所示。

《加州地区视觉与表演艺术课程标准》(音乐部分)

领　　域	内　　　　容
艺术感知	1. 读写音乐;2. 聆听、分析、描述音乐。
创造表现	1. 演唱、演奏技能;2. 作曲、编配、即兴。
历史和文化背景	1. 音乐的角色;2. 音乐的分类。
审美评价	1. 分析并批判地评价音乐;2. 理解音乐意义。
关联与应用	1. 联系及运用;2. 音乐职业及其技能。

尽管每个年级的音乐课程标准结构是一样的,但标准中对于每个年级的内容、要求却非常细致、具体。

3. 高中阶段音乐课程标准

在加州地区,高中阶段从九年级开始到十二年级结束。在音乐课程标准中,高中阶段的课程标准不再按年级进行具体要求,而是将九到十二年级的音乐课程标准内容统整在了一起,并根据程度的差异分为两个部分,一是熟练程度,二是高级程度。其中,熟练程度要求通过高中阶段任意一年的音乐学习,其音乐成绩达到相应水平或能继续选修后续课程要求的能力。

如：9至12年级音乐内容标准

2.0 创意表现

创造、表演并参与音乐

学生能运用声乐和器乐表演技能参与到不同的音乐表演中,能创作、编配和即兴表演一段旋律、变奏和伴奏,必要的时候可以采用数码(或电子)设备。

运用声乐和器乐技能

熟 练 程 度	高 级 程 度
2.1 独自地和与在乐队中有表情地演唱一套不同风格、不同流派、不同文化的声乐作品,应做到技术正确、音色恰当、元音清晰,并能清楚地背唱和记录这些作品(难度等级为4,音阶1—6)。	2.1 独自地和与在乐队中有表情地演唱一套不同风格、不同流派、不同文化的声乐作品,应做到技术正确、音色恰当、元音清晰,并能清楚地背唱和记录这些作品(难度等级为5,音阶1—6)。
2.2 在无论是否有伴奏的情况下,都能演唱三部或四声部的歌曲。	2.2 在无论是否有伴奏的情况下,都能演唱四声部的歌曲。
2.3 在小型合唱队中演唱,能做到独自承担一个声部。	2.3 在小型合唱队中演唱,能做到独自承担一个声部(难度等级为5,音阶1—6)。
2.4 独自地和与在乐队中有表情地演奏一套不同风格、不同流派、不同文化的器乐作品,应做到技术正确、音色恰当、声音清晰(难度等级为4,音阶1—6)。	2.4 独自地和与在乐队中有表情地演奏一套不同风格、不同流派、不同文化的器乐作品,应做到技术正确、音色恰当、声音清晰(难度等级为5,音阶1—6)。
2.5 在小型乐队中演奏,能做到独自承担一个声部。	2.5 在小型乐队中演奏,能做到独自承担一个声部(难度等级为5,音阶1—6)。

作曲、编配和即兴

熟 练 程 度	高 级 程 度
2.6 在作曲过程中运用音乐要素以求得相应的表现力。	2.6 创作不同风格的音乐。
2.7 为人声、乐器或电声(或数码)乐器作曲或编配,应准确运用传统音源。 2.8 能将声乐作品或器乐作品改编成为其他乐器(或人声)表演的作品。	2.7 为不同组合的人声、乐器或电声(或数码)乐器作曲或编配,应准确运用传统音源和非传统音乐。

续表

熟 练 程 度	高 级 程 度
2.9 运用一种风格即兴和声声部。 2.10 在给出和弦进行的基础上,即兴创编一段旋律。	2.8 在准确把握音乐风格的基础上,创编一段旋律或即兴节奏(如佳美兰、爵士、墨西哥流行乐队风格)。

在高中阶段,音乐教学要为学生提供参加合唱和器乐合奏的机会。此外,学生应该有机会经常与专业音乐家一起演奏,并参加学校和社会中的专业表演。社区学院、大学或社区中的音乐活动可以经常为那些有特殊兴趣的学生或人才而开放。

4. 课程标准研究的启示

(1) 关注快乐的体验,更关注学生的自我成长。在加州地区艺术课程标准中明确提到,学生的音乐学习、艺术学习要为其将来的职业生涯而起到一定的帮助作用。的确,对于学生来说,音乐学习、艺术学习不仅仅是一种快乐的体验,而且要有助于学生的自我成长及其社会关系的开展,音乐学习、艺术学习被期望能够有助于学生的继续深造或称为其应聘相关工作的一种资格证明。

(2) 关注音乐的技能,更关注音乐的实际应用。加州地区的音乐课程标准不仅对于音乐的技能、知识做出了细致、较高的要求,期望学生通过学习获得一定等级的资格证书,同时,也会提供去社区、公园等各类实践的机会,注重培养学生的实际应用能力。

四、加州地区音乐课程设置的研究及启示

在美国音乐教育者全国大会的《百年宣言》中指出了音乐课程的设计理念:"我们需要对学生广泛而又不同的音乐兴趣与爱好作出尽可能的、全面的甄别和满足。"从学生出发的音乐教育,要以学生作为主体。不断探索能够满足学生需要的教学内容与教学形式,不断反思包括教师在内的音乐教育教学现状,不断设计实施灵活多样的教学计划,是美国中学音乐教育的基本思想。

加州地区的《艺术课程标准》对于学生在音乐技能的掌握上具有很高的要

求,因此从小学五年级开始,学生就开始"分科",接受类似于专业的音乐训练。这种能力培养随年级增长逐步提高,对学生的要求也越来越严格。

1. 音乐课程的设置

在音乐课程的设置上,由于类似于专业性的音乐训练要求,Arcadia 高中的音乐"分科"教学不仅具有专业门类上的宽度,也具有专业程度上的深度。在学校提供给我们的《2014—2015 课程指南》中,可以发现音乐课程的设置大致分为以下这几类:

一是分学期类和学年类两种课程。在 2014—2015 年中,学期类课程主要有两门,分别是音乐欣赏和器乐介绍,前者主要是介绍音乐的基本理论、音乐家、作曲家和如何聆听音乐,后者则是介绍让学生通过简单了解器乐的技巧和音乐感觉;除此之外,其余课程均为学年课程。

二是具体的专业"分科"设置。在所有的学年类课程中,根据不同的专业类别,分为管乐、行进乐、打击乐、交响乐和合唱四类课程。每门课程都有专业的教师教授,而且每门课程教授的教师必须通过并取得相应的教师资格证才能上岗,如在学段分类上必须取得中学阶段教师证,又如学科分类上必须取得合唱教师证或器乐教师证。

三是细致的专业课程程度设置。根据毕业要求的规定,每个学生必须选择一年的艺术课程学习外,有兴趣和特长的学生可以继续选择艺术课程。因此,根据学生音乐专业学习程度的不同,他们的专业课程设置程度也不同。如在合唱课程中,分为音乐会合唱、三声部音乐会合唱(女声)和高水平合唱三种,在每个课程中又分 A、B 两类,其中高水平合唱课程,必须经过教师的面试通过才能选择,同时必须每年参加 8—10 次的比赛或演出。又如交响乐课程,分为Ⅰ、Ⅱ、Ⅲ三种,它要求选择交响乐课程Ⅲ的同学,不仅必须经过面试或乐团老师的允许,还要求参加过交响乐课程Ⅰ或Ⅱ的学习。

四是与大学相连的 AP 课程。AP 课程是美国大学的预修课程,是由美国大学理事会(The College Board)提供的在高中授课的大学课程。美国高中生可以选修这些课程,在完成课业后参加 AP 考试,得到一定的成绩后可以获得大学学分。在《课程指南》中我发现了一门可供十一、十二年级同学选修的《音乐理论》AP 课程,课程是专门为学生明年五月份参加 AP 课程而独立设置的一门音乐理论方面的课程。

此外,学生除了完成必修的一年的艺术课程学习和选修的音乐专业课程学习外,学生还可以在每天放学之后,选择参加与音乐有关的学生俱乐部(或学生社团)。

2. 案例

(1) XU,男生,十二年级,选修课程:交响乐 III。

XU 是一位来自中国杭州的学生,两年前刚来到加州洛杉矶,并选择了 Arcadia 高中就读。XU 目前就读在十二年级,每天早上第二节是他的交响乐 III 的选修课。他告诉我,他从小就开始在学校拉大提琴,出于对大提琴的喜爱,他在完成艺术课程的必修学分后继续选修交响乐课程。当他得知我们是来自中国上海的老师时,他显得尤其乐意的交谈。他告诉我,在杭州某中学读书的时候,学校根本就没有音乐课,而在 AHS,每天都有一节音乐课,他非常的享受,享受着自己喜欢的大提琴的音色和美妙的音乐旋律。

(2) LIAO,男生,十一年级,选修课程:行进乐。

LIAO 是一位来自中国北京的男生,从小学习吹奏长号。目前在 Arcadia 高中选修每天早上第一节的行进乐课程。根据课程要求,选修行进乐课程的同学必须同时选修管乐演奏课程,因此下午第一节还有他的管乐课程。当然,选修行进乐课程的同学,根据课程要求,完成一个学期的行进乐课程可以免修一个学期的体育课程。除此之外,每周一下午的 3 点到 5 点、每周三晚上的 5 点半到 9 点,他选择参加了大型管乐团俱乐部。

LIAO 是一个坐不住的孩子,但他告诉我,他很喜欢这样的课程设置,一是自己的确很喜欢吹奏长号,二是尽管每天都两堂类似的课程,但行进乐课程可以一举两得,获得两门学科的学分是多么好的一件事情。

3. 课程设置研究的启示

(1) 课程设置的细致化与专业化。从 Arcadia 高中的音乐课程的设置中,我们不难看出,音乐课程不仅涵盖了如声乐、弦乐、管乐、打击乐等音乐专业的所有种类,具有一定的宽度;音乐专业的程度设置方面,从兴趣爱好——熟练水平——高水平等分类,可见课程设置的细致化,具有一定的深度。

(2) 学生选择课程的兴趣化和多样化。尽管在学校提供的《课程指南》中明确规定,学生必须修满 1 年的艺术课程,并取得 10 个学分才能毕业。如对于某方面艺术有特别爱好、兴趣或者特长的学生,也可以在四年的高中课程中选择更多的艺术课程,获取相应的选修学分。面对这么多的课程门类,学生完全可以根据自己的兴趣爱好、音乐知识与技能的掌握程度等来选择自己需要的音乐课程。

五、加州地区音乐教学内容的研究及启示

尽管美国只有几百年的历史,但美国却是一个有着多元文化、自由民主的国家。在美国,他的教育与其他国家存在着明显的差异,美国的教育行政管理具有地方自治、横向分权管理、权力制衡、纵向分级管理、弹性控制的特点。正是由于这一原因,美国整个国家、各州都没有整齐划一的教材,尽管加州地区艺术课程标准在标准中对教材有相应的建议,但也没有作具体的规定,只有在其附录和参考中都列出了许多丰富的资源,供教师和专业人士参考和查询。

1. 案例

（1）RICK 的两堂合唱课(2014 年 9 月 30 日)

今天聆听的是 RICK 的第二和第三节合唱课,分别是 Treble Concert Choir（三声部合唱）和 Advanced Chorus(Girl Only)（高水平合唱,女生）。其中,第二节课的学生为九年级学生根据自己的兴趣爱好,进行选择、报名而组成的班级;第三节课的学生为需要通过面试并且通过才能加入课程的学生。

两堂课都是 54 分钟,课堂教学内容的顺序也基本一致,先是练声,然后是复习演唱 10 月份的音乐会曲目,再是根据不同的演唱水平而选择的不同的合唱作品。

练声部分：

Period 2,比较简单的发声练习,以音阶上进、下进式为主,如：

Period 3,以控制气息为主的发声练习,如:

歌曲演唱部分:

Period 2,歌曲《On This Day Join The Singing》的练唱为主,其他曲子为辅。(《On》是为 10 月 21 日举行的 Arcadia Fall Choral Concert 而准备的曲目)

Period 3,练习歌曲《On This Day Join The Singing》3 遍,然后演唱其他曲目,如歌曲《Amid the Falling Snow》等。(歌曲《Amid》选自 New Age 风格女歌手 Enya 的专辑)

(2) PIN 九年级弦乐课(2014 年 9 月 29 日)

今天参加 PIN 弦乐课的都是九年级刚入校的新生,这些学生在弦乐上只有初级的水平。

在弦乐课上,PIN 所使用的教材是当地的交响乐队初级教材。所以在课堂的一开始,在 PIN 的指挥下,进行了简单的音阶练习;第二部分是曲子中的弱起节奏练习和"v"重音记号练习;第三部分是全体合奏练习《A Quiet Rain》。

2. 图书馆中借阅的教材

在 Arcadia 高中,由于都是专业性非常强的"分科"教学,因此每位教师都选择一些经典曲目、现代曲目,或者根据相应的比赛、演出要求所选择的曲目练习、演唱、演奏为主。然而在学校的图书馆查阅资料的时候,我找到一本由 Mc Graw Hill 公司(麦格劳·希尔)出版的《Music! Its Role and Importance In Our Lives》(《音乐在生活中的角色和地位》)。

我将选取第一章《音乐的趣味》的导言部分与大家分享。

导言这一页(P3)的顶端设计了名人名言,在页面的右边设计的内容包括:快写活动、词汇、音乐家的档案索引,页面的中间设计的内容包括:本章节的内容容提要、如何学习的提示。

内容提要：音乐是生活中最大的乐趣之一。它具备各种能力：娱乐、消遣、活动和激励。在各种庆典、仪式、纪念活动中，音乐起着不可替代的作用。它能唤起我们对生活中各种神秘的思考，如宇宙的无限性以及我们存在的意义。音乐提供给我们一种富有创造性的自我表达方式。它能从灵魂深处安慰我们，使我们安心，帮助我们表达我们作为人类，我们是谁？是什么？

"Ah, music. A magic beyond all we do here!"
—J. K. Rowling
English Writer (b. 1965)

名人名言："啊！音乐，一种无所不能的魔法！"——J.K罗琳，英国作家（生于1965）

Quick Write
Read the quote by J. K. Rowling, author of the Harry Potter books. Tell whether you find music magical and, if so, why. Write your answer in a brief paragraph.

快写活动：J.K罗琳是《哈利波特》系列的作者，阅读上面她说的话。你是否发现音乐的魔力，如果是，为什么？把你的回答简要写成一小段文字。

Music is one of the great pleasures of life. It has the power to entertain, to amuse, to move, and to inspire. Music plays an indispensable role in our celebrations, rituals, and commemorative ceremonies. It can also provoke thoughts about the mysteries of life, such as the vastness of the universe and the meaning of our existence. Music provides us with a creative means of self-expression. It reaches deep into our souls to console us, to reassure us, and to help us express who and what we are as human beings.

Vocabulary
form
call and response
clave
beat
melody
pitch
canon

词汇表：曲式，"呼应"结构，打击节奏，打拍子，旋律，应高，卡农

What You Will Learn
By completing the chapter, you will be able to:
Describe the various ways music enhances our lives.
Discuss the role of the family in two musical dynasties.
Describe how globalization affects the music we hear.
Identify use of the "clave" in various music styles.

Musician Profiles
Johann Sebastian Bach (page 12)
Angélique Kidjo (page 15)

音乐家资料：约翰·塞巴斯蒂安·巴赫（第12页）、安琪莉可·琪迪欧（第15页）

你将学到什么（学习目标）
通过完成本章的学习，你会获得以下能力：
◆ 描述音乐提高我们生活质量的各种方式。
◆ 讨论家庭在不同音乐年代的作用。
◆ 描述全球化是如何影响我们轮听的音乐的。
◆ 认识在不同音乐风格中，打击节奏的运用。

3. 音乐教学内容研究的启示

（1）贴近学生生活实际的教学内容。无论是音乐分科教师上课自选的教学内容，还是图书馆借阅的教材看到的教学内容安排，都贴近学生的日常生活，并且能够引导学生将音乐的学习与日常生活联系起来。RICK在高水平合唱课上演唱的作品《Amid the Falling Snow》，选自于 New Age 风格女歌手 Enya 在2006年出版发行的专辑，而 Enya 这位爱尔兰女歌手对于每个美国的学生来说，都非常的熟悉，Enya 对音乐的贡献而使她获得两座"荣誉博士学位"。

(2) 关注学生能力培养的教学内容。如 PIN 的九年级弦乐课,尽管面对的是一群九年级的新生,对于弦乐演奏几乎是零基础的学生,PIN 通过关注节奏练习、音乐符号的认识,使得这些有兴趣的新生通过课堂,在演奏的技能上有所提升。又如图书馆借阅教材导言部分的"名人名言、快写活动"部分,要求学生通过书写的方式,表达自己对名人名言的看法,可以看出其目的是通过音乐学习培养学生的语言表达能力。

六、加州地区音乐教学方法的研究及启示

美国是一个多元并存的国家,同样的,在美国的音乐教育体系中也存在着多国的教学方法。

1. 美国音乐教育的多种教学方法

在 20 世纪早期,达尔克洛兹教学法、柯达伊教学法、奥尔夫教学法便流行于美国的音乐课堂教学中,其先进的教育理念、教育内容、教学方法深深影响着美国音乐教学。在 20 世纪 60 年代,诞生了美国本土的综合音乐感教学法强调综合这一因素。

目前,在美国的音乐教育中,最主要有以下四种教学方法:(1) 综合音乐感教学法,是诞生于美国本土的音乐教学方法,它强调音乐教学的综合性,要把音乐的各个层面视为一个相互联系而又综合的整体;(2) 达尔克洛兹音乐教学体系:音乐教育的根本目的在于全面地发展人的音乐能力。体态律动、视唱练耳、即兴表演;(3) 柯达伊音乐教学体系:音乐应属于每一个人,其教学法内容包括歌唱教学、柯尔文手势、首调唱名法、节奏读法;(4) 奥尔夫教学法:音乐教育应面向所有的人,通过原本性音乐教育的方式让人们主动参与到音乐中来,发展其创造能力、节奏训练、培养创造能力、使用特制乐器等。

2. 案例

(1) RICK 的高水平合唱课(2014 年 10 月 1 日)

RICK 告诉我,在他每天早上四堂合唱练习课中,第四堂课的学生合唱是最优秀的,建议我可以听听这堂课。今天,我如约而至。连续听了昨天就觉得非常不错的第三堂 Advanced 女生合唱课和第四堂 Advanced 混声合唱课。

不听不知道,一听……尽管没有吓一跳那么厉害,但也让我为之惊讶。

可能由于要参加 10 月 21 日的演出,RICK 在可开始进行了最简单的几分钟的练声后,边进行了课堂的任务布置。随后,所有的女声便根据高低声部的不同,分成了 2 个小组,分别走进了教室旁边的男生更衣室和女生更衣室。两个更衣室不断有女生进进出出,有的抱着衣服,有的拿着谱子,门一开,便能听到里面传出的声音。估计是女生们一边在试、量衣服,一边抓紧时间进行着练习。

  而 RICK 自己与男生留在了教室,等女生一走完,他们便开始起排练。与昨天的三声部合唱和 Advanced 女生合唱不同的是,今天这堂课,他对男生的要求非常高。留下的男生不多,男高音 5 人,男低音 6 人,在开始练习的时候声音有些单薄,RICK 便停了下来,指出不足,对声音的位置、音准度提出了极高的要求,并在这些不足的地方反复练习,直到自己满意为止。当 RICK 在范唱、弹奏伴奏的时候,有个别男生在轻声哼唱,此时 RICK 指出,当自己范唱、弹奏时,大家不要哼唱,一定仔细聆听,因为音乐的聆听很重要,只有通过不断、反复地聆听,才能及时找出自己的问题所在、及时改正。可见,RICK 在课堂上,投入自己相当多的感情与要求。

  (2) KEVIN 老师的打击乐课堂(2014 年 10 月 6 日)

  今天的课堂是 Intermediate Percussion(中级水平打击乐),学生全部由刚入校的九年级同学组成。由于今天的课堂是老师分器乐训练,所有军鼓、小鼓等演奏的同学全部由小组长负责在室外进行训练。尽管这部分同学在室外练习,但他们几乎没有松懈,每个人都很投入。而剩下的部分同学则在教室上课,主要是演奏马林巴的同学,并且由老师进行指导、授课。

  由于是单独训练,所以 KEVIN 的指导也更加针对性。课堂的一开始,分别是几组音阶、技能的练习。第一组练习,单手(双手交换)、单棒的音阶练习,学生根据平常经常练习的音阶,一级一级进行着循环演奏;第二组练习,双手、双棒的技能练习,根据固定和弦组合,学生们进行齐奏练习;第三组练习,双手、双棒的组合式音阶练习,根据固定的节奏组合,一级一级进行练习。课堂的后一半,主要是作品《Construction Zone Part 2》的练习,有所有乐器的整体练习,也有分声部的两组单独练习,更有个别学生的针对性练习等。

  尽管这堂课只是一个九年级新生的中级水平课,但 KEVIN 却丝毫没有懈怠的感觉,从课堂中能够感受到他对学生的要求是非常严格的,而且他用自己灵敏的耳朵捕捉着音乐旋律的瑕疵。(1) 技能的高要求。在音阶练习阶段,他几次关注学生,要求学生切忌用手臂的摆动、晃动来演奏,一定要通过自己灵活的手腕动作,进行演奏。否则,第一,当乐曲或练习的速度一快,你将跟不上正常的节奏;第二,这本身就是一个错误的演奏动作。(2)音准的高要求。马林巴琴的音域较低,音色也相对沉闷。如果普通的聆听,可能对于演奏的音准就相对比较模糊。看似轻松的KEVIN,但他却用自己灵敏的耳朵,捕捉着旋律中那些不和谐的瑕疵。有好几次,他要求学生停了下来,并几小节(或一小句)的进行重复练习,直到能够准确地演奏为止。(3)节奏的高要求。对于打击乐器来说,节奏是他们的生命。尽管马林巴作为一件大型乐器,它有52键等不等组成,有着它自己的音高,但马林巴的节奏要求也非常高,它必须通过准确敲击产生美妙的旋律。在音乐作品练习的时候,有几位同学在某一处节奏特别不稳定,他反复让几位同学一一练习。其中有位女生,由于节奏的特殊性(附点节奏),好几次的练习都不理想。KEVIN从讲台边走到学生边,手把手进行教授、演示,在反复几次后,这位女生才慢慢缓过来,较准确的演奏。

3. 音乐教学方法研究的启示

(1)有规划、有要求的小组自主教学。在Arcadia高中,由于音乐分科的细致性,经常可以看到在课堂上,在教师的统一布置和要求下,小组进行自主学习。如KEVIN的打击乐课,由于要针对性地进行马林巴演奏的练习,所以演奏军鼓、小鼓的同学就在组长的召集下进行自主练习。在RICK的高水平合唱课上,女生按高音、低音两个声部分别在两间房间内进行自主练习。尽管在课堂上,没有看到教师的要求、布置,但在开学初,教师就会进行分组安排,包括纪律要求、练习要求、小组成员的分工与合作要求等。

(2)高标准、严要求的技能反复教学。在加州地区,音乐课可以大致分为普通音乐课、声乐表演课、器乐表演课等三种,在Arcadia高中等许多高中学校,学校只设置声乐、器乐表演课。因此,在日常的课堂教学中,教师对于学生的演唱、演奏的技能的掌握,表现出尤为高的要求,甚至通过反复的练习达到教学的效果。如KEVIN的打击乐课上,有几位同学在音乐作品练习的时候节奏特别不稳定,他反复让几位同学一一练习,有位女生,由于节奏的特殊性(附点节奏),好几次的练习都不理想,KEVIN从讲台边走到学生边,手把手进行教授、演示,在反复几次后,这位女生才慢慢缓过来,较准确的演奏。

七、加州地区音乐教育的启示

1. 关注生活实践的音乐学习

无论是 RICK 合唱课上占据了大部分时间的歌曲练唱,还是 AHS 丰富的音乐教育活动,他们的音乐学习始终与实践紧密联合在了一起。让我想起了美国著名的哲学家、教育家杜威先生和他的"做中学"理论,强调每一位学习者的直接经验,重视知识的学以致用。加拿大范梅南教授曾在《生活体验研究——人文科学视野中的教育学》一书中指出,教育研究应该指向事实本身,教育学不能从抽象的理论论文或分析系统中去寻找,而应该在生活的世界中去寻找,教育学存在于极其具体的、真实的生活情境中。

的确,每一门学科知识的提炼来源于我们的生活,而在我们学成之后,要将知识转化为各种劳作回馈于社会及其发展。音乐学习同样如此,有句俗话:艺术来源于生活,艺术与生活密不可分。加州艺术课程标准指出,音乐学习不仅仅是一种快乐的体验,它更是为今后的职业生活或是充分参与到社会当中时起到的一种作用,让更多的人通过你的音乐表演中感受音乐的快乐与魅力。

2. 关注学生实际的音乐学习

RICK 的合唱课每天都有四节,都安排在了上午。第一节、第二节是三声部合唱,是专门为在九年级选择合唱课程的新生所开设的;第三节、第四节是高水平合唱,是专门为十、十一、十二年级选修合唱课程的学生所开设的,选修这门课程的同学必须通过老师的面试或考核。四节课犹如四个不同层面的台阶,一级一级往上,具有鲜明的层次性。

在 AHS,几乎每一门课程都非常贴近学生生活实际,由于学生在某些课程上的水平参差不齐,教师会专门安排在同一程度上的学生一起上课。老师在教学内容的选择上,也会根据学生的实际情况进行适当的选择,引起学生的共鸣,从而尽最大可能地调动每一个学生的音乐学习积极性。在其他音乐专业的学习中,同样如此,就如交响乐来说,学校分别成立了交响乐Ⅰ、交响乐Ⅱ、交响乐Ⅲ,为的是能够让每个学生都能参与到交响音乐的演奏、表演中。

3. 关注聆听体验的音乐学习

RICK 对于自己范奏、范唱非常关注,他要求每个学生在自己示范的时候都能认真聆听,在体验中去感悟音乐的本质。在弦乐课上也是如此,当老师在拉小提琴示范的时候,她绝对要求学生们认真聆听,从音色与音量中感受按弦的力度、感受弓与弦之间的触碰。

　　的确,在音乐学习中很重要的一点是:聆听。只有通过不断的、反复地聆听,才能对音乐有所体会、有所感知、有所感悟。就如同我们在平时的音乐课堂教学中一直强调的,对于一首音乐作品或一个音乐片段的聆听,一定要在充分聆听的基础上,学生才能与你交流他的体会与感受。如果,只聆听一遍就让学生来谈感受,那你将听到的感受全部都是假大空或是最表层的。

【经典课堂】
民 族 的 摇 篮
——沃尔塔瓦河

【课　　程】初中艺术
【教　　材】选自上海教育出版社九年义务教育艺术(音乐)课本(试用本)
【年　　级】八年级第二学期

【教材分析】

　　《沃尔塔瓦河》选自于上海教育出版社九年义务教育艺术(音乐)课本,为第一单元《社会——滋养艺术的沃土》第三课《民族的摇篮》中"请你学唱"部分的教学内容。《沃尔塔瓦河》是捷克作曲家斯美塔那于1874年11月20日至12月8日在布拉格完成的交响套曲《我的祖国》中的第二首。整部套曲共六首作品,作者花了五年时间完成,和贝多芬创作《第九交响曲》时的经历一样,斯美塔那也是在全聋的情况下凭顽强的毅力写完了这部史诗之作。

　　《沃尔塔瓦河》是一部风格奇特、构思新颖、近似音画的标题性交响诗。它运用了情节性连续发展的手法,近似回旋曲的形式。它以象征捷克民族摇篮的沃尔塔瓦河主题为乐曲基本主线,贯穿其他生活画面,描绘了大河从发源地舒马瓦山流向易北河出口的全过程,表达了对祖国、对人民深厚的爱。

[学情分析]

　　从心理学角度来看,初二年级的学生不再单纯追求主要作用于感官的感觉上的需要,他们开始需要比从前更进一步的得到知觉上的满足,他们的抽象思维能力和语言概括能力开始逐渐形成。从音乐学习角度来看,初二年级的学生已经积累了一定的音乐基础知识,部分学习声乐、器乐的同学已经积累了较为娴熟的音乐技能,他们能通过音乐要素的判断、分析、比较等,能较好地感知音乐作品。

【教学目标】

1. 在《沃尔塔瓦河》的四个音乐片段和实践体验中,感受作曲家通过作品所表达出的民族情感和对祖国的热爱之情。

2. 在四个音乐片段的欣赏与歌唱体验中、欣赏与器乐辨析中、欣赏与舞蹈实践中、欣赏与诗画拓展中,感受作品表达出的音乐与民族的情感。

3. 复习交响诗的音乐概念,了解交响诗的音乐特点、波尔卡舞曲的基本舞步,初步学会运用音乐要素感受音乐作品。

【教学重点、难点】

1. 教学重点:欣赏交响诗《沃尔塔瓦河》的四个音乐片段,并通过歌唱、音色分辨、舞蹈、创作等实践,提升学生对音乐作品的感受。

2. 教学难点:在欣赏与实践结合的课堂活动中,感受作曲家通过《沃尔塔瓦河》所表现出的民族情感和对祖国的热爱。

【教学过程与步骤】

一、导入

1. 音乐知识的交流

问题:什么是交响诗?

2. 音乐想象

第一遍欣赏:《沃尔塔瓦河》主题旋律

思考:运用音乐知识"交响诗",感受音乐描绘的是怎样的画面?

3. 出示课题:沃尔塔瓦河

地理知识介绍:沃尔塔瓦河

说明:通过音乐知识"交响诗"的复习,勾勒起学生对"音画"的回忆和认知,并通过《沃尔塔瓦河》主题旋律的欣赏,感受音乐作品描绘的音乐画面,直入本课的主题。

二、欣赏与实践体验

(一)欣赏与演唱：《沃尔塔瓦河》主题旋律

1. 作曲家介绍：斯美塔那

2. 齐唱主题旋律

注意：音乐的节拍、强弱变化等特点

3. 第二遍欣赏

思考：主题旋律的两个乐句，听听他们有什么不同或相同？

分析：大小调对比分析

猜想：作曲家为什么运用大小调的创作方式来表现音乐作品？

> 说明：在导入环节欣赏主题旋律第一遍的基础上，通过主题旋律的简单哼唱和带力度、强弱符号的哼唱，让学生初步感受音乐的画面；通过大小调对比的欣赏与分析，完善学生对音乐画面的感受和作曲家所要表达的意境。

(二)欣赏与器乐辨析：《沃尔塔瓦河》"两个源头"旋律

1. 第一遍欣赏

思考1：从音乐中，你感受到了什么？

2. 第二遍欣赏

思考2：音乐旋律的主奏乐器是什么？为什么要用这样的表现方式？

地理知识了解：沃尔塔瓦河的源头

3. 视频欣赏

> 说明：通过运用音乐要素、主奏乐器音色的辨析等方式，感受《沃尔塔瓦河》的"两个源头"，并了解关于沃尔塔瓦河源头的地理知识。

(三)欣赏与舞蹈：《沃尔塔瓦河》"乡村婚礼"旋律

1. 欣赏

思考：这段旋律，描绘的是怎样的音乐画面？

2. 知识介绍：波尔卡舞蹈
3. 舞蹈体验1：学跳波尔卡基本舞步
4. 舞蹈体验2：师生一同表演

> 说明：通过"乡村婚礼"旋律的欣赏，了解波尔卡舞曲的基本知识，并在学跳基本舞步、师生共同舞蹈的基础上，感受波尔卡舞曲的热情，感受捷克人民的愉悦氛围，感受作曲家的表达意图。

(四) 欣赏与诗画创作：《沃尔塔瓦河》"圣约翰湍滩"旋律

1. 欣赏

思考：这段旋律，描绘的是怎样的音乐画面？为什么？

建议：从音乐速度、力度、器乐音色等方面进行分析。

（可与之前的三个音乐片段建立起对比的关系）

2. 诗画创作
3. 师生分享

> 说明：运用音乐要素，欣赏"圣约翰湍滩"音乐片段，并通过四格绘画的方式（或为音乐选择合适的古诗词的方式），感受音乐画面，感受作曲家的音乐意图。

三、故事与情感体验

1. 教师讲述作曲家创作音乐作品的真实故事。

思考：是什么力量重新鼓舞作曲家斯美塔那克服身体上巨大的痛苦完成了交响诗《沃尔塔瓦河》？

2. 音乐作品结构介绍（奏鸣曲式、主题旋律介绍）
3. 再次演唱《沃尔塔瓦河》主题旋律

> 说明：通过教师讲述作曲家创作音乐时的真实故事，通过主题旋律的再次哼唱，感受作曲家强烈的爱国情怀，同时能够激起学生们的自我爱国情怀。

四、课堂小结与作业布置

作业：了解上海的母亲河，并搜集关于黄浦江河的历史、地理、音乐等信息，再下堂课上进行交流。

【教学反思】

《沃尔塔瓦河》的教学内容选自于上海市教育出版社九年义务教育课本《艺术》（音乐）八年级第二学期《民族的摇篮》中"音乐长廊"的听赏部分和"创造与拓展"的请你学唱部分。

在本次课中，教师选取了交响诗《沃尔塔瓦河》中著名的主题旋律、引子"两个源头"主题、"乡村婚礼"主题、"圣约翰湍滩"主题等四个主题片段，分别通过欣赏与歌唱体验、欣赏与器乐辨析、欣赏与舞蹈实践、欣赏与诗画拓展等四种不同方式，了解交响诗的音乐特点、学跳波尔卡舞曲的基本舞步、学会运用音乐要素感受音乐作品，从而感受作品表达出的音乐与民族的情感。

一、课堂教学优势

1. 课堂主线清晰。本课紧紧围绕《沃尔塔瓦河》音乐交响诗，以音乐片段的先后顺序，通过不同的四种方式来欣赏、感受音乐作品。

2. 课堂活动形式多样。古典音乐作品的欣赏一直是音乐欣赏课中难度较大的课型，教师通过欣赏与歌唱体验、欣赏与器乐辨析、欣赏与舞蹈实践、欣赏与诗画拓展等四种不同方式，让学生通过多元的活动方式来欣赏音乐作品、感受音乐作品。

3. 教师课堂应变能力。在课堂中，教师能根据学生课堂实际情况，及时调整课堂教学策略。

二、课堂商榷之处

1. 人文深度不够。尽管教师在教学设计时旨在通过四种不同方式感受、体验作品，但由于是借班上课，对学生的实际情况不熟悉，每个环节的音乐感受深入不够，对作品的人文深度挖掘不够。

2. 舞蹈实践需要更直观。欣赏和舞蹈实践片段，教师设计了学生学习波尔卡基本舞步，但在实际教学过程中，由于没有一个直观的感受，学生在尝试波尔卡舞步练习的时候效果不明显。

三、教学思考

1. 教学设计基于学生

由于教师本人一直是从事高中音乐学科教学工作,对于初中年级的音乐学科教学不太熟悉,所以导致在课堂教学过程中存在一定的问题。教师的教学设计一定要基于学生,以学生的发展为本。

初二年级的学生,由于正处于青春期转变的关键时刻,从好动性来讲,男孩子相对开朗、好动、爱运动,女孩子相对沉稳、不太愿意动;从思维发展来讲,对任何事物具有一定的深层思考。因此,教师在进行教学设计的时候,一定要动静结合,尽可能让每个学生都能参与到音乐欣赏中。

2. 加强乐曲中的器乐辨析

《沃尔塔瓦河》在配器上,作者是花了很大的心思的,因此在教学过程中要注重穿插各种乐器在段落中的重要作用,要求学生自主听辨和感受各器乐在乐段中的运用,比如:沃尔塔瓦河的源头是两条小溪,作曲家采用长笛和单簧管演绎两种不同的流动音型作为乐曲的开端;沃尔塔瓦河的第一主题,弦乐器的演奏十分华丽,激动人心的旋律,描写的是白天沃尔塔瓦河澎湃地流动着的样子;乐队全奏,铜管乐肆虐的喧嚣,木管乐尖锐的啸叫,描写了河流在圣约翰湍滩,峡谷中所形成的汹涌激流,惊涛骇浪猛烈地撞击着陡崖峭壁,发出雷鸣般的轰响,构成了一幅惊心动魄的画面,达到了戏剧性的高潮等等。这样通过乐段演奏乐器的辨别和探讨成为学生理解和体验音乐作品的非常有效的方法。

3. 增强作品的民族情感渗透

《沃尔塔瓦河》是浪漫派标题音乐的代表作,是捷克第二国歌,它那充满魅力的抒情诗般的音乐,深深地打动每个听众的心。它美妙的旋律带上了作者对大自然的崇敬,对生命的热爱,当耳畔响起这首歌的时候,听者将投身到大自然的怀抱中。为了让学生能专心地倾听并充分发挥自己的想象力,我们的课堂应该是文化气息浓郁的,创设的情景要符合西方音乐的特点,而且教师讲课的语言应该是形象生动、富有感染力,以引导学生更快地进入音乐情境,与作品在精神上保持一致,力图激发学生的爱国热诚。

【学有所悟】
感谢一路有你

在每个人的内心,我想都有一首歌,一首能代表自己的歌。也许是一首情歌,讲述着人间真情与人生路上的爱恨情仇;也许是一首励志歌曲,仿佛一剂良药,支撑着你走向崭新的明天;也许只是一段背景音乐,在意或不在意,因为我们的生活本来就是平淡的……

在我的内心,这首歌曲一直循环的播放着,《感谢你》。

感谢明月照亮了夜空　　　感谢朝霞捧出的黎明
感谢春光融化了冰雪　　　感谢大地哺育了生灵
感谢母亲赐予我生命　　　感谢生活赠友谊爱情
感谢苍穹藏理想幻梦　　　感谢时光长留永恒公正
感谢你 我衷心谢谢你　　我忠诚的爱人和朋友
感谢你 我衷心谢谢你　　这旋转不息蔚蓝色的星球
感谢收获 感谢和平　　　感谢这一切一切的所有
感谢这美好的所有

"感谢这美好的所有",尽管如此简单,但这是多美多美的话语!

在音乐名师基地的五年里,感谢曹建辉、陆亚芳两位导师毫无保留地为我们付出着。一堂公开展示课、一次主题讲座、一次公益讲堂、一次组内交流、一段微课程……所有的一次一次,让我们收获着,让我们进步着。相信这样的收获是丰硕的,相信这样的进步是豪迈的、大踏步的。

感谢所有的同学,不仅让我积存着前进的动力,更是大家毫不吝啬的互帮互助,让我们感受着这样一段温暖。

感谢你,我衷心谢谢你,我敬爱的导师和亲爱的同学们;感谢收获,感谢进步,感谢这一切一切的所有,感谢这美好的所有。

感谢一路有你!

第十一章　学习,永远在路上

教师介绍

张懿,1973年生,上海师范大学音乐系毕业,中学高级教师,现任教于上海市金山初级中学。

曾荣获金山区优秀园丁奖、金山区第三届"明天的导师"工程"百名优秀青年教师"、金山区第四届"明天的导师"工程"学科骨干教师"、金山区第五届、第六届"明天的导师"工程"学科导师"、金山区"拔尖教师"、区优秀学科工作坊主持人、区导师工程金玉兰奖、金山区2013、2014、2015年度见习教师规范化培训"优秀指导教师"、上海市教育学会中小学音乐教学专业委员会2014年度"优秀会员"等荣誉。

长期从事中学艺术教育工作,在音乐教学实践与研究领域孜孜探索。多次执教市、区级教学公开课;曾获上海市器乐教学评比一等奖、上海市中小学中青年教师教学评比二等奖;主持区级课题和项目研究各2项,多次获市、区级论文、案例评比等第奖,并有多篇教育教学文章在市、区级刊物发表。作为区"明天的导师"一员,带教了区内多位青年教师,充分发挥辐射引领作用;指导的学生多次获市、区级艺术评比等第奖。

成长叙事

犹记得自己刚踏上工作岗位时那个稚嫩的模样,如今,一晃已过去26年了,我已成为了青年教师眼中的老教师。回顾自己的教学和成长之路,有艰辛,但更多的是快乐。自认为自己不是一个很聪明的人,但我相信:只要不断学习,迎难而上,坚持并尽自己所能去完成每一件事,就一定会到达希望的彼岸。

初出茅庐

教学生涯的前十年,我是在漕泾小学度过的。记得,刚踏上教学岗位的头两年,学校只有我一个音乐教师,没有老教师的带教指导,一切都在自我摸索中前行。有很长一段时间,我的教学都处在跟着感觉走的状态。那时,人们对于音乐课的概念就是唱歌课,因而,最初几年,我的音乐课就是教学生唱歌。尽管没有教学经验,也不懂教学理念,但我肯学肯干,初出茅庐的我浑身有使不完的劲,带合唱团、教集体舞、开公开课,慢慢地有了一些成绩,也逐渐地掌握了一些教学的门道。

课改的春风吹来了"唱游课"和"器乐进课堂"。在外出听课与学习中,我的音乐课堂开始变得丰富多彩起来。在和小朋友的互动中,我享受着教学的乐趣。甚至在离开小学教学岗位的多年后,我依然对唱游课记忆犹新,它使我后来的中学音乐教学更加生动活泼,具有亲和力。

在一次培训学习中,我接触到了口风琴,并从此喜欢上了口风琴教学。我将口风琴带进了我的课堂,至今我都清晰地记得当孩子们吹响口风琴时脸上那种欣喜的表情。那时,农村的孩子在器乐学习方面几乎都是零基础,但对于我这个对口风琴教学有着满腔热情的人来说,一切困难都不是问题。从吹奏单音开始,我手把手地教孩子们弹奏的手型和吹奏方法,逐渐地,他们有了令人惊喜的进步。每次练习口风琴,都是我和孩子们最快乐的时光,我教学生们吹奏优美动听的歌曲,给他们排练口风琴吹奏队列表演。那时候在器乐教学方面的经验积累也为我之后的教学打下了坚实的基础。

在十年的小学阶段教学中,我参加了市骨干培训班,获得了区中青年教学评比的二等奖、上海市中青年教师教学评比三等奖和金山区优秀园丁奖等奖项,虽然这些是微不足道的成绩,但也见证了我青春的努力与进取。

幸遇伯乐

2000年,我调入了漕泾中学任教。教学对象、教学内容、教学环境的改变让我一度茫然失措。由于升学的压力,周围人对待音乐学科的态度,似乎也没有在小学时候那样重视。原本想在中学一展身手的我,内心真有些说不出来的惆怅。

一个偶然的机会,在整理音乐室器材的时候,我在仓库的一个橱柜里发现了几十个破旧的口风琴。经过一番清理后,这些口风琴成了学生们手里的宝贝。

虽然教学的过程并不顺利,但学生对口风琴浓厚的学习兴趣再一次激发了我的教学热情,看着学生们认真努力地学习吹奏,看着他们在学校六一节上自信的表演,我突然有所触动:在音乐世界里孩子们多么快乐啊,作为一名音乐教师,就应该把这一份快乐带给学生。

就在我说服自己改变现状,决心以积极、认真的态度对待音乐教学的时候,恰逢区里开展教学评比,虽然对自己的课不太有信心,但我还是鼓足勇气报了名。在经过一番精心的准备后,我以一节综合课《小乐队》作为参赛课参加了评比,课中有一部分内容是口风琴演奏《小乐队》。我区的中学音乐教研员李朝阳老师作为评委听了课后,对我的器乐教学表示了肯定。

于是,在他的鼓励下,我又在区里开了器乐教学公开课。在课后的评课研讨中,各位音乐同行对我的课给予了高度评价,也提出了宝贵的意见。大家伙儿的鼓励更增添了我对器乐教学的热情,我也从这节课中再次找回了自信。后来我才知道,这次的公开课是李老师特意为我安排的一次"练兵",正是他的引领、鼓励,甚至是"逼迫"改变了我,让我重新认识自己。

在我开课的下半年,我们迎来了2007年上海市器乐教学评比,经过选拔,我和另一位老师获得了代表金山区参加评比的资格。于是,接下来的几个月,从选择内容到设计教学,又到试教和修改,李老师带领中心组团队给我反复磨课,而我也带着紧张、焦虑的心情暗暗努力着。虽然这是一个极其煎熬的过程,但努力终有回报,经历了"昏天黑地"的几星期后,我的《巡逻兵进行曲》一课在这次评比中获得了一等奖。

看着手中的获奖证书,我心里特别感谢李朝阳老师,感谢那些无私给予我帮助的老师们,也感动于这来之不易的成果,我终于用自己的努力证明:只要肯学肯干,就可以在自己的岗位上有所作为。

厚 积 薄 发

参加器乐教学评比对我来说是一个转折,它让我放下浮躁的心态,使我懂得了"不积跬步无以至千里"的道理。从此,我开始一步一个脚印地在音乐教学的路途上踏实行走。在接下来的几年中,我潜心于教学,立足课堂,揣摩教学方法,研究教学策略,力求为学生营造一个具有吸引力的音乐课堂。为了加强自身的理论修养,我积极参加各类学习研修,还养成了阅读教育书籍的习惯,以多元化的学习促进自身专业成长。

2009年,我被评为金山区第四届"明天的导师"工程"学科骨干教师"。荣誉的获得,带来的是欣喜,随之而来的是沉甸甸的责任,这种责任感时刻鞭策着我不停止前进的脚步。

我经常问自己,怎样的课才是一堂好课？在一次督导中,王月萍老师解答了我对"好课"的疑问。那是在2010年上海市"课程与教学"视督导组对我区的督导中,当时的市音乐教研员王月萍老师和特级教师席恒老师听了我执教的《大海·乡情》一课。课后,王老师对我说:"要感动学生,教师首先要感动自己。你的这堂课情感态度价值观目标达成非常好,一堂好课要把知识与技能、过程和方法与情感目标有机地融合在一起……"随后,王老师又指出了我教学设计文本的不足,并指导我如何修改。

王老师的鼓励更激发了我的学习热情,她的话深深地印在我的脑海里,也时刻影响着我此后的课堂教学。

不久之后,我有幸参加了为期一年的上海市特级教师讲师团中小学郊区音乐教师培训者研修班。在这一年中,我聆听并学习了特级教师讲师团各位专家的讲座,也观摩了许多优秀的课例及艺术社团活动。在专家们的报告中,我深切感受到了他们对教育事业、对学生的热爱。正是由于这份爱,才使得他们在教育教学的道路上孜孜不倦地追求着、探索着。他们对教育事业的执着与热爱,让我的内心深受感动,也激励着我更专注地投入到教育教学工作中去。在三年"区学科骨干教师"任期中,我努力提高自身的教学素养,在骨干考核中多次获得优秀。2012年,我从骨干教师成长为金山区第五届"明天的导师"工程"学科导师"。

再 迎 挑 战

2013年我调入了金山初级中学,这个被同事们称为"金初"的学校是一个充满了理解与爱的校园。新的学校新的起点,虽然在音乐教学上已有了一点成绩,但我没有自我满足,开始了比原先更忙碌的工作与学习生活。

在忙碌的教学工作的同时,我认真履行区学科导师的职责,做好教研员的得力助手,充分发挥在全区音乐教师中的示范、引领和辐射作用,以教学指导、课堂展示、专题讲座等多种方式带领青年教师探索有效的音乐课堂教学,指导骨干教师参加市级教学评比,把自己的所学所得毫无保留的与区内青年教师分享。

作为金山区见习教师规范化培训的指导教师,我悉心带教徒弟,从分析教材做起,手把手地教他们撰写教学设计,实施课堂教学。带教是个师徒相长的过程。每周与徒弟们相伴的两天是快乐的,我们共同研究、促膝交谈。在严格要求和关爱并重的带教中,我和徒弟们建立起了深厚的友谊。作为师傅的我,在她们沮丧的时候给予鼓励,在她们松懈的时候给予督促,在教给她们师能教技的同时,我也从她们身上学到了许多。徒弟们在区级公开课以及新苗杯的比赛中都表现出色,我也被连续评为区见习教师规范化培训优秀指导教师。

时光迈着匆匆的脚步带来了2014年度上海市中青年教师教学评比。我区学科教研员李朝阳老师来找我商量音乐背景艺术教师参赛人选,问我愿不愿意再参加一次比赛。很多朋友劝我说:"参赛的都是年轻教师,你年纪也不小了,也取得了不少荣誉,还参加这种比赛,你这不是自讨苦吃嘛!"虽然真的是很怕再经历一次吃不好、睡不好、日夜煎熬的日子,但我最终还是毅然接受了这项重任,参加了中学艺术学科的评比。在准备参赛课期间,自己的身体状况一直不好,比赛前几天爷爷又病情加重去世。一连发生的几件大事一度让我几近崩溃,但我坚持了下来,克服重重困难,取得了上海市二等奖的成绩。虽然比赛结果并没有达到自己的预期,但我又一次挑战了自己,这一次,我为自己的勇气而欣慰。

新 的 出 发

2014年,在我区教育局领导和校领导的关怀下,我有幸成为金山区第二届拔尖教师研修班的一员,师从特级教师曹建辉老师,并跟随曹老师来到上海市名师基地学习。那里有和蔼可亲的基地导师陆亚芳老师、聪慧能干的谢圆老师,还有一群特别睿智有爱的基地学员们。

记得第一次参加的基地活动是"艺术育人,育人艺术——音乐基地、美术基地联合展示活动",活动中音乐名师基地学员精彩纷呈的论坛让我感受到了老师们的教学智慧,而最让我印象深刻的是基地主持人曹建辉老师的报告"'三台'能力培养与音乐名师成长",报告中精辟地将音乐教师的专业能力提炼为"三台能力",即"讲台能力""舞台能力""写字台能力"。提高"三台能力"是音乐名师成长的必由之路,对照自己,我不禁深深感到自身的不足。

基地学员们都那么"强",我能行吗?曹建辉老师像看出了我的心思似的,在一次培训活动后,他单独留下了我,和我谈心,帮我分析学习目标,并鼓励我说:

"你要对自己有信心,不懂就问,大家都会帮你的。"曹老师的话打消了我的顾虑,我暗下决心,一定要珍惜这难得的学习机会,夯实专业素养,不断提升"三台能力",在学习的道路上精益求精,走得更远。

接下去的周二我都怀着一颗期待又忐忑的心来到基地学习,期待是源于对学习的追求,而忐忑是因为不知道每次等待我的是怎样的学习任务。尽管从金山到杨浦少年宫路途遥远,来回路上要花去五个多小时的时间,但每一次的学习都让我感到欣喜,那么多的收获让我瞬间就把路途的劳累抛在了脑后。

跟着基地导师和同学们,我参加了一次又一次有意义的学习活动,听取专家报告、观摩优秀课例、深入艺术教育特色学校实地学习等等,每一次的学习都是那么充实。基地的学习任务也有很多,其中最让我"头疼"的就数"特色课程开发"和"制作微课视频"了。

我加入基地学习的时候,同学们的特色课程已经初具规模了,看到他们交流的初稿,我才真正感受到了自己和同学们的差距。同学们编写的特色课程教材是那么的条理清晰、图文并茂,令我钦佩不已,而我在这方面的经验却实在很欠缺。

基地导师曹建辉、陆亚芳老师和学员组长曹晏平老师看出了我的担忧与困惑,他们主动向我伸出援手,帮我整理了课程开发的思路,使我充满信心地开始了《金山田山歌》特色课程的开发。从确定课程框架、查找资料、整理筛选、动手编写,在这一系列的过程中,虽然困难重重,但有了导师和同学们作为后盾,我就信心满满、干劲十足。

"特色课程开发"初见成效,紧接着又迎来了制作"基地特色校本课程群"微课视频的任务,这下可又难倒我了。由于是第一次制作微视频,毫无经验的我简直无从下手。正在我一筹莫展之际,基地曹建辉、陆亚芳两位导师和谢圆老师为我们组织了多次以微课视频制作作为主题的研讨,一次次的智慧碰撞给了我极大的启发;曹晏平老师的微课范例,张展英老师的认真指导给了我实实在在的帮助。终于,在同学们的热心相助下,在学校信息科技老师的技术指导下,在一次次的交流与修改中,我的微课视频有了令人欣喜的变化,逐渐从粗糙走向完善,顺利地完成了这项艰巨的任务。"世上无难事只怕有心人",经过这次的学习经历,我深刻地感受到了学习的不易,也更坚定了我努力进取的决心。

不知不觉中,我已经完全融入了基地的学习。从基地导师和同学们的身上我不仅学到了很多专业知识,还获得了满满的正能量。我看到了成为名师的背后常人所不知的艰辛和付出,也感受到了他们积极向上的学习态度。他们的敬业和钻研精神时刻鼓舞着我,鞭策着我,使我能在学习的道路上克服困难,坚持前行,获得成长。我想,这种正能量将会一直伴随着我,在今后的学习与工作中给予我战胜一切困难的勇气,并让我受益终身。

学习的路途还很漫长,而我必定会带着大家的鼓励和期待,不忘初心,在这"风景优美"的学习之路上坚定地走下去,走下去!

【且行且思】
初中艺术学科中挖掘人文内涵培养学生音乐鉴赏能力的研究

一、研究的背景

音乐作为一种艺术形态和文化现象,与悠久的民族、历史、文化传统、社会生态及其人文精神、价值观念等有着极为密切的关系,而文化这一复杂的整体可谓音乐灵魂,了解一定的音乐文化,势必对普及音乐欣赏,提高音乐欣赏者的文化素养有作用。因此,"人文性"的切入角度,是聆听音乐和理解音乐的真谛所在。

然而,在实际教学中,由于过多地注重了音乐技能的学习,忽视了艺术教育在审美情感体验、文化传承等方面的重要价值,学科本身所具有的"人文"资源被无情的废弃。正如刘承华先生在《中国音乐的人文阐释》中所说:"长期以来,我们的音乐教育被限制在理论的知识性传授和形式的抽象分析方面,使音乐教育成为悬浮在表层的纯技术操作……在普及教育中,它只能使人们获得有关音乐的种种知识和技巧,而很难得到对文化深层的鉴赏能力与美感趣味。造成这一状况的原因在于将音乐与文化分离。"艺术课程是一门艺术技能学科,更是一门人文学科,学生对音乐艺术深层次的鉴赏、审美能力的发展和文化底蕴的积累,光靠学习音乐知识技能是远远不能达成的。因此,在艺术课程实施过程中,教师挖掘艺术课程资源的人文内涵,在教学中突出艺术的人文性,能使学生在学习音乐知识技能的同时获得音乐文化的滋养，逐步提高对音乐艺术的鉴赏能力。"挖掘人文内涵培养学生音乐鉴赏能力"的研究对于艺术课程的有效实施以及学生的全面发展具有实践意义。

二、主要概念的界定

"人文"一词，中国《辞海》中解释"人文"为"人类社会的各种文化现象"。音乐艺术作为人类创造的文化现象之一，是人类文化的一种重要形态和载体，蕴涵着丰富的文化和历史内涵。"挖掘人文内涵"指将艺术课程资源（这里的资源主要指音乐艺术作品）所蕴含的民族精神、时代特征、历史背景、社会风貌、文化传统、人文精神、创作背景、价值观念等与音乐艺术有密切关系的人文因素以一种适切的方式在艺术学科教学中呈现出来，以使学生更好地感受音乐、理解音乐，逐步形成对音乐的评价能力，提高音乐鉴赏能力。

三、研究概况

（一）研究目标

1. 挖掘、梳理初中艺术（音乐）课程中与教学内容有关的人文内涵要点。
2. 探索初中艺术教学中挖掘人文内涵培养学生音乐鉴赏能力的策略与方法。

（二）研究内容与方法

1. 研究内容

通过对初中艺术学科中挖掘人文内涵培养学生音乐鉴赏能力的研究，挖掘、提炼、开发、整合艺术（音乐）教材中的人文内涵要点，并在教学实践、反思与研究中，根据艺术学科特点，创设生态的艺术人文课堂，运用有效的教学策略与方法，将音乐作品人文内涵有机地结合在教学活动中，引导学生在获得丰富的审美体验的同时，传承我国优秀的民族文化，理解与尊重世界多元文化，拓宽学生的艺术视野，促进学生对音乐的感受、体验和评价，培养学生良好的音乐鉴赏能力，帮助学生形成正确的审美观念与健康的审美情感。

2. 研究方法

（1）文献法：深入学习和本课题有关的文献，分析研究他人的理论和经验，并结合实际选择运用。

(2) 调查法：对我校八、九年级学生进行问卷调查，了解学生的音乐人文素养，以便分析并实施研究。

(3) 个案研究法：对于研究过程中典型的成功或失败的案例，以个案的形式加以反思、分析和总结，为课题研究提供实践依据。

(4) 行动研究法：在理论支撑下，在教学实践中不断研究对策，通过研究指导实践，及时修正、完善，促进本课题研究的发展。

(5) 经验总结法：依据研究目标，把实践获得的结果进行总结提高，上升为理论。

(三) 研究过程

1. 准备阶段

学习文献资料，研究教材与学生情况，分析要解决的具体问题。明确研究的指导思想、具体目标、基本思路以及方法步骤，确立研究方案。

2. 实施阶段

(1) 挖掘艺术课程人文内涵，将之有机结合在课堂教学中，实施课题研究。

(2) 开展课堂教学研讨活动，邀请专家指导。

(3) 自我反思，并结合教学实践及时分析改进，形成阶段性研究成果。

3. 总结阶段

全面收集、整理、研究材料，深入分析，形成研究结论，撰写课题研究总报告。

四、课题研究成果

(一) 转变艺术课程理念，拓宽艺术人文视野

1. 优化角色，树立艺术课程人文意识

作为艺术教师，不仅是艺术的传播者，更应该是文化的传承者；不仅是艺术课程的实施者，而且是课程的研究者。初中艺术课程的目标是在多样化的艺术实践与体验中，帮助学生形成健康的审美观念与情感，提高学生的艺术能力和综合素养。艺术教师应跳出一味传授技能的框框，自身要有丰富的人文情怀和强烈的课程资源意识，站在课程建设者的角度，形成对艺术课程性质认识的人文回归，突出艺术课程的人文性和审美教育功能，丰富艺术教育的人文内涵，使艺术课程在普及音乐艺术基本知识、基本技能的基础上，发挥出普及音乐文化、弘扬人文精神的教育价值。

2. 研读教材,探索艺术人文资源之美

以艺术人文的视角深入研读教材,我们不难发现,在艺术课程中布满了具有人文色彩的亮点。纵观初中艺术(音乐)教材,每个单元都由一个人文性的主题构建板块内容,或体现了艺术与社会生活的关系,或挖掘了艺术内在的人文情感,或凸显了艺术的风格语言,或呈现了艺术发展的新姿……而单元中的每一课则体现了更为丰富、具体的艺术人文内涵,有体现"音乐与历史发展"的,有涵盖"民族精神与文化"的,有表现"人与人的关爱"的……在这些人文主题统领下的音乐艺术作品呈现出异彩纷呈、绚丽多姿的态势,需要我们透过表面的艺术形态去发掘、探索其中蕴含的人文之美。

3. 广采博取,增强自身艺术人文修养

从艺术教师师资现状来看,艺术教师多是来自专业院校的音乐系或美术系,他们虽然具有本专业的知识技能,但对专业之外的艺术门类却未必熟稔于心,艺术文化素养水平也是参差不齐。这一现状使得当前的艺术课并不能真正做到艺术的综合,更缺乏艺术人文的气息。艺术教师除了要积极参加各类培训以外,平时更要主动地汲取艺术养分,关心艺术信息,充分利用传统介质及现代信息网络等,不断充实自身的艺术人文知识,挑战自己的能力极限,随后,深入艺术课堂,提高个人的艺术人文修养的前提下,更好地驾驭艺术教学。

(二) 挖掘艺术人文内涵,深入品味音乐文化

艺术课程资源中人文内涵的挖掘,是对课程概念的补充,它以教材为基础,突破了教材的限制,向外延生发,极大地拓宽了可利用的课程资源范围。通过对初中艺术(音乐)教材的研究,教师可以从音乐与社会生活、音乐与姊妹艺术、音乐与文学三方面入手,关注与艺术密切相关的文化现象,联系社会生活和艺术史料去挖掘教材中的人文内涵。

1. 音乐与社会生活

艺术是社会生活的反映,社会生活是艺术创作的源泉。音乐艺术与社会生活有着极其密切的联系,了解与音乐相关的社会生活,将更有利于对音乐的感受与理解。从"音乐与社会生活"的角度开发人文内涵,具体有以下几个人文主题类别,表1中结合初中艺术(音乐)教材内容举例说明:

表 1

人文主题	具体内容	举例说明
民族精神	民族认同感、自信心、自豪感	肖邦《降A大调波兰舞曲》中蕴含的民族情感和爱国热情。
时代背景	音乐作品所处时代与历史发展	交响诗《芬兰颂》产生于沙俄重压之下,芬兰人民争取独立的浪潮风起云涌的时代。
民族传统文化	民族特有的审美观念、表现形式	民族管弦乐《丰收锣鼓》所描绘的我国汉族民间敲锣打鼓、扭秧歌的欢庆习俗。
地域特点与风土人情	地形风貌、民俗风情	欣赏《故乡是北京》《上海本是好地方》,了解北京与上海的民俗风情,体验不同地域的曲艺艺术。
创作背景	创作小故事、创作意图	《惊愕交响曲》的创作故事及命名"惊愕"的由来。
艺术家的艺术人生	艺术家成长与创作历程、对待人生的态度	京剧艺术大师梅兰芳对京剧的贡献。
音乐发展与流派	音乐发展史、风格、流派	欣赏京剧片段,了解京剧的形成、发展、唱腔、流派。
音乐描绘的自然美景	大自然的美景赋予艺术家创作的灵感	格罗菲的《日出》中描绘的大峡谷美丽壮观的日出景色。
音乐表现的爱与和平	人与人之间的关爱、友谊、和平主题	《让世界充满爱》等歌曲中表现的人间大爱。
音乐述说的历史、传说	以历史故事或神话传说为创作题材	琵琶曲《十面埋伏》描绘的刘邦、项羽垓下决战的场面;小提琴协奏曲《梁祝》表现的梁山伯与祝英台的爱情故事。

2. 音乐与姊妹艺术

音乐与舞蹈、美术、影视、歌剧、舞剧、戏剧、曲艺等诸种姊妹艺术有着密切的联系,各艺术门类既有共性又有个性。挖掘音乐与姊妹艺术的联系,并不是各艺术门类知识和技能的简单叠加,而是将音乐与姊妹艺术的相关内容、共同手段有机结合,有效促进学生视觉、听觉以及其他整合性感觉的形成,运用艺术的通感加强对音乐的感悟,帮助学生获得更加丰富的审美意象。同时,学生在认识和了解各种姊妹艺术的过程中,通过对艺术形象的多方位感知,对音乐艺术的独特表现力体验得更加鲜明,从而积累丰富的音乐鉴赏经验。

音乐与姊妹艺术有着密切关系的例子举不胜举。如法国印象派作曲家德彪西的交响乐素描《大海》，它的构思深受英国画家特纳、法国画家莫奈作品的启发。乐曲充满了光感和动感，颇具视觉效应，生动地描绘了海的不同风貌，融诗、情、画、乐于一体。在欣赏这部作品时，结合绘画中大海的色彩、光感去聆听、想象，将更有利于理解音乐语言所描绘的形象。

3. 音乐与文学

在艺术课程的实施中，应充分认识学科发展的综合性特点，强化音乐艺术与其他人文学科之间的内在联系来启发学生的思维，引领学生从文化的角度了解音乐，探索音乐，并使学生在学习音乐艺术的同时，了解到更多优秀的人类文明成果。

音乐艺术是一门综合性很强的学科，与其他人文学科的关系非常密切，尤其是人文学科的主干之一——"文学"。有句话说得好："音乐是流动的文学，文学是凝固的音乐。"自古以来，音乐就与文学结下了不解之缘。词曲结合，歌以咏志，中国文学中的古诗词吟唱就是鲜明的例子。另外，中外许多器乐作品表达的情感、意境、景色也都与文学作品有直接或间接的联系。如门德尔松的序曲《平静的海洋与幸福的航程》就体现了音乐与诗歌的密切关系。这首序曲的标题取自德国诗人歌德的两首独立、但又相互补充的短诗——"平静的海洋"和"幸福的航程"。序曲以这两首对比性的短诗为依据，乐曲相应扩展的慢速引子，标有"平静的海洋"字样，而随后用奏鸣曲式写成的快速度音乐，则反映"幸福的航程"的内容。在欣赏这首由诗生乐的乐曲时，教师可以采用引入有关诗词或文学作品的方法，通过分析诗歌、配乐诗朗诵，进而感受、理解音乐的情感和意境，引导学生体验音乐是怎样用自己的语汇去表现诗歌的内涵的。

(三) 创设生态艺术人文课堂，提高学生音乐鉴赏能力

1. 有机整合与拓展，关注艺术课程的人文传递

面对众多的艺术课程资源，教师应智慧地利用教材、灵活地整合教材、有效地拓展课程资源，利用与开发教材内、外的多种艺术人文资源，做到以音乐文化为精髓，注重艺术课程内容的艺术性、人文性、经典性、时代性、民族性以及与多元文化的有机结合，使学生在感性化、生活化、多样化的状态下得到较为系统、完整的音乐文化教育。

如八年级《大海》一课，教材主要内容有：欣赏交响乐素描《大海》的第一乐

章《海上的早晨到中午》、学唱歌曲《鼓浪屿之波》、音乐与舞蹈《小溪、江河、大海》、音乐与诗歌《平静的海洋与幸福的航程》等。教师在安排单元教学内容时，以教材为主体，将课内、外的相关音乐文化资源进行有机整合、拓展。将音乐与舞蹈《小溪、江河、大海》、欣赏《海上的早晨到中午》（第一课时的主教材）、音乐与诗歌《平静的海洋与幸福的航程》作为第一课时的教学内容，从音乐与舞蹈、音乐与绘画、音乐与诗歌三方面，引领学生体验不同的艺术形式和艺术语言对大海的描绘。而在第二课时中，教师则以《大海·乡情》作为人文主题，将歌曲《鼓浪屿之波》作为主教材，以七年级所学的歌曲《大海啊，故乡》作为情感的铺垫，课外拓展余光中的诗《乡愁》、马思聪的小提琴曲《思乡曲》，通过对教材外资源的有机运用，引导学生在歌唱、配乐诗朗诵等艺术学习与实践中体会歌曲蕴含的深厚的思乡之情。通过对教学资源进行有机整合与拓展，教学内容既有联系又多彩纷呈，教学主旨明确，人文脉络清晰，课堂传递出浓厚的人文情怀。

2. 从品味艺术人文入手，引领学生理解音乐内涵

在艺术教学中，教师可以着力于音乐作品的文化根基、文化渊源、文化内涵、文化审美心理的诠释，将音乐艺术置于文化脉络中传承，多视角、全方位的剖析音乐形象，用音乐作品中蕴涵的人文境界、人间真情、民族尊严等感染学生，促进学生对音乐的理解，培养学生的人文素养，提高学生的艺术鉴赏力。

（1）在同一人文主题下融会贯通，丰富音乐审美体验

以音乐艺术为本，围绕同一人文主题，营造人文情境，引导学生用不同的艺术形式去理解或表现人文主题，实现由此及彼、由彼及此的通感式鉴赏。通过多种艺术形式的相互沟通和相互启发，学生的视域、听域得到开阔，既强化了学生对人文内涵的理解，又保持了各门艺术的独特性，丰富了学生的艺术体验。如：《春江花月夜》一课，以同为"月夜"主题的画、乐、诗、舞为教学素材，营造"月夜"的意境美，展现了中国古典艺术含蓄典雅的美学特色。从人文的角度，利用艺术的通感和审美迁移，让学生在一系列的艺术体验和鉴赏中，理解在中国文化土壤中孕育出来的音乐艺术，同中国的文学、绘画、舞蹈等姊妹艺术的密切关系，引导学生在融会贯通中逐步提高艺术鉴赏能力。

（2）在民族文化熏陶中鉴赏音乐，开拓音乐文化视野

不同民族的音乐艺术具有其鲜明的特色。把音乐的学习与欣赏置于民族文化的背景中，联系相关地域民族的历史、地理、民俗文化、风土人情、民间艺术、民

族乐器、民族舞蹈、民歌和民族乐曲等去诠释音乐，引导学生关注音乐艺术与本民族文化的密切联系，从民族文化的角度去欣赏音乐、理解音乐。这些民族音乐文化的积累能够开拓学生的艺术视野，潜移默化的提高学生的音乐人文素养。如《乡韵》一课中的《故乡是北京》与《上海本是好地方》，这两首具有鲜明特色的歌曲体现了北京与上海的民俗风情，南北呼应，相映成趣。联系本土文化和地方特色去体验《故乡是北京》的京腔京韵与《上海本是好地方》中的小调说唱，能更好地把握其风格特点。

（3）在艺术实践中感悟音乐文化，提升艺术素养

实践是艺术学习的基本方式，它是提升学生艺术素养的重要途径，也是感悟艺术人文内涵、体验音乐的有效方法。艺术教学中，教师应创设丰富多彩的实践活动，引导学生通过亲身的实践体验来获得对艺术作品的感悟以及艺术鉴赏能力的提升。仍以《春江花月夜》为例，教师不是单纯地将《春江花月夜》同名的画、音乐、古诗、舞蹈加以简单介绍，而是在艺术实践活动中，引导学生体会画作的意境；欣赏古曲《春江花月夜》并学唱主题旋律；吟唱古诗；欣赏根据乐曲创作的舞蹈，模仿舞蹈动作；最后全体学生合作表现《春江花月夜》。这一系列的艺术实践活动，环环紧扣，引领着学生在实践中体验不同艺术形式的《春江花月夜》的表现内涵，感悟中国传统艺术文化之美。

五、结论与思考

（一）结论

挖掘艺术的人文内涵，突出艺术课的人文性，是艺术课程人文学科属性的集中体现，是直接增进学生艺术人文素养和提高音乐鉴赏能力的最直接最有效的方式。本课题的研究表明：将音乐艺术的阐释同其人文内涵联系起来，有助于扩大学生的音乐文化视野，促进学生对音乐的感受、体验与理解，有利于养成学生主动、乐于关注多元优秀文化成果的习惯，逐步提高对音乐的鉴赏能力，养成健康的审美情趣。从学生的课堂表现以及后期问卷调查看，由于有了对音乐人文的感悟和体验，学生对音乐艺术的感受和鉴赏能力有了明显的提高，课堂中能积极思考与体验，课堂音乐实践的参与度显著提高。

（二）思考

在艺术课程人文内涵的挖掘、开发中，教师对艺术课程的有效实施要有更为

全面、清晰的认识,要具有整合、利用课程资源并统整教材的能力,教师的课程意识必须随之跟进,问题意识要加强,要成为课程的研究者、开发者,提升课程领导力。

教师挖掘人文内涵培养学生的音乐鉴赏能力应把握好人文内涵的"度"。人文内涵的挖掘不应脱离艺术的本位。在加强艺术课程与人文领域的整合时,应围绕作品的音乐性、艺术性和审美性,要以学生的艺术能力发展为本,不能光讲创作故事、风土人情而忽略了对音乐艺术本身的感受。教师应寻找合适的切入点,把音乐艺术的学习与欣赏置于艺术人文的背景中,做到在浓郁的艺术氛围和良好的人文情境中处理艺术学科知识与技能的学习,关注音乐文化的传承,为学生提供感受音乐、表现音乐、鉴赏音乐以及积累音乐文化的广阔天地。

【经典课堂】

大 海 · 印 象

【课　　程】初中艺术
【教　　材】选自上海教育出版社九年义务教育艺术(音乐)课本(试用本)
【年　　级】八年级第一学期
【教材分析】

本课内容选自上海市初中《艺术》(音乐)八年级第一学期第二单元"自然——孕育艺术的乳汁"中的第五课《大海》。主要教学内容是欣赏法国作曲家德彪西的印象派音乐——交响素描《大海》第一乐章《海上的早晨到中午》。交响素描《大海》共有三个乐章,它是德彪西对大海深挚情感的凝聚,也是作曲家从大自然中汲取灵感的艺术结晶。它的构思深受英国画家特纳、法国画家莫奈等作品的启发,乐曲充满了光感和动感,颇具视觉效应。新颖的和声、短小的旋律、丰富的音色、自由的发展,这些印象派的手法生动地刻画出了一幅幅大海的生动画面。第一乐章《海上的早晨到中午》用精致的配器和印象派的音乐语汇描绘了大海从黎明到正午的光和色彩的变化以及大海浩瀚的生命力。乐曲多变的色彩和音响,使人联想到阳光照射下变幻不定的海洋景色。

【学情分析】

本课的教学对象为八年级学生。这一学段的学生有着丰富的想象力,已经具备一定的自主学习和创造能力。在前一阶段的分科学习中,他们已具有了基本的音乐、美术知识,以及初步的艺术实践能力和审美能力。进入八年级艺术学段后,他们对综合的艺术课程表现出了好奇的态度,但缺乏综合的艺术视角和艺术思维。

我校的八年级学生在艺术学习能力方面参差不齐,与市区学校的学生相比,在综合艺术素养方面有明显的差距。他们较为喜欢旋律优美、通俗易懂的歌、乐曲,对于创作技法复杂、专业程度艰深的印象派音乐了解很少。针对学生的实际情况,需将艺术作品化难为易,设计不同层次的艺术实践与体验,并调动学生的视、听、动觉感官,激发学生的艺术想象,发展艺术思维,实现感知美、理解美、表现美、创造美的目标。

【教学目标】

1. 欣赏以"大海"为主题的影视、绘画、音乐等不同门类艺术作品,感受、体验作品中大海的艺术美,认识艺术美与自然美的和谐统一,激发热爱大海、热爱艺术、热爱生活的情感;乐于参与表现大海的艺术活动。

2. 感受交响素描《大海》第一乐章《海上的早晨到中午》描绘的大海形象,初步了解印象派音乐的风格特点;在小组、集体合作中,运用综合的艺术形式创编并表现"家乡的大海"。

3. 在视、听、唱、画、创等艺术实践活动中,运用体验、模仿、比较、合作、交流等方法,感受大海的艺术形象及其表现内涵,体会音乐要素对音乐形象的表现作用。

【教学重点、难点】

教学重点:在艺术实践活动中,感受、体验《海上的早晨到中午》中大海的音乐形象。

教学难点:在合作中用综合的艺术手段创编表现"家乡的大海"。

【教学过程与步骤】

一、导入

以小提琴曲《海滨音诗》为音乐背景进教室。

1. 教师沙画导入激趣。

2. 出示课题：大海·印象

> 说明：激发学生的学习兴趣，自然过渡到对艺术化大海的赏析，为后面感受艺术化的大海形象做好铺垫。

二、交流"大海"为主题的视觉艺术作品

1. 小组交流

（1）影视艺术中的大海

（2）画家笔下的大海

2. 师生交流、感受印象派绘画《日出·印象》中"海"的形象和特点。

> 说明：通过分享课前自主学习的成果，感受影视、绘画等视觉艺术中的大海形象，体会印象派绘画对海的描绘，为下面感受、理解印象派音乐语言所描绘的"大海"作下铺垫。

三、赏析交响素描《大海》第一乐章《海上的早晨到中午》

1. 听音乐选择符合绘画意境和风格的片段。

2. 聆听《海上的早晨到中午》引子部分，感受音乐要素对大海形象和色彩的描绘。

（1）初听音频，感受音乐中的大海形象。

思考：音乐让你联想到了怎样的画面？你主要是从哪些音乐要素中感受到的？

（2）复听片段，用肢体动作表现力度、音区、速度的变化，体会音乐形象。

（3）观看视频，感知乐器音色对音乐形象的表现。

> 说明：通过辨别与《日出·印象》意境风格相似的音乐片段，导入印象派音乐《大海》的欣赏，运用艺术的通感和联觉，帮助学生从两者共同的特点中感受音乐风格。从音乐要素入手，引导学生理解音乐形象，并初步了解印象派音乐的特点。

3. 听赏第一部分,感受音乐形象及旋律的特点。

(1) 听赏感受,了解乐曲旋律的特点。

(2) 出示主题谱例,模唱,并用肢体动作体验旋律线的波浪起伏。

> 说明:通过聆听、歌唱、肢体动作感受音乐形象,引导学生关注短小的旋律片段在音乐中的表现作用,进一步感受、体验音乐对大海的描绘,了解印象派音乐语言的特点。

4. 简介印象派音乐创始人德彪西,以及有关交响素描《大海》的小故事。

5. 听赏《海上的早晨到中午》第二部分和尾声,音画结合体验音乐形象和色彩的变化。

(1) 展开丰富的联想和想象,用色彩来描绘对音乐中大海的印象。

(2) 交流、评价绘画作品。

6. 教师小结。

> 说明:运用音画结合的方式,引导学生通过绘画来体会并表达对音乐的不同理解,感受印象派音乐色彩对大海的描绘。并引导学生认识到"自然是艺术的原型,艺术是自然的升华"。

四、创作活动:家乡的大海

1. 学生活动:分组创编,全体合作,用综合艺术手段表现"家乡的大海"。

2. 师生评价,综合表现。

> 说明:通过小组分工、集体合作的方式,全班共同运用综合的艺术手段创作家乡的"海景图",在创作活动中启发艺术想象,发展艺术思维,激发艺术创意,激起学生热爱大海、热爱家乡的情感。

五、课堂总结,提升

在《大海啊,故乡》的歌声中结束本课。

【教学反思】

本课旨在通过欣赏交响素描《大海》的第一乐章《海上的早晨到中午》,感受印象派音乐的风格特点,引领学生在艺术实践活动中"感受大海的自然之美""体会大海的艺术之美""表现大海的创造之美",在感受、体验、理解、创作、表现的过程中发掘艺术与自然的美,提高学生的综合艺术素养。反思本课,我认为以下几方面是较为成功的:

1. 遵循艺术学习规律,凸显学科育人特质

在领会教材意图及遵循学生艺术学习规律的基础上,我将本课的学习从"感受体验绘画、音乐等艺术对自然界大海的描绘"提升到"发掘艺术化大海的形式美、意境美与创造美",做到审美性和实践性相结合,体现综合性和人文性。以层层递进的方式,在教学中挖掘艺术作品中美的意境,引导学生发现美,进而探索其美的源泉,感悟美的内涵。运用自主探究、欣赏拓展、实践创作、评价延伸、合作交流、活动展示等学习方式,充分调动学生的学习积极性,带领学生从综合艺术的角度进入艺术学习,在艺术实践中体验并学习用艺术语言塑造大海的方法,激起学生热爱艺术、热爱自然、热爱生活的情感。

2. 多点切入,从综合艺术的角度出发引领审美

本课中,我将教学资源作了有机整合与拓展,从共同的艺术主题入手,营造一个不同艺术门类、多种学科综合的艺术学习环境,从多角度切入,引导学生体会艺术化大海的表现方法,寻找不同艺术作品之间的融合点,实现由此及彼、由彼及此的通感式鉴赏。在本课的前一课时中,教师预先设置了学习任务单,这一预安排的学习任务本身就是一种多角度的对艺术美的前期体验。通过课中的交流分享,以感知影视艺术中自然界的大海作为铺垫,以感受印象派绘画的特点作为理解印象派音乐的桥梁,进而引导学生从音乐中想象画面,从绘画中体会音乐,巧妙地将音乐与影视、绘画等艺术门类结合起来,促进学生对《海上的早晨到中午》艺术形象的理解。

3. 基于学情,化难为易展开教学

八年级学生在艺术学习能力和综合艺术素养方面还较欠缺。他们较少接触交响音乐,对印象派音乐更是知之甚少,加上交响素描《大海》本身就是一首创作技法复杂、专业程度艰深的作品,虽说本课学习的只是它的第一乐章,但对于八年级学生来说,仍不适宜完整听赏,而且要求学生深入理解印象派的音乐表现手

法是有很大难度的。因此,针对我校八年级学生的学习能力,我将作品化难为易,选取了几个重要的片段听赏体验,把学习目标定位在——感受乐曲对大海形象和色彩的描绘,通过力度、音区、音色等较为浅显的音乐要素的分析,初步了解印象派音乐的特点,并用"在对比中听赏感受""音画结合体验音乐的色彩"等学习方式,为学生搭建感知的桥梁,激发学生的艺术想象,从而更好地理解音乐。

4. 重视实践与创造,丰富艺术学习经历

实践是艺术审美的基本方式。本课教学中,教师从面向全体学生出发,尽可能使课堂具有开放性、互动性、主体性,运用了视、听、赏、唱、画、创、演等多种艺术实践形式,如视听结合体验音乐、用肢体语言表达对音乐的感受、音画结合表达对音乐的理解、用综合艺术形式创编等,不仅有艺术知识技能的学习体验,还有艺术思维的发展与创造,更有艺术学习能力的培养。教师充分调动学生多感官参与艺术学习,使具有不同艺术兴趣、能力和需要的学生,得到平等的艺术实践机会,引导学生于多样化的艺术实践过程中,学习艺术知识与技能,掌握艺术学习的方法,发展艺术创造能力,加强审美体验。从教学反馈来看,较好地达到了预定的教学目标。

【学有所悟】
感恩有"你"　一路相伴

在忙碌的学习生活中,时间匆匆溜走。转眼间,我在上海市第三期音乐名师基地的学习即将结束。两年的跟班学习,我收获满满。回顾这两年的历程,我只想说:感恩有"你",一路相伴。

难忘第一次参加基地活动的情景,当心怀忐忑的我步入会议室时,迎接我的是一张张亲切的笑脸,一句句暖心的问候;

难忘第一次参加基地特色课程开发的经历,导师们谆谆教诲,认真指导,同学们真诚相助,热情鼓励;

难忘每一次的专题研讨,为了节约时间,导师和同学们常常一起在会议室边吃客饭边热烈讨论,智慧在碰撞中迸发,友谊在彼此的坦诚交流中默默流淌。

在音乐名师基地这个相亲相爱的大家庭里，我真的收获了太多太多。

每一次周二的学习都是美好而珍贵的回忆。从金山赶往杨浦少年宫的路途虽然漫长，可内心始终激荡着的热情和对于参加活动的期待让我的步伐走得格外轻快。在这里，我聆听教诲，感受着春风化雨、润物无声的细致。在这里，我用心学习，接受挑战，收获着成长的幸福。感谢名师基地对我的培养，感谢导师和专家引领着我一步步地成长，感谢学员同学们对我的关心和厚爱，感谢你们让我懂得了坚持不懈、精益求精的珍贵含义。

学习即将结束，但是基地所带给我的成长将始终陪伴着我，我会带着敬爱的导师和亲爱的同学对我的期待，以认真的姿态，用勤奋和努力编织梦想，走好职业生涯的每一步。不忘初心，勇攀高峰。

第十二章　悠悠乐韵　暖暖深情

教师介绍

李逊芳，1973年生，华东师范大学音乐系毕业，中学高级教师，上海市音乐特级教师，上海市现代音乐职业学校副校长。

曾获上海市教育系统"三八红旗手"，上海市学校艺术教育先进个人，上海市教师君远奖、杨浦区"五四奖章"、杨浦区第九批拔尖人才、杨浦区音乐学科带头人、杨浦区教育系统拔尖人才等荣誉。曾担任杨浦区教师中级职称评委、上海市音乐教师培训者研修班导师、上海市艺术名师工作室主持人、上海市中青年骨干教师团队领衔人、上海市国家教师资格考官库成员、上海市中青年教师教学评比评委、上海市中学教师高级职称评委、全国"一师一课"部级优课评委等。

曾多次在市级层面进行公开教学展示，获得全国、市级教学评优一等奖。多篇论文发表在各类市级刊物，出版专著有《行者之歌——一位音乐教师的采风之路》《觅影寻声》。多年的实践形成了个人课堂教学的风格和专业发展的特色。利用假期赴五大洲三十多个国家和地区采风，探寻当地民间音乐，考察异域文化，录制原生态音乐短片，开设了"觅影寻声"课程，从艺术教师的独特视角介绍各地的音乐人文，民俗特色，历史经济，拓宽学生的文化视野。创建了"多媒体数码音乐、影像学习制作室"，这些充满创意的艺术课程激发了学生学习兴趣，开发了学生创造潜能，深受学生欢迎。校本教材《让艺术展开信息的翅膀》作为高中艺术特色教材参加了第十届上海教育博览会。"多媒体数码音像制作室"已被评为上海市第三批创新实验室，现代科技与艺术教育相结合的新模式也获得专家一致好评！

成长叙事

时光荏苒,岁月如歌,回想从教二十多年时光,往事如吉光片羽,渐渐幻化成一段段动人的乐韵,这曲"成长之歌"的旋律中处处浮现恩师的身影,每个音符中都含蕴含着师恩暖暖的深情。

扬帆——懵懂期的助推

"李逊芳,学校决定让你留校担任音乐教师",当副校长告诉我这个消息时,我愣住了,在师范毕业前夕,我已经准备好当一名中学语文老师,怎么会让我留校?原来在第一届大专毕业展示课上我的一堂以钢琴伴奏助推学生朗诵情感的语文课受到了大家的赞赏。于漪校长听了课后说:"早知道她弹琴很用功,没想到课上的也不错,学校缺音乐老师,就让她留校教书吧!"于是我的教师之路从原本的"设定"转了一个方向。

第一学期,学校给我安排了乐理课和琴法课,初为人师的我心中不禁忐忑,虽说我有一定钢琴基础,但如何教会学生学琴的方法?如何上好生涩的乐理课?如何以师者的身份面对只比我小几岁的学生?一堆困难摆在面前,让我一筹莫展。于漪校长似乎看出了我的"胆怯",鼓励我大胆尝试,以"过来人"的体验用自己的方法教学生。于是我以"小老师"的方法仔细研磨教材,又从"师范生"的角度找出学习的难点和困惑。第二周于漪校长就坐进了我的课堂"推门听课",课后于校长表扬了我在课上的"小创新"拉近师生情感,同时也指出我在教学中有些语言很不规范,并传授我她的"法宝"——将课堂上要讲的每句话都先写下,仔细梳理,熟记于心,这样课堂语言会精炼、准确。按照于校长的方法,我尝试每节课都写说课稿,一阶段下来对课堂语言的把握有了明显的进步。

任教一年多,得到一个好消息,上海音乐学院和交通大学人文学院要开设专升本和研究生班的课程。我拿着招生简章奔向了校长室,于漪校长看了简章后非常支持我继续深造的想法,语重心长地对我说:"专业是立身之本啊!你一定要抓住这个机会要好好复习,迎接全国统考"。由于在师范学习时音乐只是选修,我并没有系统地学过完整的音乐科目。尤其是和声,从来没有接触过,它成为我考学的拦路虎。虽然我买了很多和声书天天复习到深夜,但是和声题做得是否正确我根本没有把握。一天在校园碰到了于漪校长,她询问我复习情况,我不由叹起了苦经。于漪校长得知我的困难后马上联系了原杨浦中学音乐教研组长郭予力老师,请他帮我复习。郭老师是位极其耐心的好老师,面对我这个和声"白丁"细致地由浅入深教授,在我所弹奏的钢琴作品中讲解和声学的原理,量身定做地布置和声作业。在考前的2个月中,每周两次的学习不仅手把手教我和声学,指导我钢琴,还帮我复习了大量的视唱练耳、乐理题。最终在全国统考中我以第一的好成绩考入了梦寐以求的学校。在交通大学人文学院三年的学习我有幸遇到了上海音乐学院的马革顺、钱亦平、蒋维民等教授,精湛的教学技法,厚实的文化底蕴让我在专业的道路上迈开了扎实的步伐。

初为人师,懵懵懂懂,在教学之舟扬帆时能遇到如此关心青年教师成长的好校长真是无比幸运!

起航——成长期的榜样

十年前当得知校长要让我带民乐队时,我心中忐忑不已,因为自己不是民乐专业,也没有管理乐团的经验。校长看我面露难色,就给我一颗"定心丸",请少年宫的曹建辉老师当我的师傅。十余年来,曹老师以他独特的人格魅力向我展示了如何做一名学生爱戴的好老师。

记得刚接手乐团时,个性十足"小艺术家们"就给我一个下马威,四点排练只来了三个学生,等了将近半个多小时大家才陆续到齐,排练结束我重申的团队纪律,心想下次这些队员一定会收敛。没想到第二次排练迟到现象依旧,正当我要发火时,曹老师制止了我,排练后语重心长地对我说:"小李,民乐活动不仅是传授专业技术的过程,更是开启学生心灵的情感过程,一名好教师要学会换位思考,走近学生,了解他们,聆听他们的心声。"听了师傅的话,我找了队员谈心了解情况,原来乐团的调音器不多,大家轮流调准音也要半个小时,与其等着不如晚些来。问题的症结在这里,于是我又购买了五个调音器,排演前的调音十分钟内解决,迟到的难题迎刃而解。曹老师不仅手把手地教授我指挥的要领,还将管理乐队的妙招一一传授,"师徒结对"、"轮班声部长"、"评选最有责任感的乐手"、"师生共设奖励制度"、"设立学问室"……不出一年,乐队面貌大变样,通过一次次的排演,师生的交流产生了情感共鸣,同学们不仅在民乐知识技能、审美能力、学习方法得到了提高,而且增强了热爱中国民族文化的情怀。而我则从曹老师身上明白了做一个好老师的根本,那就是要:了解学生,尊重学生,将学生的情操提升,能力培养放在教育教学的首位。

曹老师是一位严师,他对我这名半路出家的民乐指挥甚是严格,但他严之有理、严之有度、严之有方、严之有情。乐团要排练新作品《骊歌行》,我刚熟悉完谱子,曹老师就给我一个"重任",一周后在全市民乐研修班展示上指挥,我吓得连连退缩,希望他另选他人。曹老师严肃地批评了我这种胆怯的心理,"逼"我一定要啃下这根硬骨头。接着的几天,曹老师一次又一次地帮我纠正指挥动作,教我处理音乐细节,加强与乐队的互动。在完成展示后,曹老师并告诉我"推"我上台的真正原因。因为他观察到我指挥时时常流露出一种不自信,这是指挥的"致命伤",而指挥的自信是建立在对作品的理解,乐队的默契,实战的演练,这种市级展示对我来说是一个难得的锻炼机会,这样的舞台正是我专业成长最为需要的。我不由地感叹,曹老师不愧是名师,真能对症下药啊!他不仅在技术上大力培养我的专业能力,而且深谙教师,特别是乐队指挥的心理。十年来我被曹老师推上了跨省交流的演讲台、推上了名师基地的公开课展台、推上了上海市艺术展演的舞台、推上了全国艺术课程教学大赛的赛场……

领航——迷茫期的指引

随着时间的推移,在学校关心和导师们的帮助下,教学上我也获得了一些成绩,杨浦区百花杯一等奖,上海市中青年教师教学比赛一等奖,上海市教育论文大赛一等奖,全国首届艺术课教学比赛一等奖。但我渐渐地感到自己的教学之路走进了一个无形的"瓶颈"。"很会上课"这是许多人对我的评价,但教学有什么特色?有什么经验可以提炼?我却茫然。

有幸遇到了非常关心青年教师的专业成长上海市音乐教研员——王月萍老师。记得她第一次听我课是一次市级的教学比赛,我授课内容是"千变万化的节奏"。由于经验不足,教学中我没用"时髦"的现代化手段,上课即没有PPT,也没有精美的视频播放。课堂上大量的师生互动,让学生寻找身体上的节奏,体验音乐节奏之美,感悟生活中的节奏特点。虽然在比赛中我获得了二等奖的第一名,但王月萍老师特地通过区教研员向我转达她对我的欣赏,表扬这节课是含金量很高的"真实课堂"。这样的鼓励对当时一名青年教师是何等的重要,我默默下决心,一定要不辜负王老师的期望,将这种"真实课堂"延续下去。没过多久,王老师点名要来听我的课,"绚丽多姿的世界民族音乐"这堂课我是尝试用小组研讨的形式来让学生分享五大洲的音乐，课后王老师对我提出了很多建设性的意见，并鼓励我要在初中多尝试这种新颖的教学方式。在和王老师的交谈中，我无意中聊起自己的一个教学设想，原本想把自己采风的内容融入课堂，没想到王老师听后激动地说："啊！你还有这么好的资源，快来说一说"。话匣子一打开，我把自己的兴趣爱好——摄影、旅行，以及近几年到世界各地采风收获一股脑地告诉了王老师。至今还记得王老师眼睛一亮，大声地对我说："这么好的资源早就应该融入课堂了，你还要把这个特色做得更好，在今后的旅行中以'音乐'为主线，采集更多的资料融入教学，上出你自己风格"。一语点醒梦中人，原来教师本身也是一种课程的资源，将自己的情感体验、生活阅历渗透在教学活动中，也能生成出鲜活的教育经验，这也会是课程的一部分。

在王老师的提醒下，我的旅行以"音乐文化之旅"为重点，每年假期到国内外的不同地区进行"艺术采风"，三次踏上平均海拔4 500米的西藏阿里地区，采集录制当地民歌；入住到山西绛州鼓乐团，向鼓手们学习"花敲"的技法；探访非洲肯尼亚马赛部落，了解"一唱众和"的音乐特点；走进阿根廷卡米尼托小道找寻探戈的起源；寻觅葡萄牙的法多屋，领略非物质文化遗产的魅力……近年来已到达过五大洲三十多个国家和地区。随着我行走之路的延伸，我将拍摄人文风景照片、具有独特风情的民间歌舞，购买到的具有民族风格的乐器、民间艺术家访谈等素材逐一整理，创设了"觅影寻声"课程，将各地采风的内容融入课堂，将鲜活的、现场的、原生态的音乐资料呈现在学生面前。学生们通过我的视角不仅学习了各地的民族音乐，还将了解各地的历史、经济、人文、地理等内容，足不出校就能近距离地、多元地接触到充满民族特色异域风情，开阔艺术人文视野。近几年，这一特色课曾多次以讲座、公开课的形式在全国、市、区展示，撰写的专著《行者之歌》和配套教材《觅影寻声》受到了同行和专家的好评，我也突破了自己的教学瓶颈，逐渐找到了属于自己的教学特色。

远航——成熟期的助燃

被评为学科带头人之后，教育局为每位带头人安排了一位专业导师，当得知我的导师是上海市音乐特级教师张展英时，欣喜之情油然而生。张老师我并不陌生，曾聆听过她精辟的教学点评，曾欣赏过她幽默的讲座风格。每次学习都会被她独到的艺术见解、深厚的文学功底、先进的教学理念深深折服。三年的带教,张老师让我对高中艺术教学有了全新的认识,充分认识到教学中不能将关注点仅放在知识传授上,更重要的是关注学生的发展,以艺术实践、体验促进学生艺术通感、迁移思维和整合素养的形成。

  一直以来,我内心对高中的艺术课堂总有这样的"见解":高中的艺术课堂是以欣赏为主,以教师探寻丰富的课堂教学资源,以生动的讲解来拓宽学生的艺术视野。没想到张老师来听了我几节课后一针见血地指出我教学中的短板,课堂过于"自我",讲得过多,没有为学生的实践、体验、感悟"留白"。听到这样的批评,一开始我心中真有点不服气,体验、活动、唱唱跳跳不是小学和初中音乐课上所强调的吗?高中的学生在课堂上怎么动?张老师似乎察觉到我的"小心思",没过多久就带我去看一位青年教师的课。至今还记得小张老师上的"中华舞韵",教学中高频次的模仿、体验、创作、师生互动、生生互动使课堂充满了灵性和活力,从舞蹈知识本位走向多元文化渗透,学生在体验中自然地感悟到中华舞蹈的魅力。这堂课对我来说如醍醐灌顶,彻底改观了我对高中课堂"动"的理解。课后张老师客观地分析了我的教学问题,虽说课堂上也有师生的问答互动,但究其本质还是属于传统的,以教师为主的一言堂教学模式,而艺术学科与众不同的魅力在于让学生在感受和体验的基础上尝试艺术创造,表达自己的情感和思想,在不断的实践中形成丰富的想象力和创新精神,如果这个观念不改变,很难有效提升学生感受美、鉴赏美、创造美的能力。

  在张老师的指引下,我逐渐改变教学观念,"以学生为主体"的理念不再是一句空话,我的课堂中出现了许多新的模块:"才艺展示"、"我的音乐我做主"音乐介绍、"乐评论会"、"建立班级音乐库"、"编辑电子音乐杂志"、"杨高摄影展"等,学生还可以通过"email、微信"、"杨高艺术苑"微信群与我交流学习感受……这种全新的师生互动、多元的学习模式让我感受到与过去完全不同的艺术课堂。

  在张老师的鼓励下,我创建了"多媒体数码音乐、影像学习制作室",将数字媒体技术与音乐艺术最新发展的走向融入教学,在基础性、拓展性、研究性课程中开设音乐软件应用、视频音频剪辑课程、数码摄影等教学内容。教学中我牢记张老师的嘱咐,"搭建多元平台,注重学生实践",开展"制作个性手机铃声"、"班级生活成长记录"、"我做配乐大师"、"数码摄影入门"等实践活动,学生不仅接触到最新的信息科技,还能够通过音乐和画面的结合丰富形象思维,激发学习兴趣,开发创造潜能。在学期考试前,我提早布置了音乐考试的内容——微型电影。学生自发组合学习小组，以视频的形式拍摄名为"动感校园"的微型短片，将课堂所学过的舞美设计、影片剪辑、蒙太奇手法、音乐配音、艺术表演等元素综合运用到拍摄中。学生在自由组合的团队中分工合作，导演、舞美、制片、后期制作各司其职。这一特殊的考查方式，受到学生的广泛欢迎。

张老师如同火把，点燃了我的教学激情，使我站在新的高度重新认识了自我，在她的带教下我撰写了多篇教学论文、编写了《让艺术展开信息的翅膀》校本教材、出版了专著《一位艺术教师的采风之路》，成功申报了上海市第三批创新实验室"多媒体数码音像制作室"、"小空间，大创意"创新实验室、评为上海市艺术工作室的主持人。张老师的言传身教让我体悟到：当教师"胸中有爱、目中有生"时，那么教师手中就会变出"法"来，就会有无限的创意，就会引领更多的学生开启艺术之门！

桃李不言，下自成蹊，我能从一个懵懂的教学新手成长为一名有追求的特级教师，离不开每位导师的悉心的指导和帮助。他们教育智慧和爱的光芒让我感受到为人师的幸福，他们的言传身教更如一曲"爱之歌"让我体悟到：教师凝聚的是智慧，燃烧的是激情，唤起的是灵性，收获的是成长。

【且行且思】
让艺术展开信息的翅膀
——浅谈高中多媒体数码音像制作课程的探索与实践

摘要：改革创新人才培养模式的关键在于课程，高中阶段的艺术课程要结合学校实际，了解学生需求，在依托和尊重教材的基础上，整合当代信息技术，开发整合教学资源，拓展课程的内涵和外延，帮助学生形成积极的学习态度、科学的探究精神，培养学生的艺术通感和整体艺术素养。本文就多媒体数码音像制作课程在推进高中艺术课程改革中探索和实践进行了阐述。

关键词：多媒体数码音像制作课程　课程资源开发　创新精神培养

随着经济全球化以及社会进入信息化多媒体时代，数字媒体艺术作为一门新兴的艺术形式，以崭新的视角、综合的发展态势开拓了信息时代艺术的新领域,这种新趋势对高中的艺术课程带来了深远的影响。作为上海首批二期课改实验学校,我校根据新课程要求和学生的需求,对艺术课程改革进行了积极的探索,在艺术课程中整合多媒体数码音乐、影像制作系统平台,拓展高中《艺术》基础课程的外延,积极构建学生合作探究、勤于实践、勇于创新的高中艺术特色课程。经过两年的实践,初步形成开放、互动、共享的教学模式,拓宽学生艺术人文视野,较好地提升了学生创新意识和综合的艺术文化素养。

一、紧贴时代脉搏,深化课程改革

当前课程改革强调:"以学生发展为本,适应学生个性发展需求,教学内容应满足学生未来社会生活的需要,最大限度开掘学生的智慧潜能。"在高中开设"多媒体数码音像制作"课程,让学生接触到最新的艺术与科技前沿,对确立以学生为主体、开发学生创造潜能、推进艺术课程改革、促进教师专业发展、丰富学校多元课程、顺应社会科技发展都具有重要的现实意义。

1. 《艺术》课程改革的需要

当前我国社会发展呼唤学生的创新精神、实践能力和个性发展,课堂教学改革的核心是学生如何成为学习的主人,如何学会学习。《上海市中学艺术课程标准》强调:"艺术课程要扩大空间,丰富手段,将现代信息技术整合于艺术教学中,通过多媒体以及网络所提供的声、形、影一体的艺术资源,创造一种以课堂教学为主,延伸到课外的交互式的艺术学习方式,使艺术教学真正达到艺术生活化、生活艺术化的理想的艺术教学发展目标。""多媒体数码音像制作"课程探索网络信息时代的中学艺术教学模式,关注学生对音乐信息处理能力与创造能力的需求,在艺术实践中挖掘学科中的艺术价值、人文价值和情感价值,为学生搭建自主学习、个性展现、协调合作、学习探究的平台,让学生在艺术体验和探索的过程中感受艺术学习的乐趣,增强艺术学习的欲望。课堂的教学从"传授型教学"向"互动型教学"转型,充分发挥艺术课程全面、高效的育人功能。

2. 学校多元课程发展的需求

"发挥个性特长,培养全面发展"是我校的办学理念,在"让课程满足每一个学生发展的需要"的新课程观的指导下,综合实践活动、校本课程开发等课程政策为课堂教学转型提供了支持性的基础、条件和示范空间。学校积极开发、完善校本课程,转变广大教师教学观念,改变传统教学行为和学生学习方式,应用现代教育技术和网络资源的平台,推动教师专业发展。多媒体数码音像制作课程在实践中不断完善提升,成为学校特色课程中的一个新的亮点,区域艺术特色项目的"试验田"。

3. 学生个性发展的需要

《国家中长期教育改革和发展规划纲要》提出:"深入推进课程改革,创造条件开设丰富多彩的选修课,为学生提供更多选择,促进学生全面而有个性的发展。"当代高中生具有较强的计算机操作运用的能力,他们是伴随着新的音乐技术成长起来的,学生对数码音乐制作、视频剪辑等内容非常感兴趣。学生通过学习多媒体数码摄影、摄像、音频、视频制作和编辑等现代信息技术,初步了解数字化音乐的理论知识,掌握一定的数码音乐和视频编辑、制作技能,在感受和体验的基础上通过音乐和画面的结合进行个性化创意与设计来表达自己的情感和思想,在艺术实践中形成丰富的想象力和创新精神,提升感受美、鉴赏美、创造美的能力。"多媒体数码音像制作"课程满足学生多元化和个性化的学习需求。

4. 教师专业化成长的需求

信息化时代,面对高速发展的科学技术,教师专业化发展应与时代发展同步。作为引导者,教师的艺术人文视野、教学的思辨能力、艺术的表达能力、与各学科的整合能力、各种问题的处理能力等等,都将对学生的创新能力产生直接影响。作为课程的实施者,教师不仅要教会学生自主高效地掌握信息技术软件,更重要的是要激发学生产生浓厚的创新热情。因此,教师必须不断地与时俱进,更新教育观念,学习先进知识,掌握先进的媒体信息技术,提升专业能力和素养,加速专业化发展。

二、立足校园文化,开发课程资源

在当前国内艺术教育领域,多媒体数码音乐、影像制作大多是高等院校和艺术专门学校开设的课程或专业,但是在高中阶段为中学生开设这样的课程,目前还较少。如何将以软件运用和整合的课程内容与学生的学习生活紧密结合?如何将审美、文化与艺术实践融为一体,知识学习与能力提高相结合?在教学中教师要把从教出发的立足点,转换到从学出发的立足点上来,以校园文化为抓手,多元开发课程资源,真正达到让学生合作互助、主动学习、体验实践、探究创造的理想目标。

1. 立足校园,教学内容贴近生活

《多媒体数码音像制作》课程将校园文化作为校本课程资源开发的重要途径,使学生在生动活泼的艺术实践中得到全面和谐的发展。

课程内容分为五个板块,分别是:

主题先导——结合校园文化建设,每单元设立活动主题,循序渐进地学习音像制作技术。

技术链接——深入浅出的教授学生系列软件的基本操作,了解不同软件的基本功能。

佳作欣赏——师生共同推荐、欣赏主题高远富有创意的艺术音像作品,从中学习技术运用手段并获取艺术创新的灵感。

拓展实践——以主题项目引领,团队组成形式灵活多样,强化艺术门类之间的融会贯通,整合所学的知识,运用于更为广阔的艺术空间。

分享交流——通过校园网、微博、视频网站等网络平台,展示作品、交流心得。

具体内容为:"给母亲的礼物"——电子相册制作(学习 Photo Story 和 DVD 相片电影故事软件)、"我的彩铃我做主"——个性手机铃声(学习 Sonar X1 软件)、"音效实验室"——广播剧 DIY(学习 Sound Forge 软件)、"留住精彩的瞬间"——数码摄影基础入门(学习 Adobe Photoshop 软件)、"我心目中的好老师"数码摄像基础入门(学习 Premiere、绘声绘影软件)、"美哉!杨高"——微电影创作(学习 Adobe After Effects 软件)等等。

2. 落实课程,师生互动多元高效

多媒体数码音像制作课程落实于三类课程。具体做法为:拓展性课程先行,每班由 2—3 位同学在高一第一学期的拓展性课程中学习相关内容,在第二学期的基础性课程推进中担任"小老师",协助教师指导学生,学生在"教"中学,"小教师"在"学"中教,学生更加主动、深入地参与到教学中。基础型课程覆盖,高一第二学期每位学生都将学习《多媒体数码音像制作》课程,学习各类与艺术相关的软件,自主设立"创作团队"进行艺术实践。研究型课程提升,在专家、教师的带领下,以"项目"为驱动,将课程的学习内容与学校的各项活动结合起来,用数字化的方式记录高中生活的成长过程。

3. 借助外力,高阶思维开阔眼界

学校利用高校资源外聘上海音乐学院、复旦大学新闻系、上海交通大学媒体与设计学院教师,担任研究型课程的教学导师,对学生实践进行过程性指导。专家们针对有乐器基础的同学还开设了MIDI音乐的编写、演奏;电声乐指导排演;数码摄影等艺术实践项目。高校多元课程资源,使高中生能接触到更为前沿、系统的课程内容,激发学生的学习兴趣,开阔了学生的艺术视野。

4. 艺术交流,创设品牌促进发展

学校鼓励并支持学生利用现代信息技术参与艺术创作活动,为学生搭建各类平台。学校不仅在校园内组织"美哉!杨高"的微电影大赛,还开展了"杨高杯"中学生微电影邀请赛,以"激扬青春·筑梦校园"为主题,邀请市、区各校高中微电影制作团队参加大赛,加强交流,促进校园文化艺术的发展。经过实践和探索,"多媒体数码音像制作室"已被评为上海市第三批创新实验室,校本教材《让艺术展开信息的翅膀》作为高中艺术特色教材参加了以"信息化助推加教育转型"为主题的第十届上海教育博览会,受到专家好评。"多媒体数码音像制作课程"逐渐成为辐射市、区的品牌项目。

三、注重艺术实践,培养创新意识

艺术学习的过程是学生艺术综合素养提升的过程,是学生提高审美能力的主要渠道。《多媒体数码音像制作》课程为学生提供了艺术实践的体验空间和探索的平台,学生在艺术实践中张扬自己的个性,表达丰富的情感,激发创新的灵感,体验到了艺术学习的成功和快乐。

1. 任务驱动,激发爱校之情

2013年恰逢学校60周年校庆,教学中,教师抓住契机,围绕"以任务为主线、学生为主体"的理念,整合《艺术》课程中影视欣赏、戏剧实践等板块,让学生在感受和体验的基础上,以创作"杨高60周年校庆宣传片"为具体的任务。学生的艺术实践活动建立在对多媒体影像制作浓厚的兴趣和对学校丰富的情感基础上,因此,此项"任务"充分发挥了学生的主观能动性,他们在活动中将课堂上所学知识融会贯通,在构思、拍摄、制作的过程中发现问题、寻求解决问题的策略,以独特的视角探寻学校之美,用细腻的镜头、优美的旋律、精美的制作、创意的构想创作出一部部个性十足的校庆宣传片,反映了浓浓的师生之情,深厚的爱校之情。

作品简介:《一秒杨高》借鉴国外创意短片《一秒之美》的表现手法,以一秒一景"蒙太奇"的方式呈现杨高的美景、校园生活、师生之情。

《言约"纸"远》以折纸为线索，学生折出飞机、兔子、花、爱心、船，展示了"动感校园"、"创新实验"、"师生情谊"、"生日快乐"、"梦想起航"五个主题，通过"言辞简练，含意深远"成语的含义表达了对学校的热爱之情。

《手语杨高》学生以手语的形式贯穿作品，每一组手语表达不同含义，并以"呵护"、"轻触"、"摇曳"、"专注"为关键词诠释学生独特的视角，丰富的情感。

手语杨高

学生的作品中，我们看到了年轻的身影和青春的友情，在完成富有情趣与情感内涵丰满的主题任务的过程中，他们的心一次又一次被爱所感动，他们愉悦地在艺术实践中被美所浸淫。

2. 合作探究，绽放灵感火花

课程的推进过程中，教师注重引导学生合作学习，学习任务由大家共同分担，集思广益，各抒己见。学生们打破班级与年级的界限，以导演、制片、编剧、演员、剪辑等身份自主创作团队，群策群力分工合作，在构思、拍摄、制作的过程中发现问题、寻求解决问题的策略，灵活运用课堂上学到的现代多媒体技术，将创意通过数字化的方式展现出来。

当我们看到学生们在热烈地争议创作方案时；当我们在课堂上看"导演们"的神采飞扬地在解读团队作品的出彩之处而同学们则向其报以热烈掌声时；当我们看到原本互不交往的学生在抓紧分分秒秒进行各种艺术实践时；我们真正地体会到学生成了学习主人的时候他们将会拥有多么巨大的能量。灵感火花也在团队的合作中不断闪现。《言约"纸"远》作品的产生就源于学生一个"突发灵感"。这组团队拟定了拍摄的内容后觉得缺少一条贯穿前后的线索，经过多次讨论后，有一位学生提出可以尝试以飞机"航拍"的方法展示美丽的校景，而飞机则可以用折纸的方法表现。折纸的灵感一处，学生们思如泉涌：折纸兔子拍摄学校生物观察学习室中的兔子标本；折六十颗爱心拼成数字"60"，祝母校生日快乐；折一只小船，在新落成的教学楼前，寓意扬帆起航……也许学生的拍摄水平相对比较稚嫩，但在这些学生作品中所折射出的艺术构思和创造品质是可贵的，高中的艺术实践将对其今后艺术欣赏、创新思维提升、全面发展有着深远的意义。

3. 网络互动，拓宽交流平台

《多媒体数码音像制作》课程的实践不仅限于课堂和学校，学生还可以通过网络资源,汲取营养、获得启迪。在拍摄校庆宣传片之际,教师推荐网络上两部经典宣传片——北京大学《光影交响曲》与耶鲁大学《为什么选择耶鲁》让学生欣赏。学生在拍摄实践的基础上,以影像艺术创意角度,对这两部作品进行分析和交流,产生强烈的共鸣,解读出作品中丰富的内涵:北京大学《光影交响曲》以斑斓的光影在传统与现代穿梭、在人文与自然交融,演绎着北大的历史与今天,传承与发展;耶鲁大学《为什么选择耶鲁》汲取歌舞电影的表现手法,运动镜头的灵活运用让人身临其境,色彩对比突出了视觉的冲击力,述说出耶鲁的经典与厚重,传达现代时尚办学理念。两部宣传片都将学校的人、景、情通过艺术手段拍摄得唯美、动感,既有艺术哲思构想、又折射人性情感光辉,反映了学校的人文精神和文化内涵。学生们在探索经典作品的过程中,不仅学到了宣传片的拍摄手法,还进一步了解了中西方文化审美观而呈现出不同的艺术风格与形态。通过创作和实践,学生将作品上传到视频网站,运用广阔的媒体平台展现自己的创意。当看到网友们给出的鼓励的或是建议的评价时,学生们都感到了一种从未有过的"成就感"。

多媒体数码音像制作课程的实践和探索,让我深刻地感受到学生成长要有能激励志气、激发兴趣、启发思考的培养模式,对于高中而言,关键在于课程。作为高中艺术教师,以课程为依托,为培育创新人才既是巨大的挑战,也是神圣的使命。我们要紧贴时代脉搏,深入研究教材,加强艺术实践,优化育人途径,让艺术展开信息的翅膀,为学生丰富艺术审美、提升人文素养、激发创造思维、完善人格品质打下更为坚实的基础。

【经典课堂】
魅 力 非 洲

"二期课改"以来,上海的高中艺术课程不再局限于单一的美术课和音乐课,而是通过艺术与人文、科学、技术等学习领域相关课程的相互渗透,构建出具有艺术综合性质的课程。《艺术》课程标准中强调:在帮助学生更好地认识与了解本民族艺术文化的同时,也要让学生通过艺术审美的方式认识世界的多元文化特征。在教学中教师应该通过多种途径让学生接触到不同地域、不同民族的艺术文化,引导他们关注艺术中的人文和审美价值,培养学生对世界多元文化的理解和尊重,对初步形成正确的人生观、世界观、价值观起到积极的影响。

在教学实践中,我将校本教材《觅影寻声》作为课程的拓展的内容,通过教师赴五大洲"行万里路"采风的人文素材为学生开启认识其他民族艺术文化的窗口,在关注社会、自然、艺术的联系中逐步培养学生对世界音乐的兴趣,对世界文化的理解。《魅力非洲》是《觅影寻声》其中一课内容。高中的学生在小学、初中音乐课上已经接触过有关非洲音乐的知识和内容,他们对非洲的音乐相当感兴趣,但对于非洲音乐与生活紧密的内在联系,非洲音乐中反映出原始的人本性,尤其对非洲音乐蕴含的丰富人文内涵的理解还不够深入。因此,在教学中如何从学生已有学习经验出发,从知识、情感、人文主线出发,从理解非洲音乐的音乐风格特点与表现特质出发,让学生通过聆听、感受、创作、合作及探究等方式体会非洲音乐独特的魅力,提升对非洲文化内涵理解成为本课教学的重点。

【教学设计】

一、精神家园

(一)自由生灵——介绍老师非洲采风摄影集

> 说明:教师展示非洲采风的影集,介绍非洲的历史、人文、音乐,拉近师生的距离,让学生在学习过程中进一步亲近自然、了解异域风情,提高学生对非洲音乐文化的兴趣。

(二)马塞风情——介绍马塞族风俗习惯、音乐舞蹈特点

> 说明:通过观看马赛部落的"战舞",了解部落舞蹈中"跳高"动作与狩猎之间的关系,以及"一唱众和"这种非洲歌曲的特殊形式,进一步感受非洲人的音乐与自然、生活密切的联系。

(三) 特色乐器——聆听非洲的声音

1. 展示被赋予了"神灵"的力量——拇指钢琴

学生通过 PAD 即时上网查找拇指钢琴的演奏方式及神秘力量的源泉进行交流。

> 说明：通过乐器实物展示、网络搜索、作品命名使学生了解非洲乐器中所蕴含的特殊意义，从而感受到非洲人与大自然真实紧密接近的生存方式和对大自然的依存情感。

2. 观看视频——马林巴与鸟 学生观看后为视频取名字

> 说明：通过乐器实物展示、网络搜索、作品命名使学生了解非洲乐器中所蕴含的特殊意义，从而感受到非洲人与大自然真实紧密接近的生存方式和对大自然的依存情感。

3. 观看视频——采访马赛部落教师，呈现教师有特殊含义的一句话"部落保留原有的生活方式和习俗是对传统的尊重"

讨论：为什么非洲部落的会认为保留原有的生活方式和习俗是对传统的尊重？

> 说明：师生共同讨论马赛部落教师的一句语重心长的话，体会非洲部落精神核心，理解"精神家园"的积极向上的生命含义。

二、生命律动

(一) 介绍非洲音乐之魂——鼓

1. 师生共同探讨非洲鼓的不同功能。
2. 介绍"说话鼓"，感受鼓声的节奏及高低抑扬与语言的联系。

(二) 艺术实践

1. 感受非洲鼓乐丰富的节奏。
2. 体会信息传递等功能。

3. 情景设计,艺术实践:

求雨　　　　狩猎

(三)师生讨论:感受非洲鼓及其丰富的表现形式以及演绎身体和灵魂流动节奏的特殊功能。

> 说明:通过欣赏、讨论、实践等活动环节让同学进一步了解非洲鼓的特点和功能,以创作为切入口使同学进一步提高学生对"非洲节奏"理解、感知能力,获得的对非洲音乐积极良好的情感体验,拓展学生的音乐文化视野,激发学生对非洲音乐文化的好奇心,并为学生艺术创作提供了丰厚的素材。

(四)作品推荐

1. 音响作品　2. 相关网站　3. 相关书籍

> 说明:通过老师推荐的音乐和网站培养学生兴趣,拓宽同学们欣赏非洲音乐的内容范围,从而加深对非洲音乐文化的了解。

三、寻根觅源

1. 观看爵士乐、流行音乐视频,师生共同讨论非洲音乐对世界音乐的影响。

> 说明:学生结合已有音乐知识,讨论非洲音乐和美洲蓝调音乐、爵士乐等新的音乐风格的形成的关系,了解非洲音乐对世界现代音乐发展的深远的影响。
>
> 拓展思考:世界各地的民族民间音乐,正是音乐文化长河之根。

2. 听辨西藏劳动歌曲"打阿嘎",体会不同民族的"一唱众和"。

> 说明:通过视频让学生体会到非洲音乐文化现象所显现出的人本性、原本性、社会性,不仅是非洲民族的,也是全人类的。

> 拓展思考：回归到一切音乐的根底处，人类对于生活、劳动原本的感受是如此的相同，这种律动正是所有音乐的源头。

3. 学生对教师的课题"什么样的非洲音乐"通过 PAD 上传对非洲音乐这一课题的"微感悟"，学生进行积极有效的群体对话。

> 说明：课题在教学过程中前后做了积极有效的呼应，教学过程的目的并不是"完成课题"，而是通过学生欣赏、体验、探究的过程感悟非洲音乐文化的内涵。

4. 教师总结。

我们深入了解非洲音乐文化之后，同时可以审视、评估自己的音乐文化，用一种客观、平和地心态去对待不同的世界民族音乐。相信同学们通过不断的聆听、学习、体悟一定会拓展自己的音乐文化视野，对世界音乐乃至世界文化产生更大的兴趣。

【教学反思】

一、挖掘自身资源，拓宽学生人文视野

在艺术课程的构建中，我认为教师本身也是一种课程的资源，有意识地将自己的情感体验、态度、价值观、思维方式与生活阅历渗透在课程活动中，生成出鲜活的教育经验，这也是课程的一部分，能使课堂教学更富有生命活力，能对学生起到潜移默化的积极作用。

近年来，我利用假期到国内外不同地区进行采风，已到达过五大洲三十多个国家和地区。每到一处都会拍摄当地的人文风景，探寻当地民间音乐，拜访民间艺术家，录制具有独特风情的民间歌舞，购买具有当地特色的乐器。随着音乐资料不断丰富，我将这些多年的积累编成教材，创设了"觅影寻声"课程，力求将知识性与趣味性相结合，讲解与欣赏相结合，体验与讨论相结合，音乐与文化相结合。

《魅力非洲》一课的教学中我将非洲采风的大量视频素材融入课堂，将鲜活的、现场的、原生态的非洲音乐歌舞呈现在学生面前，带领学生一起开启一次美妙的非洲民族音乐之旅。教师通过介绍亲身感受、展示非洲特色乐器、共同探讨、创编感悟等方法,学生不仅领略非洲音乐的特点,还了解到当地历史、经济、人文、地理等相关内容,近距离地、多元地接触到充满非洲特色异域风情。教学中我有针对性地选择了西藏的劳动歌曲"打阿嘎"与非洲马赛部落歌舞进行欣赏对比,同学们很快就找到了两个不同民族歌曲的共同点:劳动中产生了"一唱众和"的号子。讨论中学生体会到非洲音乐文化现象所显现出的人本性、原本性、社会性,不仅是非洲民族的,也是全人类的,人类对于生活、劳动原本的感受是如此的相同,这种律动和感觉是人类共有的,正是所有音乐的源头。学生们通过音乐本源的探索,由点到面,加深了理性的思考,在学习过程中逐渐形成对世界多元文化的理解能力,开阔了艺术人文视野。

二、探索多维视角,感悟艺术文化内涵

当今的高中艺术课程注重"文化探究",在立足于音乐本体探究的基础上,教师更应引导学生对音乐艺术的文化含义、历史背景、社会功用等内涵属性,进行多维度的观照和考察,对艺术与生活之间的多重联系获得更深层次的感悟。

本课的教学难点是通过了解非洲民间音乐,引导学生感受非洲大地音乐与生活紧密的内在联系,体悟非洲音乐中蕴含的丰富人文内涵。如果教师仅仅以音乐的视角去分析非洲音乐形态、舞蹈动作、乐器音色,学生往往会"知其然不知其所以然"。因此,教学中我以探讨两个关键问题为抓手,从音乐、舞蹈、历史、习俗、生活方式、社会功能等多角度地分析、思考非洲部落独特的生存方式、价值取向、文化形态,以及对世界的影响。

问题一:探讨马赛部落教师的一句话的含义:"保留原有的生活方式和文化习俗是对历史、传统的尊重"。

师生从音乐的角度出发中分析马赛部落他们不同于西方文化的价值观念和思维特征。学生通过自身体验"跳高",找到了马赛部落战舞中的"跳高"动作与他们原始劳作方式"狩猎——眺望远处猎物"之间的关系。通过乐器特殊的音响效果和演奏方式探寻到非洲人向神灵表达与倾诉的方式。通过分析马赛人桀骜不驯的性格,拒绝从原始部落到现代文明城市的原因,逐渐理解马赛人执着地坚守原始的生活方式,是对传统和祖先的尊重。这种尊重来源于人与大自然水乳交融的生存方式;来源于祖先神灵的真实存在感和影响力;来源于部落群体间共同的归属感。学生们逐步领悟到了"精神家园"这种值得尊重的价值观念。

问题二：探讨"非洲音乐对世界音乐的影响"。

针对这一问题，我的关注点落教学生的已有知识，努力唤起、激活学生原有对于非洲认知结构中的相关知识相互联系、相互作用，起到事半功倍的作用。我选择爵士乐、赋有非洲节奏的流行音乐等视频内容，提示学生从历史、经济、地理的角度多方面地思考这一问题。学生们结合已有知识很快地分析出传统非洲音乐经过大批黑奴被贩卖到美洲，而促成了美洲蓝调音乐、爵士乐等新的音乐风格的形成和发展。现代许多西方通俗音乐和经典音乐作品中音乐风格、曲调节奏都有非洲音乐的基因，都从非洲音乐中获得了丰富的营养和启示，非洲音乐对世界现代音乐发展有着积极推动作用。

三、搭建网络平台，提升学生学习效能

信息技术和艺术学科的结合，给教学改革注入了新的活力，在改变学习方式和教学方式的同时也为学生提供了更为广阔的艺术实践的体验空间和探索的平台。

在本课的教学中我将平板电脑作为学生查找、获取、处理、解释和评价资源的搜索工具、处理工具、交流工具。在教授"拇指钢琴"这一环节，我让学生通过网络进行探索，学生们不仅找到乐器在不同国家的名称、乐器各种形状、乐器的演奏方法，还通过视频了解到乐器对于非洲部落神圣的意义，原本课堂上要讲解多时的教学内容通过学生自主探索，高效、迅速地完成了。学生们多元的"答案"即时地展现在屏幕上，既检验学生对知识点的掌握程度，又能起到了学生之间互相学习的良好效果，加深了学生们对"拇指钢琴"中部落文化精神的理解。教学中"微感悟"的环节其实就是学生对于整堂课学习后的一种反思，在以往的教学中，这环节往往是师生问答的形式，由于单一性，互动的面不广，有时缺少思维含量。运用了网络互动后，学生上传自己的感悟，分享同学的收获，在思维火花的碰撞中各抒己见，加快了学生对非洲音乐内涵的深度理解。

【学有所悟】
教师专业发展之路寻智慧

五年，在人的一生中可能不算漫长，不知不觉，在音乐名师基地的学习已经

度过了五年,在这教师成长的"高速公路"上,我有着对于教师专业发展的点滴感悟:

学而思——一次次的教学专题研讨,一场场高端的具有冲击力的学术报告,一个个充满智慧火花的交流活动,实现了教与学、学与用的双向结合,真正把静态的知识变为了鲜活的学问。

思而践——如果说教学理念是课堂教学的指明灯,那么教学实践是课堂教学的"心脏"。教学中,导师们鼓励我"挖掘自身资源,深化课程内涵",将多年的采风内容为主题开设系列特色课程,形成自己独特的教学风格。在导师的指导下,我将十多年赴五大洲采风的素材融入课堂,通过整合"人文风景照片"、"当地民间音乐"、"民间艺术家访谈"、"民间歌舞视频"、"民间乐器展示"等内容,逐渐开设了以艺术人文为主体的"觅影寻声"系列课程。

践而悟——"悟"是意识的火花,是在实践过程中对艺术课程的理解内化为个人独有的教学理念,我在"渐悟"的过程中不断地积累,不断地提升。新课改的核心理念是"为了每一个学生的发展"。如何让学生成为学习真正的主人?如何利用信息技术激活学生的学习动力?让艺术课程紧贴时代步伐?我逐渐"悟"出了新的思路——创设"多媒体数码音乐、影像学习制作室"让艺术展开信息的翅膀。

五年,专业发展轨迹上经历由"量的积累"到"质的蜕变"的过程,今后更多的五年,我将牢记主持人的嘱托,努力提高自身水平,在蜕变中成长,在成长中奋斗,为艺术教育的腾飞做出应有的贡献。

第十三章 "梦想"三部曲

上海音乐学院附属安师实验中学　杜施琼

教师介绍

杜施琼,1977年生,毕业于上海师范大学音乐教育系,中共党员,中学高级教师。现任教于上海音乐学院附属安师实验中学。

上海"双名"普教系统音乐基地学员,校音乐教研组组长,校艺术总辅导员,原崇明县音乐家协会会员。个人曾多次获崇明县记功、县优秀艺术工作者等荣誉称号。

多年来,积极投身于高中艺术学科的教学研究,创编特色课程《瀛洲艺术风》。组建各种学生艺术社团,参加县、市、国家级各项比赛活动,均获得优良成绩。2010年带领校合唱团获第六届罗伯特·舒曼国际合唱节银奖。2014年指导的微电影《跑》,获第十一届中国中小学校园电视节目评选银奖。撰写的课题、教学论文及感受体会多次在市、县级教科研层面获得各种不同的奖项。同时,努力创建音乐教研组团队工作,开展多次县级大型教研现场展示活动,均获得好评;组建了校级层面的音乐教育教学工作室。曾获2015年崇明县巾帼文明岗。在上海市艺术类音乐高考的道路上,不断实践探索着,为热爱音乐的孩子们提供了展现自我才能的魅力舞台。

成长叙事

从小到大,我同其他小伙伴一样,有着自己不同的梦想。童年时,想拥有不同漂亮颜色的公主裙;长大后,想当名医生,让病痛永远不会夺去我亲爱的爸爸;

又想同妈妈一样,当一名孩子们心中的好老师。乖巧而懂事的我,凭借自己的努力,考上了师范。毕业后,回岛做了一名高中艺术教师。当时,我工作后的第一个梦想就是做一名学生们欢迎,同事们喜欢,领导们赏识的好老师。一晃工作近20年,我也从一名教育教学的新手慢慢成长为学校中较为成熟型的教师,实现了工作后的第一个梦想。随着时间的推移,我一如既往地完成着每天的教学工作,但却无法寻找到自己的第二个梦想。突然的一个机会,给了我第二个梦想。

一、追梦

"小杜,有个上海普教系统音乐名师后备的培训,你想去吗?"电话的一头传来教研员倪老师的声音。"好的。"我似乎连考虑都没有就答应了。"但是,如果面试通过的话,这个班得上5年,你能行吗?""5年,这么长,要么我考虑一下,行吗?"

听到5年的时间,我开始迟疑了。平时一个人带孩子已经很辛苦了,还得跑市区参加这么长时间的培训,我不是自己找事干吗?况且,我现在又担任音乐组的教研组长,工作本来就不这么轻松,一周上课时间很紧,再去市区一天,给学生上课的时间就更少了,说不定还得利用业余时间帮他们补课呢?就不去了吧!可毕竟这是个很好的机会,不管怎么样,我也得先去试试,如果行的话,再说!经过一番思想斗争后,我毅然决定去尝试一下。

记得面试的那天,我早早地来到上师大面试地点,带着忐忑不安的心情走进了面试教室。一些熟悉的名字,响在我的耳边。这些面试者都是全市中小学音乐教育界的名人,我怎么能跟这些人在一起面试。听着他们清晰地介绍,我当时真是很自责,觉得自己自不量力,怎么敢来趟这潭水?轮到我讲了,心里紧张地不知讲些什么。在一番疙疙瘩瘩的话语中,我总算完成了此次面试任务。可不知为什么,我心里始终没有摆脱这件事,没有那种放弃后的喜悦,反而总自责当时没有把握好面试机会,不然我就有机会与这些优秀的教师团队一同学习了。每天的我都焦急地等待着"奇迹"的发生。终于有一天,我的手机上收到了录取的消息,当时的我真是欣喜若狂。"一定要在这5年中努力学习,争取自我教育教学水平地不断提高,而且带动更多的青年教师在艺术教学的道路上得到飞跃的发展。"在我的心中默默地规划着了我的第二个梦想。

二、筑梦

五年中,我珍惜着每次名师基地的学习时间,努力改变着自己原有的教学理念,以自我实际行动,不断尝试着做一名成熟型的艺术教师。

1. 创新探讨,激发兴趣

怎样才能使现代的高中生真正地喜欢上艺术课呢?多年来,我在不断地实践探索着。实践证明,不同的教学内容与实践模式,可以使高中的艺术课堂发生惊天动地的改变。首先兴趣就是最好的催化剂,为了能有效地调动他们学习的主动性,我大胆地做出了这样的"决定"。

"从今天开始,我们的艺术课打破以往的形式,以小组合作的形式来开展一系列的艺术实践活动。大家觉得我们以现在的小组为单位,还是重新组合呢?"话音刚落,学生们异口同声地回答:"重新组合!"看着一脸兴奋的学生,我清了清嗓子说:"可以,但我们首先得选出每组的组长,再由组长与组员进行双向选择。"本以为他们会抢着当组长,可一下子教室里一片寂静,我当时也懵了。"我来指定吧,不行,这样太不民主了,还是让他们自己来,再等等。"我故作淡定地看着他们。"老师,做组长有什么优惠吗?"一个小小的声音从教室的一角冒出来。"那当然,与大家平时考核成绩都有关系的。""那我来试试吧""还有我,还有我……"不一会儿,4位组长在学生们的掌声中一致通过。"每位组长需要认领本学期中的一项任务,而其他的学生可以根据不同组别的任务,与自己的特长爱好进行小组的重新组合。"没多久,4个全新小组诞生了。可是,马上"难题"又产生了,有的小组人丁兴旺,有的小组却寥寥无几。怎么办?"我觉得大家在组合上得注重小组人数的平衡。"于是我又将每组的任务及每个单元的亮点给予一定的论述,终于在我的苦口婆心下,大家都选中了自己喜欢的小组,围坐着一起进行艺术课堂上不同问题的探讨与实践。为了进一步有效地激发学生们参与各种活动的积极性,我创建了一项"积分"激励机制。采用竞赛形式,用累计积分来吸引学生们的学习兴趣。虽然,看似小学生学习的方法,却十分有效。每次的问题都会激起各个小组间地激烈"厮杀"。"我们先答的,应该给我们加分!""他们猜对了,应该加分!"就这样,在我们的艺术课堂上,再也没有只听不讲的现象,学生们各抒己见,愉悦学习。这种全新小组式的学习方式,不仅有效地活跃了课堂气氛,而且更利于同伴间的合作,高度体现了艺术教学中多元性、实践性、审美性地完美结合。

所以，想当一名学生们喜欢的教师，那必须体现一个"新"字。只有你不断地创新，才能创造他们不同的学习情境，激发其学习的最佳状态。事实有力的论证，创新教学已成为现代化教学中必不可少的一个环节。它的创造性，不仅是艺术（审美教学）的重要特征，而且也是培养学生们发散性思维、想象思维和求异思维的重要途径。只有教师自我观念不断更新，才能走出陈旧、封闭的自我，更好地适应当今的教育状况。一名创新型的教师，必须认识、尊重、发展学生的个性，因材施教地进行教育教学工作。我们可以在统一教材范围上作独特的视角选择，可以进行教学中逆行观点的撞击，或是课堂形式的变异。使其进一步感受艺术教学中的育人价值观，体现深刻的人文内涵，以审美的体验走向对审美的思考，全面地感叹高中艺术课的独特魅力。

2. 执着追求，挑战自我

对于我们一线的教师而言，在自我的教学实践中，进行教学特色的创编是难度系数相当高的任务。在音乐名师基地的帮助下，我开始了科研实践中的一次大挑战。

来自上海远郊——"崇明"的我，根据我县、我校的乡土文化项目研发现状，决定尝试"崇明艺术文化"特色课程的开发。设想是完美的，可实践操作却是困难重重。创编教材要有足够的资料内容，可崇明艺术文化的相关内容却很稀少，连上网查询都很片面性，视频音响资料更是少之甚少。怎么办，没有内容，怎么编写教材？正当我准备放弃这个选题时，一位"贵人"告诉我，可以去县文化馆进行"寻宝"。于是，我开始了我的"探宝之路"。

一大早，我便来到了县文化馆，热心的馆长接待了我。"你想了解哪些方面的资料呢？"我将自己准备的问题——呈现，一下子吓坏了馆长。"杜老师，你的这些内容实在是太多了，要不我给你理一条线索吧！""太感谢了！"我真是高兴极了，忙拿出纸与笔将馆长介绍的各种崇明民间艺术文化进行记录。真是不听不知道，原来我们崇明的民间艺术文化这么有代表性与历史性。我一下子信心倍增，一定要让我们的学生们知道崇明民间艺术的宝藏，让他们更加热爱自己的家乡。"馆长，能否复制一些民间艺术的音频、视频资料呢？""可以啊，这些都是我们崇明宝贵的非遗文化呢！"我又惊又喜，带着这些"宝藏"开始了编写工作。根据学生们的"口味"，我将收集的资料分析筛选，最终确定了我校崇明民间艺术文化特色课程为《瀛洲艺术风》。并根据教材中知识性、实践性及趣味性的特点，将教材内容系统地从"舞、乐、歌、戏、文、工艺"六个单元进行拟定框架,分类呈现。

资深教研员郁文武老师看了我的第一稿教材后说:"这位老师编创的教学内容条理还不够清晰,容量也偏大,有些内容在呈现中还应体现科学性与准确性,不能含糊陈词。同时每个单元的框架应注重统一性,回去得好好修改。"虽然,我的特色教材没有得到专家的肯定,但我却没有灰心,反而更加坚信有这些专家的指点,会让我的教材在整体质量方面更上一层楼。"我一定不会让专家老师们失望。"说做就做,回去后我首先整理了专家们的建议,并逐一进行解决。在内容选择方面,重新审视教材,将能鲜明体现崇明乡土特色的,有代表性及典型性的民间艺术文化保留下来。对原先教材中的内容进行了一定的浓缩,使其内容更加精炼及有效。为了增强内容的准确性,我不仅去当地的图书馆查阅有关资料,甚至来到艺人家中进行第一手资料的采集工作,进一步考证其内容的科学性。关于文本撰写的格式问题,我又仔细地进行统一性的调整,大到每单元的框架,小到不同字号的运用与搭配。就这样,在多次的修改中我的特色教材终于诞生了。

微视频,是我进入音乐名师基地后,接触的一项具有挑战性的教育教学任务。为了使我们音乐名师基地的微视频能一举成功,导师们特意邀请了市特级教师张展英老师为我们"诊断"。我的第一次微视频,也"严重受伤"。"火眼金睛"的张展英老师一针见血地指出了我很多不足。当时,非常着急的我看着其他学员的作品,真是没有信心继续完成这项艰巨的任务。旁白得重新提炼、重新录制,教学场景内容必须重新构建。一系列的返工,让我觉得有些烦躁。"可是,如果照原样,再怎么修改,也不能达到良好的效果!"长痛不如短痛,经过激烈思想斗争后,我毅然决定重新录制及制作这部微视频。根据专家们的建议,重新构建微视频的脚本,并仔细斟酌每句台词,做到简洁、精炼。再与信息老师共同剪辑录制的视频资料,使其最完美地呈现内容。

1次、2次、3次,我制作的微视频《瀛洲艺术风》在张老师、导师们及同学们的指导帮助下,不断展现出崭新的一面。微视频审稿那天,由于我刚动完手术没有亲自去现场。但张老师的一番话,我至今仍记忆犹新。"你好用心,好努力喔,不知比上次好多少了,条理清晰,而且组织更加精炼有效……"我当场感动地热泪盈眶。"功夫不负有心人",我的执着没有让我退缩,虽然痛却快乐着。成功后的喜悦却让我更加坚信自己的执着是作为一名现代艺术教师最需要的素养之一,它能有效地激发学生们学习艺术的兴趣,努力挖掘他们的艺术潜能,发展其艺术综合素养,真正达到"艺术育人、育人艺术"的高度境界。

三、圆梦

为了早日实现自己的梦想,我在平时的教育教学中,不断严格要求,而且带领年轻教师积极钻研教材,探讨教学实践,争取在各种教学情境中会发挥自我智慧,展现自我魅力,努力创设我校艺术教育教学新天地。

1. 师徒打磨,展现魅力

上海市中青年课堂教学比赛,是上海教学界的顶级比赛,参加的选手都是每个区县教学的佼佼者。有幸我的徒弟被选参加,我既高兴,又感到压力山大。作为带教老师,我有责任与她一同精心设计、打磨比赛课。为了更好地展现艺术课堂的魅力,展现我校学生的风采,我与徒弟努力发现教学中的各种"问题",积极探讨如何更有效地激发学生们的兴趣,调动其学习的主动性。白天常看到我俩促膝长谈,而到了晚上,电话又成了我俩交流的好工具。

一次,拖着疲惫身躯刚回到家中的我,就听见包中传来的电话铃声。"杜老师,刚才我们探讨的问题,我想到解决方法了!"电话一头传来徒弟兴奋的声音。"是吗,你仔细地跟我说说……"于是,徒弟开始了她的"滔滔不绝"。我放下了手中的包,认真地听着,并在不断地思考着。"可是,如果这样的话,会不会……"我提出了自己的建议。就这样,我们俩在电话里不停地探讨着这个问题的各种解决方案。推翻,再想,再推翻……不知不觉天色已黑,我的肚子不断地"抗议",手中的手机也不断发烫。一看时间才恍然大悟,我们已经打了1个多小时的电话了。在徒弟的连连抱歉声中,我挂断了电话,猛得发现接电话的右手已酸疼地不能伸直,肚子也是饿得咕咕直叫。但我却没有半点怨言,因为我们的这一电话,又解决了比赛课中一大棘手的"问题"。

就这样,这节比赛课在我们师徒不断地打磨改进中,最终获得了上海市艺术学科的二等奖。虽然不是最高奖项,但是我们却很欣慰。因为我们为之而努力、而奋斗。

2. 集体教研,反思提升

2015年学校教学月的主题是"每个学科作业模式的探讨"。拿到主题后,我十分欣喜。因为在平时高中艺术欣赏教学中,我们确实对作业模式有一定的研究与探讨,有很强的论证性。于是在组内的教研活动中,我便将自己的想法告知其他教师,原本以为他们会大力支持我,大家齐心协力,争取在评选活动中取得优异的成绩,可没想到却是一盆"冷水"。

"我们是学校的小学科,这种县级教研展示活动,肯定都是高考科目,怎么会轮到我们身上,还不如省力些,应付一下,何必这么认真!"一位较年长的教师说道。"是啊,大家轻松些,随便说说就行了,何必要准备什么资料,而且音乐课有什么作业,就是有作业,学生会完成吗?"大部分老师纷纷附和。"但是,我觉得大家在平时的教学中都已做到了,只是由于教学任务的繁忙,没有及时整理罢了。所以通过这次活动正好反思一下平时教学中关于作业这块的做法或经验。"我连忙安慰大家。"希望你们能结合我的一些提示,课余时间整理一下各自的做法,明天教研活动中进行阐述。"布置完这项任务,我的心里一直沉甸甸的。"组内的老师说得也不是没有道理,本身音乐课的作业就是可有可无的,探讨它有何意义呢?不如大家都轻松点,完成任务就行了吧!"正当我也有这种想法时,认真努力的自我开始进攻了。"不行,如果我们现在就放弃的话,怎么能有效地展现出我们艺术教师的魅力?更何况,前人没有搞过的,更能体现出我们教研的新意与价值。"

倔强的我又一次坚定了自己的想法,一边收集资料一边总结归纳。教研中,在我一番有力的论证后,所有的教师都心服口服地一致赞同高中艺术学科作业重要性的观点。并在研讨环节中,针对高二艺术第五单元的教学内容各抒己见。"我认为这么经典的一部作品,应先让学生进行自主学习,了解这部作品的故事情节,有利于对剧中人物性格的了解与剖析。""为进一步了解音乐剧的表现手段,我们可以尝试不用的艺术形式,比如,音乐剧、电影及小说之间的比较来鉴赏这部《巴黎圣母院》。""也可以让学生进行剧中部分片段的表演尝试。""整个单元学习结束时,我们可以挑战性的让学生们自编、自演、自导他们感兴趣的话题……"

团结就是力量,在大家各种"金点子"中,我们设计了不同学情下的各种作业模式,从不同的角度进行着作业模式实例与设想的交流、探讨。一晃90分钟过去了,大家的思维还在不断地撞击,不停地擦出智慧的火花。正如我校副校长在总结中说道:"听了音乐组的教研,让我进一步感受到了高中艺术学科的多元性、综合性、创新性和适切性。音乐作业在课堂教学中的重要地位,也让我更加了解了高中艺术的独特性。"经过激烈的角逐,最终我们组获得了学校本次教研活动的特等奖,并进行全县教研展示。

其实对于我个人而言,不管成绩怎样都不是最重要的。我的初衷就是让更多的老师能与我一同成长,做一名勇于克服困难、善于反思、善于创新的艺术教师。看到每一位老师都能在艺术教育教学的道路上不断前进,我非常高兴与自豪。因为,我通过努力再次圆了自己的梦想。

不管前进的道路是广阔平坦,还是布满荆棘,我会永远在自我梦想的路上,克服种种困难、战胜自我,鼓起勇气、燃起希望。实现梦想的路途虽然遥远和艰难,但越走就会越接近梦想所在的地方。坚持下去,路会越来越短,最后一步,就是梦想触手可及的地方。

"世界上最富有的人,是跌倒最多的人。世界上最勇敢的人,是每次跌倒都能爬起来的人。"因为跌倒,你看过别人不曾看过的风景,因为勇敢,才能看到前面的风景。

【且行且思】
提升农村普通高中钢琴教学有效性的实践研究

一、问题提出

(一) 课程开发的目标和意义

基于现代素质教育要求、高中学生全面发展及我校学生特点需要,形成适合不同层次的学生有效发展的钢琴教学内容;从理论与实践的角度,通过及时发现问题,总结经验,因时、因地、因人调整钢琴教学的教学策略与教学内容,为每位学生建立钢琴学习成长档案袋,进一步地提升钢琴教学在农村普通高中实施中的有效性。从而探讨最优的教学模式,为确立高中新课程艺术拓展钢琴课教学标准及评价标准,提供理论与实际的依据。

1. 适应现代素质教育要求

现代素质教育是以全面提高人的基本素质为根本目的,以尊重人的主体性和主动精神,以人的性格为基础,注重开发人的智慧潜能,注重形成人的健全个性为根本特征的教育。通过钢琴教学，在音乐审美熏陶中，逐渐提高学生的创新意识和实践能力，有意识地培养他们的审美能力、智能开发、良好心理素质和高尚完善的人格情操，以及与他人的合作能力，使其最终成为适应现代社会的有用人才。

2. 有利于高中学生全面发展

一个全面发展的高中生，应具备广泛的兴趣、积极进取的品质。正确的动机、良好的兴趣、理智的情感、坚强的意志、优良的品质等都利于学生们学习的进步与个人健康地成长。然而，钢琴学习不仅能陶冶情操，培养兴趣，而且对大脑开发有独特作用，同时，钢琴学习需要有规律的、科学的、恒久的训练。这种练习需要毅力、耐力、信心和勇气。因此，对于培养学生们坚强的意志、顽强进取的品质，以及踏实、严谨、科学的作用，都有良好的作用。

3. 基于本校学生特点需要

我校是一所地处郊区的普通高中，生源也是全县文化成绩处于较差阶段的学生。作为县唯一艺术教育基地，我校吸引了很多爱好艺术的学生，许多对音乐十分爱好的学生需要有这样一个平台来发展自己。目前我校有各类艺术专业学生300多名，音乐专业30多名。每年都有90％以上的艺术专业学生走进了艺术高校的殿堂。

(二) 理论依据

钢琴演奏的学习是一项复杂的心智活动，它不仅是手指的长期磨炼，更包含无数精密的思维活动过程。思维能力的高低直接影响学习者的学习效率和演奏水平。心理学研究告诉我们，思维能力是可以得到改善的。

1. 弹奏钢琴对智力开发的独特作用

现代科学对大脑思维的研究证明，左脑主管语言和数理逻辑思维；右脑主管形象思维(音乐、绘画、舞蹈均属于形象思维)音乐思维神经遍布整个大脑，不分左右。人进入青春期，形象思维能力逐渐弱化，逻辑思维能力逐渐增强，并成为成人主要的思维方式，在青春期之前这一形象思维发育发达的关键时期，必须采用各种方法开发、强化、提高这种能力。在弹琴时，演奏者的十指、双脚、眼、耳、脑并用，在情绪激发状态下演奏乐曲，使整个身心都在集中、协调中运动，左右脑两种思维不间断地并行交叉。然而瞬间的准确演奏需要高度注意力、理解力、想象力、记忆力和心理、动作的协调控制能力，最可贵的是，对于弹琴者这些宝贵的能力是借助音乐美感、激情兴奋状态下不知不觉地形成的。所以专家组得出结论:"学弹钢琴是开发智能的最直接、最有效、最深层次的,然而却是最简单有效的手段,建议在初期教育阶段把学弹钢琴作为必修课。"

2. 弹奏钢琴对人的意志、心理素质的训练

其次,钢琴演奏行为是一种复杂的心理活动过程,是演奏者心理思维与运动机能相互作用的总和,不但要协调各种不同的知觉,还要协调知觉以外的诸多心理因素的关系。在日常的教学中,我们常会遇到这样的情况:有的学生自然条件很好,较有乐感,训练也很正规,平时弹得很完整,可一遇到考试或音乐会演出就会紧张失常,甚至"吊链";有的学生平时可能并不突出,但上台却很稳,发挥得较好;有的学生演奏时稍有干扰,就不知所措,演奏水平大打折扣,这些都是心理素质问题。因此,要想使学生学有所用,教师必须重视对学生良好心理素质的培养。因为一个人的心理素质是在社会实践中发育、成熟起来的,钢琴演奏者心理素质的提高也离不开演奏实践的经验积累。所以,除了正规的每学期音乐汇报演出,我还在学生学习的某个阶段,定期举办一些小组的观摩交流,有意识地增加学生在他人或公众面前表演的机会。使他们逐渐习惯在较多人或是陌生人旁观的情境下表演,避免在正式考试、演出场所弹奏时的过度紧张。

(三) 研究综述

近年来已有许多研究者在高中音乐教学的研究领域做了大量研述。我通过阅读检索了音乐特长生钢琴教学的相关文献。国内外的钢琴演奏家、教育界的专家学者以及广大的钢琴教师等,撰写了大量关于钢琴演奏和教学的文章,其中有系统的、有学术价值的、可借鉴的钢琴教学方面的著作。如:《高中音乐特长生教育研究现状》杨立文、《浅议特长生教育》张书磊、《简论音乐高考中的钢琴教学》张晴等。

有的教师从研究适合学生学习的教学方式出发,加强学生的演奏技巧及他们的乐感与表现力,从平时教学中有效的教学方法中指导学生在作品演奏中的情感处理。有的教师针对高中音乐特长生的情况,探讨教学中的有效方法。对每位学生认真设计教学,从选曲到辅导、检查每一环节都要认真、仔细,力求布置最少的最有代表意义的作业。经过精心的辅导、严格地检查,使学生在较短的时间里掌握钢琴技巧。探讨教学中经常遇到的一些问题:如何选曲?如何给学生

提出要求？教师怎样当好学生思维控制训练的引导者？慢练怎样贯穿练习过程中？等。在曲目的选择上要注意作品与学生的个人演奏特点相吻合，要有适合学生发挥优势的作品。选曲是非常关键的，不应过分拔高，也不能太保守，不宜选择过于冗长的作品作为考试曲目。考试作品除了具备一定的技术性还有一定的演奏效果，学生对标题作品更易表达情感。在曲目的选择上，还要注意作品的风格，避免选择风格相似或雷同的作品。

根据前人的研究结果表明：高中阶段开设钢琴课具有可行性且非常必要。在高中新课程钢琴教学课选用的教材和教学方法因学生层次不同而异。高中钢琴拓展课的授课模式应以小组授课、集体授课与个别授课相结合的形式。在教学评价中应采用评价内容多元化、评价方法多样化、评价主体互动化的多方位多角度的教学评价模式。

二、研究过程

（一）研究步骤

1. 理论引领

查阅有关理论知识。例如：探讨高中生的心理学方面的书籍、关于特长生教育方面、研究钢琴教育教学的资料及高中艺术课程教学理论等。

2. 实践论证

实践研究教学过程。平时钢琴教育教学，每周星期一至星期四下午3点—5点，都是音乐特长生进行音乐学习的时间。每位学生每周1次钢琴课，形式是"一对一"的钢琴小课形式及定期的小组上课形式。通过小课形式，将个别学生的还琴情况进行有效的反馈、总结，具有很强的针对性，利于学生在钢琴弹奏方面技能技巧地快速提高。而定期小组上课，让学生在同伴与教师面前演奏，则更利于学生演奏中心理素质的培养，锻炼其自信心，克服弹奏中紧张的情绪，发挥出正常的弹奏水平。每学期期末都会进行全体音乐特长生的音乐沙龙活动，并邀请有关校领导及全体家长一同参加。学生们在活动中将自己在本学期中学习的钢琴作品进行较为完美地演奏，同时也为他们创造更多的机会，在舞台上表现自己，展示自我艺术才能。

3. 反思总结

收集有关资料并进行分析、反思、总结。为了更好地做好平时教学实践中收集工作,我为每位学生准备了一份钢琴教学的"成长档案袋"。记录着钢琴学习期间,每次作业的还课情况,包括作品演奏中还存在的各种"问题";对新作品的弹奏要求及每次小组讨论、音乐沙龙的参与情况,评定等级等。这一份份档案,不仅较完整地记载着每位学生钢琴学习的足迹,而且也为教师进一步探讨钢琴教学提供了一份有力的数据资料。通过这些资料地收集、分析、反思及撰写有代表性的案例分析,发现教学中的不足之处,激发教学中的灵感,寻找更为有效的教学方式。

4. 呈现报告

撰写结题报告。将此课题有关的资料进行整理,分类。罗列结题报告的提纲,进行各部分标题的归纳,把有关资料进行标题下的填补。并将需要的理论全面夯实基础,使其课题既有一定的理论支撑,又有生动有力的实践论据,展现此课题研究的价值所在,为有效提升教学成效而服务。

(二)研究方法

1. 调查法

通过问卷调查、座谈,了解当代高中生学习钢琴的兴趣及目的,为学校决策和制订高中学生钢琴拓展课学习方案服务。

2. 行动研究法

基于现代素质教育要求、高中学生全面发展及本校学生特点需要,形成适合不同层次的学生有效发展的钢琴教学内容;从理论与实践的角度,及时发现问题,总结经验,因时、因地、因人有效调整钢琴教学的教学策略与教学内容,为每位学生建立钢琴学习"成长档案袋",进一步地提升钢琴教学在农村普通高中实施中的有效性。

3. 资料研究法

通过查阅资料,理论学习。丰富本课题的研究范围,并在前人研究成果的分享中,进一步明确研究的方向,提升研究的效能。

4. 经验总结法

通过对研究资料的收集、整理及分析,以书面总结及活动展示形式,分别对本课题实施过程中的有效性进行探索与研究,形成具有一定科学性和操作性的研究经验,并在实践总结中进行不断地反思,从而利于长期循序渐进地教学。

三、结果分析

(一)构建新内容

传统的钢琴教学内容让钢琴教学在一定的模式上带有很强的程序化。尤其是一些枯燥的练习曲在一定程度上大大降低了学生们学习钢琴的吸引力。如何有效地提高其钢琴学习的兴趣?从偶尔的一件小事中我却得到了很大的启发。

案例1:我时常发现有些既陌生但又熟悉的曲调从琴房中飘出来,陌生的是这些作品并非是我给他们布置的练习作品。熟悉的却是平时生活中听到的一些流行音乐或是影视作品中的某些音乐片段。为什么他们会对这些音乐感兴趣呢?经过调查,发现这些作品的曲调都是学生平时生活中所接触过的,对此产生了很大的兴趣,而兴趣是学习产生动力的强大源泉,正是这股力量,促使他们能主动地去弹奏。这种"调皮"行为无形中启发了我的教学灵感,我何不挑选一些学生平时爱听、爱唱的钢琴作品让他们亲自弹唱呢?如果对于弹奏的作品充满了兴趣,会进一步有效地促进其主动性地学习吗?带着试探的心理我开始了我的教学尝试。首先,我主动找学生谈心,了解他们的兴趣、爱好。再千方百计地通过各种手段寻找这些钢琴作品,甚至将一些他们爱听的,技能较复杂的作品进行简单化,改编成适合他们弹奏水平的作品。于是,《超炫钢琴曲集》《简易流行钢琴曲集》中很多作品都变成了我布置的"作业"。听着这些似曾相识的钢琴作品,学生一下子都醉了,连声赞叹作品的美妙。如何合理地安排高中艺术生的钢琴教学内容确实是教学中的一大棘手问题。由于教学时间的有限性,不能完全照搬大学师范里的钢琴教学内容。特别针对高一"零基础"的新生,如何在两年半的时间内使这些学生具备一定的弹奏能力,确保顺利地通过全市艺术钢琴统考,是我们教师钢琴教学中的一大难点。钢琴是一门技能性很强的艺术实践活动,必须靠实践才能掌握。而怎样让学生能自觉地爱上"练琴"呢?传统的一些作品已无法激发学生们的兴趣,没有兴趣,他们就会寻找各种理由拒绝练习。这样钢琴的弹奏程度就难以跟上,更难以完成教学任务。在这种情况下,教师必须在教学内容上有所调整,可根据学生们的爱好与程度,重新调整教学内容。动感的旋律,激起了学生们弹奏的浓郁兴趣,再也不用像以前一样天天督促着学生练琴,琴房内不停地飘扬着动听的琴声。练习多了,学生还琴情况也有了质的飞跃。原先枯燥练习曲中的一些技巧,一下子迎刃而解了,学生们爱弹琴了,当然教学的效果就好多了。所以善于发现学生的兴趣点,也是我们教学中的一大"法宝"。同时这一成功的尝试也让我感触到,在钢琴基础教学中根据学生们的"口味",为他们挑选适合其弹奏水平的作品,能积极地调动练琴兴趣,促使其更主动有效地学习。

(二)探讨新方式

钢琴课是一门技术很强的学科,由于个人具备的条件不一,每个人在钢琴弹奏技巧发展上存在着一定的差异性。因此,本课程教学方式以个别授课为主,必要时可组织讲座或集体课。个别授课必须和学生独自练习相结合,两者不可偏废,以达到预期的教学目的。教师则必须与时俱进,快速更新自己的教学理念,才能跟上时代的步伐,利用现代教学手段,进行多元化教学。

案例1:大部分学生一开始对学习弹奏钢琴表现为十分新奇、兴趣较浓。可是,时间一长,由于身心方面的特点,在这些高中生的眼里会片面地认为弹钢琴只要十个手指在琴键上发出声音就可以了。常表现为弹奏速度过快,触键随意,急于求成,忽略了手型、节奏、触键的准确程度,弹奏效率大打折扣。针对这一情况,我往往先从心理上抚平学生们"过急"的心态,告诉他们学习钢琴必要的程式化,基本功学习的必然性及目的性。然后从具体的技术技能方面规范要求,体现钢琴教学的严谨性,并从多方面严格地进行教学内容的实施。由于刚接触规范的钢琴学习,零基础的学生各方面音乐素质都比较薄弱。所以,在教学中我主要以兴趣法、示范讲解法为主。先将每条作品中的重点与难点进行分解示范弹奏;接着,让学生迅速视奏;在攻克重难点后,我再将整首作品完整弹奏,并详细地讲解其弹奏的要求与要领。针对学生们还课情况,我多以肯定、鼓励的方式进行,在各自的学习档案袋上写上激励的话语,增强他们学好钢琴的自信心。让学生们在自我练习中,在老师的肯定及表扬声中,激起其学习钢琴的兴趣。虽然高中生也有了一定的学习自觉性,但如何让他们进一步达到"我爱学"的境界,值得我们一线钢琴教师深思与探讨。

案例2:有的学生看似弹得很熟练,很完整,可就是弹得不好听,不能吸引听众。经过长期的教学我发现主要有以下一些原因造成:一、该学生性格比较内向,不愿意表现自己,展现自我,对于作品中音响处理难以表现。针对这些学生,我主要从心理层面上开导他们,说服、启发他们大胆地表现作品。二、音乐感觉能力欠缺的学生。对于这些学生,我主要让学生先通过聆听(聆听教师的示范或网上完整的演奏)。再将自己的演奏与较完美的版本进行比较,(可将自己的弹奏的作品与老师的弹奏或其他同学的弹奏进行比较)学会自己去听、去思考,如何弹奏更加生动形象。尤其在一些标题音乐作品中,我不仅从作品的创作背景、作曲家的生平、表达的意境上进行讲述,更从示范弹奏中,让学生了解一些著名作曲家作品的风格特点。根据作曲家在乐谱和音乐文献中所提供的各种标识,细心地体现作品中的真正内涵和艺术魅力。通过理解,展开想象的翅膀,让无声的乐谱变为有声的音乐。而对于音乐作品的理解和处理,我认为在可能的情况下,教师应尽量以探讨的态度和学生一起钻研作品的处理方式,给予学生展现自我个人气质的空间,不应强求他们一味地进行模仿,主要把握住整首作品的基本风格即可。总之,只有不断地提升学生综合性的音乐素养,才能使其对不同风格的钢琴作品做出正确且有说服力的艺术处理。

(三) 追求新评价

在钢琴教学中,传统的评价方法是期末考试演奏钢琴作品,用以考查学生平时钢琴技能掌握情况。而在高中钢琴选修课中学习钢琴的实质不仅在于掌握知识或技能本身,更是对学生音乐素养的综合提高。因此,仅以钢琴期末考试为目的是远远不够的,应更多地采用平时教学活动中的抽查、提问和音乐会表演等形式,综合性地体现高中钢琴选修课多元化的评价模式。

平时教学:"互帮互学,激发兴趣"小组交流

在传统的钢琴教学中,"一对一"的小课被公认为是钢琴教学中唯一有效的教学形式。虽然,对于钢琴技能的传授上,"一对一"的小课占了很大优势,但是真正优秀的一名钢琴演奏者,光有华丽的技能是不够的,它还包括良好的心理因素,对音乐敏锐的感知力、理解力、表现力等,而这些能力却能决定每位学生现场弹奏的实际效果。为了进一步培养学生们多方面的能力,我们努力创设各种平台,平时教学中结合教学内容,在小课的教授同时,又进行"互帮互学"的小组集体学习形式,在小组各种不同的实践情境中更好地培养心理因素。通过锻炼,给予学生更多的实战经验,使其能进一步增强信心,战胜弹奏时紧张的心态,鼓足勇气完整弹奏,发挥最佳水平。

期末考试:"展现个性,探讨学习"音乐沙龙

"音乐沙龙"是我校音乐特长生每个学期期末一大活动。学生们根据每学期学习内容,自行挑选钢琴表演作品,进行钢琴演奏音乐会。此项活动还邀请学校领导、全体音乐教师及家长们一同参加。演奏会后,师生们进入点评环节,将音乐会中的表现情况进行总结、归纳、评定。同学们也可针对活动中自我表现、同伴表现，交流感受体会，并评定出每学期钢琴表演最佳表演奖、最佳风采奖、最佳努力奖等不同奖项，鼓励、鞭策学生们朝着自己奋斗的目标不断前进。

实践活动："魅力钢琴，活力四射"展示活动

为了给音乐特长生更大的表演舞台，也为了让其他学生享受这一高雅艺术——钢琴。在每年的学校艺术节综合场的表演中，钢琴表演作为一个保留节目，而参与着每次艺术节的展演活动。或是四手联奏，或是独奏，或是与其他乐器的合奏等，始终给我们带来优美动听艺术盛宴，感受其无穷的独特魅力。

四、成效分析

经过2年多的钢琴学习，一般学生弹奏水平在业余6级左右，个别好的学生可达到业余8级水平。自1996年我校创建音乐艺术班至今，已有100多名学生，顺利地考入全市各大艺术高校，如：上海音乐学院、上海师范大学、华师大及上海大学等。虽然，他们经过自身及教师的共同努力，顺利地进入艺术高等学府学习。但由于接触钢琴的时间过少，且应试学习的目的性太强，造成学生的弹奏基础还不够踏实，手指弹奏能力欠缺，主要表现为手指力度不够，弹奏颗粒性不够清晰；手指没有充分放松、自然，触键紧张，作品整体完整性不够。尤其在作品的情感处理方面非常粗糙，对塑造不同形象的处理不够，使作品的风格特点把握不住。此外，学生在弹奏中的心理素质还不够稳定，大部分学生表现为上场紧张，容易弹错，甚至忘记弹奏内容，临场发挥存在一定问题。在视奏教学中，在短时间内进行双手视奏对大部分学生也存在一定的困难。主要表现为：快速看谱的能力不够强，对音区准确的位置不够熟悉；双手的协调配合能力较弱；对节奏的敏感程度不够高。

五、提出问题

（一）钢琴教学中的情感问题

学生弹奏的钢琴作品，显得很单调、无味，没有情感色彩变化。针对这种现象，我也积极采取一些措施。比如：与学生交谈，让其了解作曲家的生平与创作背景；与他们一起分析作品中的曲式结构及和声色彩；从理论的角度感受作品中的轻重缓急，抑扬顿挫。但事实证明，效果并不是非常明显。探究其原因，我认为学生在弹奏钢琴作品时,过多地注重作品的完整性、流畅度,片面地认为钢琴弹奏中,只要不弹错不停顿就行了,对于如何更好地体现、表现作品没有全面地认识。从这一现象中,我认为作为一名艺术教师,应在平时欣赏作品中,加强这方面赏析力度。着重引导学生从作品的音响色彩处理方面入手,感受音乐、分析音乐、表现音乐。同时在钢琴每一次教学中,更要侧重于音响情感处理。不要让学生简单地认为,钢琴演奏中的要求就是完整性,而多变的音响表现,会让其变得更加完美动听。如果教师长时间的坚持这种要求,一定会有效地培养学生对钢琴演奏作品的审美性,潜移默化中提升其对钢琴演奏作品综合性的理解。

(二) 钢琴教学中的心理问题

为了进一步锻炼学生们在钢琴演奏中的心理素质。除了教学中采用一对一的教学方式外,我们又在平时教学中采用了个别与集体课相结合的方式。让学生们在同一水平的伙伴面前,进行阶段性的演奏活动,让其逐渐适应在观众面前演奏作品的环境。学期末,我们结合学生的考评活动,采取钢琴沙龙式的演奏会。学校领导也大力支持,对此项活动进行全程录像。虽然,在录像机面前学生们或多或少都有些紧张,显得不够自然大方,弹奏的作品也没有独自一人在琴房弹奏时那么流畅。但这样的场景,毕竟平时很少参与,尤其是在公众面前演奏,确实对学生的心理因素是个挑战。现实证明,多参加这些活动对于克服心理上的紧张程度,有一定的帮助。纵观高一至高三每学期的钢琴演奏会,学生们都会从慌乱的状态中慢慢调整自己,培养其稳定、沉着的心理素质,从而更好地适应各种不同的演奏、考试环境。

六、措施方案

针对上述问题,在今后的教学中,我应进一步加强学生手指基础弹奏能力的训练,尤其是手指的力度性、独立性需要重点强化训练,加强"哈农"、"练习曲"弹奏,巩固手指的稳定性。从学生们的兴趣出发,精心挑选适度的钢琴作品,进行有效的练习,提高其弹奏效率。在教学过程中,进一步加强教师的示范作用,做到重难点解析清楚,作品的结构逐句讲解。同时,还应提高对作品整体风格特点的把握程度。可通过介绍弹奏作品的作者生平、创作背景、风格流派等方面,与学生共同分析作品表达的意境,利用乐谱中已有的表情术语再加上学生们个人的主观理解,准确地把握、处理整首作品的情感、风格特点。教学中以鼓励表扬为主,在思想上时时引导学生只有坚持不懈,才能实现自己的目标,否则将前功尽弃。利用榜样作用,帮助他们树立自信心,坚定信念,培养学习意志力。并通过创造更多的展示平台,进一步地锻炼学生们的心理素质,逐渐消除其演奏时心理上的紧张感、恐惧感,激发其参与意识及表演欲望,有效地提高他们临场发挥水平,促进其心理因素的良好发展。

总之,通过长期的高中钢琴教学循序渐进地探索,让学生们能更多地感受音乐、体验音乐;在自我演奏实践中表现美、创造美;以塑造美好的情操和健全的人格为宗旨;有效地调动学习钢琴的主动性。以美育人,以艺拓潜,使每位学钢琴的高中生,都能获得快乐,获得成功。

【经典课堂】
天 鹅 湖

【课   题】芭蕾经典传千秋,美轮美奂《天鹅湖》
【执   教】上海音乐学院附属安师实验中学　杜施琼
【开设课程】高中艺术
【教材内容】高二年级第一学期第三单元
【教学课时】一课时
【教学重点】
　　引导学生去感受、体验芭蕾舞剧中音乐与舞蹈的完美结合。
【教学难点】
　　引导学生积极参与各项实践活动。
【教学目的】
　　1. 情感态度价值观目标:培养对古典舞剧音乐产生兴趣并积极探索音乐与舞蹈的关系及发展情况。
　　2. 过程与方法目标:通过运用体验、探究、合作、交流等学习方式,在多种实践活动中感受芭蕾舞剧在舞蹈、音乐及舞美等多方面的综合艺术美。

3. 知识与技能目标：学习舞剧（芭蕾舞剧）的相关知识。了解作曲家柴可夫斯基的生平和代表性作品。

【教材分析】

说起芭蕾舞剧，中外观众眼前出现的形象几乎无一例外是《天鹅湖》。一个多世纪以来，这是古典芭蕾舞剧的扛鼎之作，一直以其诗情画意的舞蹈段落、单纯凝练的童话故事、圣洁之至的天鹅短裙、对比鲜明的仙凡场面、沁人肺腑的音乐形象，超越了种族、肤色、语言、性别、年龄、阶级、宗教信仰、意识形态等各种障碍，用"真善美"的舞蹈意象，征服了全球各个角落的男女老少，净化了所有观众的心灵。

音乐方面：四幕芭蕾舞剧《天鹅湖》的音乐是柴可夫斯基最著名的代表作之一，作品作于1876年。《天鹅湖》的音乐像一首首具有浪漫色彩的抒情诗篇，每一场的音乐都极出色地完成了对场景的抒写和对戏剧矛盾的推动以及对各个角色性格和内心的刻画，具有深刻的交响性。

舞蹈方面：《天鹅湖》的舞蹈是"修长舒展的动作线条"。每位芭蕾舞者都是以肢体线条的修长和舒展为美。因为芭蕾本是线条的艺术，贵族的艺术，所以，只有修长而舒展的肢体动作，才能充分地展示线条的流动，充分地占有舞台空间，完美地体现出贵族的气派。

故事情节：《天鹅湖》取材于俄罗斯的神话故事。全剧共分四幕。抓住了人生的三大主题：爱与恨、善与恶、生与死。

【教学准备】　多媒体、钢琴

【教学设计】

一、复习导入

（一）知识竞赛

1. 芭蕾起源于哪儿？盛行在哪儿？鼎盛在哪儿？

2. 芭蕾的发展有早期芭蕾、浪漫芭蕾、_____、现代芭蕾与当代芭蕾5大时期。

3. 第一部古典芭蕾作品是什么？

4. 古典芭蕾的基本特征有开、_____、_____、_____、轻、准、_____、美。你能用一个动作来体现它的一些基本特征吗？

5. 你所了解的芭蕾舞剧有哪些？

(二) 引出课题《芭蕾舞剧——天鹅湖》

> 说明：本环节是组织教学与复习环节，重点在于对上节课《西方芭蕾》的复习。通过竞赛式的形式对上节课的一些芭蕾知识进行回顾，以便于学生进行新旧知识的学习迁移。这样的复习形式能够激发起学生积极主动地参与芭蕾舞剧学习的热情与信心。

二、学习交流

(一) 让学生交流对芭蕾舞剧《天鹅湖》的认识，了解情况。
(二) 教师简介芭蕾舞剧《天鹅湖》的故事情节内容及主要人物。

它主要讲述了被恶魔罗巴尔特变成天鹅的公主奥杰塔在王子齐格弗里德的帮助下，用爱情的力量战胜魔法，获得自由和幸福的故事。这个感人的故事，让我们看到了纯洁爱情的伟大，激发了人们对美好爱情的向往与追求。

> 说明：本环节是根据高中生的年龄特点，让学生通过课前收集有关资料，进行自主学习的阶段。这样的活动形式也进一步提高学生自主性及自信心等多方面综合能力的发展。

三、新授鉴赏(《芭蕾舞剧——天鹅湖》)

(一) 舞之韵

1. 让学生说一说，如果请你用舞蹈来展示一只美丽的白天鹅，你会用哪些动作进行表现？

2. 欣赏《天鹅湖》舞剧中的2个经典片段(《双人舞》、《四小天鹅》)，请个别学生进行模仿感受片段中分别用什么动作来塑造天鹅的形象，表现了怎样的情绪？并体验这些动作中分别体现了古典芭蕾中的哪些基本特征？

舞剧中人物形象的塑造和表现主要是通过舞蹈肢体语言来完成的，然而对舞剧音乐的把握和理解也是不可少的。芭蕾舞剧《天鹅湖》的成功就是通过深入理解音乐形象来塑造舞剧人物形象的具体体现。《天鹅湖》第二幕可以说是"戏中之戏"，它具有自己的逻辑性开端和结尾，结构相对完整。对这一幕进行"拆解"分析,可分为六大舞段:群鹅华尔兹、奥杰塔与王子的双人舞、四小天鹅舞、三大天鹅舞、奥杰塔的变奏,天鹅组舞。这六大舞段囊括了群舞、四人舞、三人舞、双人舞和独舞形式,每一舞段都是肢体语言构成的散文,段段连缀成篇,表现了奥杰塔的纯洁、王子对她美丽的赞叹以及对悲剧结局的预感暗示。

《四小天鹅舞》中整齐的小跳,打击,立脚尖等动作,形成一幅在水面玩耍嬉戏的场景。舞蹈结束时,四只小天鹅张开双臂仿佛展翅欲飞,但旋转又跪了下来。双手交叉于胸前。毕竟,她们还不会飞翔。腿的急速动作代表了小天鹅顽皮、活泼的性格。表演中,舞蹈动作与小提琴的旋律珠联璧合地融合在一起,小提琴连续的琶音与奥杰塔足尖上的旋转完美结合,使观众仿佛"听"到了奥杰塔用自己的身体唱出的每一句独白。在双人舞中,她与由大提琴演奏的王子旋律主题交织,仿佛对唱又仿佛二重唱;足尖的原地转的同时急速打击配合上小提琴的旋律,使观众感受到了她陷入初恋的心激动得颤抖,充满了浪漫的诗意与激情。

3. 让全体学生尝试学跳片段中一个肢体动作。体验感受古典芭蕾的基本特征。

(二)乐之魂

1. 介绍俄国作曲家柴可夫斯基

柴可夫斯基不仅是俄罗斯芭蕾舞剧音乐作曲家中的最杰出人物,而且是芭蕾舞音乐史上最伟大的人物。他一生写了3部舞剧音乐:《天鹅湖》(1875—1876)、《睡美人》(1888—1889)和《胡桃夹子》(1891—1892),都已成为世界舞剧艺术中影响巨大的作品,广泛流传在各国的芭蕾舞台上。柴可夫斯基对舞剧音乐进行了许多革新,使之更富于戏剧性,从而改变了音乐在舞剧中的地位和作用,大大提高了舞剧音乐的表现力。

2. 视唱《天鹅湖》场景主题音乐旋律

引导学生唱后思考,它的色彩怎样,表现了什么样的形象?

3. 结合视频,欣赏这段场景主题音乐在作品中的作用

(1)欣赏场景一、二,分别塑造什么不同的情绪及形象

播放白天鹅的主题音乐——体现温柔、悲伤

播放第二段终场音乐——体现温柔、悲伤

(2) 欣赏场景三,只有画面,没有声音

　　让学生通过对画面的观察,设计场景音乐的变化。(力度、速度方面)

(3) 感受体验场景三,完整的视听画面

　　感受不同场景及情绪的变化。

4. 这三段音乐都是《天鹅》的主题音乐,在整个舞剧中贯穿始终,对故事情节的发展,人物形象的树立,都起了什么作用?

　　对人物的性格心理的刻画起了推动的作用。正是这些音乐,才使舞剧中的形象更生动,使舞剧中更具有感染力。

5. 共同探讨,舞剧中音乐与舞蹈的关系

　　"音乐是舞蹈的灵魂,音乐是听得见的舞蹈,舞蹈是看得见的音乐。"

(三) 形之魅

1. 服饰

2. 不同布景

3. 灯光

　　总结:芭蕾舞剧《天鹅湖》带给我们的就是这样一部在时空中一次次的情感升华,一次次与经典的碰撞。

> 说明:本环节是本课学习感受的重点。通过对芭蕾舞剧《天鹅湖》中的音乐、肢体动作及舞美等方面的具体赏析,尤其通过探讨舞剧音乐与舞蹈的关系,进一步引导学生如何更好地感受芭蕾舞剧综合的艺术魅力。

四、归纳概念

师生共同总结什么是舞剧(芭蕾舞剧)?

　　是一种以舞蹈为主要表现手段,综合了音乐、美术、文学等形式,表现特定和一定戏剧情节的舞台表现艺术。

> 说明:本环节是学生通过以上一些环节学习理解后对"舞剧"(芭蕾舞剧)这一概念的自我认识与理解。

五、实践活动

（一）请学生概括对芭蕾舞剧《天鹅湖》的感受体验。

芭蕾舞剧《天鹅湖》也抓住了人生的三大主题：爱与恨、善与恶、生与死。

（二）老师出示诗歌，请个别学生朗诵。教师弹奏天鹅湖的场景音乐。其余同学集体哼唱场景音乐主题。或请个别学生上台画一画。

诗歌：绣幕开/天鹅飞来/湛蓝的水/足尖儿点水/亭亭一枝莲花白。

雪一般的单纯/冰一般的坚贞/云一般的轻盈/蜜也似的爱情。

> 说明：本环节通过学生的实践活动，引导学生对此部芭蕾舞剧《天鹅湖》深层次地体会与感受，进一步感触到这部经典作品给心灵上带来的强大震撼。

六、拓展鉴赏

除了经典芭蕾舞剧外，你们知道《天鹅湖》还有哪些不同的艺术形式？

（一）动画片《天鹅湖》片段

（二）与现代一些流行因素相结合的片段

> 说明：本环节通过介绍这部经典作品不同的艺术表现形式，进一步拓展学生们的视野，引导其深入探讨。

七、课堂小结

一百多年来，《天鹅湖》以优美的音乐，动人的故事和那清新、抒情，具有经典意义的舞蹈段落，成为芭蕾舞坛上最为夺目的珍品，并深受世界各国人民的喜爱。

八、教学反思

虽然，我详细、规范的教案文本给专家们留下很好的印象，但在教学过程中还有需进一步改进与完善的地方。例如：专家们认为这节舞剧《天鹅湖》教学更应从情感的角度，在教学实践中强调更高的育人价值观，重视有关的感受与体验，让学生们从欣赏的角度走向鉴赏的层次，从审美的体验走向对审美的思考，让他们在心灵的震撼中,精神与人格的享受中,真正地感受艺术的无穷魅力,体验高中艺术教学的内涵。但如何有效地调动学生学习艺术的积极性,进一步深刻地挖掘欣赏作品的人文内涵,把教学中的情感与知识完美地结合等,都值得我在今后的教学实践中不断钻研与研究。

【学有所悟】
有　　你

2012 年的我们,
一张张陌生的脸庞,开启 5 年的相聚,
生命中又多了良师益友。
有你

2013 年的我们,
陌生到相知,微笑到畅谈,
星期二已成相约的期盼。
有你

2014 年的我们,
一同学习,一同探讨,
时光都充满暖暖的爱意。
有你

2015 年的我们,
领略名师的风采,感受人生真谛,
互相亲密如兄弟姐妹。
有你

2016年的我们,
感叹时间的脚步,为何如此匆忙,
留下一连串美好的点滴。
有你

是你,
为我们树立了新的航标。
是你,
让我们看到了新的希望。

你永远是我们事业中最得力的帮手,
你永远是我们人生中最难忘的记忆。
让我们一同高呼:
有你,真好!

第十四章 情缘"新天地" 无悔青春梦

教师介绍

丁志红,1970年生,毕业新疆师范大学音乐学院(学士学位),中共党员,中学音乐高级教师,现任教于上海市嘉定区中光高级中学。

曾为首批上海市"彩虹行动计划"艺术教育工作室主持人(2013)、上海市音乐教育学会优秀会员(2010)、第七届嘉定区中学音乐学科带头人(2010—2013)、嘉定区项目领衔人、第三期上海市普教系统名校长名师培养工程对象(2012—2017)、上海市德育艺术人文实训基地(2011—2014)、嘉定区易凤林音乐名师班培养对象(2008—2010、2014—2016)等,获得嘉定区普教系统行政记功、嘉定区教育局嘉奖、嘉定区优秀中国共产党员等荣誉称号。担任嘉定区中学音乐兼职教研员,连续受聘嘉定区中学音乐教育教学新秀评委,嘉定区音乐学科中级职称评审评委。

专注于教育教学研究,多次开上海区级、市级层面的教学公开课,主持与参与区、市级项目与课题研究,课例及多篇论文获国家、上海市、区级不同等第奖,并发表于上海市《现代教学》、《思与行的智慧》等多种刊物。其中论文《无声的转变》曾获"全国中小学音乐、美术教育论文评选活动"中基础教育学科一等奖。排练学生合唱、小组唱、集体舞、表演舞等节目多次曾荣获嘉定区学生艺术节比赛活动中一等奖,以及上海市不同等第奖。

成长叙事

"30年河东,30年河西",这是我母亲常发的一句感慨。母亲19岁从上海到新疆,支援新疆建设,经历了从东到西、从南到北的颠沛流离,自然感触颇深。如今,在上海生活、工作多年的我,对这句话也有了更为深刻的体验与感悟。从小听母亲说上海如何如何好,在我的印象中上海像"天堂"一样美丽,多么想去看看上海的世界有多美,为何母亲念念不忘。

自1991年入职后,我在新疆乌鲁木齐市78中工作了12年。2008年6月荣获新市区教师专业基本功(三全能)大赛新市区第一名,同年9月,获乌鲁木齐音乐教师基本功大赛一等奖。2003年1月荣获乌鲁木齐市新市区人民政府颁发的音乐学科带头人证书。此时小有名气的我渴望有更广阔的学习天地,在母亲的一再催促与鼓励下,我终于在"去"与"留"之间进行了我人生历史性的重大选择。2003年8月带着母亲的乡愁情结,怀揣着我的青春梦,终于迈步上海,开始了我的"新天地"生活。

一、迈入"新天地"

1. 新奇空间·挑战自我

刚刚来到上海崇明海桥中学工作,农村的孩子、校舍、田埂、建筑、交通等全新的环境,是我有生以来第一次看到的景象,一切都那么新奇,从北方的都市生活到了南方的田园生活,真的是我人生的一个"新天地"。最大的挑战不是教学工作,而是上海的天气。夏天湿热、冬天湿冷,宿舍和教学楼里没有空调。夏季有风扇也还好,冬天的寒冷让我备课坐不住,就好像膝盖以下的腿脚掉进了冰窟一样。最让我难以忍受的是崇明的蚊子,让我吃尽了苦头,被咬得遍体鳞伤,奇痒无比。还有当地的方言,我是第一次到南方(上海),第一次听到崇明方言,到市场买东西听不懂,当地老人也听不懂我的普通话。我不禁感慨万分:同是中国人,地域不同,方言的差异竟然如此之大! 好像我在与外国人对话,他们也好像带着猜疑的眼光打量我。一种前所未有的陌生与失望油然而生:"难道这就是我梦寐以求的'新天地'吗? 难道这就是我朝思暮想的新生活吗? 回去吧? 回去吧! 就是工作不要了,我也要回去!"母亲说:"孩子啊,你没有退路,你的人事档案全都调过去了,你一定要坚持走下去,我过去陪你吧。"母亲的关爱和鼓励慰藉着我的心,学生和同事的真诚、淳朴滋润着我的情。还记得,每天排练舞蹈到六点半结束,食堂关门了,住宿的老师主动帮我买好饭菜。在同事和领导的关心和帮助下,我终于挺过了那个炎热难熬的夏季与漫长寒冷的冬天,逐渐适应崇明的"新天地"了。

在领导关心和器重下,除了一周10节初中音乐课,我还担任团委工作和少先队工作。当时教学使用的还是老教材(音乐)。由于我有十来年的教学经验,在乌鲁木齐市参加过课改的三级培训,省级培训时请国家音乐教材主编吴斌老师连续三天半的面对面培训与研讨,所以对于课改理念与国家新课标熟知于心,用国家的课改理念授课,在崇明教学评比中获第二名。崇明农村的学生很淳朴,但学习行为习惯不好,没有乌鲁木齐市的学生易于管理,基础知识和技能很薄弱,一个班级里几乎没有一个有歌唱、弹奏、舞蹈等特长的学生,全校只有一名学生会拉手风琴。开学接到参加崇明金孔雀学生舞蹈节比赛通知,仅仅一个月多的时间就要比赛,学生零基础,教练起来真是很费力,就一个"出场"动作都教练了好多天。舞蹈分两边出场,出场的两个学生只挑出一个,另一个怎么都教不会,她的乐感弱,听不出音乐播放的在哪个乐句时出场,总是"出"不来,最后我只好藏在幕后,在她对面给手势。

我以前所在的乌鲁木齐市的班级里有三分之一或二分之一的学生有各种艺术方面的特长,当我排练舞蹈与合唱时有领舞、领唱和钢琴伴奏的学生。这让我体验了南北两地学生的差异、都市与农村学生的差异。地域与受教育环境的不同,学生的艺术能力大有所不同,真是"一方水土养一方人"、"环境塑造人"啊!

2. 辛酸泪水·思想困惑

舞蹈终于排练好了,可是没有服装,怎么办?我请在闵行的同学杨光帮忙打听到有一家市区的服装租赁地方租服装。因为事先考虑不充分,没有想到12套衣裙(裙子、帽子、腰带、靴子)很重,我两只手拿不下也拿不动。杨光一直送我到了码头……终于上到船上。这一路上,车换乘船,船换乘车,车又换乘车,一个单程需要4小时左右。我想起在乌鲁木齐市时,学校请裁缝到学校为学生量体裁衣,衣服做好后,我和另一名音乐教师随校车一起去取服装。想到这里,辛酸的泪水不停地滑落下来。我的思想又一次摇摆了:"这里工作、生活太不方便了,我要离开这里"。最终舞蹈获得崇明舞蹈节三等奖的第一名,除去艺术高中、城镇重点中学,我校是农村中学能名列前茅,校长非常满意地说:"农村生源与县城的生源不好比的,我们已经取得了很好的成绩了。"可是相比我在乌鲁木齐市的比赛名次,我不满意,但我已尽力了。

还有一种现象令我没有想到:这里学生却当着我的面叫"副科老师",更让我诧异的是:教职工大会时听到领导称音体美学科为"小三门",我感觉坐在那里头都抬不起。新疆乌鲁木齐市学校各个学科拿奖金时分两档，统考科目一档，非统考科目一档，领导、老师和学生没有人称音乐为"副科"。在这里，看到音乐学科在学校的地位，我的思想有一种冲动：想考公务员……但此时崇明二中、浦江一中和嘉定娄塘中学发来面试邀请函。

春天到了，我漫步田埂赏油菜花。郊外的静谧、和谐，让我耳边回味着《田园交响曲》，从未有过的一种放松、一种惬意、更有一种惆怅："这里的生活是我人生的一种经历，丰富了我的阅历。虽有艰辛，也有快乐；有时惆怅，有时迷茫……它是我人生的一段'插曲'吗？我该何去何从？"当真正要离开崇明时，倒是有种不舍之情，不到一年的时间，让我感受到暖暖的同事情、师生情（我排练时穿的条形运动裤，不到一个月发现全校大部分女生都穿这一款式）、同行情以及教研员的赏识、施惠等团支书的帮助之情，留下了很多美好的回忆。

二、融入"新天地"

1. 真情浇灌·学生转变

调到嘉定娄塘中学后，整天忙于教学比赛与带学生参加区里的艺术比赛。一心扑到了工作上，加之已是来上海的第二年，生活上适应了很多。我教学初二年级和高二年级，我没有教过高中，在钻研高中音乐教材（老教材）上花的力气大一些。当时还是高中音乐学科，我借教学参考，复印教学参考，复制音响磁带。初来嘉定第一年在教学、排练学生合唱、舞蹈方面荣获不同等奖。尽心尽力地做好每件事，忙得不亦乐乎，便无暇考虑考公务员之事了。两年后排练农村男孩子跳男子群舞《夏地亚纳》，荣获嘉定区学生金孔雀舞蹈节高中组第一名，后被区教研室推荐参加了美年达百校风采擂台赛，以前9名进入决赛，荣获市级二等奖。

这个男子群舞凝聚了我的心血。教男孩子跳舞是我排练舞蹈以来第一次，这是个很大的挑战。首先我要编排内容，还要在教练之前自己要学会一些男生的动作，示范舞蹈动作，这都超越了我的专业范围（我的专业是音乐学）。这里还有一个棘手的问题是农村男孩子从来没有跳过舞，思想上也比较闭塞，青春期的他们也比较羞涩，穿上色彩鲜艳的民族服装就更不愿意走出舞蹈房。他们中有的不愿意学习才来跳舞，借此来闹着玩玩，并无心认真学跳舞，甚至故意捣乱，今天有"踢坏舞蹈房放置后面的合唱台"，明天有"学生的电瓶车坏在路上（周六），迟到40分钟",后天就有"退出舞蹈队"的现象,甚至还出现"春游前的集体逃跑"等事件。当舞蹈内容编排至高潮时,进展不下去,高中生课业重,练习时间有限,学生也不给力,眼看比赛日期渐进,我晚上觉都睡不着,恨不得搬张床住到学校来抓他们排练。我想方设法"抓"他们来跳舞,和他们真得是"斗智斗勇"啊!当时真是又做思想工作又编排舞蹈,还教练舞蹈,苦不堪言!

当舞蹈队员升入高二时高中部整体搬迁到城区中心,经过比赛和几次上台表演,他们越跳越好,队员们在排练、演出中收发服装(帽子、发卡、马甲、腰带、衬衣、裤子、靴袜)、互相戴帽、互别发卡……演出时没有掉帽子等失误,做事有条不紊。也愿意打扫舞蹈房卫生了。进入了高三,一见到我笑着问:"老师,我们还什么时候跳舞啊?"看着他们渴望的眼神,我笑了。他们上大学后、工作以后回学校来看我,带着小礼物,让我在感动中陷入沉思:

回想起我从班级里"抓"他们来跳舞,到见面就问我,"老师,什么时间还能跳舞……",从学生的眼神、表情、神情中我看出:活动虽然已结束,但活动的影响和意义是深远的。艺术让学生拥有了自信;艺术让学生更加热爱生活,在表现美的同时追求美,懂得了生命的意义;艺术让学生传承着民族的精品文化……他们从不情愿——愿意——渴望;由不喜欢民族音乐(舞蹈音乐)——熟悉——喜欢——主动唱,在这个过程中逐渐地能抬起头跳舞了。学生在艺术实践活动中,逐步地转变,转变的同时,培养了对音乐、舞蹈艺术的兴趣,激发和增进了他们对祖国民族文化的热爱之情;挥洒汗水中锻炼了他们的个人品质(具有自信、毅力、恒心、勇气)同时也激发了他们对生活及生命的热爱之情;学生在提高审美能力的同时,培养了学生良好的思想道德品质(团结协作的集体主义精神)。艺术教育潜移默化了他们,达到了"润物细无声"的效果。

路光远校长在我校艺术节上看到这些男孩子们能自信地抬起头表演了,给予了很大的鼓励,并让我写一篇男孩子跳舞后发生的转变的艺术教育案例,于是我写了一篇《无声的转变》案例,这篇真情实感的案例两年后获全国中小学音乐、美术基础教育学科一等奖。

看到学生的转变,我有种说不出的幸福。在路光远校长的激励下,我全心全意地投入教育教学之中,决定将艺术教育这条路执着走到底。

2. 环境激励·提升自我

2006年8月,高中部搬迁至嘉定区城区,名为中光高级中学。学校每周五的教职工大会与培训都犹如一针"强心针"。在学校氛围的激励与领导的鼓励下,我有了想评高职的意愿,咨询后开始做准备,报名参加职称英语的考试。一开始看英语资料打瞌睡,一周后进入了学习状态,坚持学习了一个多月,顺利通过英语职称考试。接下来准备职称计算机技术、论文鉴定、发表文章、开公开课等事情。当评高职材料都准备好了,2007年开始申报,除了准备教学外,我还准备了声乐与为自己钢琴伴奏。我在本科主修的是声乐专业,我上台演唱是同学为我伴奏,自己没有正式给自己弹钢琴伴奏,也没有为同学伴奏过。这次我演唱声乐作品《古老的歌》,弹奏正谱伴奏,这是我第一次弹正谱伴奏,并且是为自己演唱声乐作品的伴奏,有一定的难度,既要准备声乐作品,同时又要弹奏有一定难度的伴奏,对我真是很大的挑战。每天晚上练习一个小时左右,经过一段时间的练习,终于弹下来。这段时间除了练习专业,我还努力钻研新教材,同时还准备大量的学校开展的艺术活动材料,都准备好后就静静地等待市级听课通知,等待一个多月。这期间学生有两次大型活动(学工、东方绿舟军训),还有期中考和其他等活动,6各班级课的进度也打乱了,例如每次活动高一2班的课都被冲掉,开学以来没有上几节,艺术能力与艺术人文积累自然不如其他班级。也不知道专家会听哪个班级的课,等待听课通知好漫长,长得我快熬不住,感到气馁时接到了听课通知。没有想到被听课的班级,恰恰就是高一2班。于是在还有三天的时间内,我重新设计了基于此班级学情基础与学习基点的课。我选择的是新教材高中《艺术》高一年级授课(此教材还没有执行使用,还在试验阶段。)几年来一直钻研课改、用心教学,加之精心准备,最终在领导鼓励与同事们的帮助下,我顺利地评上了中学高级职称。由于工作兢兢业业,同年年底获得嘉定区教育局记功的荣誉奖励。

3. 执着前行·潜心教学

(1) 读懂高中【艺术】教材

来到上海"新天地"以来,我经历了高中【音乐】教材到高中【艺术】教材的变革,从【艺术】教材的试验-试行-执行使用,到课标的新修订,市教研员钱老师说:实践新教材一路走来,真是摸着石头过河,举步维艰……说明高中艺术教师使用新教材的艰难。

高一教材的八个艺术门类的学习,艺术门类是很清晰、是独立的。音美老师共同上一本教材,我们各4个单元,高二高三年级的教材很难分清楚哪个单元是美术哪个单元是音乐,单元主题是以人文为主题进行了艺术的综合。例如:《巴黎圣母院》以音乐剧形式呈现,当中有哥特式教堂建筑、现代美术创意的舞美、舞台背景,课本内容中还有一段《双城记》的序言等内容。这套教材对于音乐或美术教师来说,超越了自己所学的专业,难度很大,具有极大的挑战。可见,时代对艺术教师提出了更高的要求,艺术教师必须不断学习,与时俱进,才能胜任艺术教师。

随着高二教材的推广使用,我的教学任务由高一扩展到高二,全新的内容一个学期下来,真是且教且学,教学相长。例:教材中《巴黎圣母院》一课,教师和学生如果不了解当时的时代背景,很难理解歌词与歌曲中的情感与意境。《大教堂撑起这信仰的时代》歌词提到:这是一个世界的末日,什么是末日,是指"黑暗"。为什么黑暗呢?这个故事发生在中世纪时期(476—1453),欧美人称这一时期"黑暗时期"。《大教堂撑起这信仰的时代》的旋律线级进式的、穿越一个八度的上行,仿佛都要上到天上,表现一种发自内心的呐喊,呼唤信仰……(因为频繁的战争,教皇与王权利益之争,使人民生活在毫无希望的痛苦中。)巴黎圣母院是早期哥特式教堂的代表作,具有尖塔高耸、尖形拱门等其特点,它追求"高"(象征天堂)"光"(神灵),可见,人们是多么渴望信仰!这就是特定环境下的时代产物,寄托着人们的希望。正如歌中所唱"人类眼看亲手造的塔越升越高,企图攀及星星的高度——"

尽管学生了解了简要的中世纪时代,但学生很难理解中世纪的社会情况。例如:下课后,学生走过来问:"为什么弗洛罗说艾丝美拉达有罪就有罪呢?"当时,我没有回答,想了想说:"课下我们都去探究一下中世纪的宗教,下节课进行交流,好吧?"一是我想再佐证一下自己的认识(确保正确、准确),二是让他们动手动脑自己去查,这样记忆深刻。我又进一步地查阅了大量的中世纪时期宗教。我想我来讲这内容太枯燥了,效果不一定好,所以剪辑了剧中一个小片段给学生看,这样更直观。场景是弗洛罗在巴黎圣母院的楼上在喊:"菲比斯队长,把吉普赛人赶出广场——"从此片段中学生看出弗洛罗能指使皇家侍卫队的队长,学生明白弗洛罗的权力很大,很威严。我问:"为什么弗洛罗的权利这么大?"此时,请那位探究中世纪宗教的学生交流。学生讲:"因为中世纪是宗教的黄金时代,教权大于王权,直到中世纪末,教皇逐渐衰败。弗洛罗就是宗教的代表,而菲比斯队长代表王权,他出庭说艾丝美拉达用了巫术杀害菲比斯队长,法官就信他的话。"现在学生更明白歌词的世界末日与当时社会的黑暗,也理解课中这样一段文字:"这个世界混沌了,人们逐渐迷失了自我……"体会到这首歌曲《大教堂撑起这信仰的时代》内涵与当时的建筑风格为什么是具有尖塔高耸等特征?

我曾主持过一次艺术组教研活动【美文欣赏】中,有一篇罗丹、葛塞尔的《艺术之思想》提到中世纪的画家把魔鬼都画得"那么仁慈",再一次证明了那个时期的人们渴望善良,渴望信仰,同时感到社会的黑暗。这一切让我体会:这个时代人们所思所想不仅仅在音乐中体现出来,在建筑中体现,还在绘画等艺术体现。在钻研教材与不同时期学习积累中让我看到各种艺术间的共通,以及不同艺术背后的历史人文。

所以读懂教材很重要,读懂教材就要读懂时代的文化,作为一名高中艺术教师一定要加强文史学习。它是充分欣赏、深入欣赏的基础,是获得审美享受与愉悦的基础,它直接影响着艺术教学的欣赏效果。

(2)"他们爱上了艺术课"

五月某一天,周四,高三(1)班(理科班),艺术课调换为心理课。高三1班的学生没有去心理教室,而是朝着我的艺术教室走来,我正盼望着学生的到来,探着头张望窗子外的学生,学生A望着我问:"老师,问什么不上艺术课?""上啊,我在等着你们呢……"正巧教务处的老师往下望着我和学生,询问后得知:由于我周四要参加市名师班的培训,后因培训推迟,我第一时间告诉了教务员,我以为正常上课,此时才知道此课已调至周五,逢月考冲掉了。学生们陆陆续续走来围着我,渴望的眼神对着我说:"老师,上艺术课嘛",一个调皮男孩子(高一时上课不专心)不满地说:"冲了?可真会调课!我们喜欢上艺术课,上艺术课嘛",戴××班长走过来一脸严肃地对我说:"老师,不上艺术课,我很遗憾!"……面对同学们的热情与渴望,我感动也愧疚,更自责因我失去一节课。面对今天的他们,我有种说不出的幸福:他们爱上了艺术课。

这么多年理科班的艺术学习热情和学习情况一直不及文科班,但是这一届却打破了这种局面。高三1班学生不仅要上艺术课,更没有耽误学习,高考成绩是这些年以来来考得最好的一个理科班,数学、语文成绩超市平均分。我问"为什么喜欢上艺术课"?他们说:"艺术课上让我们放松、愉快。"我想这里的"放松"绝不是纪律、学习上的放松,或休息,而是获得审美愉悦的一种身心放松。他们今天"为什么爱上了艺术课?"我反思有两点:一是设计的活动基于学生的学情基础与学习的基点,适时的身领示范,调动学生参与艺术实践与体验;二是学生艺术实践的积累让艺术教育以其特有的艺术魅力走进了学生的心里。高中艺术三年的学习,随着艺术课学习时间的积累,加之他们在高一第二学期参加了嘉定区学生音乐节的"班队合唱"比赛(区二等奖),到高二的第二学期又被选中参加嘉定区舞蹈节"集体舞"比赛(区一等奖),到高三时渴望上艺术课。钱其琛教授曾说,他学理科的同时父亲送他学习音乐与绘画,艺术教育促进的他理科思维,给他灵感,激发他的创新火花。

可见,高三1理科班取得了很好的高考成绩是艺术教育以其特有的魅力进入了学生心中,无声地促进了他们的学习以及各个方面的发展。因此,"他们爱上了艺术课"。潜心教学,让我体验到专注教学的快乐,感受到职业的幸福。

4. 论坛交流·提炼我的教学主张

我区优秀青年教师余柯于2013年11月26日进行嘉定区"优青"培养工程的汇报,张展英导师邀请我在论坛上发言。内容是针对当下教师在艺术教学中出现的现象,张老师提出了实质性的问题:

(1) 如何深度开掘教材中的人文内涵,凸显情感特征,对学生形成有力的情感冲击?

(2) 如何有机整合各类艺术,克服各艺术门类毫无关联的叠加现象?

(3) 如何真正提升学生的艺术实践参与度,全面开发学生的艺术能力,进而提高学生的艺术创新能力和实践能力?

结合以上3个问题,我回顾与思考了自己多年的教学,提炼了我的教学主张:"身动"促"心动"。在艺术的实践体验中开掘人文内涵,升华审美情感,最终激活"心动"(创新火花的闪现与心智的打开)。例如:在舞蹈单元多年的教学中,我梳理与归纳了学习舞蹈的思路——【舞之源→舞之魅→舞之美→舞之魂】。在实践体验中升华审美情感,自然综合中开掘人文内涵;精心创设有效的"动",以"身动"促"心动"。

以【舞之源】与【舞之魅】两个环节来说明:我示范了一个蒙古族舞蹈片段,其中动作模仿了的鸟飞、挤牛奶、大雁飞等动作,这个动肩动作在我的提示下,学生明白了是骑马动作的提炼。学生发现与理解了舞蹈动作来源于民间习俗、劳动、大自然等,与人们的生活息息相关。它来源于生活,又是高于生活的一种提炼。学习汉民族秧歌时,我演示了"插秧到秧歌的演化",学生自然地了解了秧歌的产生；随后学生在"学跳秧歌舞，体验自娱美"中体验到参与舞蹈的快乐，从中感受秧歌的特点。不同地域有着不同的秧歌，我们欣赏了陕北的节庆秧歌《安塞腰鼓》。学生感受了农民激情的呐喊、震耳的鼓声和充满力量的舞姿，感悟到这是农民情绪的宣泄与释放、是对生活的热爱、更是一种生命的激情。同时感知到"舞蹈是一种肢体语言，它是表达心灵的律动，它不仅来源于生活，它又服务于生活"。在此基础上我们拓展欣赏电视散文版《安塞腰鼓》……我们沉醉在激情的朗诵之美、文学语言之美、陕北音乐之美、舞蹈之美等综合美中，我们感动"农民对生命的激情与热爱"，更有学生感慨："一方水土养育一方儿女"。我们在这一系列的艺术实践与体验中感知美、理解美、欣赏美、鉴赏美。这一系列的实践与体验过程，就是个不断地开掘人文内涵的过程，同时将知识融入此过程中。在这个过程中自然综合了不同的艺术形式，在这个过程中升华了审美情感，激发了学生对生活的理解与热爱。

《上海中学艺术课程标准》中明确指出：实践性和体验性是学习艺术课程的重要特征。要在艺术实践和体验活动中，领悟和品味活动与艺术作品的审美内涵，在这过程中培养学生的审美情趣，是取得艺术教育成功的关键……市教研员钱熹媛老师曾说："一节课的营养不要过剩，一定要给学生留有实践活动的空间……"。因此我研究课标的同时研究学生，精心设计学生的艺术实践活动，最终形成了以下几种"动"。

1. 创设基于学生学习基点与学情基础的"动"
2. 结合学生心理需求，选择学生 最爱"动"的素材
3. 关注学生个体差异，创设不同标高的"动"
4. 发现学生闪光点，激活创造性的"动"
5. 教师身领示范，以师"动"促生"动"
6. 以课外探究的"动"助课内的"动"

让学生"动"不是最终目的，而是通过实践活动来激发对艺术的理解与情感的共鸣，由"身动"激活"心动"，这个"动"的过程中，不仅仅是一种情感上的"动"，在人文内涵的开掘中更是一种思维的"动"，激发创造的火花，最终实现"心动"。久而久之，让艺术默化了心灵。

嘉定区"优青论坛"交流给了我一次反思与理性思考的机会，身为一线教师，有着很多的教学经验和教学主张，但忙于教学和艺术活动的开展，没有静下来好

好梳理。借这个机会,我梳理和提炼自己的教育教学经验与见解,形成了自己的教学主张。感谢张展英导师对我的辅导,她的身影与言行激励了我对教学的思考,教材的钻研,更激励我要做一名敬业的教师。

2008年我进入嘉定区音乐名师班学习,后有幸进入上海市种子班学习,经过这几年来的积累,我于2010年荣获嘉定区中学音乐学科带头人的称号(音、体、美、心理四个学科产生一名学科带头人)。学科带头人称号像一道彩虹点亮了我的艺术教育教学生涯,同时我感到这不仅仅是荣誉,更多的是份责任与义务,使我更要坚定、执着地将艺术教育这条路走到底。

三、靓丽"新天地"

2011年我有幸面试进入了上海市德育艺术人文实训基地学习三年,2012年3月经历面试,进入了上海市最高级别的培训——第三期上海市名校长名师培养工程音乐学科基地学习五年。2014年荣获上海市首届"彩虹行动计划"艺术教育工作室主持人荣誉称号。

1. 倾心带教·教学相长

2014年9月,封浜高级中学举办了师徒仪式,聘请我为叶静老师的带教老师。在这几个徒弟中,她是最敢于问问题的一个,只要她有想法,或找到什么相关的资料,立刻就会联系我,不管你此时在哪里,做事很有一股韧劲。2015年8月份,我带教她的期限已经结束,2015年12月嘉定区进行教学新秀教学评比。此期间我学校正准备迎接大督导,我是艺术总辅导员,我要整理相关学校艺术教育的很多资料,自己的教学课题也在设计中,正值学生艺术节,自己生病中,还有名师班微视频的制作,这些事情可谓"火烧眉毛"。可是她也"不放过我"。她从设计课到书写教学设计、查找资料等,有任何一点想法随时和我沟通,我先放下自己的事情,尽可能地帮助她。周六我帮她逐字逐句地修改单元整体设计和分课时教学设计,两个多小时的《茶馆》话剧,我在厨房边做饭边在IPAD上看,还有60多张相关的PPT资料。一个星期多我的思想一直沉浸在她的课中,直到听了她的试讲课,又提出具体的指导,我才松口气,赶紧专注自己被督导课题中。功夫不负有心人,她的课很成功,荣获嘉定区教学新秀中学艺术第一名。我为她的执着感动,同时也体验到这个带教的过程是一场很好地学习,教学相长。

2. 连续开课·突破自我

2013年5月16日嘉定教育局组织上海市骨干教师德育实训基地的优秀教师进行成果的教学展示。2010年11月至此次,我已是连续四次开公开课。在德育艺术人文基地班里,这是第二次开课。这次我和小学教研员刘婧老师一起在嘉二中开课,同课异构。课题是我区进修学院凤光宇院长看着教材,指定我们上高一第二学期的课题《丰富多彩的民族民间舞蹈》。我带着第一次开课的遗憾,细细回味、理解导师的点评与同学的建议,全身心地准备了这节高中艺术课。点评中导师与同行、同学微笑着给予了我充分的肯定,晚上同学发来信息:"课很精彩,多想做回您的学生,让我感动得热泪盈眶……"教研员夸我是"飞跃式"进步! 得到导师和市级学员以及教研员与同行们的肯定,这种喜悦之情使我将之前的海寻资料、电脑前狂坐每个晚上与双休日、晚上想着课睡不着、早上5点醒来开电脑、早饭吃不下、头昏眼花等这一切都抛之脑后,体验到"痛并快乐"着这一成长过程。这也是我目前最为满意的一节课,静心反思:课的成功与我在德育艺术人文基地、"双名"音乐名师基地学习的先进教育教学理念是念密不可分的,我在导师带领下和同伴互助的学习共同体中不断前行。

3. 两难境地·走出自我

2014年底,我患了颈椎病和肩周炎,2015年7月份做了核磁共振,第3节至第7节椎间盘突出,压迫右臂四根神经,右臂的筋像被抽住,难受至极。回忆从2011年至今的两个市级名师班和学校一堆任务,大都是在电脑上写的工作,我感到自己的专业功底退化了,歌也不唱,琴也不弹,每天面对着电脑在做作业、备课都成了"坐"家了。医生说:"如果不改变长期的面对电脑和手机,发展下去就得开刀,费用巨大而且风险巨大。"我心里很难过,告知家人我的想法:"想退出音乐地基名师班。"大家都劝我坚持一年就可以圆满结业,我却觉得他们不理解我的病痛。病中的我体会到健康是人生重中之重,万事之本啊!

在编写校本教材之时与制作微视频的过程中,花费了多少个日日夜夜,一遍遍打磨教材内容,与提炼特色教材的主旨,尤其是微视频的制作,更有超越音乐教师的专业难度的技术:在微视频中显示翻页浏览特色教材、自己录制语音、插入背景音乐、拍录像、视频剪辑、插入视频,以及语音与录像的声音与背景音乐重叠问题的解决、视频格式与清晰度等技术,不停地请教电脑老师。我校的电脑老师还兼职科技辅导、网管、大小型活动的摄影摄像任务。他忙得很少有空下来的时候,所以很难找到他。很多时候,我靠自学研究。此期间学校正值十年大督导,我精心准备一节高二的教学,压力很大,以前的开课都是高一的内容。督导刚结束又迎来学校一年一度的"中光艺术节",这期间很忙碌。早操后每节课都排满了辅导班级合唱,中午辅导校合唱队,这期间的事情都叠加在一起,终于我病倒了,真的没有时间去看医生,到双休日我休息了,医生也休息。此时基地的微视频也要按时间节点汇报与上交。基地导师聘请了专家来为我们指导,为了集体的微视频群能准时上交和保证质量,我承担的一集内容不拖基地的后腿啊,故我带病做作业至23:30,早上5点多我爬起来,有气无力,沙哑的嗓子自己录制语音,勉强完成,赶到基地交作业,专家张展英老师说我的声音都没有了高音,视频快结束时语气都没有了。上午作业汇报结束,下午看病立即小手术。

当我正纠结自己是否退出名师班时,我的导师曹建辉和陆亚芳对我坚持完成作业给予了表扬与鼓励,我的同学当天下午带我去附近医院看病。这个班级让我感受到了集体的关爱与温暖,突然有种感觉:"我怎舍得离开这个班级呢?"同学们克服种种困难迎难而上,完成各项任务与作业,对艺术教育事业执着追求,这种精神感染我,使我汗颜。使我陷入沉思:我追逐了这么多年我的梦想,难道要放弃吗?那我生命的意义是什么?我怎对得起学校和教育局对我的培养……我应该协调好工作、学习与休息,加强运动,改变做事的不良习惯,要有健康的生活理念。集体的温暖犹如春风拂面,此时的"春光"明亮了我的双眼。

4. 自主乐学·超越自我

艺术是一门人文性很强的课程,它包罗万象,在实践高中艺术新教材时,我常常感到心有余而力不足,不足在哪里?文学底蕴不够。要上好高中的艺术课,不仅具有综合的理念,还要具有综合的知识,例:艺术类的小综合,还有文、史、哲、地等学科大综合的知识,只有广博地学习,知识才能触类旁通、融会贯通,才有助更深刻地理解作品的美。赵其坤老师说:"人文素养的缺乏直接影响思维的深度和广度,以及对问题的洞察力和对事物发展的前瞻能力。……教师要打破学科壁垒,广博学习,厚积文学底蕴"。

高中【艺术】教材中有一题:"请比较 文学原著、电影、音乐剧三种不同艺术形式表现冉阿让的人物形象、描述内心、艺术感染力有何不同特征?"唯独小说版的我没有读过,于是,我和学生一起探究一个作业,在网上找到相关《who am I》的章节,此章节1万7千多字,学生缩短至两千,反复练熟并且有语气地朗读,在课堂上呈现。内容选取的是当冉阿让的身份被沙威识破时,他内心翻江倒海,无法平静、恐惧、无助、矛盾、纠结、痛苦……看到原著里语言的表述,与音乐剧、电影的表达又有所不同,同时,让我第一次体会到雨果的语言文字魅力:"他怎样那么会表达,表述的那么细致、情感那么细腻、思想那么深刻、深邃,真不愧是大文豪!"这个课题上完后,我突然想看看原著的语言是如何表达的?本学期开学我网购了中英文版的《悲惨世界》。

且教、且学、且思中激发了我的学习欲望,也激发了学习英语的思想。一是要面对我们的教材,高二教材大部分都是外国的作品,有的是英文唱,有的作品有英文字幕,有的既没有英文字幕也没有中文字幕,欣赏起来很困难。还有双名工程通识培训时教授时常会冒出英语的词语和句子。我们学校和外国学校有合作的项目,每年都有外国学校来访,我感觉世界越来越小,邱政政老师说:"你的英语决定了你对世界的认识,眼界决定境界……",我想:做一名现代教师要与时俱进,开阔视野,所以我学习英语的信心更为坚定了。因为时间太有限了,所以我将文学和英语整合,阅读中英文版经典作品,一举两得。因为自己从小缺失经典的阅读,所以我劝诫每届新高一:"要打好人生底色,要多阅读经典,我现在这个年纪了都在恶补,平时和寒暑假的时间我都有读书计划,在阅读中享受到其中的乐趣。"除了阅读名著,寒假里我在图书馆借阅"永恒经典的奥斯卡电影"。

为什么想到要看电影?也是源于我们的教材,你们记得《巴黎圣母院》有这样一段话:诚如狄更斯的《双城记》序言:"那是最好的时代,也是最坏的时代……我们正走向天堂,我们也将走向地狱"我想:一个是15世纪的《巴黎圣母院》,一个是19世纪的《双城记》,有什么关系?《双城记》在讲什么?于是我有了想看这部电影的愿望。我不仅看了两遍电影版的《双城记》,后又不同时期看了两遍朗文经典英文版的《双城记》。

自从出现高中【艺术】新教材以来,我一直有想增强文史,阅读经典的计划,可一直没有实现,现在我真的爱上了阅读。当然这需要一个过程才能进入到学习状态,第一本书是2013寒假里看《简·爱》(女儿的书),第二本《飘》,第三本朗文经典的《莎士比亚戏剧故事》就进入状态了,后面看了《傲慢与偏见》、《基督山伯爵》、《野性的呼唤》、《呼啸山庄》等十几本作品。有时几天里我沉浸在剧中,我觉得阅读真好,它是向善、尚美,正能量的传播。阅读经典让我看到的不仅是民族的语言、旋律、建筑、绘画等,更重要的是从中看到不同民族不同的思维与文化、习俗,以及他们对人生的态度,对美的追求。说句题外话,我女儿看到我这样学习英语,不再嘲笑我的英语,我们开始互相交流、学习,我想我的学习对她也是一种潜移默化影响。

  钻研教材中我体验了专注教学的快乐,更为我找到了学习的路径而快乐。阅读中英文经典名著,已经成为我的一种爱好与乐趣了,不觉得是任务,自得其乐。同时遗憾自己以前只读专业方面书籍,太狭隘了,应该广博学习。我的改变是来自直面新教材,更是来自我这进了名师班以后,受同学们、导师正能量的感染与教授讲座的一种启示。使我由被动的学习转向一种自主的学习,我找到了快乐,已漫步在学习的乐趣中,体验到读书的单纯与美好,更感受与感悟人生的美好!

  回顾我在"新天地"的这 12 年工作与生活:从崇明到嘉定(娄塘中学—中光高级中学),评高职后进入嘉定区名师班→上海市种子班→上海市艺术人文基地→第三期上海市"双名"工程音乐学科基地的培养。这一路走来,经历了风风雨雨,在"新天地"中磨砺成长,"新天地"像一道彩虹靓丽了我的人生,同时,我也是"新天地"的一颗小星星发出自己的光芒,为"新天地"增光添彩!我有缘于"新天地",它实现了我自身的价值,更无悔我的青春梦!

【且行且思】
让民族音乐走进学生生活

  如今,流行音乐像空气一样包围着学生,课堂上,他们只想听唱最新流行的中外歌曲,一听到中国民族音乐唉声叹气,毫无兴趣,就连学钢琴的学生在弹八级曲目《向阳花》也说:"太土了,没有巴赫的音乐好听!"对此,我很担忧,如果这样发展下去,我国民族音乐岂不要丢失了?漫长的岁月和丰厚的文化积淀中造就了今日生活在我国广大地域中的 56 个兄弟民族,各民族拥有不同的生态环境、不同的历史和文化背景,从内容到形式,从韵律到风格形成了各显异彩、斑斓夺目的民族音乐。中国民族音乐就是祖祖辈辈生活、繁衍在中国这片土地上的各民族,从古到今在悠久历史文化传统上创造的具有民族特色,能体现民族文化和民族精神的音乐。《上海市中学艺术课程标准》的【课程理念】中指出："艺术是人类文化的重要载体,是人类表达和传递情感的重要媒介。作为人类独特的文化认知方式,不同地域、不同时代和不同民族的艺术具有其社会和审美价值的独特性。艺术课程要把古今中外艺术的经典有选择地融入课程,在熟悉、了解本民族艺术文化传统的同时,使学生接触多元化的艺术文化。"习近平主席在文艺工作座谈会上指出:"中华优秀传统文化是中华民族的精神命脉,……,要结合新的时代条件传承和弘扬中华优秀传统文化……"由此可见,学习本民族艺术文化是艺术学习的重要一部分,它能体现民族文化和民族精神。

音乐具有"以情感人,以美育人"的作用,以它强烈的艺术感染力发挥着独特的育人功能,是促进青少年全面发展具有其他学科所不可替代的作用。作为一名艺术教师,有责任让我们的学生了解民族音乐,学习民族音乐,热爱民族音乐,乃至弘扬、传承民族音乐文化,这就是实实在在的"爱我中华"。高中艺术教材有八个门类的艺术内容,其中有一部分内容就是民族艺术,其内容与表现形式很丰富,有民歌、民乐、民舞、民族舞剧、京剧以及民族歌舞剧等。但在学校教学中,课时太有限了,所以笔者通过"浸润式"体验、"想畅就唱"感受、"创·演"实践三种方式,让学生逐步感受民族音乐与文化魅力,点燃学生对民族音乐的热爱之情,唤醒学生的民族精神。在这个过程中提高审美,增长人文,引导学生建立健康的价值观、审美观,使学生具有向善、尚美情怀,促进学生健康的人格的形成。

一、"浸润"中走近民族音乐

学生在高中艺术课堂上学习中国民族音乐的时间十分有限,笔者通过营造一个"民族音乐无处不在"的空间,让他们逐步接受、熟悉、走近民族音乐。

1. 课前一曲

每节课前3分钟,或由一位普通生推荐介绍一首民乐,或由一位有艺术特长的学生演奏一首民乐、演唱一首民歌,表演后请其他学生点评。推荐介绍或表演的学生学期末成绩上加分。学生们的积极性很高,他们的表现令人惊喜。在同学们的帮助下,小朱同学将古筝搬到了音乐教室,她用PPT讲述了古筝的来历,并介绍古筝的结构,此时,连一些坐在后排平日不爱民族音乐的男生也都站起来在听。小朱同学还邀请一位同学上前来拨一下琴弦来体验古筝。之后她为大家演奏了一曲《渔舟唱晚》,在我引导提示下,学生想象着辛劳了一天的渔民满载而归的喜悦情景。一曲结束,学生们报以热烈的掌声。在随后的点评交流中,有同学说,"古筝适于表现流水的场景……",小朱同学马上说:"下次我给大家表演《高山流水》,这里还有一个典故呢,到时候我也给大家讲一讲。"

这种形式很受学生们欢迎,不但加深了学生之间的交流与了解,也促进了学生对民族音乐的热爱之情。在这个过程中,越来越多的学生开始走近民族音乐,主动了解我国的民族音乐及其文化背景。

2. 午间一曲

为了增强民族音乐对学生的熏陶,除了学生学习教材中涉及的民族民间音乐内容与课前拓展的民族音乐,笔者还争取了午会课前五分钟的"阵地"来播放优秀的民族民间音乐。从施咏教授主编的《中国民族器乐经典名曲50首详解》中精选了12首经典民乐作为午间音乐播放曲目,如:《彩云追月》《春江花月夜》《步步高》《旱天雷》《蓝花花叙事》《百鸟朝凤》《十面埋伏》《金蛇狂舞》《翻身的日子》《彝族舞曲》《瑶族舞曲》《帕米尔的春天》。在反复聆听欣赏的过程中,学生们对这些曲目越来越喜欢,当有的乐曲再次出现时,有一位会吹竹笛的学生说:"《彝族舞曲》太美了,以后我一定要去彝族人民生活的地方看看。"

3. 经典观摩

为拓展与丰富学生的艺术学习,我校采用"走出去"与"请进来"的方式观摩经典作品。在学校领导与区教育局对艺术教育的重视与关心之下,我校学生有幸前往保利大剧院聆听了戴玉强的讲座与未来"剧"星演唱会。学生们兴高采烈地去欣赏,情绪高涨地回来,纷纷写了观赏体会。他们在体会中写到,给他们印象最为深刻的是几首中国民歌,如《在那遥远的地方》《茉莉花》等。另外,我校外请台北许启浩老师为学生开展了《键盘上的灵魂之舞》讲座,许老师在现场还用学生感兴趣的马林巴乐器演奏了中外民乐。学生在校园民族音乐"浸润"中逐渐熟悉了一些民族音乐的曲目,能哼唱几首民族音乐的旋律,逐步地走近了民族音乐。在校园"中光艺术节"上,学校请艺术特长生表演了经典民乐与民歌,深受师生喜爱,获得了广泛的好评。

二、"想畅就唱"中感受民歌魅力

拓展课上,笔者开设了"想畅就唱"走进经典民歌活动,旨在歌唱体验中激发学生对民歌的兴趣与热爱,同时在审美中体会与感受民歌的地方色彩、地域人文与鲜明的民族风格。本学期我们学唱了几首不同地区的民歌,我们感受了江南水乡姑娘唱《茉莉花》的委婉缠绵,傣家少女唱《月光下的凤尾竹》的细腻、深情,蒙古人唱《酒歌》时的宽广、开阔、悠远、跌宕起伏,以及陕北人唱信天游时的高亢激昂。

我国的民歌千姿百态,有些民歌对学生来说确实很陌生。学生们从张不开嘴到乐于学唱,再到走进民歌,这需要一个潜移默化地接受和适应的过程。

比如,学生听完王二妮唱的《山丹丹开花红艳艳》,立刻说:"受不了那种嗓音,太土啦!"、"so horrible!"惹得同学们哄堂大笑。见此情景,笔者感到十分诧异:如此优秀的民歌作品竟然被学生们称之为"太土"、"恐怖"。课后,笔者请学生们探究陕北地区的风土人情并学唱几句陕北民歌,下节课进行交流。在下一堂课上,学生交流了自己的探究,有几个学生模唱了两句陕北民歌,同学们感觉很有意思,但在模唱的过程中也感到想唱好陕北民歌很难。趁着课堂气氛高涨,笔者请秦同学演奏改编的钢琴独奏曲《山丹丹开花红艳艳》,主题旋律经过几次不同的变奏,大家都沉浸在美妙的音乐中。有位学生说:"音乐使我仿佛看到了头扎羊角白毛巾的农民形象,他们热情、质朴、性格爽朗。音乐抒情时,一种内在的情感很深沉,像是轻轻诉说;快速时的节奏又展现出陕北农民热烈的情绪,好似跳起了秧歌舞,释放着内心的喜悦之情。"学唱了这首歌后,学生们的感受有了进一步的提升。另一位学生感慨:"歌曲音调高亢、舒展、宽广好似黄土高原。直上直下、大跳的音调表达陕北人率直、真诚、大方的性格。使我更加明白了:黄土高原孕育了陕北民歌,陕北民歌使黄土地肥沃,正所谓'一方水土养一方儿女'"。

学生们从旋律中、歌词中感受到陕北民歌特有的民族文化的魅力,感受到民歌是一种原始的、朴素的、真实的民族审美观,是歌者对自然、对生活质朴的理解和感悟,感悟到民歌的产生和发展都来源于一定的地域文化背景。

三、"创·演"中点燃民族音乐热爱之情

借助我校有56个民族的服饰这一有利条件,笔者尝试让他们穿上少数民族的服饰,进行"西北民族服饰展演",自主创意在舞台上走秀,作为2014年校园"中光艺术节"的一个节目。当一个男学生穿好新疆服装后,情不自禁地唱起了

《在那遥远的地方》,其他几位男学生也一起放声唱起来,多么自然的一种情感流露。平时在课堂上他们是不肯唱的。于是我又找来了几件乐器:马头琴、热瓦普、冬不拉、唢呐、萨巴依等分发给他们。学生们更加兴奋了,不停地边唱边跳。

学生们根据自己的角色探究民族习俗与表演的特色动作和音乐,来展示自己的创意。经过几次排练,学生们热情高涨。在学校的"司令台"走台时,吸引了校园的很多同学驻足欣赏,赢得阵阵掌声。表演中学生还对出场的各民族文化特点进行解说,观看学生感慨地:"看了表演,听了介绍,我才知道:唢呐是波斯语,从波斯传入的","原来冬不拉是诉说哈萨克民族心声的乐器","各个民族各个地方的文化习俗真得很有意思","那个拿手鼓扮演新疆人的学生表演得很像,热情、幽默"……可以看出,学生们在身心愉悦的表演中了解了中国民族音乐,感知了民族文化,一种对民族文化的自信和一份自豪的情感在他们心中油然而生。学生们在"创·演"中理解美、欣赏美、创造美,更点燃对民族音乐的热爱之情。

在自创自演的过程中,学生对原先陌生且不喜欢的民族音乐逐渐开始熟悉并热衷。在这一转变的过程中,学生对民族音乐、舞蹈等表演艺术的兴趣不断提高,激发和增进了他们对祖国民族传统文化的热爱之情。在这个过程中学生还不断积累了人文知识,提高了人文素养,也更加热爱生活。在民族艺术欣赏与实践活动中,"两纲"教育无痕地融入其中,学生受到潜移默化的教育,达到了"润物细无声"的效果。

【经典课堂】
肢体语言　心灵律动

第二单元《肢体语言　心灵律动——生活中的舞蹈与舞台上的舞蹈》

【课程】　高中艺术

【教材】　选自上海音乐出版社【高中艺术】课本(试用本)

【年级】　高一年级第一学期

【执教】　中光高级中学丁志红

【教材分析】

一、对教材编写意图的理解

本单元通过对比的方式,让学生感受生活中的舞蹈和舞台上的舞蹈给人们带来的不同审美情趣,在体验肢体语言的同时,培养学生对舞蹈的欣赏兴趣,并逐渐提高他们对舞蹈艺术的鉴赏能力。认识舞台上的舞蹈和生活中的舞蹈所体现的不同功能特征,进而让学生探究不同风格、不同形态的舞蹈所具有的文化内涵。

二、对教材的处理说明

教材不是教学的范本,是教学的一种文本。本人以教材为纲,大胆设计,融自己的想法与见解来组织素材。在教学内容的架构与作品的选择上,立足教材的同时,又拓展了教材,最后跳出教材。

本人将书中的两段文字提炼出知识点,抓出生活中的舞蹈的特点(即舞之魅)和舞台上舞蹈的特点(即舞之美),深入开掘教材的人文内涵,提炼本单元与本课的知识点,将内容梳理出一条认知主线:舞之源——舞之魅——舞之美——舞之魂,四个层次,层层递进。使学生在体验中感受舞之魅,在教师的引导下欣赏作品、感受舞之美,开掘人文内涵,教学内容既有艺术能力的培养,又有知识点与人文知识的学习,符合高中艺术课的教育教学目标,内容丰富,线条清晰流畅。

三、教学方法的创新及特色

(一) 精心设计实践活动,让"身动"引领"心动"

1. 关注学生,选择学生最爱的素材

2. 预设有层次的"动"与不同标高的"动"

3. 以师"动"带生"动"

(二) 课堂结尾变"句号"为"问号"

将传统的下课方式——"圆满的句号"变成了"问号",我的问题是"再观《安塞腰鼓》,有何不同?为何现代的摇滚音乐能与黄土高原质朴的舞蹈天衣无缝地结合?",这个问题对高中生有一定的思辨性,能激发他们主动思考与研究、创新、合作的能力,激发学生主动学习。对高中生的学习发展有一定的价值与意义,切合高中生倡导研究型的学习方式。

【学情分析】

一、学生年龄特征分析

高一的学生年龄一般在15—16岁,他们观察力、有意想象力迅速增强,精力充沛、善于思考,具有一定的活动能力,无论是体力或是智力,都处在蓬勃发展的时期。能在比较复杂的学习活动中分配自己的注意力,观察事物也比较精确、深刻、全面。能通过表面现象发现事物的本质。自我意识开始成熟,自我价值观念增强,高中学生的自我意识发展很明显,处处表现出他们的自尊心,自信心很强。

二、学生已知能力分析

新高一的艺术知识与技能较为薄弱,学生歌唱的音准不容乐观,经过测试,每个人班级百分之60—70音不准,每个班级有3—5个学习乐器的学生,艺术作品积累不多,但学生对艺术的学习很有热情,欣赏习惯已经初步养成,在艺术的交流与分享中,他们能够熟练地运用语言来表达自己的思想,比较准确地说明各种问题。

三、学生学习能力分析

学生能运用已经掌握的知识创意在表演中,从课堂艺术实践的表演,可以看出他们的创造想象已占主导地位,特别是通过课外阅读、网上查阅、实验操作和实际观察,他们的研究能力与想象力得到了迅速的发展。在本人的积极引导和培养下,通过课堂的艺术实践、校园艺术实践、和课外适当的艺术探究作业,希望使他们在艺术、文学和科学技术等各种活动中表现出突出的创造才能。故本人在课前给学生布置艺术探究作业和课后研究问题。

【教学目标】

一、体验全身心投入舞蹈律动的快乐,激发对舞蹈的兴趣,增强对生活的热爱之情。

二、在欣赏、模仿、创编、讨论中,体验舞蹈所体现的审美价值,认识合理参与舞蹈活动的价值与意义。

三、了解舞蹈源于生活,又服务于生活;理解舞蹈是表现情感的艺术;能掌握几个舞蹈语汇,对比感受"生活中的舞蹈和舞台上的舞蹈"的不同特征、功能。

【教学重点】

体验"舞蹈源于生活,又服务于生活",感受"生活中的舞蹈"之魅力,欣赏"舞台上的舞蹈"美之所在。

【教学难点】

创编生活中的舞蹈;对比辨析两类舞蹈不同的特征。

【教学过程与步骤】

教 学 过 程

> 舞之源

1. 学生交流探究的问题

问题:"舞蹈源自哪里?"

2. 教师舞蹈片段,师生交流

3. 欣赏舞蹈片段:《雀之灵》《山鹰》

4. 小结:舞蹈是用肢体来抒发、表达情感,传达生产、生活情景行为。舞蹈来源于生活,又服务于生活。

> 说明:通过探究交流、观赏、了解舞蹈来源于生活,又服务于生活。

> 舞之魅

1. 体验秧歌

2. 欣赏《安塞腰鼓》片段

3. 欣赏《校园舞龙舞狮》

师生小结:生活中舞蹈的特征(自发性、广泛性、娱乐性、不求技巧性、注重使用功能、讲究原生态的和谐自然等)

4. 创编"属于自己的舞蹈"

师生小结:生活中舞蹈之魅力(自娱自乐、强身健体、社会交往、修身养性、民俗活动等)

> 说明:通过实践,体验参与其中的快感,感知生活中的舞蹈特征与功能,感受生活中舞之魅所在。

> 舞之美

欣赏《可爱的一朵玫瑰花》片段

设问:1. 演员用肢体语言表达了什么?

2."舞台上的舞蹈"与"生活中的舞蹈"最大的差异是什么?

师生小结:舞台上舞蹈的特征(高于生活的艺术提炼,技艺结合的舞台表现,创意独特的完整结构,富于内涵的肢体中展示人的思想情感,在与音乐、舞美、服饰、戏剧等多重因素的结合中获得更为广阔的表现空间,以鲜明的主题的作品样式给观众审美愉悦。)

> 说明:通过欣赏,感知舞台上舞蹈的特征与功能,在审美中感受舞台上舞之美所在。

师生总结:

一、舞台上的舞蹈与生活中的舞蹈之特点分析:

	艺术舞蹈	生活舞蹈
形式特点	精　美	朴　素
功能特点	审美为主　观赏性强	实用为主　突显功能

二、舞台上的舞蹈与生活中的舞蹈关系

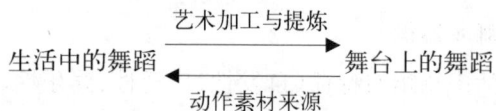

舞之魂

欣赏《画卷》片段

设问:《画卷》的美,美在哪里?

小结:琴声悠扬,水墨浸染,此画卷充满了中国古典艺术的淡雅神韵之美,是中国传统绘画艺术与现代舞蹈文化的完美融合,它向世人展示的是中国文化。

不论是生活中的舞蹈,还是舞台上的舞蹈,它们都以不同艺术形式充分地展示着其久远历史和深厚的民族文化底蕴。民族文化是舞蹈的渊源与灵魂,它是一个民族的血脉。

小结与板书

舞蹈来源于生活,又服务于生活;如何服务于我们?我们要积极参与身边的生活舞蹈,体验参与舞蹈的快乐,感受舞蹈的魅力;生活中的舞蹈经过艺术加工能上升为舞台上的舞蹈,我们欣赏充满艺术美的舞蹈,能带给我们一定的审美价值与审美愉悦,在欣赏之余更多的是感悟到民族文化。板书：舞之源——舞之魅——舞之美——舞之魂

> 说明：拓展欣赏,使学生认识充满艺术美的作品不仅是艺术的形式美,更美的是民族文化,进一步梳理对舞蹈艺术的认识。

拓展学习：

1. 推荐欣赏舞蹈的途径和作品：

CCTV电视舞蹈大赛；中国舞蹈大赛(荷花杯)；上海市艺术舞台上；春晚舞台上的舞蹈；

优秀作品：《命运》、《醉鼓》、《黄土黄》、《水月》、《千手观音》、《吉祥颂》——

2. 探究思考

再观《安塞腰鼓》有何不同？说说现代摇滚音乐与黄土高原质朴的舞蹈能天衣无缝地结合,结合点是什么？

> 说明：旨在引导高中学生积极思考具有一定思辨性的问题,进一步认识到艺术与生命本源的关系,激发对舞蹈、音乐的探究精神与兴趣,深化本节课的人文内涵。

【教学反思】

一节较为成熟的课,需要不断地再备课,本次教学设计内容顺序、知识的架构、音频视频素材全部进行了重新调整,它体现的是自身知识的更新与再认识,更是一次自我超越的尝试。本课知识的架构合理,有效落实了教学的三维目标,把握好教学动静节奏,实现了预设的教学意图。在预设与生成中有不足之处,在反思中也寻找到了解决的策略,同时印入我的脑海中的学生"笑脸"也引发了我的思考：

一、缺乏教学机智

1. 小的失误

课中我有个小的失误,可能大家没有看出,该引导学生总结"生活中的舞

蹈的特征"时,我忘了此环节,我的语言导入到了下一环节——总结"生活中舞蹈的魅力"。我的导语:"生活中的舞蹈能调动那么多的人参与,它的魅力在哪里呢?"结果幻灯片跳出了"特征——'生活中的舞蹈有哪些特征?'",不是"魅力",其实不矛盾,因为有此特征才会有此魅力,我当时反应慢了。如果有机智的话,直接说:"它的魅力就源于它的特征,我们来看看它有何特征?"这是我不够机智和灵活,所以显得这里的语言不够精准。

同时,也让我感到 PPT 有它不灵活的一面,无法根据学生的回答调整顺序,学生的回答很可能不是老师的预设,学生的思路不一定是按照教师的思路,和教师理出的知识点有先后顺序,其实先讲"魅力"也好,"特征"也罢,无妨大碍,应该以学生的回答来总结知识点,这样顺着学生的思路来理清知识点,所以我想了一个办法,下次我不仅用 PPT,我还要用黑板,将知识点的关键词写在黑板上,这样比较灵活,同时还有个优越性,它印在学生眼帘的时间长,PPT 一闪就过,易忘。

2. 一点遗憾

我有个遗憾:为了有好的欣赏效果,我特意想法去买了第三届 CCTV 舞蹈大赛的光碟。选取《可爱的一朵玫瑰花》舞蹈作品,视频很清晰,没想到开课时这个视频的音响小了,使欣赏效果大打折扣,感染人"醉"的程度一下大打了折扣,我当时也意识到了,但怕打断学生的注意力,没有及时穿过学生视线去调音。课后我将此视频加大音量重新制作。以便下次上课能保证有好的音频。

二、注重对学生平日的积累

从学生的"笑脸"可以看出,学生很愿意"动",并且需要"动"的。尽管他们不喜欢传统的"秧歌",但在我的带领下,个个喜笑颜开,体验到了一种参与的快感。例:有个同学嘴里"不喜欢、不喜欢",结果他比谁都跳得欢,还晃着头跳,跳'活'了。他说:"自娱自乐嘛",我说:"哈哈,一句点出了生活中舞蹈的魅力啊"。还有学生脚下走的秧歌步,手上跳的骑马舞的挥鞭(《江南 style》),由此看出,学生是乐于"动"的。但让他们创编,少数可以,大部分"傻了",这与平日学生没有这方面的积累有关,我反思后想出解决的策略:一是每课给学生 3 分钟"动"的时间;二是每班推荐一位会跳、善跳的同学,课前 3 分钟教几个简洁的动作,同学们模仿;三是没有善跳的同学的话,教师可准备最基本的头、手、脚的动作,随音乐律动,培养学生的韵律感,也可放在课的一个知识点结束后,作为放松。如果这样积累一个学期的话,我相信到了下一个学期,再让学生进行创编和听音乐简单即兴创造,学生能体验到创作的快乐。当然,这不是绝对的,得根据学生的情况定。

三、建立良好的课前探究常规

为充分发挥学生的主体性,培养学生的学习能力,针对高中学生的年龄特征,倡导研究性学习,我认为:建立课前的探究是很有必要的。将相关作品的时代背景和作品的内容,人文性的知识,在网上能查到的交给学生去做,学生通过收集、筛选、概括、提炼,加深了内容的记忆,有利于增强对作品的理解,同时锻炼了他们的学习能力,语言表达(大声、大方、自信的表达)。也会根据内容布置有特长的同学准备作品相关内容的表演。

学生探究的内容在课堂上进行交流,同学很愿意听。因为他们是站在他们自己的思维高度来交流,所以很受同学们的欢迎。对到讲台前交流的学生来讲是个很好的锻炼,同时学生在寻找答案时,学会了选择与归纳,内容印象深刻。本课前的探究问题是"舞蹈源自哪里?",高一1共9个探究小组,让我感动的是9个小组都交来了PPT,有的内容赛选得很好,有的将问题进行了拓展,还有不同视角的,内容很丰富,可谓是"百花齐放"。我帮学生提出了修改意见,同时也让我看到了他们的思维与喜好,进一步了解他们,拉近了师生的距离。开阔了师生视野,真是教学相长。探究问题不仅仅是在公开课上出现,我认为更重要的是体现在平时,坚持下来,学生的合作能力、创新能力、表述能力等都会有所提高,所以我提倡应该建立好良好的课前探究常规。

【学有所悟】
"痛并快乐着"

回顾这五年在第三期上海市双名工程音乐学科基地的培养。每每听导师讲课时都"心动",回来后确没"行动"。而现在的我,既有心动,也有行动。每个阶段不断地变化着,这变化不仅来自在本学科的教育教学、科研方面,还有信息技术手段的提高。一次次地开课;一次次地讲座、论坛;一次次特色教材的编写与修改;微课程的学习、微视频的制作与一次次地修改,一次次地聆听专家的讲座……这丰富多彩的课程与多种形式的艺术实践,丰厚了我的艺术实践积累,促进了我的教育教学,提高了教育教学与科研能力,还激发了我对艺术新教材的钻研兴趣,更引发了我对艺术、文学、英语、信息等学科的学习热情,并通过阅读中文与英文书籍,体验到了一种阅读的快乐,这是我收获最大之处,更可贵的是,我逐渐进入了自觉学习状态,一种思想与行为上的变化,让已进入"高原期"的我,发生了自己也没有想到的一种超越,一种"思"与"行"上的超越。

收获是喜悦的,但超越的过程是痛苦的。在职工作中参加长期培训是辛苦的,学习中有汗水、泪水、委屈、气馁……这个学习的过程是不断挑战自我与超越的一个过程,在导师不断地激励和同伴的关心下,一路艰辛地坚持前行至今,回看自己的专业成长之路时,真是"痛并快乐着"! 同时又感叹能有今天自身的提升是多么幸运!

第十五章　心态决定状态
信念成就梦想

教师介绍

史莉莉，1975年12月生，中国音乐学院优秀毕业生，中共党员，研究生学历，上海市特级教师。

现任教于上海市徐汇中学，系上海市徐汇区音乐学科带头人，被聘为教育部优课评审专家、长三角基础教育艺术学科专家、上海市中青年教学评比艺术学科评审专家、上海市高级教师职称评审专家、上海市高级教师职称评审论文鉴定评审专家、上海市高中音乐教师资格证面试官等，兼任上海音乐家协会民族管弦乐专业委员会副会长，上海市优秀青年教师联谊会常务理事，中国音乐学院上海校友会秘书长，2012年入选上海市名师培养工程。曾荣获全国艺术教育先进个人，上海市"新长征突击手"，上海音乐家协会"特别荣誉奖"、"突出贡献奖"，上海市徐汇区教育系统行政奖励"记功"等。

曾获第五届全国中小学音乐教师基本功比赛中学组一等奖等五十多个专业技能教学指导奖项；全国艺术课程优秀艺术课评比一等奖等国家级、市区课堂教学与教科研成果奖三十多项，多篇论文发表于核心期刊，出版的个人学术专著《清新芬芳的艺术教学》入选《中国基础教育文库》。所带学生艺术团队曾获中央电视台音乐频道"魅力校园"新春民族音乐会金奖；长三角地区民族乐团展演"优秀民族展演创新奖"、"最佳演奏奖"；上海市中小学生艺术展演一等奖；首届"和谐校园杯"全国校园文化成果大展赛金奖；第六届全国儿童艺术展演一等奖等。

成长叙事

我们常常感叹人生苦短，如何在短暂的人生中，将自己的才能发挥到最佳状态呢？一个人的心态决定他的生活状态、工作状态，怎样才能有一个好心态，活出生活的最佳状态呢？

一、心态决定状态

"夫至人者，上窥青天，下潜黄泉，挥斥八极，神气不变。"这是《庄子》中揭示过的一个朴素而玄妙的道理，意思就是人世间真正高明的人，向上可以看透苍天，向下可以看清黄泉，世界万象了然于心，在任何时刻都可以神色不变，气定神闲。一个人做事做得好，要有一个好的心态。一个人的心态决定了自己的工作状态、生活状态。从某种意义上说，我们的人生就是在不断地寻找和调整自己最佳的工作、生活状态。

忘我的境界

在做事的时候要有一种忘我的境界。人一旦定好了目标，在实现目标的过程中自己的内心要真正安静下来，有杂念就有可能做不好。

忘我的境界就是做事时要忘记利益、忘记名誉、忘记自我，这是一种工作态度，也是我的职业状态。

忘我的境界源自自信实力，实力来自勤奋。勤奋了就会有好心态。

我是2014年评上海市特级教师的。通过评审，我体会到心态的重要。在整个评审的面试、答辩、专家听课过程中，我始终抱着学习的态度，没有过多想评审的结果，只是想在有限的时间里，怎样有最好的状态。记得在市里最后一轮答辩时我的最后一句话是：今天有些紧张，回答不妥还请各位专家多批评。一位专家笑着说，我看你一点也不紧张嘛！

有胆识有自信

做事时如果患得患失、心存顾虑，那经验和技巧都不可能得到最好的发挥。心态决定状态！如果一个人既有胆识又自信，而且工作中又能抛开杂念，进入忘我境界，那他做什么事都能最佳发挥。记得2008年我获得徐汇区和上海市中学音乐教师基本功大赛全能一等奖第一名，并接到市教研室的通知，代表上海参加全国中学音乐教师基本功大赛，由于全国比赛音乐综合素质理论笔试，采用的是全国教材,而上海市教材与全国教材不同,这无疑增大比赛的难度。仅欣赏曲目一项,需要熟悉的曲目就超过 2 000 多首,此外还要熟悉从小学到高中的 24 册音乐教材内容和 24 册教师用书内容,我除了要完成教学任务,还要参加市骨干教师德育实训基地的培训,又要训练带领学生参加民乐展演、比赛,下班后家里当时还有未满周岁的儿子。由于身体疲劳,导致免疫力下降,以至患上了带状疱疹。尽管肩胸部神经疼痛难忍,但自身的训练却一天也没停止。2008 年 11 月,我代表上海市参加了由国家教育部体育卫生与艺术教育司组织的第五届全国中小学音乐教师基本功比赛。比赛在江西南昌举行,我的身体当时很奇怪,坐飞机吐、坐车吐、一吃饭就吐,面对如此的磨难,我静心以对,"最后的竞赛,不在于勇猛,不在于技巧,而在于战胜自我"。有杂念就有可能做不好,关键让自己的内心要真正安静下来,患得患失是不可能得到最好的发挥的。虽然身体状态不是很佳,但我去掉尽力将声乐、钢琴、二胡、指挥、即兴弹唱一项一项尽情地展现,用情歌唱、用情演奏指挥,经过 3 天六个专场的比赛,获得了全国中学组全能一等奖。记得当时我们区教研员,一直陪在我的身边,颁奖的那天,教研员提醒我说:"莉莉,今晚领奖,你就穿指挥的那件红西装,从几天的比赛状态来看,我预感你一定能拿回全国一等奖。"果如她所言。

二、信念成就梦想

从学生时代起,我就坚信,每做一件事只要认真,只要勤奋,只要坚持,就一定能做好。我立志当一名优秀的音乐教师。

多年来我用心学习、用心讲课、用心研究、用心爱学生,坚持、坚持、再坚持,信念成就了我当一名特级教师的梦想。

成就梦想靠坚强的信念,坚强的信念来自爱,爱给人力量,给人灵感,给人智慧,让人对生活工作充满激情。我热爱艺术教育,虽然我曾获得江苏省十大歌星称号,但我放弃了当演员的机会,把全部的热情和真情,奉献给了艺术教育。

为了实现心中的梦想,我努力夯实理论底蕴,积淀功力。我勤奋学习,先后考入北师大、中国音乐学院,系统地、综合地学习了音乐教育教学理论。在职期间,参加了上海音乐学院研究生课程班的学习,江苏省基础教育新课程教师省级培训,江苏省中小学骨干教师省级培训,南通市基础教育新课程教师市级培训,南通市中学骨干教师市级培训,为了提高自己的乐团管理能力,还专门参加了中共中央党校研究生院管理专业研究生学习。每一次学习，我都是认真地勤奋地忘我地学习。通过专家面试，还参加上海市骨干教师德育实训基地培训，上海市优青后备，入选上海市名师培养工程音乐学科基地学习，虽然工作繁忙，还是克服种种困难参加，因为在我心中一直有一个信念：依靠学习，才能走向优秀，走向卓越，走向未来。在工作中，我处处做有心人，多实践，多探索，多反思，多总结，多创新、多积累。逐步形成自己的风格和特色。当然，教学风格和特色的形成和丰富会贯穿整个教师职业生涯，但这个过程本身也是一个成长的过程。要多交流，学校和自己都要寻找、创造机会走出去，请进来，校内、校外、组内、组外、不同学科间都可以进行交流、研讨。在交流、研讨中学习、提升，产生思想碰撞。这一点我从三方面谈谈自己的体会与大家分享。

第一方面，我追求"真情润育"的教学风格。在带教青年教师过程中我发现常有技能与审美的割裂、教学方式过程的形式化、盲目依赖使用多媒体上课形式、过分强调"文化"而忽略了艺术本身。艺术教学就是要让人永远真实，充满情感，懂得爱，尊重伦理，有社会责任感，变成有血有肉有情感有趣的人。在教学中，我追求让学生在情感的浸润中，通过多层次艺术活动的交叉与融合，塑造健全人格，使学生获得艺术能力和人文素养的整合发展。高中艺术课既强调审美性与实践性的结合，又强调综合性和人文性的体现。（培养孩子们的审美能力，能有助于他们形成高尚情操，愉悦精神，美化心灵和启迪智慧，将会使他们的生活，他们的人生，获得更多的幸福，达到更高的境界）

我在教学中：

一是追求教学中用真情打动学生。没有情感就没有艺术，艺术是美好心灵的流露，要发出激动心弦之声，需要扎实的基本功才能表达。我用真情在课堂教学中演绎作品，或唱、或奏，体现艺术的美，展现艺术的魅力，学生在情感的浸润中，激发起学习兴趣，把艺术课当作最喜爱的课程，我对本人的教学基本功特别重视。

二是以学生发展为本，改变传统的学习方式，克服教育中纯专业技能的传授和纯知识的灌输，把知识与技能的教学融入学生的实践活动中。

三是围绕人文主题，通过人文精神的自然贯穿，进行深度的开掘。我把教学内容、学习活动与学生艺术学习的实际需求结合起来，设计能激发学生探究兴趣的人文主题，进行模拟艺术实践活动或主题表演活动。我善于创设情境、营造氛围、通过对话式、探究式学习，从而让学生孕育出真情。

2014年6月20日作为市名师基地的学员代表赴贵州省上《音乐中的情感抒发》展示课,通过自己演唱演奏激发学生情感,在教学设计中追求人文精神自然贯穿,通过中国民族音乐大师、著名二胡演奏家闵慧芬音乐人生集锦,呈现了当代艺术家"战胜病魔、执着追求",为弘扬祖国民族音乐而呕心沥血的感人情景,师生们沉浸在浓浓的情感体验中,使上海教师与贵阳师生在情感上产生强烈的共鸣,懂得用音乐要素表达健康情感。

2012年4月我作为市艺术骨干教师的代表赴兰州执教展示课《戏剧传情演绎人生》围绕人文主题深度开掘。通过话剧《茶馆》精彩片断的欣赏模仿,实现了人文内容与知识技能的有机融合。学生感受到了做人的真谛,又在表演中快乐地学习了戏剧表演的知识和技能。学生自编自演的"酒驾入刑"微型戏剧,让学生在表演中受到了强烈的生命教育。几组学生用真情的艺术表演体现出"尊重生命,珍惜生命"的真谛,感动了在座的两百多名甘肃省及上海市的艺术教育同行,获得连连掌声。

作为区高中艺术教学备课组长,我在执教的高三艺术课教学展示中,把原教材美国灾难片《龙卷风》换成了反映中国人情感的动人影片《唐山大地震》,一场7.8级大地震将唐山在23秒之内变成一片废墟。一个年轻的母亲在面对两个孩子只能救一个的绝境下无奈选择了牺牲姐姐而救弟弟,这个决定改变了整个家庭的命运,让幸存者陷入一个震后32年的情感困境。我把课题改为《面对灾难》,教学中通过影片片段画面中景别及其作用的探究赏析,情感力量真正传到学生心灵的深处。

第二方面,示范引领,辐射育人。我探索创新的教学风格,先后在市内外开花结果。在本市区、外省市取得了显著的教学效果,先后在徐汇区范式工程"推优课"中,在上海市教师全员培训中,在上海市"两纲"教学中,在上海市名师基地教学展示上,在市骨干教师德育实训基地教学展示上,在上海市艺术课程教材培训中多次上示范展示课。培养了一批年轻的骨干教师,带教的上师大、华师大多名实习生获得了全国教案课件设计大赛一等奖。如指导的青年教师朱琦、史历程,如今已成为徐汇区青少年活动中心的骨干。本人多次在国际、国内重大活动研讨会中展示成果:受邀在全国中小学器乐教学研讨会上我与学生一起展示演奏二胡;国际交流活动中,本人在马来西亚"丝弦华韵"民乐发展交流研讨会上作专题发言;在上海市教委组织的校园男子汉专场演出中,我指导的乐团,不但作为演出单位参演,本人还是三场演出的总撰稿人,并受邀为全国校园春节联欢晚会主创人员等。

第三方面,弘扬民族文化,推动民族音乐发展。作为上海音乐家协会民族管弦乐专业委员会副会长,我与专家们一起策划、组织开展各项民乐活动:长三角地区优秀民乐团队的邀请赛、全市民乐指挥、作曲培训班等。(我还负责民管会的财务工作等,也许有老师觉得参加音乐家协会公益活动,是不是浪费大量的精力时间,其实不然,在组织活动中,能提升自己的专业水准,在协会中认识许多上海乃至全国德艺双馨的艺术专家,这可是学习的最好的课堂)

我立足本校教学实际,编写了《民乐》校本教材,由华东理工大学出版社出版。我在教学中,十分注重培养学生的学习兴趣,选择学生喜爱的作品,根据学生的能力改编创编;设计的"创造性重复"方法,培养学生真情表达,取得显著的成效,获得长三角地区民族乐团展演(唯一)的优秀民族创新奖。在乐团建设中坚持自己指挥指导,所有的获奖节目没有一个是请专家指挥的。平时注重研究学生的学习方法,师生平等对话,学生在探究、反思、自我评价中,整体乐感提升特别快。2014 年 6 月 20 日,我指导的初中学生参加在崇明举行的长三角地区优秀团队邀请赛,与华师大民乐团、浙江省文化馆民乐团等其他 12 支成人团队一起比赛,虽然因为我有公开课任务,没能现场指挥,作为唯一一个中学生参赛队,学生们在没有老师指挥的情况下,用动情的音乐打动了在场所有的评委,获得金奖(这次活动中有一半学生是进校不到一年预初一的新生)。改编的《西域放牧》得到此首作品作曲家上海音乐家协会副主席徐景新的肯定。

作为市教研室艺术学科课题中心组成员,本人参加了市教研室主持的市级课题"中学艺术学科育人价值"的研究,领衔进行了《学校音乐教育与社会大课堂联通的教学案例研究》的结题报告。社会是艺术实践的大舞台,利用社区平台,央视展台、国际舞台,学生走进社会,在实践中育人。

民乐团的演出交流活动经常在双休日、寒暑假举行,近 10 年来我放弃自己大量的休息时间,校民乐团也在我的精心指导下,参加许多实践活动,经常与专家等同台演出。2011 至 2014 年春节连续在中央电视台音乐频道新春民族音乐会和中国教育电视台全国校园春节联欢晚会中获三次金奖等。在录制中央电视台音乐频道的新春民族器乐音乐会上,中国民族管弦乐学会秘书长郭一听了我指挥的民乐团演奏的《雪莲花》(获金奖)夸奖说:"真没想到上海的初中学生能演奏得如此动情细腻感人"。

我指导学生尽管获了许多奖,但这并不是我艺术教育的目的,学生的艺术能力和人文素养的整体发展才是我在艺术教育中所追求的。平时教学中,指导学生学会化妆、自己设计服装、自己管理乐器、如何与团员相处等,每次举办大型民乐活动,学生自己管理自己,外出演出我带上两名搬乐器男助工和学生就出发了,学生的能力也在这过程中得到提升。

令我自豪的是,2011年我指导的校民乐团受邀参加由教育部组织的中国学生代表团,赴意大利参加由中国和意大利政府主办的中意文化年演出,这是教育部邀请的全国唯一的中学生民乐团。我们的学生在活动中表现出的包括艺术水准和礼仪品行等各方面良好的素质,受到教育部领导的高度赞誉,为此,2013年8月民乐团再次受邀参加教育部组织的中国学生代表团赴匈牙利的演出。

为了实现心中的梦想,我认真上好每一节课,坚实地走好每一步,用自己的恒心和毅力去完成既定的目标。在成长的路上,我将自己每一天的学习、工作、生活都和心中的梦想紧紧地联系在一起,不断储备职业生涯发展能力,不断发挥自己的优势。我想:只有肯为自己的梦想和抱负买单的人,个体的人生价值才能绽放绚丽的华章。

美好的事物总是令人神往,美好的梦想承载着理想,寄托着期望,昭示着未来;美好的梦想描绘了人生的目标,指引了前行的方向,充满了奋斗的激情,激发出澎湃的活力。梦想成真,要靠自己不懈的努力汇聚成长的力量。我们要将本职岗位作为自己人生的梦想舞台,以坚定的信念,踏实的作风,昂扬的斗志,将个人的成长融入强国梦的伟大实践中。

【且行且思】
学校音乐教育与社会大课堂联通的教学案例研究

[报告摘要]

"为了每一个学生的终身发展"是教育的核心价值所在。学校艺术教育必须始终坚持育人为本。要培养一代新人,必须开放办学"聚众合力",学校和社会合作"发挥合力",实现学校教育和社会大课堂的联通,加强学校教育和社会教育的有机互动、衔接和整合,架起学校教育和社会教育合作育人的桥梁。本课题在研究中通过调查分析、案例研究、整理筛选、实践研究、实践反思、总结提炼等方式对社会资源进行整合利用。引导学生走进社会大课堂,积极参加丰富多彩的社会艺术实践活动,在社会实践中,陶冶情操,培养能力,提升素质,实现了学校音乐教育与社会大课堂的有效联通,学校和社会合作成了共育人才的"纽带"。整个实践研究的过程、方法、思考,从合作育人的角度对学校音乐教育如何实现与社会大课堂的联通,引导学生参加社会艺术实践活动提供借鉴和帮助。

[关键词]

学校音乐教育　社会大课堂　社会资源　社会实践

[正文]

一、课题研究的背景

(一)学校音乐教育的现状调查

学校音乐教育首要和根本的目标是培养具有高尚品格、全面发展的人。学校音乐的价值一是审美育人,二是传承文化。在目前学校音乐教育中却存在着与育人为本的美育目标相悖的现状。民族音乐文化的观念未能在音乐教育的指导思想和实际的教材中得到基础性和系统性的体现。有些学生在一起,不以谈论音乐为自豪,仅以知道歌星的身世甚至嗜好为时髦。听古典音乐是老师要求的,而听流行音乐则是他们的自发行为。

音乐文化传承的现状。文化传承和面向全体学生也是学校音乐教育的主要目标。音乐是文化的一部分,因此,学校音乐教育是传承音乐及其相关文化的重要场所。民族音乐文化的学习是学生音乐素养发展的重要组成部分,而现在不少学生长期疏远民族音乐,对民族音乐的欣赏知识知之甚少,欣赏水准大大降低,更谈不上唱家乡歌,演奏家乡曲。

学校音乐教学的现状。学校音乐教学依然是封闭式教学为主,教师的教学方式和学生的学习方式也影响了学生的全面发展。音乐教学不是真正以学生为本,以学生的音乐需要为本,脱离社会生活,脱离学生的音乐生活,无法让他们感受到音乐就在身边,音乐无处不在,音乐与自己关系甚大。贴近生活、贴近社会的音乐作品,学生接触得太少了。

(二) 国际音乐教育的发展动态与趋势

(1) 音乐教育作为一种文化教育——多元化与本土化的结合

(2) 音乐教育作为一种生活教育——现代技术的运用

(3) 音乐教育作为一种生命教育——以人为本与终身教育相结合

(4) 音乐教育作为一种未来教育——和谐与发展的需求

(三) 课题研究的理论意义和现实意义

成功的音乐教育不仅在学校的课堂上进行,而且也应在社会的大环境中进行。面对学校音乐教育的现状,根据社会大课堂活动研究的趋势,我们认为学校音乐教育要打开校门,把学校小课堂与社会大课堂有效结合,让学生在社会环境中互动,以培养完善的人为根本目标,让学生在社会大课堂中吸取更多营养,可以起到学校音乐教育难以替代的作用。社会课程内容非常丰富,贴近学生生活,我们要充分发挥社会大课堂的优势,关注学生能力培养,引导学生积极参与丰富多彩的社区音乐教育活动和社会音乐实践活动,组织学生在社会大课堂中锻炼成长。育人为本的教育思想要求学校音乐教育必须与社会大课堂联通,校内校外联动,合作互补,合力育人。

基于上述分析,本着"合力建设、成果共享、服务学生"的原则,本课程拟对学校音乐教育与社会大课堂联通的教学案例进行探索与研究,着力利用丰富的音乐资源优势,挖掘课程和社会两个音乐资源,牵动学校和社会两个力量,营造全社会共同育人的教育环境。

二、课题研究的思路

(一) 课题研究的内容

理论研究

1. 学校音乐教育与社会大课堂联通的现状调查研究

2. 社会大课堂育人价值的理论研究

实践研究

1. 学校音乐教育课堂教学策略及案例研究

2. 社会大课堂活动策略及案例研究

3. 音乐教育课程资源的整合利用

4. 社会大课堂活动的经验及做法

（二）课题研究的目标

联通学校课堂和社会大课堂育人渠道，融入各级各类校园艺术、社区实践、社会艺术活动，促进学校艺术教育和社会大课堂的联通、联动。

1. 着力让学生在实践体验中陶冶情操、提升素质、培养能力。
2. 培养学生的审美体验。
3. 加强学生的群体精神及合作能力。
4. 增强学生学习音乐的兴趣。
5. 丰富学生的社会文化生活。
6. 发展学生的音乐个性。

（三）课题研究的主要方法

1. 理论研究
2. 实践研究
3. 案例研究

（四）课题研究的过程

1. 第一阶段：课题研究前期准备
2. 第二阶段：理论研究

（1）学校音乐教育与社会大课堂联通的现状调查研究

1）学校音乐教育与审美育人相悖的现状；

2）学校音乐文化传承的现状；

3）音乐教学的现状。

（2）社会大课堂育人价值的理论研究

（3）撰写开题报告

（4）中期课题交流

（5）课题研究汇报

3. 第三阶段：实践研究

社会大课堂活动实践和活动案例研究：

（1）音乐教育课程资源的整合利用

（2）编写民乐校本教材

（3）学校音乐教育课堂教学策略及案例研究

（4）社会大课堂活动策略及案例研究

4. 第四阶段：课题总结和展示

三、课题研究的成效与成果

研究成效：学校音乐教育与社会大课堂联通的研究策略与案例分析。

(一) 丰富学校音乐文化，实现社会资源课程化

1. 开发校内课程资源

本课题倡导这样一种校内课程资源利用的理念：教师、学生利用课堂教学资源，吸收校外教学资源(社会资源、家庭资源、媒体资源等)并将之内化整合，通过课堂这一平台交流、研讨并发展、升华。教师可以利用学生资源并通过每堂音乐课不断提升、蜕变，完成"教"与"学"全过程。

2. 开发校外课程资源

(1) 开发家庭教育资源

(2) 开发媒体教育资源

(3) 开发社区教育资源

(二) 编写民乐校本教材

在课题的引领下，我们经过多方面的论证，开发了民乐校本课程，编写了民乐校本教材。民乐校本教材内容分为五个版块：民族器乐赏析、五线谱常识、视唱与试奏、民歌学唱与创编伴奏、民乐合奏。

(三) 建设民乐团，培育民族音乐的土壤

徐汇中学民乐团由1993年成立时的小乐队扩展到如今有六十多名成员的区学生艺术团分团，乐器种类从几种增加到二十多种，演奏形式从独奏、齐奏发展到重奏、合奏。民乐教学日渐普及，学生的演奏水平明显提高，有些学生的演奏已颇具水平。学校民乐团由主管校长直接抓艺术教育工作，分管教导负责日常事务。民乐团配备了专职的指导老师，并成立了教师民乐工作室，定期研究民乐团各项工作。为使学生有艺术学习的场地，学校辟出近200平方米的场地建成民乐工作室，并配有钢琴、音乐资料、民乐教学资料和电教设备，学校还投入了大量的财力，保证民乐团的服装、乐器添置。因为民乐团乐器多、声部多，为了抓好乐队声部排练，学校与区青少年活动中心合作，由区青少年活动中心委派专业老师来学校进行分声部指导。为民乐团整体水平提高提供了保证。此外，知名教授、指挥家、教育家和文艺团体专业人员亲临指导更为构建民乐文化实施多彩

发展教育提供了坚实的师资保证。上海音乐学院夏飞云、王永德、朱小谷教授，上海民乐团指挥团长王甫建，上海市音乐家协会民族管弦乐专业委员会周成龙会长、傅沛华、彭正元副会长，上海市民乐特级教师曹建辉老师等都亲自来我校指导过民乐教学，经常聘请老一辈艺术家来校作讲座等，从广度上普及学校艺术教育。

在普及民乐艺术的同时，注重提高学生的演艺才华，发展学生的艺术特长。徐汇中学民乐团应邀连续参加了四届"长三角"地区民族乐团展演，分别获"展演奖"、"新秀奖"、"优秀团队奖"、"最佳演出奖"；多次获徐汇区中小学民乐比赛一等奖；参加"世博情韵"上海市青少年特色乐队展演获"风采奖"；参加第三届全国中小学艺术展演上海市民乐专场活动获一等奖；参加"2011魅力校园新春音乐会"演奏的《雪莲花》获全国金奖，并于2011年4月7日在中央电视台音乐频道播出等。经过几年的努力，徐汇中学民乐团已崭露头角。民乐团从学校舞台走向了社会舞台，在上海大剧院、沪东工人文化宫、交大礼堂、徐汇影剧院等舞台上都留下了徐汇中学民乐团动听的旋律，在连续四届长三角地区民乐团比赛和展演中，民乐团精湛的演技博得了阵阵赞叹。徐汇中学民乐团在与韩国、日本等多个国家和香港等地区的学生代表团交流会演中，同学们以精彩的表演展示了徐汇中学民乐团的风采。为传播中华民族文化，增进和平友谊，加强友好往来作出了一定的贡献。

(四) 社会大课堂活动策略及活动案例研究

1. 案例一：走向社区，服务社区

(1) 活动内容：

1) 参加第十二届中国上海国际艺术节系列活动之"敦煌情，雅乐新韵"——民乐专场音乐会暨2010徐汇区金秋民乐节开幕式，表演节目：民乐合奏《节日赛马》。

2) 参加第十二届中国上海国际艺术节第三届"浦东洋泾杯"长三角地区社区优秀民乐团队邀请赛，表演节目《雪莲花》（指定曲目），《雨过天晴》（自选曲目）。

(2) 活动过程：

活动一：敦煌情，雅乐新韵——民乐专场音乐会暨2010徐汇区金秋民乐节开幕式开幕式由中国民乐名家、少数民族演奏家、长三角及社区民乐团队一起登台演出,以多种形式融合多种器乐门类、融文化、传统与现代为一体,突出民族器乐文化特色和气势磅礴的民族音乐魅力。民乐节上,师生们欣赏了民乐系列活动:

徐汇中学民乐团应邀参加徐汇民乐节开幕式表演

- "名家奏倪琴中国古琴演奏会"
- "和弦世博"徐汇区优秀民乐展演
- "民族音乐走进社区专场音乐会"
- "敦煌情、雅韵竹成"——钱军笛子专场音乐会暨2010徐汇区金秋民乐节闭幕式

活动二:第三届"浦东洋泾杯"长三角地区社区优秀民乐团队邀请赛

参赛单位:浦东新区陆家嘴社区民乐队等17个单位

指定曲目:《凉山春》、《雪莲花》、《高山青》

活动三:校民乐团赴紫薇幼儿园,为幼儿园小朋友演奏,并介绍二胡、琵琶、中阮等中国民族乐器。

(3)活动的经验及做法:

- 走进社区,收获了自信,提高了技艺

参加"浦东洋泾杯"长三角地区社区优秀民乐团队邀请赛,一是要求高,二是难度大。本次邀请赛是高规格的民乐团比赛活动,参赛单位均获得过"2006—2009上海市音协民族管弦乐专业委员会优秀团队"称号。参赛曲目均为作曲家指定的统一作品。17个民乐团队中只有2个学生民乐团,说实话,要与优秀的成人团队比赛,心中还真没把握。同学们也显得有些忧虑,生怕赛不好,老师便鼓励大家:"同学们,社区是我们学习实践的大课堂,在那里你们会大有作为的,带上你们的快乐,带上你们的自信,带上你们的才艺,到社会大舞台上去纵情欢奏吧,让社区居民领略我们的民乐艺术风采"。

徐汇中学民乐团应邀参加"浦东洋泾杯"长三角地区社区优秀民乐团队邀请赛

- 弘扬民族音乐,传承民族文化

参加"敦煌情、雅乐新韵"民乐专场音乐会系列活动之三:"民族音乐走进社区专场音乐会",同学们走进民族音乐宣传基地,同社区居民联欢,与社会互动,给居民送去快乐,送去温馨,为促进社区和谐,亲密人际关系作出了贡献。

- 开阔艺术视野,提升了人文素养

参加"敦煌情、雅乐新韵"民乐专场音乐会系列活动之一:"名家奏倪琴中国古琴演奏会",欣赏了各流派的一流古琴演奏家的演奏,无论琴德还是人文品德无不令同学们敬仰。通过聆听古琴演奏会同学们领略到古琴清、和、淡、雅的音乐品格及名家的文人傲骨。

- 服务社区,推动社区民乐艺术的交流

参加了"敦煌情、雅乐新韵"民乐专场音乐会系列活动之二:"和弦世博"徐汇区优秀民乐展演。同学们看到了区、街道的优秀民乐团队汇集在一起,社区民乐人才济济,他们充满自信:"你行我也行,重在参与,快乐每一天。"音乐给社区居民带来了生活的快乐。他们自排、自演了一批群众喜闻乐见、善闻乐听的明月小品乐曲,活跃社区居民的文化生活,以自己的独特方式为广大社区居民文化生活增添色彩与欢乐。

- 走进艺术家,与艺术家同台演奏

参加了"敦煌情、雅韵竹成"活动,同学们欣赏了青年演奏家钱军的笛子专场。他的演奏技术纯熟、音乐圆润、节奏鲜明、情感充沛,深受同学们的喜爱。

2. 案例二:师生同展演,展示民乐风采

(1) 活动内容及过程:

丝竹传情,扬子江畔品雅韵;馨鼓迎春,港城乐坛聚知音。2010年新年伊始,第六届"长三角"地区民族乐团展演在江苏泰州高港区成功举行。近40支民乐队、1 400多人参加了两天的展演,徐汇中学民乐团的学生们在史莉莉老师的指挥带领下,以精彩的演奏赢得了观众热烈的掌声,在《雨过天晴》的表演中,史老师更是以独特的指挥形式调动了全场观众的激情互动,师生同展演获得了专

徐汇中学民乐团应邀参加第六届长三角地区民族乐团展演获最佳演出奖

家的一致好评,展演荣膺"最佳演出奖"。团员们在此期间欣赏了民乐传统经典作品,开阔艺术眼界,在民乐文化熏陶中,受到了民族精神和爱国主义精神教育。

此次展演还设了专家论坛,一批民乐泰斗、包括海外学者在此开坛论道传经送宝。参演乐团中不仅有来自上海音乐学院等高等学府的乐团,还有来自社会、业余、专业的多方乐团,也有来自大中小学和青少年宫、文化馆、宗教音乐团体等专业和业余乐团,更有被列入国家非物质文化遗产名录的乐种,如上海松江的十锦细锣鼓、浙江绍兴的浦江乱弹等也纷纷亮相,以展示华夏音乐文化的深厚底蕴。

"长三角"地区民族乐团展演活动自2004年开始,由上海音乐家协会、上海音乐学院牵头,在闵惠芬、王永德等一批热心于民族音乐事业的专家的倡导关心下,至今已成功举办了六届。旨在展现民族音乐的独特魅力,传播优秀的中华文明。徐汇中学民乐团之前已有幸应邀连续参加了3届,曾获得"展演奖"、"新秀奖"、"优秀团队奖"。

活动期间,团员们还参观了梅兰芳纪念馆,梅兰芳是我国著名的京剧大师,他的艺术造诣和人格魅力令团员们赞誉不已。

(2) 活动的经验及做法:

在本次活动中,师生同展演,展示了民乐风采。学生通过亲身感受和体验,欣赏了民乐传统经典作品,感受了中国传统器乐的悠久传承和独特魅力。拓宽了音乐时空,开阔了艺术视野。领略了民族文化的璀璨光辉,体验了民族文化蕴含的民族精神底蕴。在民乐文化的熏陶中,学生聆听经典,感受经典,传承经典,受到了强烈的民族精神和爱国主义精神的教育,有效地促进了我国优秀民族音乐的传承和发展,民族情感之花在学生心中生根。

3. 案例三:走出校门,走向中央电视台

(1) 活动内容及过程:

2011年1月23日,校民乐团演奏的合奏《雪莲花》在教育部关心下一代委员会、中国教育学会、中国教育电视协会、中国文学艺术基金会、全国校园春节联欢晚会组委会联合举办的"和谐乐章"2011魅力校园新春音乐会中,博得了阵阵赞叹,喜获金奖,并作为优秀单位被选送赴中央电视台参加录制演出,在中央电视台音乐频道播出。随后,徐汇区教育网、上海市德育网等网站相继作了报道。

徐汇中学民乐团应邀参加魅力校园新春音乐会获金奖并在中央电视台播出

(2) 活动的经验及做法：

1) 民族音乐进校园，培养民族音乐人才。

民乐是徐汇中学的艺术课程特色品牌之一，学校积极开发和建设民乐校本课程，编写民乐校本教材，让民乐走进校园，走进课堂，走进学生们的心中。举行校园民乐活动、民歌比赛、民乐竞赛、独奏、普及性乐器比赛、民乐知识竞赛等，举行音乐节和综合文艺会演。建设民乐团，通过民乐团的训练，培养学生的民族精神，强化合作意识，磨炼学生坚忍不拔的毅力，提高演艺才华，发展艺术特长，民乐团从无到有，从有到精，从精到新，在区、市、国家级比赛中屡次获奖。

2) 打开校门，带领学生走进社会大舞台。

徐汇中学民乐团在央视的精彩演出，与在社会大课堂中的锻炼成长密不可分。在参加央视演出前，社会大课堂主动服务学生，为学生提供了空间广阔的社会大舞台，满足学生社会实践活动的需要。在社会大课堂里，同学们参与了丰富多彩的艺术实践活动；在社会大环境中，同学们与艺术家互动，面对面交流，在实践体验中陶冶情操，提高了素质，培养了能力，展示了才华，点燃了梦想，学校社会大联通，合作互补共育人。

3) 学校、家庭、社会共同营造民族音乐的浓郁氛围。

徐汇中学民乐团是在浓郁的民族音乐氛围中成长和发展的，营造民族音乐的浓郁氛围包括学校、家庭、社会三个方面。在学校方面，开展音乐教育多选用民族音乐和具有地域特色的音乐，对学生加强民族情感的教育。例如：举办民族音乐知识和作品的讲座，组建民乐团，举办民族音乐演出活动等。在家庭方面，父母支持鼓励子女学民歌演唱、民乐演奏，让他们多接触民族音乐。在社会方面，通过电视、网络等媒体和文艺活动传播民族音乐是一个非常好的渠道。2011魅力校园新春音乐会就在社会上营造了良好的民族音乐氛围。通过举办竞赛和媒体的传播，成为学校和社会关注的焦点，是传承、推动、发展民族音乐的有效手段。

4. 案例四：出访马来西亚，开展文化交流

（1）活动内容及过程：

2010年6月7日至12日，"丝弦华韵"中马青少年民族乐团发展交流研讨会在马来西亚槟城拉开帷幕，来自中国华东地区校外艺术教育15个单位32人组成考察团在中国二胡协会副会长上海音乐学院王永德教授的带领下赴槟城出席并参与研讨交流，研讨后大家观摩了2010年"春蕾"马来西亚全国中学生华乐合奏比赛和王永德教授二胡工作室巡演音乐会——二胡群英会示范演出。

6月8日上午，马来西亚北马华乐协会、艺演爱乐协会邀中国华东地区校外艺术教育专家在槟城槟州大会堂举办"丝弦华韵"中马青少年民族乐团发展交流研讨会。在上海音乐学院王永德教授的主持下，杨浦区少年宫副主任音乐特级教师曹建辉、江苏吴江市青少年科技文化活动中心主任沈新元、江苏省如皋新空间集团总裁曹建国、马来西亚艺演华乐团指挥林顺丽以及马来西亚国民型华文中学校长理事会副主席吴文宝、徐汇中学民乐指挥史莉莉分别做专题发言。

下午，中国华东地区校外艺术教育赴马考察团一行32人在槟州大会堂观摩了"春蕾"马来西亚全国中学生华乐专场比赛。马来西亚的学生华乐团演奏水平、舞台表现力以及相互协作的能力给大家留下了深刻的印象。从迁场到指挥完全由学生自己担任，每支参赛队都具备拉弦、弹拨、吹管、打击乐声部，乐队编制相当齐全。令大家震撼的是，观众席上近两千名学生的掌声以及欢呼声充分体现了对民族音乐的热爱、执着与追求。

晚上，全体师生又共同欣赏了一台高质量的二胡群英会示范演奏音乐会。

上海音乐学院著名二胡演奏家、教育家王永德教授,率领上海民族乐团首席二胡演奏家段皑皑、上海音乐学院青年二胡演奏家陈春园以及几位近年来崭露头角、获得全国二胡比赛大奖的青年演奏家们同台演奏,台下再次响起雷鸣般热烈的掌声。

6月9日,考察团又来到光华日报社和光明日报社参观。光明日报社总编热情接待了我们考察团一行人,并带大家参观了报社编辑部和印刷部,大家对华人在马来西亚的生活和发展又多了一份了解。

(2) 活动的经验及做法:

马来西亚华人为推广华乐在马来西亚的发展,普及华乐在马来西亚中学生艺术活动中的实践,为传承民族文化弘扬民族精神作出了很大的贡献,同时也是增进两国青少年深厚友情的桥梁和纽带。

我们要通过推动华乐的发展,使中国的民族文化民族音乐走向世界,开创新的篇章。

考察团此行文化交流不仅促进了中马两国人民的相互了解增进友谊,更是通过亲身体验增强了自身弘扬民族文化振兴民族精神的责任感和使命感,意义深远。

研究成果:

1. 学校音乐教育与社会大课堂联通的研究报告;

2. 学校音乐教育育人价值的教学案例;

3. 社会大课堂活动育人价值的活动案例;

4. 民族器乐的演奏成果:

近三年指导学生参加区以上民乐比赛、参加大型艺术实践活动获奖共200余项。

五、感悟与反思

(一) 感悟

1. 尊重教材,活用教材,创造性使用教材

2. 通过感受与鉴赏培养学生的听觉与审美

3. 学校音乐教育要注重表现教学

4. 重视音乐实践,鼓励音乐创造

5. 在社会大课堂中,着力通过实践体验陶冶情操,提升素质,培养能力

6. 在社会大课堂中培养学生的群体精神及合作能力

7. 在社会大课堂中增强学生学习音乐的兴趣

8. 在社会大课堂中丰富学生的社会文化生活

(二) 反思

1. 积极探索和实践社会服务于教学,服务于学生发展,服务于学校和社会联通之路。

2. 拓展学生接受艺术教育和艺术活动的途径和机会。

(1) 建立学校音乐教育与社会大课堂之间艺术交流的机制、艺术教育管理模式以及艺术与文化团体建立伙伴关系的模式等。

(2) 召开以管理和发展艺术教育为主题的学校领导与社会领导研讨会,为学校领导和学校艺术教师组织举办研讨会和培训班,以满足学校制订艺术计划,优化学校资源,扩展学生享受和参与艺术途径的需要。

(3) 建立艺术教育创新项目。为学校提供艺术教育咨询,并获得拓展艺术课程的相关技术和资源支持。

(4) 为学校提供人才资源,让艺术名家工作室进校园。

建立艺术名家工作室,让艺术名家进校园,学生在名家零距离的辅导下,提高艺术欣赏能力和健康审美情趣。艺术名家工作室要对学校开放,促进传统文化和高雅艺术融入校园,使学校能更好地利用这些人才资源来提高自身的艺术教育水平。

3. 学校音乐教育和社会大课堂联通要成为教师的自觉行动。

4. 音乐教师要具备一定的社会事务处理能力。

学校音乐教育与社会大课堂联通,以合作为纽带,以社会大课堂为载体,搭建了学校社会协力共进的公共服务平台,拓宽了学生学习、成长的空间,使学校社会在教学、人才、设施等方面的资源互通有无,互惠互利、互补共享,进一步提升了学校音乐教育和社会音乐教育的整体水平,形成音乐教育深度发展新的增长点。课题通过研究证明,实现学校音乐教育与社会大课堂联通,能更好地服务于学生,服务于社会发展,有效提高育人质量,促进学生全面发展,和谐成长,这样的探索是可行的,也是大有作为的,学校和社会都有上升的空间。在联通中,我们要牢牢把握教育的核心价值——育人,要敢于解放思想,立足服务,大胆创

新，科学运作，让潜在的资源成为现实的成效，让原来的"孤军作战"变为"兵团作战"，为了每个学生的终身发展，让良好的服务从单一走向综合。

学校音乐教育和社会大课堂联通是现代学校走向开放办学，提高育人效应的耐人琢磨的新课题。学校和社会对学生影响最大，如何使这两个来自不同时空的教育产生默契和共鸣，产生共振和互补，我们将继续从理论和实践两方面深化对本课题的研究，我们有信心将音乐教育从校内延伸到社会，把学校音乐教育与社会大课堂联通起来，联动育人，合作育人。

【经典课堂】
音乐中的情感抒发

【教材分析】

本课内容是上海音乐出版社高一艺术教材第二学期第二单元"歌情乐韵 悦耳爽心"第6课。

一、对教材编写意图的理解

1. 理解感受音乐要素对抒发情感的艺术作用。音乐中情感是通过音乐要素来表现的。不同的音乐要素表现不同的情感、风格、适用于不同的场合，会营造不同的氛围。通过多组音乐作品的欣赏、感受、体验不同音乐作品中不同音乐要素所表现的不同情感风格。

2. 学习抒发音乐中的情感。通过探究不同情感不同风格的音乐作品，探索音乐要素和情感抒发的内涵，分析音乐要素把握音乐作品的内在情感，学习用情歌唱，用情演奏。

二、对教材的处理说明

创设适合学生自己的教学。音乐中的情感是蕴涵在音乐作品中，只可意会，不可言传。学生感受体验有难度。本节课教师设计创新了三个教学内容：

1. 设计补充了学生熟悉的二胡皇后闵惠芬"音乐人生"，配以《江河水》的动人旋律，激发学生的情感。

2. 设计创设了教师二胡演奏《二泉映月》、《赛马》对比欣赏不同音乐作品的不同情感,不同音乐要素表现的不同情感。

3. 设计增加了不同歌唱家、歌手演唱的不同版本的《青藏高原》和闵惠芬不同时期演奏的《江河水》,探索音乐要素和音乐情感的内涵,学习抒发音乐中的情感。探究情感深入细腻的表达。

三、教材上的创新及特色

1. 创设情境,激发情感。教师采用故事激情的方法。配以《江河水》的动人旋律,利用多媒体课件,图文并茂讲述闵惠芬的"音乐人生",创设浓浓的音乐情境,让学生快速进入音乐的情感世界,沉浸于浓郁的情感氛围中,激起师生强烈情感共鸣。

2. 教师范唱、范奏。教师情真意切以娴熟的二胡演奏技能,对比演奏,打动学生的心灵,引导学生感受不同情感表达不同的音乐要素。教师用范唱引发学生用音乐抒发情感的强烈欲望,尝试用情歌唱,探索音乐要素与情感抒发的内涵,学习用音乐的情感打动人心,用内化的情感表现作品。教师的范唱范奏是传递音乐教学意图的最好、最直接的形式,学生可以最快最有效获得感受,积累而形成自己的认知,变成自己的音乐体会并自然表现出来,教师的范唱范奏赢得了学生的欣赏和佩服,成了魅力十足的"教育源"。

3. 真情润育,情感教学。本课通过创设情境,激发情感;欣赏体验,交流情感;探究欣赏,深入情感;讴歌生命,升华情感的情感教学。环环紧扣,层层递进。将音乐要素与情感抒发得到深入细腻的表达。情感是贯穿教学全过程的主线,用"情"和"美"营造教学的每个环节,整节课体现了以情感人、以美感人。

4. 恰当处理艺术教学材料,灵活设计教学内容,并根据学生需要加以补充、调整并进行再组织。

5. 寓教于乐——与德育相互渗透。用优美动人的音乐去感染学生,打动学生,不断丰富学生的情感世界,步步深入地挖掘学生的内心体验,使学生自然地随着音乐的情绪变化,产生相应的情感体验,使学生的情感与音乐情感和谐地沟通与交流。用学生身边、熟悉的二胡皇后的"音乐人生"音乐作品,教育感染学生,学习艺术家意志坚定、追求卓越的崇高品质。

【学情分析】

一、学生年龄特征分析

高中学生年龄,处于个体、心理、生理上接近或开始成熟的时期,这个时期正是青春发育期。身体迅速成长,性腺机能日趋成熟。高中生的独立性变强,自制力更强,世界观逐趋形成。中学生处于人生发展的重要阶段。中学学习阶段也是他们孕育情感世界的重要时期,而目前的中学生普遍个体内在情感匮乏,面对竞争激烈的大环境,他们往往表现出对个体的关注胜于对集体的关注,个性张扬但缺乏集体观念。又由于缺少同伴间的交流与沟通,他们中的一些人经常会没有明确的生活目标,没有理想信念的支持,对人冷漠,自私自利,更缺少承受挫折的勇气和与人交往的能力。人生观、世界观、价值观比较消极。音乐作为情感的艺术,在育人中应充分发挥它的情感教育功能,以情感人,以美育人。本节课《音乐中的情感抒发》旨在为中学生提供情感体验和抒发的机会,有效落实"情感态度与价值观"的教学目标,培养学生健康高尚的审美情趣和积极乐观的生活态度。

二、学生已知能力的分析

中学生由于生理方面的急剧变化,他们的艺术学习心理也带有起伏波动的过渡性特征。中学生认知发展处于形式运算阶段,随注意力、身体协调能力、抽象思维能力的发展,综合艺术能力也随之得以发展。他们愿意通过对艺术作品的学习去加深对艺术作品的理解。中学生艺术能力的发展主要表现在构成艺术的各个要素的综合发展。高中生的艺术能力有新发展,其发展水平与速度相对趋于平缓,艺术感知能力与相应这个阶段的心理发展是相适应的。高中生由于知识水平的提高更加愿意学习艺术课,他们艺术能力的发展集中表现在欣赏、认知和感情这三个方面。中学生艺术能力的发展具有明显的综合性特征,他们愿意通过演唱演奏去感受音乐作品所描绘的艺术形象,去体验音乐作品所抒发的情感。根据已知能力分析,本课重点让学生感受体验音乐作品的情感,理解音乐要素对情感表现作用,探究音乐要素和情感抒发的内涵,学习在表演中抒发真切的情感。

【教学目标】

1. 欣赏多组音乐作品,在初步感受体验情感的基础上,理解感受音乐要素对抒发情感的艺术作用;师生共同阐述对作品情感的感悟,分享参与音乐实践的快乐。

2. 创设丰富的音乐学习情境,引导学生在音乐欣赏、音乐表现、音乐创作等音乐实践活动中,运用教师表演、师生讨论、比较归纳等音乐学习方法探索音乐要素和情感抒发的内涵。

3. 能分析音乐作品中音乐要素对情感表达的作用;学会用心感悟、用情歌唱。培养学生对音乐的感受力、领悟力、表现力和创造力。

【教学重点】

感受体验音乐作品的情感,理解音乐要素对抒发情感的艺术作用。

【教学难点】

学会在演唱演奏中抒发情感。

【教学准备】

1. 图片、音响、影像等有关资料,多媒体课件、钢琴、二胡等。

2. 以小组为单位就座,随时进行讨论和交流。

【教学过程】

一、创设情境,激发情感

1. 故事激情:二胡皇后"闵慧芬"的音乐人生

2. 导入课题:**音乐中的情感抒发**(播放《江河水》,渲染一种浓浓的情感氛围)

说明:学生学习音乐的兴趣应列为音乐学习的首位。"乐由情起"音乐由情感而起,情感在音乐教学过程中是最为活跃的心理因素。教师采用故事激情的方法,配以《江河水》的动人旋律,创设音乐情境,学生易快速走进音乐作品,引起内心深处的情感共鸣,使学生在情感的驱使下,产生主动学习音乐的兴趣与原动力。在感人至深的浓浓深情中,学生沉浸于"情"的氛围中。

二、欣赏体验,交流情感

1. 老师演奏两首乐曲片断,学生聆听感受并思考两首乐曲分别抒发的是怎样的情感?不同的情感是通过哪些音乐要素表现的?

2. 对比分析两首器乐曲:分析音乐要素把握音乐作品的内在情感。

结论:不同情感通过不同的音乐要素表现。

说明:音乐是最能打动人情感的语言,教师以情深意切的二胡对比演奏,打动学生的心灵。情感是音乐教育的灵魂,我们只有用音乐中的情感去感染学生,感动学生,以情感人,才能使学生"动之以情"。

三、探究欣赏，深入情感

1. 欣赏视频，再次激发学生表演欲望
2. 师生同演，抒发情感
3. 深入对比赏析不同版本的《青藏高原》

结论：创作音乐需要把情感升华为音乐语言，表演音乐需要把情感融入音乐之中。

> 说明：师生同演，引发学生用音乐抒发情感的愿望。音乐艺术是情感的艺术，音乐教育是情感的教育。学生进一步探究优秀的音乐作品无一不是词曲家情感的自然流露和激情迸发的产物。

四、讴歌生命，升华情感

1. 对比赏析闵慧芬不同时期演奏的《江河水》，思考情感表达有什么不同？为什么？
2. 师生谈欣赏感悟，讴歌生命升华情感。

结论：要用音乐的情感打动人心，用内化的情感表现作品。

> 说明：教师启发学生们用自己的语言赋予音乐作品丰富的人文内涵，加上演奏家的真情实感用生命讴歌，再次震撼学生的心灵。

五、在教师演唱《今天是你的生日中国》的歌声中下课

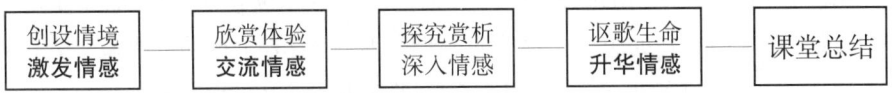

对课堂教学的评价（建议从目标制定、内容处理、过程设计、方法应用、教学五个方面加以评价）：

史莉莉老师执教的《音乐中的情感抒发》，目标制定准确，内容处理适当，过程设计合理，方法应用多样，教学效果有效，具有以下三个特点：

一、关注情感体验：通过中国民族音乐大师、著名二胡演奏家闵慧芬音乐人生集锦，呈现了当代艺术家"战胜病魔、执着追求"，为弘扬祖国民族音乐而呕心

沥血的感人情景,师生们沉浸在浓浓的情感体验中,使上海教师与贵阳学生在情感上产生强烈的共鸣。

二、细化情感内涵:教师示范演奏"二泉映月"与"赛马"中二胡音乐主题和学生自主演奏"渔舟唱晚"中古筝主题乐句,将音乐要素与情感对比得到深入细腻的表达,在师生互动中,学生们真切地感悟到民族音乐的魅力,培育了学生对民族音乐的兴趣与爱好。

三、升化情感品质:通过再现闵惠芬不同时期的"江河水"二胡演奏版本和其他歌唱家"青藏高原"的版本,使学生们在探究不同音乐情感表达的同时,思索"艺术源于生活,高于生活"的发展规律,将闵惠芬意志坚定、追求卓越把社会主义核心价值观与优秀传统文化和谐统一这一典范,永远留在学生的心灵中。

【学有所悟】
构建教师专业成长的蓝图

2012年以来,本人非常有幸参加了由曹建辉和陆亚芳两位特级教师主持的上海市名师基地的培训。五年来,在导师的指导、鼓励和大力支持与帮助下,在名师基地这个百花园中,不断学习,不断成长,感到无比的充实与幸福,在此将本人艺术教育成长之路上的思考、耕耘、收获与大家共同分享。

在名师培训基地学习的五年美好时光中本人感想多多,收获多多。

第一,带着研究探求的眼光学习、生活和工作。二位导师曾多次勉励我们:"要有成为专家型教师的志向。"这个目标给了我方向,有了行动的指南。我的胆子变得更大了,前进的步子迈得更宽了,也敢于和专家对话了,敢于尝试以前不敢涉足的一些重要教育教学科研领域,如参加市级科研课题研究,出版艺术教育教学专著,带领学校民乐团赴国内外多个国家、数个城市成功演出等等。对于教育教学研究,我把它看作家常化、生活化了。

第二,挤时间读书,读有用的书。一个教师要发展,首先得爱读书,会读书,挤时间读书。书读得越多,越能发现自己的不足,越不足就越求知,这是一个良性循环。

第三，多思考、多写作、多总结。我们要善于把教育教学中的所思、所想及时归纳、整理，养成习惯，写得多了，自然而然地就不会再为写论文、写案例而难于下笔了，有时自己回过头来，再细读自己曾经写下的一些小短文，竟能产生恍然大悟或如梦初醒般的豁然开朗。

第四，多交流、多对话。与同行对话，与专家交流，俯下身来与学生对话，都是教师扩大视野和视角的重要途径。对于一名成长中的教师，要把发展的眼光伸向更加高远的地方，让自己的视线更清晰，视野更开阔。在这方面，我是一名非常幸福的教师，基地导师总是在给我们创造这样的机会，让我们走出校门，到外面去学习、去交流。于是，我拥有了一次次锻炼和提高的机会。我敢于在区内外、市内外、国内外研讨活动中大胆展示自我。2014年6月，我在导师的指导和帮助下，代表音乐名师基地培训班赴贵州省贵阳市上观摩课，与那里的教师、学生们进行面对面的交流，以课堂教学形式进行对话，这样的收获是立竿见影、事半功倍的。

第五，合理有效的奖励是促进教师专业发展的重要举措。从我进入名师基地培训起，因为有太多的东西需要学习，太多方面需要充电，我工作起来比较积极、主动，同时也取得了一些可喜成绩，这些荣誉与成绩就像一面镜子时时照着我，提醒我、鞭策我——当我疲倦时给我补充正能量，当我感到困惑时帮我选择方向。

一花独放不是春，万紫千红才是春。和更多的同行们一起探讨、共同研究、共同进步和发展才是一件最幸福的事。我们每一个艺术教师，都有着自己一方领地，主宰着各自的一片艺术天空，如何把这些各自的领地和天空连成一片浩瀚的大洋，一片充满动感、跳动着生命活力的大洋。这，就需要团队的力量，这就是我们艺术教师研究的课题。这样的蓝图，不正是我们音乐名师基地精心构建的教师专业成长的蓝图吗？

第十六章　感 谢 有 你

教师介绍

陈向蕊，1973年出生，毕业于上海音乐学院声乐系，共产党员，民盟盟员，中学高级教师。现任教于上海市上海中学，学校艺术总指导，音乐教研组长。

上海市第三期"双名"工程音乐名师基地学员、上海市徐汇区新长征突击手、徐汇区优秀艺术总指导、徐汇区青年教师教学大奖赛优秀指导教师、徐汇区民盟优秀盟员、徐汇区"耕耘奖"获得者。

上海市学生艺术单项比赛"上中杯"钢琴比赛连续八届赛事的主要策划和负责人。在课程开发、艺术社团打造、艺术活动策划、学生学科论文及课题指导等方面都有着丰富的经验，在艺术学科方面有着独特的教学理念和丰富的教学积累。多年来，始终注重培养学生的自主探究能力和艺术创造能力，注重学校本部和国际部艺术教育教学差异的比较研究与两部融和发展的实践探究，带领上海中学整个音乐艺术教师团队不断开拓创新，打造了具有上中风格的艺术教育教学特色，连续十几年获得校园丁业绩奖。指导策划的各类大型艺术活动多达二十多项，个人或指导学生赛事获奖多达五十多项，发表论文数篇，并于2005年出版了个人编写的校本教材《电脑音乐新天地》，目前已有新编教材《数字音乐新天地》和个人专著《中学音乐教育的创新魅力——基于上海中学的实践与思考》出版在即。

成长叙事

寒来暑往，朝起夕落，不经意间，五年的第三期音乐名师基地培训已接近尾声。在感慨时间飞逝的同时,突然有了些落寞的滋味。

忆起当初学校递给我名师基地申请表的时候,我惊诧于竟然有如此幸运的机会降临。怀着忐忑的心情,在上海师范大学面试中见到了两位仰慕已久的音乐教育名师曹建辉老师和陆亚芳老师,两位导师声腔不惊,却亲切朴实,来参加面试的老师们依据个人特点和学校特点纷纷表达了自己的学习欲求和发展期待,有入选,也有被淘汰的,而我终于幸运地成了幸福的第三期音乐名师基地学员。

五年来,音乐名师基地这片沃土为我提供了成长的"营养剂",一幕幕场景、一环环情节、一件件事例、一次次感动都依然历历在目,讲述着我们这些渴求成长的学员们在这个温暖、严谨、殷实、厚德的大家庭里的"成长叙事"。

且不说华师大一次次精彩纷呈的通识培训,也不说丰实无比的北京、武汉访学,单是我们基地自己的内部活动就硕果累累。两位导师根据"三台"理念为我们设计了课堂展示、自主主持、讲座论坛、论文撰写、课题研究、课程开发、教材编写、文艺展演等学习项目,每项活动都为我们邀请到了资深的专家前来指导帮助,在我们受益匪浅、大开眼界的同时,也得以近距离欣赏到每一位专家的专业风采,感受到他们的高尚师德,聆听到他们的谆谆教诲,接收到他们的切切点拨。这样精致的学习设计、高端的资源提供是其他途径无法获取的,我们得益于名师基地导师的倾力策划和精心安排,收获和感动用语言来描述已显苍白,只能把这份情怀深深印记在灵魂深处,把这份硕果辐射到校园实践和社会活动中。

睿智引领　师德厚重——由曹建辉、陆亚芳老师所启

曹老师和陆老师在国内民乐与合唱教育界的知名度是人所共知的,然而更能折服我们的是他们身上那份勤勉不止的精神和厚重的师德。初见两位导师是在基地面试时,曹老师沉稳如山,陆老师淡定如云,由内而外折射出名师的温暖光芒,打消了我内心的紧张与忐忑,欣喜于能跟随两位导师学习成长。

还记得,自己初入基地的彷徨无助在曹老师语轻意重的开导与指引下渐渐散去,第一次听到讲台、舞台、写字台的"三台"发展理念,有目标,有计划,层层推进,环环相扣,为导师这颇具新意的构想感到兴奋,同时也感到了压力。在基地学习开始的第一次活动中,聆听了曹老师和陆老师对"三台"发展方案的详细规划与实践操作模式的报告,作为一直以来因学校的特殊性很少走出校园的我来说,眼前豁然开朗,心中有了底,明白了自己将要学习和发展的方向,这正是我多年来缺失的。

每次学习任务的布置,导师总是语调温婉地为我们讲解其意义,梳理操作程序,并一一征求大家的意见,最终为我们制定最佳学习方案,学员们笑言"忧心忡忡地来,信心满满地走"。知道我们学校的工作量大,曹老师见面第一句话总是对我健康和精神的问候,如慈父般的关怀让人对这个大家庭充满着感动。

非师范类大学毕业的我以前疏于对理论的研究和文字的总结,只要有写作任务,我就皱眉头,这些情绪被曹老师看在眼里。一次活动结束后,曹老师特地找到我语重心长地说:"向蕊,你有想过自己今后的发展吗?正是因为你文字方面积累不多,才更应该抓住学习机会,要有长远的眼光和更高的眼界,你要将上海音乐学院和上海中学的优势体现出来,基地对你是有期望的!"并为我分析教师在此方面发展的重要性,指出实践操作须建立在科研理论指导上的教育发展规律,帮我排除心理障碍。

在接下来的时间里,曹老师不断鼓励我发挥学校特色和挖掘文字潜力,从不忍拒绝的勉强到渐渐喜欢动笔,终使我养成了写作的习惯,并次次顺利完成了基地学习任务。这个习惯使我受益匪浅,除了在基地学习期间发表了文章外,学校两部课程纲要、校本教材的编写工作也完成得得心应手,更让我出乎预料的是最近接到了市教委专家组的通知,我以基地名义申报的专著撰写方案通过了,可以大胆开展这个工作了。这是对我文字工作方面进步的肯定和鼓励,我想我只有尽心尽力完成此任务,才将不负基地的培养和导师的殷切期望。

陆老师在合唱教育方面独树一帜,是上海学生合唱领域的标杆。在和陆老师聊天时竟然获悉陆老师当年也差点成为上海中学的音乐教师,尽管擦肩而过,却深知我校的特殊性,常与我聊起学校情况,帮我分析个性与共性的并存问题,引导我在共性的基础上凸显学校特色和个人特色,开发个性方向,突破传统观念,并用自己在声乐教学和合唱教学方面的奋斗经历感染我,激发我。陆老师的话淡化了我多年为学校没有常设合唱队伍的遗憾,发挥我校注重培养教师创新意识和学生创新思维特色,开发了男女声"阿卡贝拉"演唱队,将传统与流行音乐进行大胆结合,师生共同改编创作,两部学生队伍相融合,注重舞台表演,注重时代气息的融入。几年来,这些队伍的表演不但在校内艺术节上成了固定的节目,且在校外赛事及社会多类舞台上频频获得佳绩和好评。两位导师的教导让我站在了一个崭新的角度和高度审视了我的教育教学观念,使我对今后的努力方向有了更清晰的思考。

何为名师！这不仅只是一种称号,更承载着不凡的专业素养和文化学养。名师的个人魅力在两位导师身上尽显无遗,朴实无华、谦和、睿智、勤勉、正气,使我们耳濡目染,感慨无限。

导师利用多方资源为基地学员安排了丰富多样的学习机会。2015年12月6日,有幸观摩了在杨浦区少年宫主办的第十届长三角地区民族乐团展演开幕式专场音乐会——"丝弦华韵"。整场音乐会是由曹老师引领的杨浦区少年宫学生民乐队呈现的一台风格多样的作品展演。无论是学生们精湛的技巧和娴熟的表演,还是曹老师和谢圆老师指挥时洒脱的舞台风范,都是音乐会上的亮丽风景。一曲曲,一声声,玉润珠圆。当听到由曹建辉老师创作并指挥的《山娃的心愿》时,心头是震颤的,曲子的旋律、和声、配器、情感传达都是曹老师的风格,朴实无华却扣动心弦,作品体现人格,这就是我心中的导师形象。

回想曹老师为激励我们讲述自己在民乐领域里多年的磨砺,品味熟知他的朋友谈论他在弘扬民乐路程中的不懈追求,着实感动。在几千年的历史长河中,我国各族人民通过生活实践创造了极其丰富、极具特色的民族音乐。它体现了中华民族的气质和民族精神,是我国古老文化中的一颗璀璨夺目的明珠。这场民乐盛宴再次启示我们,研究民族音乐的特点,总结民族音乐的规律,对创造民族新时代音乐具有重要的意义。我国音乐文化博大精深,而民族音乐是其核心部分,继承与弘扬民族音乐,使我们的民族音乐文化绽放异彩是音乐教育的必行。年过半百的曹老师依然奋斗在第一线,我们有什么理由不去接好这一传承棒！民乐传承教育研究是我们不可懈怠的使命。

导师对学员们的学习要求是严格,但对每个人的理解、关心和尊重更是真挚的。记得在一次学习活动前一天,我接到学校的另一个重要任务,纠结不已,基地计划在先,学校安排在后,可学校任务须由我负责,最终无奈地斗胆跟曹老师发了个短信解释和请假,曹老师百忙之中回信仔细问询了学校任务情况和我的基地任务进展后,理解地同意了。在看到曹老师短信最后"向蕊老师,你辛苦了！"时,我百感交集,学习是我的任务,在学习和学校工作发生冲突时,作为基地导师,曹老师这个短信传递的何止是理解,更包含着宽容、尊重、体谅与激励。我的教育教学之路还很长,导师的启迪如我行进路上头顶的灯,脚下的光,走过荆棘,灿烂就在前方。

慧眼点津　如沐春风——由张展英老师所感

乍一看到张展英老师也许会敬而远之,除了她的年纪外,更多的是对这位全市闻名的高中音乐课堂教学指导第一人的敬畏。然而,五年下来,最难忘记,最为敬重,也最为亲切的却是张展英老师。作为基地特邀专家导师,在基地的课堂教学展示活动中,张老师是座上常宾。只要得知下次活动指导是张老师,我会不由得欣喜好几天。张老师给我们留下的普遍印象是:通彻精深的专业素养,德厚品谦的个人修养,乐观活跃的理念思想。

课堂实践学习是基地为我们安排的重要部分。在数次公开课欣赏后,听张老师的点评是极为期盼和愉快的。张老师常常声情并茂,亦庄亦谐,在体味着犀利到位的专业分析的同时,张老师一定不忘用她独特的幽默言语和形体语言来感染我们,使活动显得既严谨又活泼。张老师对每一节课的点评都是客观的,独到的,我们从张老师的点评中吸取着大量教育观念和教学精粹的养分。

曾记得在点评一节公开课时,张老师送给学员们一句话:"没有专业素养,没有术业专攻是不能完成教学的。高中艺术课不光是知识传递,更应折射文化。"这句话是发人深省的,对于高中老师来说,是点到了穴位。基地学员们都是多年的资深教学者,也都在学校甚至区里担任一定的职务,除了早年大学所学专业知识与当前时代有一定距离外,繁重的各项任务应接不暇,对于自身艺术学养的再提高确实难以顾及得到。而艺术领域又是社会极为敏感、变化多段的前沿领域,作为知识的传播者,艺术体验的引领者,面对信息量极大的高中学生群体,永不停止学习是艺术教师的必须。高中《艺术》教材中的每个单元都是一个专业领域,对于基地学员来说,大都是专长于某一个方面,而要驾驭教材,没有专攻确实是会产生误导学生的现象,张老师的教诲给基地学员上了深刻的一课。

又曾记得在一次听课结束点评时张老师说:"要让高中生心动、情动、身心俱动,肢体语言是情感自然的宣泄。"当时我心中其实是有困惑的,长期以来,我注重的是学生的心动、脑动,主观认为高中生身动是次要,是有难度的。间歇时,我和张老师沟通了我的想法,岂料张老师听到我是上海中学的,首先激动地说她的儿子便是上中毕业的,然后批评了我的想法和理解,指出了我教学观念的误区,告诉我高中生参与课堂活动的重要性,教师必须有调动学生动起来的主动性和教学能力,并举例说明了儿子当年在上中时的艺术活动之丰富和身心受益之深切,激励我一定要发挥上中学生的优势,挖掘他们的艺术潜能,担当起名校艺术教学的重任。

记得在基地开展课堂教学展示交流活动时,我的《歌情乐韵　悦耳赏心——歌剧咏叹调》一课的设计便主要是以调动学生听觉感受和情感体验为主,课堂中除了些问题创设外,少有调动学生活动参与体验的环节和设计,使得课堂气氛显得有些沉闷,教学效果没有充分体现出来。如今想来,问题出在我的教学观念上,张老师说得对,"动"是任何一个年龄段都需要的,在动中的情感体验才是真实的,发自内心的。

每次的活动时间有限,故在以后的每次活动见面中,张老师都不忘"盯"着我跟我交流她多年来在课堂中的实践经验和探究效果,似乎总怕我忘记似的,真是用心良苦。渐渐地,我和张老师熟识起来,在张老师的状态和思想里,我体验到了"没有什么不可以"的精神。校内教研组研讨中,我带回了这一理念,重新制定了单元互动模式和课堂互动计划,全面开展"动"起来的学科活动。除此外,我在《艺术》教材的基础上开辟了"比较学习探究单元",彻底打破传统教学模式,单元中的四节课使用了"探究式"教学模式,以小组为单位进行课前探究,课堂上以学生讲解和展示为主,教师仅作为引导者、拓展者和总结者,充分体现了学生的主观能动性,给学生提供了更大的自主发挥空间。经过两个学期的实践,我们的教学状态和学生的反应状态都发生了较大变化,学生对艺术课的兴趣度从课堂表情反馈和学期结束的评教中明显体现了出来。看来实践出经验,观念改变极为重要,这些实实在在的变化使我渐渐悟出,教师不可主观地、一味地将艺术教学盲目定位,要遵循教育宗旨,尊重学生身心发展规律,用心动激起身动,用身动牵起情动,使艺术教育真正体现出它的特殊性。

我深知,这得益于名师基地为我们提供的课堂教学学习和专家指导,得益于张展英老师对基地学员更深切的期望和更高标准的要求,这是激发我们追求更高层次教学境界的动力!

在基地的特色课程微视频制作活动中,张老师再次被邀请做指导专家。那期间,正是张老师身体不佳,且自己小孙子因病住院期间,可事先大家都不知情,只看到张老师连续三周到基地来听取学员汇报,给予指导意见,阶段性修改后再听取汇报和逐一辅导。从初始的迷茫到最终的收获,每位学员都是历历在心的。拿我自己来说,第一版制作像专场报告,第二版虽有改进却不突出课程特色,我甚至中间有些气馁和情绪,因为没有视频制作技术,要靠求助他人,制作过程又极为繁琐精细,稍不小心半天的努力就前功尽弃。张老师洞察出了我们的情绪,从思想上进行鼓励,从创意上给予肯定,从构思上给予建议……我们被一次次地感染,尤其在得知她和孙子均身体有恙后,大家都被深深触动,这样资深的名师为了我们的成长在无言地付出,让我们情何以堪啊,所有的消极理由在这里都应化为乌有。

我修改第三版课程微视频时因有疑问想咨询张老师,但又怕打扰她在医院照顾孙子,思虑再三还是忍不住给张老师发了条信息,没有想到张老师在最短时间里给了我详细的分析和指导建议,使我的制作思路赫然清晰。我没有意识到自己的眼眶何时湿润的,脑中浮现的是张老师认真、亲切、热情却疲惫的面孔。

微视频作业汇报那天我因学校又有特殊任务无法前去,只好让基地其他同学帮忙把作业带去,随后便接到张老师的电话:"向蕊,真的很棒,你做到了,给你九十九个赞!"一时间,惊喜、惭愧交集一起,我知道,这不是我的个人作品,是张老师和我的共同作品,在这样的指导中,我收获的岂止是专业素养提升,更多的是前辈的经验精华和名师敬业精神、个人魅力的感染。

精粹导拨　学术熏染——由施忠教授所获

上海中学离上海师范大学较近,靠着这近水楼台,我十年前便认识了施忠教授。记得初次见到施忠教授是在他的和声理论课堂上,少有人喜欢的枯燥的和声理论课程在施老师口中改变了性质。微笑常挂的面容,轻松幽默的语言,敏捷清晰的思路,底蕴深厚的文化修养,使得他的课堂妙趣横生。我观察到,他的课堂上很少有人旷课,更少有人睡觉,有时听听他随意的几句闲聊也会颇具意味、心情愉悦,那时我们私下里都称他是"最具魅力老师"。后来因为多种原因,向施忠老师的请教渐渐多起来,也越发体会到他作为专家身上那份对人对事认真负责的态度和对专业认知的高度灵敏性。我校的艺术发展类课程开发时,我咨询过施老师,施老师在给予了全面合理的指点后,又针对我校特点提出了开设音乐美学的建议,拓宽了我们眼界,提升了我们的理念。当时,我校的国际部音乐课程纲要制定时结构内容遇到困惑,看到我的邮件,施老师放下手中的工作,专程电话给我分析，帮我调整，并在以后的实施中继续邮件跟进指导，使得课程有效实施，取得了良好效果。所以，当我得知施老师也是我们音乐基地的指导专家时，喜悦感自然是不言而喻的。

说实话，我多年来无论在教学中还是在活动组织中曾做了大量的实践探索，在实践中也颇有感触，可就是懒于静心书面总结。而基地主办的教学论坛我却无法退缩了，在基地导师和同学的督导鼓励下，我选择了《立足上中办学特色理念下的音乐教育教学实践》的专题讲座。我从学校艺术教育教学宗旨出发，以课程开发、课堂模式、学科作业、活动组织等方面切入，通过大量数据罗列和翔实案例进行了全面阐述，在梳理中才发现自己原来也积累了不少宝藏，就等开发，幸好有基地给我提供的动力和平台。

在论坛活动总结时，施忠老师对于讲座给予了高度的评价，并对于我内容中的每一部分进行了详细点评。施老师给予的评价引发我深深地自责和思考，对自己多年工作疏于总结是多么大失误和警醒，对我今后的理论研究意识和行动也是最好的鞭策。出于谢意，我给施老师发了个短信，不曾想却突然接到了施老师的电话，慌忙接听，施老师依然是温文尔雅的语气："向蕊，我竟不知道你们有这么丰富多样的实践探索，这才是上中……你让我大开眼界。"电话中除了再次肯定外，更多的是给予了课程设置、活动设计等方面的指导性建议，并告诫我作为特殊学校的骨干力量，务必要养成勤思善想、多写多交流的习惯，有责任让社会了解名校的艺术教育观念，要有更高的个人发展要求和更广的发展方向，才能更好地带动教研组团队中的年轻教师，才能更多地为学校发展发挥力量。

和施老师的电话结束后，我的情绪波动很大，这便是专家的影响力，他对社会负有责任，对教育负有责任，对基地负有责任，对我们学员成长负有责任。我想，施老师的谆谆教诲不只因为我是基地学员，更是来自上海中学的一名艺术教师。

特色校本教材开发是基地导师为学员们设计学习内容中必须的部分。虽然自己以往也有过校本教材编写的尝试，也曾以学校系列教材之一出版过一本，但已是十年前的事了。在教材的实际运用过程中也发现了许多不妥之处，况且十年的教育教学变化是何等之大。一直以来就有再修改的想法，可因学校的特殊性，我的工作量较大，负责方向较多，除了承担18节不同年级段的课堂教学任务外，还要负责本部高中及国际部从小学到高中整个音乐艺术教育教学的统筹工作,以及加上外教、外聘一共近二十位音乐教师的管理工作,近五百个教职工规模的工会分管工作,所以常常处于心有余而力不足的状态,教材的修改工作迟迟没有动手。人到中年的心理和生理惰性也在渐渐显露出来,许多方面都出现了滞后现象,满足于现状或对个人发展没有了思考和动力。而名师基地的学习机会对于我来说是及时雨,在最茫然时给了我方向和动力。人总是在目标中产生动力,在动力中体现创造,在创造中挖掘潜力能量。

在基地的时间要求下,我将教材进行了自我理解的结构调整和信息补充,期待着施忠教授的认可和指导。汇报当天,学员们都洋洋洒洒介绍展示了自己的作品,施老师针对每一位学员进行了优势的肯定和存在的不足,在他言简意赅的点评中却包含了智者的独到见地。听完我的教材《数字音乐新天地》汇报后,施老师首先对于课程开发和教材编写方向进行了符合时代需求的肯定,但同时也犀利地指出既是建立在数字信息技术上的创造性艺术课程教材,观念还不够领先,信息还不够前沿,教材还不够立体化,并帮我分析了当前数字音乐领域的发展现状及学生对此方向的认知程度,提出如何顺应时代潮流、符合教育要求、满足学生需求等问题,并对如何体现创造能力激发环节进行了最为重点的指导。

在施老师"创新、务实、出奇"等定位词启发下,回到学校我召来了和我同上此课的两位年轻教师重新调整方案,从结构上大动干戈、从内容上细致雕琢,奔着三个定位词分别制定了"引人、服人、惊人"的崭新编写计划。整整两个月夜以继日,当我再次呈现出教材时,收获更多的不是基地的肯定,而是两位导师和施老师在督促我完成任务中的一分沉甸甸的期望、信任和情感。

如今回忆起施老师每次娓娓道出的经典理论,任何场合下都可信手拈来的妙语连珠和精彩典故,除了无限崇敬外,更应鞭策自己用心去体会名师魅力的内涵,用"不辜负"来书写自身的文化学养和个人修养。

无声助力　蕙心纨质——由谢圆老师所学

在我们音乐名师基地有一位特殊的人物,既不是导师也不是学员,乃是我们的基地学术秘书谢圆老师。

谢老师年轻朝气,活泼开朗,脸上永远洋溢着灿烂。每次基地学习,到谢老师处签到时都会感染她传递过来的一种乐观和自信,似乎她永不会被累和苦波及。但五年下来,学员们都看在眼里,记在心里,她才是基地里最累最苦的一位。

导师智慧的总结和传达,基地活动的用心策划,专家邀请与接待的周到,学员发展的督促与记录,一件件都离不开她,但一样样都井井有条,无可挑剔,这些都记载着她的兢兢业业,幕后无闻。

老人们常说:"人有眼色,做事才会有神色。"这方面在谢老师身上是学习得到的。培训学习现场,如果你不注意,一定不会觉察到她的存在,可但凡现场有一丝毫的动静和需求,她总像是准备好似的绝对及时出现,给予最到位的帮助,如果不是时刻准备着,哪会有这样如神的效果!紧张时,我们能用心听取并做出反馈已属不易,谢老师每次培训后与每一位的准确交流,是她比我们更用心听取的验证,且她还能保持有求必应的机智反应,这当然不是她有三头六臂,除了精心、用心、耐心、热心外,我想更重要的也是最值得我们尊敬的是她对待手头工作,对待教育事业,对待第三期音乐基地十多位学员的这份责任心。这不正是作为教师最应具备的素质吗?

我有些惭愧,尽管在自己的岗位上也做了尽心尽力,但近年来随着年龄的增长,对教育教学的热情度也渐减,身体里的惰性也在渐长。谢老师五年来用她始终不变的状态给我们带来了专业提升外的另一份可贵礼物,就是教师职业精神的无声渗透。

与谢圆老师最近距离的一次接触是在基地到贵州教学交流活动时,我们两个被安排住在一个房间,便有了详细攀谈的机会。从谢老师的话语中感受到了一种深沉民族音乐情怀,她对于沪上的民乐发展状况研究透彻,很少会落下上海的民乐音乐会,对于上海民族乐团各声部主要演员也都极为熟悉。

说起民乐,她目光闪烁,神采飞扬,折射出她对民族艺术的那份痴、那份恋。在2015长三角民乐展演中看到了她指挥民乐表演的飒爽英姿,着实震撼了我,震撼了在场的所有学员们。这场音乐盛会由曹建辉老师领衔指导指挥,谢圆老师倾力协助指挥,作品风格多样,表演绚烂多彩,他们用行动在我们"三台"培养规划中的舞台上留下了浓墨重彩的一笔,为我们做出了响亮的表率。来自各区县的学员专业各异,大都曾有过专业表演的辉煌经历,如今又有几位如他们尤其是曹老师一样依然奋斗在舞台第一线,没有放下最初的那份舞台情怀呢!这岂能不引起我们的深深思考……

弹指挥间,近两千个日夜,有苦过,有笑过,有失落过,终满载收获。音乐名师基地带着我们选择了坚韧,也正是如此,我不断成长、成熟。

五年来,我学会了理性思考!我摒弃了太多无奈,懂得了品味努力的含义!不断明白自己的责任,学会了用全方位、多角度来审视教师职业!五年来,我体会到了真正意义上的累,但也塑造了一个更坚强的我。在收获支持与鼓励的过程中,每当想放弃时,总有一种声音让我倍感力量,幸福不已!五年来,这个大家庭里,学员们用互帮互助、互学互惠的方式把温暖和快乐传递给身边的伙伴,在导师的指挥下奏响了一曲曲和谐的乐章!我们收获成长、挥洒汗水、留下足迹、带走回忆!

【且行且思】
业余钢琴教学培养情感表达与创意能力初探
—— 由"上中杯"钢琴比赛引入即兴演奏的拓展思考

[摘 要] 怎样促进学生在钢琴演奏时做到聆听、感受、想象和创造于一身,让孩子在弹奏钢琴中享受音乐表达的快乐与提升创意能力,已经成为业余钢琴教育值得探索的一个重要课题。"上中杯"钢琴比赛引入即兴演奏的实践是一次有益的尝试,并引发了业余钢琴教学培育孩子音乐情感表达与创意能力的一些策略思考,主要有:社会评估方式的改进,业余钢琴教学中即兴演奏的引入,钢琴教师理念的更新与专业素养的提升,家长观念的调整对孩子树立正确钢琴学习目标的引导。

[关键词] 业余钢琴教学 音乐情感表达 创意能力 即兴演奏

Abstract: It is assumed that involving students' innovation, as well as appreciation and imagination while they are giving piano performances can enhance their creativity and enjoyment. This has become an important research theme for training amateur pianist. The SHS Cup Piano Competition has made some meaningful attempts by introducing improvisation in the competition, triggering research on the promotion of innovative music expression of emotions and its strategies, which ranges from piano education evaluation system, objective-setting for learners and upgrading of teaching methodology.

Key words: amateur piano teaching, music expression of emotions, innovation, improvisation

随着国内钢琴教育的飞速发展,中国钢琴学习者日渐繁多,仅在北京、上海等城市,10万琴童的数字早已不是新鲜事。近些年来学琴者年龄跨度越来越大,业余钢琴教学覆盖面越来越广,尤其是作为主要学琴群体的少年儿童,似乎钢琴学习已然是成长过程中的一部分了。众所周知,大多数琴童家长的培养初衷是陶冶情操、提高综合艺术素养,但家长的美好愿望往往在学琴过程中逐渐发生了转变,最为普遍的是"揠苗助长"式考级,这是业余钢琴教学中不容乐观的现象。在家长与教师的影响下,越来越多琴童出现了"高效率"机械式练琴和盲目性学琴,而对于乐曲的内涵、曲式、和声、织体知之甚少,失去了音乐学习本应具有的综合体验,致使相当一部分琴童们对钢琴学习出现厌倦、甚至叛逆情绪,许多坚持者也大多是为了级别证书。真正能将钢琴弹奏作为生活情趣的寥寥无几,钢琴艺术的学习本应有的感受过程失去了它的真谛。

如何让学习者运用钢琴演奏技能来表达自我体验和感受已经成为业余钢琴教育值得探索的一个重要课题。怎样促进学生在钢琴演奏时做到聆听、感受、想象和创造于一身,让孩子在弹奏钢琴中享受音乐表达的快乐与提升创意能力?近年来,一些钢琴教育机构与学校在此领域进行着不同形式的实践探索。在2009年举办的上海市"上中杯"中学生钢琴比赛中,前任上海中学校长唐盛昌提出了培养学生艺术素养、音乐表达和创意能力的比赛宗旨,在中小学业余钢琴比赛中设立了"即兴演奏"的环节,至今已成功举办七届,在实施过程中获得了良好的比赛样态和业内反响,成了上海市学生单项艺术系列比赛赛事之一,引发了业余钢琴教学注重培育孩子音乐表达与创新能力的进一步思考。

一、即兴演奏对音乐情感表达与创意能力提升的内涵关注与实践探索

即兴演奏作为钢琴艺术中重要的一个领域,早已是古典钢琴大师们钟情的演奏和创作方式,本应在孩子的钢琴教育中受到足够的重视。我们有必要在此分析一下即兴演奏对音乐表达与创意能力提升的内涵关注、实践现状,然后分析"上中杯"是如何将这一形态成功运用于中学生业余钢琴比赛实践及其引起孩子在钢琴学习中对音乐情感表达与创意能力提升的重视。

1. 即兴演奏是音乐情感表达和创作的重要方式

即兴，指对眼前事情进行快速判断和处理的行为，是创造世界新事物的源泉。即兴演奏（Improvisation）是音乐表演艺术中的一种重要活动方式，也是各类音乐文化发展中不可或缺的重要形式。一定程度上，即兴演奏就是创作，并将创造与表演融为了一体。或许这是"天马行空、乾纲独断"，但它是灵感的火花在瞬间的爆发。

在键盘音乐的发展史中，即兴式表演有极其重要的地位。在欧洲西方音乐史上可以追溯到中古时期。在接下来的音乐时期，音乐家们依然延续着这一重要演奏形式。巴赫、亨德尔因在管风琴和古钢琴上的即兴演奏而名声大噪；"音乐神童"莫扎特的即兴演奏技巧更是令人传颂不绝；贝多芬以即兴弹奏华彩乐段而著称，他常常以"即兴演奏"的形式与同时代的德国钢琴家丹尼尔·斯坦贝尔特争斗得火热。正因为贝多芬钢琴演奏技巧的即兴性，他的作品表现出狂放不羁的个性和创新，令当时的维也纳人惊叹不已。肖邦的"即兴曲"、"夜曲"等作品里，我们同样能清晰地体验到即兴元素和感性思维。许多惊世之作都产生于大师们的即兴弹奏中，在那些时期，音乐家大都集创作和演奏于一身，有着他们各自的音乐风格。20世纪上半叶，德国音乐教育家奥尔夫提出了"以提倡音乐学习与演奏中个性创造为中心"的新音乐教学理论与教学方法转变了人们对音乐演奏的观念。即兴演奏、即兴创作与即兴发挥，再次成了音乐讨论的焦点，并被赋予了更广泛的含义，偃旗息鼓了很长时间的"即兴演奏"重新受到了重视。

2. 即兴演奏在国内业余钢琴教育中的现状分析

目前，大多一线钢琴教师来自艺术院校，他们在教学过程中逐渐把学院派的理念带到了业余钢琴教学中，更多侧重于技能的训练，从某种程度上忽视了即兴演奏对孩子音乐情感表达与创意能力的内涵拓展。

20世纪八九十年代以来，很多专业院校开始设置了即兴伴奏课程，这是即兴演奏的基础。2006年始上海音乐家协会设立了钢琴即兴伴奏考级。无疑，这是一个富有开创性的举措，具有很好的导向意义。广州市、大连市、常州市、洛阳市等地承办的钢琴考级中也陆续增加了即兴伴奏考级这一项，这是培养创造性思维的良好开端，大大促进了业余钢琴教育中对综合艺术素养的培养。在YAMAHA等级考试中，即兴演奏要占40%的成绩。在每年的YAMAHA电子管风琴大赛中，即使16岁以下的组，如果没有自己的原创乐曲，是没有资格获得第一的。2007年第二届全国"KAWAI"杯钢琴比赛也设立了即兴演奏组的比赛项目。上海海音乐学院孙维权教授说:"如果只是学习钢琴技巧,人永远无法比过电脑。应用能力、创造能力、情感表达等综合素养的培养才应是教学目标"。福建音乐学院院长李未明教授指出:"培养复合型人才是教育的大方向,即兴演奏逐渐受到重视,也体现了教育改革的走向。"

尽管一些钢琴比赛实践中已经关注到了"即兴演奏"的价值,然而当前业余钢琴教学仍较多地受到"功利"的驱动,忽视了"即兴演奏"这一对音乐表达与创意能力提升的重要形式。业余钢琴教学应培养孩子更多地运用音乐语言表达自己的感受和理解,使钢琴学习者真正体验到音乐学习的乐趣和价值,利用"即兴演奏"这一经典形式培养钢琴学习者的综合艺术素养不乏为一条可鉴之径。

3. "上中杯"钢琴比赛引入即兴演奏环节的实践探索

为突破当前中小学生业余钢琴比赛过多地关注孩子对已有曲目的机械训练与演奏技巧的重复,引发孩子借助钢琴来表达自己对音乐的理解、对音乐情感的表达以及音乐创意能力(我们所指的是借助音乐来表达自己一些对原有最有作品与具体情境的新颖意图与想法,并非是音乐创作)提升的关注,"上中杯"中学生钢琴比赛(由上海中学发起与以学校命名的,以从事业余钢琴演奏的中学生为参赛对象)应运而生,并且在比赛内容安排上除弹奏一定的自选曲目外,引入了即兴演奏的比赛环节。下面重点分析"上中杯"比赛引入即兴演奏环节的实践探索。

(1) 即兴演奏环节的内容设置

八届"上中杯"的初赛环节,仅需弹奏自选曲目一首,这是任何钢琴比赛的"规定动作"。复赛和决赛在以自选曲目为主的基础上加入了"即兴演奏"。前三届复赛的即兴部分采用"旋律发展"方式,即选手现场随机抽取一个乐句或动机进行变奏发展,这是即兴演奏中较简单的方式,旨在充分考察选手们的理论积累和实践运用能力。考虑到选手们毕竟不是音乐专业学习者,对于动机发展的理解和尝试还是有无从下手的现象,也为了更大地鼓励选手们的参与积极性,消除参赛者的怯惧情绪,从第四届起复赛即兴部分改为了"即兴伴奏",即为旋律编配伴奏。决赛采用"看图演奏"方式,即选手抽取画面稍做准备后进行即兴演奏,要求体现清晰的音乐形象,旨在考察演奏者想象力、创造力、表达能力等综合艺术素养。这两种方式的设定充分体现了赛事宗旨,对于业余选手们来说,也具有较强实施性和推广性。

(2) 即兴演奏环节的实践效果

每届"上中杯"赛的复赛和决赛，组委会都在赛前举办即兴环节的培训活动。培训时选手们的跃跃欲试和培训后的热情提问让上海音乐学院孙维权教授感慨地说"我们的孩子这方面的学习和锻炼实在太少了，不知道如何使用手中的表现工具，这是我们老师的责任"。赛场上一部分选手们的出类拔萃让我们看到他们不是没有能力，而是平时缺乏创作理念的引导、即兴知识的积累和实践尝试的平台。但凡给予一定的引导和合适的平台，便立刻在孩子身上捕捉到令人欣喜的效果。比如第一届第一名获得者田浩琛在比赛时用刮奏急速下行和恰当的力度变化生动地表达了"苍鹰捕鱼"画面的音乐形象，令在座评委惊叹不息，赛后得知他曾接触过即兴伴奏的短期学习。再比如第二届和第三届的两位获奖者在即兴环节表现中较前一届都有明显的提高，都能更快速捕捉到音乐形象并较准确选择表现手法，如用五声调式表现青花瓷画面；用大量倚音装饰从中音区快速移至高音区表现魔术兔形象；用稍带爵士风节奏型表现加菲猫；用高低音区对比交错表现蛇鸟之战……接下来的几届中，选手们的意识观念和学习积累渐渐发生了变化，越来越多的参赛者开始热情咨询即兴环节信息甚至对钢琴老师提出此方面学习的要求，这些现象不能不引起我们钢琴教学者的深思。兼具钢琴教育家和音乐理论家于一身的赵晓生评委在比赛结束后根据现场的一幅画即席示范，一时间创作的火花在会场迸发，化作涓涓细流在他的指尖流淌，他深厚的即兴功力让在场的每一位赞叹不已！他激情点评到"今天看到很多同学在钢琴上弹出自己的声音来，很好，很了不起，这个比赛也很好，要不断地坚持下去，激发更多同学在琴键上弹出自己的心声。你们要用钢琴作为一个武器，一个工具，而不只是演奏别人的东西，如果说弹名作要弹出作曲家的灵魂，而即兴演奏是要弹奏你自己的灵魂，在钢琴上表述你心中所想。"

二、对业余钢琴教学培育孩子音乐情感表达与创意能力的策略思考

"上中杯"钢琴比赛的成功举办在学生、家长及业内人士中引起了一定反响。2010年11月15日于上海中学举行了"上中杯"钢琴比赛研讨会。上海市科技艺术委员会专家，上海音乐学院、华东师范大学、上海师范大学数位音乐教授及多位资深钢琴一线教师汇聚一堂，对大赛做了客观的评价和分析。首先肯定了

大赛的环节形式和积极作用,其次对国内业余钢琴教学中存在的忽视对孩子音乐情感表达与创意能力提升等弊端发表了各自的观点,并呼吁业余钢琴教学改革势在必行。上海音乐学院盛一奇教授说:"业余钢琴学习者大多数考完十级都不再触碰钢琴,认为是解脱,这是教学的失败。把专业钢琴教学模式照搬到业余教学中也是不合理的,业余钢琴教学应是以培养情操为目的的"。"上中杯"钢琴比赛只是在这方面做了一次探索性的尝试,其也引发了一些对如何培育孩子音乐情感表达与创意能力的一些策略思考。

1. 业余钢琴教学应引入即兴演奏与指导

必须清晰地意识到,业余钢琴教学应更侧重于培育孩子音乐情感的表达与创意能力,提升艺术与人文修养,激活创新思维。考级,并不是业余钢琴学习者的最终学习目标,拥有创造与表达的欲望、灵活运用的方法才是受益终身的。"即兴演奏"是一个实践高于理论、行为重于意识的音乐现象。传统的钢琴教学重视技巧,重视作品,但对于学生的实际应用能力却大大忽视了,这就造成了一部分学生只能弹肖邦、李斯特却不能为一首简单歌曲伴奏的"尴尬"。在传统教学模式下,学生即使有"即兴"的念头闪过,也不被鼓励,久而久之,"创造"的萌芽便被扼杀在学习的初级阶段,在业余十级考级证书前也只是能弹奏考级作品。业余钢琴教学注重对孩子的即兴演奏与指导,势在必行。

2. 促进钢琴教师理念不断更新与音乐专业素养持续提升

门德尔松说:"在真正的音乐中,充满了一千种心灵的感受,比言词更好得多。"优秀的钢琴教师注重的不仅是演奏技术,更懂得让学生领会音乐语言,用音乐语言诉说自己的内心感受,以此培养学生的创新思维和音乐学习情趣。随着时代发展,钢琴教师也应不断提高自我,不断开阔眼界,拓宽教学思路,在演奏上鼓励学生尝试多种风格的作品。有的教师个人偏爱某个流派的作品导致学生学习过程中也有所倾向,触及的作品风格过于单一,应让学生接触丰富多样的音乐风格,拓宽演奏领域,在大量教授西方钢琴作品的同时,我们自己的民族钢琴作品同样需要提倡和发扬,甚至是流行音乐。鼓励学生在不同场合敢于尝试,在学生有创造性萌芽时应给予适当的肯定,培养良好的心理素质和创造勇气,激发学生音乐表达的热情和信心。

"即兴演奏"对当前的业余钢琴教学来说没有固定的教学模式和统一的教材,因此对教师的要求相对来说就比较高,不仅自身可以进行即兴演奏,还要有相当程度的理论素养,并需采用学生可接受的方式来教授,这也就成了一线钢琴教师不得不探究的一个课题,在此过程中,钢琴教师将做出艰辛的努力。

3. 家长观念的调整有利于引导孩子树立正确的钢琴学习态度

钢琴是一门艺术,但凡艺术的东西是很难用量化的手段去衡量的。当今的家长具有较强的奉献精神,让人感动。较大代价的付出让家长对孩子的学习成果更加重视,要求"量化"的情绪日益高涨,对考级更是趋之若鹜,逐渐偏离了让孩子学琴的初衷。随着社会对人才要求的变化,家长们应用长远的目光来审视自己的孩子,摒弃那些急功近利的思想,对孩子有一个合理的科学的定位。学习音乐最终应是让孩子更好地表达自我情感,培养综合艺术素养,建立更好的审美观、人生观、世界观。

我们要相信孩子身上潜在的艺术想象力和创造力。贝多芬说:"音乐应当使人类的精神爆发出火花。"我们培养孩子学习钢琴的目的不正是为孩子缔造一个充满灵动的精神世界吗?当你的孩子能在琴键上找到自我创造、自我表达的自信和惬意时,作为家长,您难道没有成就感吗?此时,家长的欣赏和赞许对孩子将是极大的鼓舞。家长正确观念的树立,直接导向孩子学习音乐的目的,将为钢琴教学的改进带来更大的助推力。

4. 社会评估方式的改进要将提升孩子的音乐素养放在首位

当前最为常见考量业余钢琴学习水平方式就是钢琴(业余)考级,面对当前如此庞大的考级队伍和不甚理想的目标偏离,我们的考级机构应探索出更科学、更丰富的考核手段来导向学琴者正确的学习观。艺术评价方式的改进是社会发展的大趋势所需,也是现代艺术教学评价体系中急需要完善的。

在为钢琴学习者提供展示以及相互学习平台的各类钢琴赛事中,比赛形式也渐渐走向多样化模式。一些知名赛事中已不同程度地将"即兴演奏"提到了评估标准中来,对于作品演奏也制定出了更科学的评价标准。对于业余钢琴学习者来说,社会对学习成果的评鉴已经不单单是音符的演奏,音乐学习将再次回到它最原始的激发创造力、陶冶情操和提高素养的本质上来。赛事应本着实实在在为学生创造展示平台以及为业余钢琴教育事业作贡献的目的,拟定更完善的比赛宗旨和更科学的评分标准,以激发选手们表达和创造能力的发挥。

当前许多非艺术类院校包括部分中学都设立了艺术特色项目,在招收键盘艺术特长生时，多以高级考级证书或能弹奏一两首较高难度的作品为主要衡量水平的手段，忽视了音乐情感表达、创意能力与实践运用能力的考查，以至于艺术特长生进校后并不能起到理想中的作用。所以在招生环节中要更多地考虑学生的综合艺术素养，设立更合理的考查方法，让真正有实践运用能力的学生享受到优越的招生政策。

"上中杯"钢琴比赛引入即兴演奏环节是培养孩子音乐情感表达与创意能力的一次有价值的尝试，并且在前几届举办的基础上还将延续与创新。"上中杯"钢琴比赛的发起人，自身有良好音乐素养的前任上海中学唐盛昌校长指出："学钢琴的人很多，但把钢琴作为音乐来学的人少，多数学习者仅仅作为动作上的操练，并不去想钢琴与音乐的关系。我们的赛事希望在钢琴教育这片汪洋大海中激起一朵浪花"。现任上海中学冯志刚校长说"上中杯钢琴赛要继续坚持特色，争取做得更好更有社会影响力"。

《黄河钢琴协奏曲》的作者储望华先生曾说："从某种意义上说，我们可以培养一批世界上弹肖邦弹得最好的演奏家，可是我们没有培养出一个'肖邦'"。在当今的社会"创新"被誉为核心竞争力，我们必须清醒地认识到对于青少年创造能力、表达能力等综合艺术素养的培养是一件意义深远、功在千秋的事情，可以将钢琴教育作为培育孩子艺术修养的载体，业余钢琴教育与相关的比赛都要以此为出发点不断加强探索。

【文献来源】

[1] 钱仁康. 即兴演奏史话[J]. 南京艺术学院学报(音乐及表演版), 1994, (02).
[2] 周薇. 西方钢琴艺术史[M]. 上海：上海文艺出版社, 2003.
[3] 唐盛昌. 资优生教育[M]. 上海：上海教育出版社, 2009.

【经典课堂】
歌剧与京剧的综合比较

【课　　程】　高中《艺术》

【教　　材】上海市《艺术》(实验本)
【年　　级】高一年级第二学期
【教材分析】

一、对教材编写意图的理解

上海市《艺术》教材以覆盖面相当广泛的内容，以"艺术向今天走来"为主题，旨在为传统艺术和当代艺术都留下展示空间，让学生在宏观审美的层面上，通过欣赏体验和对比思考，对各门艺术中的一系列观念、形式和手法的变化有一个初步的思考和认识。

教材综多类艺术品种于一书，旨在给了教师一个宏观范围和各艺术种类重要特征或现象，教师应在教材编写意图的基础上进行丰富拓展，充分把握"比较思考"理念来实施教学，培养学生以辩证的眼光对音乐本体、音乐文化、音乐情感等进行深层次的体验和探究，使之成为艺术课程的聚焦点。对相似艺术种类或某一艺术品种不同时期的特点演变进行探究和思辨，从而建立多元的艺术审美观和文化价值观，更加深刻地理解人类文明的精髓。

二、对教材的处理说明

这是一节基于《艺术》教材之上的拓展课，属探究型的课。学生对上海市《艺术》教材中涉及的主要艺术品种都已有了初步的了解，故本单元的比较赏析教学计划更易实施和开展。此节课是建立在第一学期第一单元、第七单元和第二学期第五单元基础上的知识整合与拓展。根据上海市《艺术》教材的宗旨要求，将其中内容进行选择性的梳理、拓展与整合，按照综合性聚焦这一渐进逻辑，让学生在有趣的对比、思考、实践和运用中，以自己的方式去博览艺术，认识艺术，享受艺术；让学生在充满审美愉悦的学习中，不断丰富情感，增强人格魅力，提高生活质量。

三、教学方法的创新及特色

近年来，"翻转式"课堂教学模式较为前沿，本节课便使用了"翻转式"教学模式，学生成了主体，教师仅是引导者、参与者和总结者，除了导入部分三分钟以及课堂小结的五分钟，其他近30分钟均由学生操控实施完成，且在课前的探究、排演活动中均由学生自主完成，教师只给予探究方向的布置与简要引导。此课仅是随堂课，故有较多瑕疵，但也充分体现了学生的自主能动性，给学生提供了更大的自主发挥空间。

【学情分析】

　　一、学生年龄特征分析

　　高一学生年龄段已从直观的形象思维开始向多维的逻辑思维转变,他们看得多,听得多,引导他们通过现象思考本质是必要的,尤其在多元文化相融的当下,激发他们将中西最具代表性的艺术品种进行比较是可行的,但因刚刚进入高中阶段,学生自主探究学习的能力还是有限的,在实施过程中还存在着准确性、学术性不够等问题,有待于教师更好地引导。

　　二、学生已知能力分析

　　在初中阶段,学生对我国戏曲艺术和歌剧经典旋律已有所接触,在高一教材的前几个单元中再次对京剧艺术和歌剧艺术有了进一步的了解和学习。学生对于两种剧种的艺术特征已有所掌握,并在前期的学习欣赏中体现出了较大的兴趣。也有部分学生在艺术课堂的引导和感染下,利用课余时间专门现场去观摩了经典歌剧和经典京剧剧目,也有同学在老师的倡导下,向身边的长辈了解了有关歌剧和戏曲的常识,为接下来的自主探究打下了基础。

　　三、学生学习能力分析

　　我校高一阶段有过学科作业探究的实践,这锻炼了学生的自主学习能力;我校的 CPS 活动和平时的艺术社团活动锻炼了学生团队协作能力;另外各班文娱委员在小组划分时考虑骨干学生的均衡分配,以保证探究活动的组织顺利和构思准确。

【教学目标】

　　1. 情感态度价值观:通过对西方歌剧和中国京剧多角度之比较,培养对古典音乐的热情和对中华艺术的热爱;培养团队合作精神。

　　2. 过程与方法:通过对精彩选段的对比欣赏,体会古典歌剧和"国粹"京剧各自的魅力所在,加强对歌剧艺术和中国戏曲艺术的了解和兴趣,培养自主探究的学习能力、习惯。

　　3. 知识与技能:感受对西方歌剧和中国京剧各自的特点,了解两者间的差异,引发对世界多元文化融会贯通的思考和探究。

【教学重点、难点】

　　重点:以小组为单位,引导其各自阐述对西方歌剧和中国京剧的比较小结。

　　难点:课前引导学生对探究方向清晰度的把握。

【教学过程与方法】

1. 课前准备：一周前对学生进行分组，并安排探究方向。

第一组：歌剧和京剧伴奏乐器使用的异同；

第二组：歌剧和京剧角色分配方式的异同；

第三组：歌剧和京剧中表演形式的异同；

第四组：歌剧和京剧中演唱形式的异同。

2. 课堂引入：承上启下的简短导入。

前一阶段我们对歌剧艺术和京剧艺术都进行了初步的了解和学习，这来自东西方不同文化背景下的两种剧种虽有着较大的文化艺术特征差异，但同为经典中的代表，均被誉为艺术领域中的精粹，也一定有着异曲同工之妙处。将二者放在一起进行比较在多元文化相融的今天是有一定价值意义的。接下来就以小组为单位对上周布置的不同方向的探究活动进行成果的展示汇报。

3. 各组汇报：

展示：每组五分钟汇报，可运用多种手段、多人进行辅助。

表演：各组根据自己的方向用多种表演手段来辅助说明探究成果。

答辩：对其他组同学的提问或不同意见进行回答或辩论。

4. 课堂点评：师对各小组汇报进行点评与肯定。

（尽管还有许多不当之处有待于课后我们再交流，但这是同学们自主探究的成果，能到这个高度很不容易，让我们把掌声送给他组也送给自己。）

5. 知识汇总：

	歌　　剧	京　　剧
乐器与乐队	伴奏乐器：弓弦、铜管、木管、打击；乐队：有指挥，四类乐器并驾齐驱，形成和声效果，称"管弦乐队"。	伴奏乐器：拉弦、吹管、弹拨、打击；乐队：鼓师，又称司鼓，演奏檀板和单皮鼓，是掌握音乐节奏的人，相当于乐队指挥。打击乐器制造武场，管、弦乐器制造文场，京胡旋律跟随主唱，京剧乐队总称"场面"。
角色分配	按人声分类分为：男高、男中、男低、女高、女中。	按行当分为：生、旦、净、丑。

续表

	歌　剧	京　剧
演唱形式	独唱：咏叹调、宣叙调； 重唱：二重唱、三重唱、四重唱…… 合唱：多声部	独唱：西皮、二黄； 两人以上：对唱、轮流唱； 齐唱：单声部
表演形式	以剧本为中心，注重演唱，只唱不说，表演接近生活，写实。	以演员为中心，注重演员的表演，包括唱、念、做、打，讲究固定程式，表演夸张于生活，写意。

6. 课堂讨论：歌剧与京剧之间是否有相互借鉴之处。

（大家会发现两者既有自己独特的魅力，又在某些方面存在着不及之处。在如今世界多元文化相融的大环境下，在需要不断思考如何更好地传承传统艺术的新时代，吸取其他艺术的精髓为我所用已成为一种趋势，比如在交响京剧《大唐贵妃》中便采用了歌剧的伴奏形式使用了交响乐队，这一中西合璧的尝试取得了非常好的艺术效果和社会反响。欣赏剧种片段"梨花颂"。）

7. 课堂小结：师对学生提出领略古典艺术魅力和发扬民族艺术文化的期望。

（多年来，艺术家们为弘扬传统艺术而不断寻求新的途径，以满足观众不断上升的欣赏水平，我们作为新时代的欣赏者，也有责任思考如何更好地去体味和传承民族经典艺术和世界经典艺术。）

【教学反思】

本节随堂课旨在给学生充分的自主空间，放手让学生大胆去探究，在课前除了对探究方向有简单引导外，没有在探究过程中与学生进行更多交流，故在课堂汇报中知识的精确度和语言的准确度方面出现了较多瑕疵。除此外，在学生的表演上也完全放手给了学生，致使效果在质量上和感染力上有欠缺，应在课前给予一定的辅导，以更好地展现艺术美。无论探究课还是随堂课，追求课堂严谨性和传承艺术魅力的宗旨不能轻视，对每一节课都应该做到有备而来。

【学有所悟】
美丽的结局

　　五年前,有缘结识您们,我的季节开始变化,渐渐有了秋的色彩和芳香。五年来,不容消极和懈怠,久违的感觉重新回来,再度走过曾经的流金岁月。五年间,除却了浮躁和迷惘,拨云见日,生机勃发,收获了如您们般的执着和苍劲。五年里,一个个音符共同谱写学术与艺术的乐章,彼此诉说苦涩与甜蜜,在共同收获硕果的同时,更懂得了相惜与鼓励,在这片真诚的净地,相遇是如此美丽。

　　一份辛劳,一份收获,简单而永恒的道理,正如秋的背景,秋的颜色,秋的采摘,秋的奇迹。五年后,我们拥有了更开阔更深刻的视野去看待问题,看待事业,看待自我,看待社会。人总得不断给自己一个期盼,尽管道路崎岖,过程枯燥乏味,需要与慵懒的本能努力抗拒,但蹒跚前行是必需的选择和亘古不变的真理。相信接下来的一个、两个甚至更多个五年,经过岁月的淘洗,我们终究会达到某种境界,终究走向自己向往的殷实,向往的前程。

　　艰辛的过程,美丽的结局。